普通高等教育规划教材

# 道路交通事故分析与处理

(第 3 版)

许洪国　刘宏飞　主　编

人民交通出版社股份有限公司
China Communications Press Co.,Ltd.

## 内 容 提 要

本书是普通高等教育规划教材,系统地阐述了交通事故的基本概念与分析方法、驾驶员交通特性、交通事故现场勘查、交通事故技术分析、交通事故再现理论基础、交通肇事逃逸案的侦破、交通事故责任认定与处理、交通事故损害赔偿与调解、交通事故技术鉴定、交通事故后紧急避险以及交通事故预防等知识。

本书可作为高等院校相关专业的高年级本科生和研究生的教材,也可供从事交通事故研究、分析、处理、鉴定、评估等专业人员参考。

### 图书在版编目(CIP)数据

道路交通事故分析与处理/许洪国,刘宏飞主编. —3版. —北京:人民交通出版社股份有限公司, 2019.11
ISBN 978-7-114-15426-3

Ⅰ.①道… Ⅱ.①许…②刘… Ⅲ.①公路运输—交通运输事故—事故分析②公路运输—交通运输事故—事故处理 Ⅳ.①U491.3

中国版本图书馆CIP数据核字(2019)第057037号

| | |
|---|---|
| 书　　名: | **道路交通事故分析与处理**(第3版) |
| 著 作 者: | 许洪国　刘宏飞 |
| 责任编辑: | 钟　伟 |
| 责任校对: | 刘　芹 |
| 责任印制: | 张　凯 |
| 出版发行: | 人民交通出版社股份有限公司 |
| 地　　址: | (100011)北京市朝阳区安定门外外馆斜街3号 |
| 网　　址: | http://www.ccpress.com.cn |
| 销售电话: | (010)59757973 |
| 总 经 销: | 人民交通出版社股份有限公司发行部 |
| 经　　销: | 各地新华书店 |
| 印　　刷: | 北京市密东印刷有限公司 |
| 开　　本: | 787×1092　1/16 |
| 印　　张: | 21 |
| 字　　数: | 485千 |
| 版　　次: | 2002年12月　第1版<br>2004年10月　第2版<br>2019年11月　第3版 |
| 印　　次: | 2022年12月　第3版　第2次印刷　累计第9次印刷 |
| 书　　号: | ISBN 978-7-114-15426-3 |
| 定　　价: | 49.00元 |

(有印刷、装订质量问题的图书由本公司负责调换)

# PREFACE 第3版前言

汽车的发明和使用,使人类的生活方式和生产方式发生了巨大变化。当今人类社会的政治、经济及生活等活动无一不与汽车发生联系,汽车已成为人类文明与进步的象征和标志。

汽车在给予人类出行以舒适和便捷等正面效应的同时,也带来了交通事故等负面效应。由于汽车工业和道路交通运输业的高速发展,车辆保有量急剧增加,交通流量增大,造成车辆与道路比例的严重失调,加之交通管理不善等原因,造成交通事故频发,伤亡人数增多。道路交通事故不仅威胁着人们的生命安全,而且还造成巨大的经济损失。

世界卫生组织(WHO)发布的《道路安全全球现状报告2018》显示,2016年度全球有135万人死于道路交通事故,超过5000万人受伤。这就意味着因道路交通事故,全球每天有3700人丧生,每年数千万人因道路交通事故受伤或落下终身残疾。如今,道路交通事故是年龄5~29岁人群的主要死因。交通伤害的原因有许多,比如快速城市化、安全标准不完善、执法不严、分心驾驶或疲劳驾驶、药驾或醉驾、超速、未佩戴安全带或头盔等。近几十年来,虽然许多发达国家的道路交通事故死亡率已趋于稳定下降,但世界许多地区的道路死亡人数却不断增加。如果这种趋势继续下去,预测到2030年道路死亡人数将上升到每年约240万人。

我国道路交通事故年死亡人数仍高居世界第二位,遏制道路交通事故高发、降低交通事故伤害仍然任重道远。2017年全国公安机关交通管理部门共接报道路交通事故841.9万起,涉及人员伤亡的道路交通事故203049起,共造成63772人死亡、209654人受伤、直接财产损失12.1亿元。2017年全国平均每天因道路交通事故死亡的人数从2002年最高峰的330人降至174人,但交通安全形势仍非常严峻。对此,公安机关交通管理部门要求全国各地要认真分析事故原因,加强对道路交通的管理。

无论是发展中国家还是发达国家,在面临的机动化发展中,保证汽车行驶安全性一直是人们追求的目标。而发展中国家的交通安全形势严峻,交通安全研究任重道远,开展交通事故研究更具有相当的重要性和紧迫性。在推广交通安全新技术以及加强公路设计与使用管理的同时,应大力推行改变交通参与者行为的执法措施和交通安全技术的宣传与教育。

本书共分14章。其中：第一章为概论；第二章从交通事故的定义、分类、形式和原因等方面介绍了交通事故的基本概念；第三章论述了交通事故分析的主要方法和预防交通事故的效益分析；第四章以交通心理学为基础，探讨了驾驶员的注意、反应特性、反应时间等交通特性；第五章详细地叙述了交通事故现场、现场勘查步骤与重点、现场图以及现场摄影新技术；第六章以车辆动力学和运动学为基础，研究了车辆的运动和运动轨迹等交通事故工程技术分析理论；第七章从交通事故再现的目的、交通事故力学入手，研究了车辆碰撞各种典型事故的再现；第八章以试验和现场数据为基础，分析了汽车与两轮车及行人交通事故；第九章介绍了交通肇事逃逸案侦查的任务与原则、调查、措施等交通肇事逃逸案的侦破技术以及预防与对策；第十章和第十一章以《中华人民共和国道路交通安全法》和《道路交通事故处理程序规定》为依据，介绍了交通事故认定、处理、复核以及交通事故损害赔偿与调解；第十二章介绍了交通事故技术鉴定知识；第十三章给出了交通事故后紧急避险原则、应急措施，介绍了事故损伤减轻技术、防护技术以及快速救援系统；第十四章从人、车、路、管理的安全四个方面探讨了道路交通事故的预防。

在本书的编写过程中，查阅了大量的国内外资料，吸取了本领域内许多专家、学者的经验，并总结了作者在交通事故教学、研究的成果以及在交通事故鉴定实践中的经验。

全书由吉林大学交通学院许洪国主持编写和统稿。许洪国编写第一章、第二章、第四章，刘宏飞编写第三章、第六章、第七章、第八章、第十二章、第十四章，谭立东编写第五章、第九章，任有编写第十章、第十三章，许言编写第十一章、第十二章。

本书可作为高等院校相关专业的高年级本科生和研究生的教材，也可供从事交通事故研究、分析、处理、鉴定、评估等专业人员参考。本书理论性较强的章节，如交通事故碰撞力学分析、交通事故再现和摄影测量技术等，可供读者中具有一定基础理论和专业知识者深入学习和提高业务水平使用。

本书内容不具法律效力，在从事交通事故分析和处理的实践中，应以国家颁布的有关法律、条例、部门规章、标准和规范为准。

由于作者理论水平和实践经验的局限，收集的数据和资料有限，书中难免有错误或不当之处，热忱希望读者批评指正。

许洪国<br>
二〇一九年七月·长春

# CONTENTS 目　　录

**第一章　概论** · 1
　第一节　交通安全的重要性 · 1
　第二节　国内外交通事故情况 · 3
**第二章　交通事故的基本概念** · 8
　第一节　交通事故的定义 · 8
　第二节　交通事故的分类 · 9
　第三节　交通事故的形式 · 12
　第四节　交通事故的原因 · 14
**第三章　交通事故分析** · 29
　第一节　概述 · 29
　第二节　交通事故分析方法 · 31
　第三节　交通事故统计分析 · 35
　第四节　交通事故案例分析的内容和步骤 · 43
　第五节　预防事故措施的效益分析 · 46
**第四章　驾驶员的交通特性** · 50
　第一节　交通心理学概述 · 50
　第二节　驾驶员的交通特性 · 52
　第三节　驾驶员的注意 · 59
　第四节　驾驶员的反应特性 · 66
　第五节　汽车的制动过程与驾驶员的反应时间 · 73
　第六节　生物节律与交通安全 · 77
**第五章　交通事故现场勘查** · 80
　第一节　交通事故现场 · 80
　第二节　交通事故现场勘查 · 82
　第三节　交通事故现场勘查重点 · 94
　第四节　交通事故现场摄影 · 98
　第五节　交通事故现场图 · 105
**第六章　交通事故技术分析** · 111
　第一节　车辆运动速度 · 111
　第二节　车辆运动轨迹 · 117
　第三节　驾驶员措施行为 · 127

## 第七章　交通事故再现理论基础 ... 129
### 第一节　事故再现的目的 ... 129
### 第二节　交通事故力学分析 ... 129
### 第三节　汽车的正面碰撞 ... 137
### 第四节　汽车的追尾碰撞 ... 144
### 第五节　汽车的侧面碰撞 ... 147
### 第六节　汽车的斜碰撞 ... 151

## 第八章　汽车与两轮车、行人交通事故 ... 156
### 第一节　汽车与两轮车事故 ... 156
### 第二节　汽车与行人事故 ... 170

## 第九章　交通肇事逃逸案的侦破 ... 190
### 第一节　概述 ... 190
### 第二节　交通肇事逃逸案侦查的任务与原则 ... 192
### 第三节　交通肇事逃逸案件的查缉 ... 195
### 第四节　交通肇事逃逸案件的调查 ... 197
### 第五节　交通肇事逃逸案件现场图的绘制 ... 199
### 第六节　侦破交通肇事逃逸案件的措施 ... 199
### 第七节　交通肇事逃逸案件的痕迹物证 ... 202
### 第八节　交通肇事逃逸的预防与对策 ... 205

## 第十章　交通事故责任认定与处理 ... 208
### 第一节　交通事故认定 ... 208
### 第二节　交通事故刑事责任及其追究 ... 213
### 第三节　交通事故民事责任及其处罚 ... 219
### 第四节　交通事故认定实例 ... 221
### 第五节　交通事故认定的复核 ... 234

## 第十一章　交通事故损害赔偿与调解 ... 238
### 第一节　交通事故损害赔偿 ... 238
### 第二节　交通事故损害赔偿调解 ... 248

## 第十二章　交通事故技术鉴定 ... 258
### 第一节　交通事故物证 ... 258
### 第二节　交通事故物证的特征 ... 262
### 第三节　车辆安全技术状况 ... 274
### 第四节　交通事故再现技术 ... 276
### 第五节　视频图像鉴定车辆速度 ... 277

## 第十三章　交通事故后紧急避险 ... 284
### 第一节　遇险时处置原则 ... 284
### 第二节　典型危险事态的应急措施 ... 286
### 第三节　交通事故后撤离的汽车技术措施与火灾预防 ... 288

| 第四节 | 交通事故中减少损伤技术 | 293 |
| --- | --- | --- |
| 第五节 | 交通事故后伤害减轻和防护技术 | 296 |
| 第六节 | 交通事故快速救援系统 | 300 |

**第十四章 道路交通事故防治** ························ 304
| 第一节 | 概述 | 304 |
| --- | --- | --- |
| 第二节 | 人的安全化 | 311 |
| 第三节 | 车辆的安全化 | 315 |
| 第四节 | 道路的安全化 | 319 |
| 第五节 | 管理的安全化 | 323 |

**参考文献** ························ 326

# 第一章 概 论

## 第一节 交通安全的重要性

1886年德国人卡尔·本茨发明了世界上第一辆汽车。130多年来,汽车工业发展很快,汽车保有量在迅速地增长,汽车的结构和性能也愈来愈完善。与火车、飞机、轮船等交通工具一样,汽车使人类摆脱了自身的生理局限,将跨越空间的速度提高了几十倍,有效地节约了大量的宝贵时间。当今,汽车已成为门对门的、随时都能利用的、高度自由的交通运输工具,在人类社会已占据相当重要的地位。

汽车的应用,为人类的生活方式、生产方式带来了巨大的变化,进而影响到人类社会的变革,所以汽车被人们称为"改造世界的机器"。汽车已成为国际贸易的主要商品以及改变地球面貌和改造人类社会的最重要机器,为人类经济的发展和社会的进步作出了巨大的贡献。

迄今,在人类社会政治、经济中的各个领域及生活中的衣食住行各个方面,无一不与汽车有着密切的联系,汽车已成为人类文明与进步的象征和标志。

汽车给予人类出行以舒适和便捷等正面效应的同时,也给人类生活带来不少的负面效应。交通事故就是其中最严重、危害最大的负面效应之一。在当今世界上,道路交通事故与战争、暴力、疾病及自然灾害一样,不仅威胁着人类的生命安全,而且还造成巨大的经济损失,给人类生活笼罩上一层浓重的阴影。

道路交通事故是涉及普通民众且众所关注的社会问题。无论是工作、生活、出行,还是出差、探亲、访友、旅游,人们都希望平平安安,然而道路交通事故仍时有发生。

人们已把道路交通事故称之为"无休止的战争""交通地狱",把导致交通事故的汽车称之为"行驶的棺材"。日本人把汽车惊呼为"飞跑的凶器";美国称之为"飞奔的棺材";中国昔日有谚语:"马路如老虎,吃人不计数""马路如虎口,当中不可走"。这些均是汽车这个"刽子手"的真实写照。

由于汽车工业的高速发展,车辆急剧增加,交通流量增大,造成车辆与道路设施比例的严重失调,加之交通管理不善、交通法规不健全、交通参与者违法行为等诸多原因,造成交通事故频发,伤亡人数增多,已成为世界性的一大公害。

世界卫生组织(WHO)发布的《道路安全全球现状报告2018》显示,2016年全球道路交通事故造成135万人死亡,超过5000万人受伤。这就意味着因道路交通事故的原因,全球每天有3700人丧生,每年数千万人因道路交通事故受伤或落下终身残疾。

低中收入国家因道路交通事故造成的经济损失约为其国民经济总产值(GDP)的1%,高收入国家约为2%。

如今,道路交通伤害是年龄5~29岁人群的主要死因。交通伤害的原因有许多,比如快速城市化、安全标准不完善、执法不严、分心驾驶或疲劳驾驶、药驾或醉驾、超速、安全带或头盔因素等。近几十年来,虽然许多发达国家的道路交通事故死亡率已趋于稳定下降,但世界许多地区的道路死亡人数却不断增加。如果对这种趋势不采取有效的遏制措施,预测到2030年道路交通事故死亡人数将上升到每年约240万人。强有力的交通执法、智慧道路以及大力推行交通安全宣传活动能够在未来几十年内拯救数以百万人的生命。全球交通安全的进展主要归因于围绕超速、酒驾、不使用安全带、不戴摩托车头盔和不使用儿童约束装置等主要风险完善立法;更加安全的交通基础设施,比如人行道、自行车道和摩托车道;提高车辆安全标准,如要求汽车安装电子稳定控制系统和先进制动系统;以及加强事故后的康复。

乔治·威伦研究了美国和其他一些国家的交通事故、消防与犯罪问题。他在《交通法院》一书中写道:"交通事故已成为现代国家的最大问题之一。它比火灾问题严重,因为每年交通事故所造成的死伤及财产损失比火灾更大。它也比犯罪问题严重,因为它与整个人类有关。不管你是强者还是弱者,富人还是穷人,聪明人还是愚蠢人,男人、女人、小孩或婴儿,只要他(她)在公路或街道上,时刻都有遭遇交通事故致死的可能。"一位法国学者也曾说:"汽车比战车凶残。战车只能在发生战争时,在战场上杀伤敌人。它受时间、地点和对象的限制。而汽车不管何时、何地,不管是敌人还是朋友,只要是在道路上都存在着被运动着的汽车撞死、撞伤的危险。"

与世界发达国家相比,我国道路交通事故就显得更严重,是世界交通事故死亡人数最多的国家之一。2017年,全国公安机关交通管理部门共接报道路交通事故841.9万起,涉及人员伤亡的道路交通事故203049起,共造成63772人死亡、209654人受伤,直接财产损失12.1亿元。为此国家采取的创建"平安大道"、实施"畅通工程""交通安全行动计划"等交通安全对策,也取得了显著效果。2017年全国平均每天因道路交通事故死亡的人数从2002年最高峰的330人降至174人。万车交通事故死亡率从1960年的257.46峰值下降到2017年的2.06。10万人口交通事故死亡率从2002年的8.79峰值下降到2017年的4.59。尽管我国道路交通安全状况已显著好转,但交通安全形势仍非常严峻。对此,公安机关交通管理部门要求各地认真分析事故原因,加强对道路交通的管理。

交通事故已是世界性的严重社会问题。严峻的交通事故现实使人们不得不对交通安全状况予以高度重视,并将不断进步的科学技术应用于交通安全研究工作和实践中,使汽车更好地造福于现代人类社会。目前,各国正在不同程度地从车辆、道路和交通工程上采取对策。

美国1966年颁布"公路安全法""汽车安全措施法",并在运输部的主持下成立了国家公路安全局,负责制定和颁布有关交通安全的全国性统一标准,统筹全国有关公路安全的研究、计划和人员培训工作。1966年,美国还成立了"国家汽车安全咨询委员会"和"国家公路安全咨询委员会",负责就交通安全问题向运输部长提供建议和报告,参与制定有关标准和措施,该委员会人员由总统任命。1969年,法国总理责成国务秘书组织"公路交通安全圆桌会议",由与交通安全有关的政府部门、国营和私营企业及与道路交通有关的各方人士参加,负责制定全国公路交通安全的总政策和措施。圆桌会议下设道路设施、驾驶员、车辆、伤员救护和信息等五个专业委员会和一个道路交通资料分析中心。

日本有关汽车与道路的交通行政法规较完善，最基本的有"道路运输车辆法""道路交通法""道路运输法"和"道路法"等。

关于交通安全的国际性组织和会议也很多，如国际道路联合会议、国际汽车流量会议、行人-自行车安全和教育会议、交通和运输工程国际会议、世界安全和车祸预防会议等。

联合国大会对全球范围内道路交通事故死伤人数的持续增加表达关切，定期发布《道路安全全球现状报告》，反映世界180多个国家的道路安全状态，建议各国针对酒驾、超速、不戴摩托车和自行车头盔、安全带和儿童约束装置等五个关键交通风险因素全面制定道路安全法规。

2010年3月2日，联合国大会通过决议，宣布2011—2020年为道路安全行动10年。道路安全行动10年的目标是通过在国家、区域和全球开展更多的道路安全活动，稳定并降低全球道路交通死亡率。

我国也采取了集中统一领导，实行综合治理的方针，建立健全交通法规，依法治理交通。

## 第二节　国内外交通事故情况

随着汽车保有量和交通运输周转量的不断增加，交通事故也在日益增加。

国家综合实力的增强，法制的不断完善，国民素质的不断提高，均使交通事故涉及的民事和刑事诉讼逐年增加。

我国的交通事故基本是随着国民经济的发展而逐步上升，并受当时的社会经济状况发生很大的波动，中间经过三次高峰期，而第三次高峰期目前尚未结束。每年全国交通事故死亡人数在20世纪50~60年代为几百至几千人，20世纪70年代增加至1万~2万人，1984年后事故死亡人数急剧上升，1988—1990年期间稍有回落，1991年后随着国家改革开放的持续深化，国家总体经济实力不断增强，汽车工业和交通运输业迅速发展，汽车等机动车辆保有量急剧增加，拥有驾驶证的人数激增（图1-1），交通事故死亡人数又急剧增长。从2001年起，全国每年道路交通事故死亡人数已超过10万人，从2003年起逐年下降至2017年的6.4万人。1970年以来，我国道路交通事故统计见表1-1。

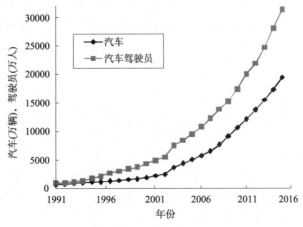

图1-1　1991—2016年我国驾驶员与汽车保有量增长趋势

1970 年以来我国道路交通事故统计表　　　　　　　　　　表 1-1

| 年份 | 事故次数（起） | 死亡人数（人） | 受伤人数（人） | 直接财产损失（万元） | 万车死亡率（人/万车） | 10万人口死亡率（人/10万人） |
|---|---|---|---|---|---|---|
| 1970 | 55437 | 9654 | 37128 | | 227.63 | 1.16 |
| 1971 | 69975 | 11331 | 52119 | | 229.19 | 1.33 |
| 1972 | 77465 | 11849 | 58738 | | 205.21 | 1.36 |
| 1973 | 71192 | 13215 | 53827 | 3766.68 | 196.45 | 1.48 |
| 1974 | 81672 | 15599 | 66498 | 4470.44 | 198.51 | 1.72 |
| 1975 | 91606 | 16862 | 71776 | 5136.36 | 183.86 | 1.82 |
| 1976 | 101878 | 19441 | 81908 | 5567.34 | 156.62 | 2.07 |
| 1977 | 112222 | 20427 | 84779 | 6295.30 | 145.45 | 2.15 |
| 1978 | 107251 | 19096 | 77471 | 5641.29 | 120.20 | 1.98 |
| 1979 | 117848 | 21856 | 80855 | 5374.28 | 119.62 | 2.24 |
| 1980 | 116692 | 21818 | 80824 | 4960.29 | 104.47 | 2.21 |
| 1981 | 114679 | 22499 | 79546 | 5083.74 | 95.85 | 2.25 |
| 1982 | 103777 | 22164 | 71385 | 4859.48 | 85.32 | 2.81 |
| 1983 | 107758 | 23944 | 73957 | 5835.84 | 84.35 | 2.33 |
| 1984 | 118886 | 25251 | 79865 | 7336.39 | 42.99 | 2.43 |
| 1985 | 202394 | 40906 | 136829 | 15867.64 | 62.39 | 3.89 |
| 1986 | 295136 | 50063 | 185785 | 24018.00 | 61.12 | 4.70 |
| 1987 | 298147 | 54439 | 187399 | 27938.94 | 50.37 | 4.94 |
| 1988 | 276071 | 54814 | 170598 | 30861.37 | 46.05 | 5.00 |
| 1989 | 258030 | 50441 | 159002 | 33598.45 | 38.26 | 4.54 |
| 1990 | 250297 | 49271 | 155072 | 36354.81 | 33.38 | 4.31 |
| 1991 | 264817 | 53292 | 162019 | 42835.97 | 32.15 | 4.60 |
| 1992 | 228278 | 58729 | 144264 | 64482.96 | 30.19 | 5.00 |
| 1993 | 242343 | 63508 | 142251 | 99907.01 | 27.27 | 5.36 |
| 1994 | 253537 | 66362 | 148817 | 133382.72 | 24.26 | 5.54 |
| 1995 | 271843 | 71494 | 159308 | 152267.00 | 22.48 | 5.90 |
| 1996 | 287685 | 73655 | 174447 | 171769.00 | 20.41 | 6.02 |
| 1997 | 304217 | 73861 | 190128 | 184616.00 | 17.50 | 5.97 |
| 1998 | 346129 | 78067 | 222721 | 192951.00 | 17.30 | 6.25 |
| 1999 | 412860 | 83529 | 286080 | 212401.00 | 15.45 | 6.82 |
| 2000 | 616974 | 93493 | 418721 | 266900.00 | 15.60 | 7.27 |
| 2001 | 754919 | 105930 | 546485 | 308787.26 | 15.46 | 8.51 |
| 2002 | 773137 | 109381 | 652074 | 332438.11 | 13.71 | 8.79 |
| 2003 | 667507 | 104372 | 494174 | 337000.00 | 10.80 | 8.08 |
| 2004 | 567753 | 99217 | 451810 | 239141.01 | 9.93 | 8.24 |

续上表

| 年份 | 事故次数（起） | 死亡人数（人） | 受伤人数（人） | 直接财产损失（万元） | 万车死亡率（人/万车） | 10万人口死亡率（人/10万人） |
|---|---|---|---|---|---|---|
| 2005 | 450254 | 98738 | 469911 | 188401.17 | 7.57 | 7.6 |
| 2006 | 378781 | 89455 | 431139 | 148956.04 | 6.16 | 6.84 |
| 2007 | 327209 | 81649 | 380442 | 119878.40 | 5.1 | 6.21 |
| 2008 | 265204 | 73484 | 304919 | 100972.16 | 4.33 | 5.56 |
| 2009 | 238351 | 67759 | 275125 | 91436.83 | 3.63 | 5.1 |
| 2010 | 219521 | 65225 | 254075 | 92633.53 | 3.15 | 4.89 |
| 2011 | 210812 | 62387 | 237421 | 1078730.35 | 2.78 | 4.65 |
| 2012 | 204196 | 59997 | 224327 | 117489.60 | 2.5 | 4.45 |
| 2013 | 198394 | 58539 | 213724 | 103896.64 | 2.34 | 4.32 |
| 2014 | 196812 | 58523 | 211882 | 107542.93 | 2.22 | 4.28 |
| 2015 | 187781 | 58022 | 199880 | 103691.66 | 2.08 | 4.22 |
| 2016 | 212846 | 63093 | 226430 | 120759.92 | 2.14 | 4.56 |
| 2017 | 203049 | 63772 | 209654 | 121311.35 | 2.06 | 4.59 |

世界上一些经济发达国家在20世纪70年代初期以前，随着汽车保有量的增加，交通事故也相应增多，到20世纪70年代初，交通事故数达到最高峰。20世纪70年代初以来，尽管汽车保有量仍在持续增加，但是由于各国采取了各种交通安全对策，包括对人的安全教育、驾驶员和行人行为的改善、道路和车辆设计的优化以及交通法规的完善，使道路交通事故死亡人数一直呈下降趋势，但是受伤人数持续增加。交通事故的这种下降趋势还将持续保持下去。如日本，1970年死于车祸的人数达到16765人，伤于车祸的人数达到981096人，死、伤人数总和达到全国人口的1%。此事引起了日本当局的高度重视，采取了有效的交通治理、减少交通事故的措施。1970—2014年，尽管汽车保有量由18586503辆增加到90565000辆（机动车，其中轿车5900万辆），提高了3倍多，按车辆统计的交通事故死亡率却由每万辆车9人下降为每万辆车0.53人。

在类似中国这样的中低收入国家，由于机动化的迅速发展，道路、车辆安全的不完善，以及人的交通行为等因素，交通事故上升较快，从而导致全球交通事故死亡总人数将持续增加（表1-2）。

一些国家道路交通事故死亡指标统计　　表1-2

| 国　家 | 2017年死亡人数（人） | 2017年10万人口死亡率（人/10万人） | 2016年万车死亡率（人/万车） |
|---|---|---|---|
| 阿根廷 | 5300 | 12.0 | 2.6 |
| 澳大利亚 | 1227 | 4.0 | 0.7 |
| 奥地利 | 413 | 4.7 | 0.7 |
| 比利时 | 620 | 6.7 | 0.9 |
| 加拿大 | 1898 | 5.2 | 0.8 |
| 智利 | 1928 | 10.5 | 4.5 |

续上表

| 国　　家 | 2017年死亡人数（人） | 2017年10万人口死亡率（人/10万人） | 2016年万车死亡率（人/万车） |
|---|---|---|---|
| 捷克 | 577 | 5.4 | 0.9 |
| 丹麦 | 183 | 5.5 | 0.7 |
| 芬兰 | 212 | 3.9 | 0.6 |
| 法国 | 3456 | 5.2 | 0.8 |
| 德国 | 3177 | 3.8 | 0.6 |
| 希腊 | 739 | 6.9 | 0.9 |
| 匈牙利 | 624 | 6.2 | 1.5 |
| 冰岛 | 16 | 4.7 | 0.6 |
| 爱尔兰 | 158 | 3.3 | 0.7 |
| 以色列 | 321 | 3.7 | 1.0 |
| 意大利 | 1623 | 5.4 | 0.6 |
| 日本 | 4431 | 3.7 | 0.5 |
| 韩国 | 4182 | 8.1 | 1.7 |
| 立陶宛 | 192 | 8.3 | 1.2 |
| 卢森堡 | 25 | 4.2 | 0.7 |
| 荷兰 | 613 | 3.6 | 0.6 |
| 新西兰 | 380 | 7.9 | 0.9 |
| 挪威 | 106 | 2.0 | 0.3 |
| 波兰 | 2831 | 7.4 | 1.1 |
| 葡萄牙 | 592 | 5.4 | 1.0 |
| 斯洛文尼亚 | 104 | 4.7 | 0.9 |
| 西班牙 | — | 3.9 | 0.5 |
| 瑞典 | 254 | 2.5 | 0.4 |
| 瑞士 | 230 | 2.7 | 0.4 |
| 英国 | 1286 | 2.8 | 0.5 |
| 美国 | 37150 | 11.6 | 1.3 |
| 柬埔寨 | 577 | 19.1 | — |
| 哥伦比亚 | 183 | 14.0 | 5.1 |
| 哥斯达黎加 | 212 | 10.0 | — |
| 马来西亚 | 3456 | 21.0 | 9.6 |
| 牙买加 | 3177 | 13.9 | 2.6 |
| 墨西哥 | 739 | 13.2 | 3.8 |
| 摩洛哥 | 624 | 10.0 | 10.0 |
| 塞尔维亚 | 16 | 8.2 | 2.7 |
| 南非 | 158 | 25.0 | — |
| 乌拉圭 | 321 | 13.5 | 1.9 |

注：表中数据是从International Transport Forum发布的ROAD SAFETY ANNUAL REPORT 2018中整理的。

当前交通事故严重的国家集中在非洲、南美洲及亚洲。如果亚洲多数国家,如中国、印度、巴基斯坦、韩国、泰国等国家提高道路交通安全水平,世界的道路交通安全问题就解决了一大部分。未来随着经济的发展,亚洲各国的道路交通安全状况会出现好转,但非洲的道路交通安全问题会日益突出,一旦非洲的交通安全问题解决了,全世界道路交通安全问题会向前推进一大步。

　　因此,无论是发展中国家还是发达国家,在面临的机动化发展中,保证汽车行驶安全一直是人们追求的根本目标。而发展中国家的道路交通安全形势严峻,交通安全工作任重道远。在发展中国家开展交通事故研究更具有相当的重要性和紧迫性。在推广交通安全新技术以及加强公路设计与使用管理的同时,应大力推行改变用户行为的执法措施和交通安全技术的宣传与教育。

# 第二章 交通事故的基本概念

## 第一节 交通事故的定义

交通事故一般是指在人和物的运输过程中所发生的人员伤亡和财物损毁事件。

世界各国由于国情不同，道路交通状况不同，交通规则和交通管理规定不同，对交通事故的定义也不尽相同。

我国道路交通事故是根据国情、民情和道路交通状况提出来的。它基本上适合我国道路、车辆和交通行为的状况，得到了国家和社会各方面的肯定。交通事故，是指车辆在道路上因过错或意外造成的人身伤亡或者财产损失的事件。

美国国家安全委员会对交通事故的定义为：交通事故是在道路上所发生的意料不到的有害的或危险的事件。这些有害的或危险的事件妨碍着交通行为的完成，常见原因是不安全的行为或不安全的因素，或者是两者的结合所造成的。

日本对交通事故的定义为：由于车辆在交通中所引起的人的死伤或物的损坏，在道路交通中称为交通事故。

从这些定义中可以看出，构成交通事故应具备5个要素。

1. 行为的特定性

交通事故是发生在道路上的。道路是指在公用的道路上。

《中华人民共和国道路交通安全法》（以下简称《道路交通安全法》）规定的道路，是指"公路、城市道路和虽在单位管辖范围但允许社会机动车辆通行的地方，包括广场、公共停车场等用于公众通行的场所"。其中，供车辆通行的为车行道，供行人通行的为人行道。

道路特性，就是形态性、客观性、公开性。形态性是指与道路毗连的供公众通行的地方。客观性是指道路为公众通行所建。公开性是指交通管理部门认为是供公众通行的地方，都可视之为道路。仅供本单位车辆和行人通行的，不能算道路。因此，厂矿、企业、机关、学校、住宅区内不具有公共使用性质的道路，不在此列。此外，还应以事态发生时车辆所在的位置，而不是事态发生后车辆所在的位置来判断是否在道路上。

2. 车辆

交通事故各方当事人中，至少有一方使用车辆，包括机动车和非机动车。车辆是构成交通事故的前提条件，无车辆参与则不认为是交通事故。例如，行人在行走过程中，发生意外碰撞或自行跌倒，引起致伤或致死均不属于交通事故。

3. 行为人主观上常存在着过失

过失是当事人因疏忽大意而未预见到应该预见的后果或已经预见而轻率地自信可以避免，以致发生损害后果，即造成事态的原因是人为的。而因人力无法抗拒的自然原因，如地震、台风、山洪、山崩、流石、泥石流、雪崩等意外造成的事故,也属于交通事故。

4.行为的违法性

当事人违反《道路交通安全法》和其他道路交通管理条例、规范、规定、办法,即当事人过错的行为,也应依法追究当事人的肇事责任。以责论处,是对当事人予以处罚的必要条件。

当事人没有过错行为而出现意外损害后果的事故也属于交通事故。当事人有过错行为,但过错与损害后果无因果关系的不属于交通事故。

5.有损害后果

交通事故必定造成损害后果,即人、畜伤亡或车、物、道路及其附属设施等的损坏,是构成交通事故的本质特征。只有当事人的交通违法行为造成了损害后果,才能称为交通事故。如果当事人只有交通违法行为而没有造成损害后果,则不能视为交通事故。

上述5种要素,可作为鉴别道路交通事故的必要条件和依据,在实际工作中加以运用。

## 第二节 交通事故的分类

对交通事故进行分类,目的在于分析、研究、处理和预防交通事故,同时也便于通过统计和从各个角度寻找事故原因和制定事故预防对策。交通事故分析的角度和方法不同,对交通事故的分类也不同。通常,交通事故分类方法主要有6种。

1.按事故责任分类

根据交通事故主要责任方涉及的车种和人员,在统计工作中常将交通事故分为4类。

1)机动车事故

机动车事故是指交通事故当事方中汽车、摩托车、拖拉机等机动车负主要以上责任的事故。但在机动车与非机动车或行人发生的事故中,机动车负同等责任的,也被视为机动车事故。因为在道路上行驶,机动车相对为交通强者,而非机动车或行人属于交通弱者。机动车驾驶员违反交通法规而发生的交通事故包括:违反安全驾驶规程,违反限制车速的规定(如超速、低速行驶等),强行超车,逆行,通过交叉路口不减速,左、右转弯及掉头不适当,违反停车或临时停车规定;违反优先通行原则,路口闯红灯,与前车不保持安全间距,装载不适当,酒后驾车(含醉驾、毒驾),机械故障,过度疲劳驾车,违反铁路道口通行规定,以及摩托车、轻便摩托车驾驶员因违反交通法规行车等所造成的交通事故。

2)非机动车事故

非机动车事故是指自行车、电动自行车、人力车、三轮车、畜力车等按非机动车管理的车辆负主要以上责任的事故。在非机动车与行人发生的交通事故中,非机动车一方负一半及以上责任的应视为非机动车事故。因为非机动车与行人相比,非机动车属于交通强者,行人属于交通弱者。其中,骑自行车人违反交通法规,包括在快车道上骑车,逆行,骑快车,左、右转弯时无视来往机动车而猛拐,在交叉路口闯信号灯,双手或一只手离开车把骑车,车闸失效,雨天骑车打伞,骑车带人,在人行道上骑车以及载物不当等。

3)行人事故

行人事故是指在交通事故的各方当事人中,行人负主要责任以上的事故。行人违反交通法规,包括无视交通信号、不走人行道、在快车道或慢车道上行走、随意横穿道路或斜穿道路、在停放的车辆前后横过道路、儿童在街道上玩耍、行人在道路上作业或行走时精神不集中等。

4）其他事故

其他事故是指其他在道路上进行与交通事故有关活动的人员负主要以上责任的事故。如因违法占用道路造成的交通事故等。

2. 按事故后果分类

(1) 根据人身伤亡或者财产损失的程度或数额，交通事故分为轻微事故、一般事故、重大事故和特大事故。事故统计和处理中统一使用的交通事故等级划分标准为轻微事故、一般事故、重大事故和特大事故。

①轻微事故。轻微事故是指一次造成轻伤 1~2 人，或者财产损失机动车事故不足 1000 元，非机动车事故不足 200 元的事故。

②一般事故。一般事故是指一次造成重伤 1~2 人，或者轻伤 3 人以上，或者财产损失不足 3 万元的事故。

③重大事故。重大事故是指一次造成死亡 1~2 人，或者重伤 3 人以上 10 人以下，或者财产损失 3 万元以上不足 6 万元的事故。

④特大事故。特大事故是指一次造成死亡 3 人以上，或者重伤 11 人以上，或者死亡 1 人，同时重伤 8 人以上，或者死亡 2 人，同时重伤 5 人以上，或者财产损失 6 万元以上的事故。

(2) 按照国家统计局批准的交通事故统计范围的规定，轻微事故只作处理，不作统计。其中：

①死亡事故。等级划分标准中的死亡事故是指因道路交通事故而当场死亡和受伤后 7 天内救治无效死亡的。

②重伤。重伤主要是指使人肢体残废或者毁人容貌的；使人丧失听觉、视觉或者其他器官功能的；以及其他对人身健康有重大伤害的。

具体人体损伤程度的确定，应按《人体损伤程度鉴定标准》执行。

③轻伤。轻伤是指表皮挫裂、皮下溢血、轻度脑震荡等情况，具体按《人体损伤程度鉴定标准》执行。

④财产损失。财产损失是指交通事故造成的车辆、财产直接损失折款，不含现场抢救（险）、人身伤亡善后处理的费用，也不含停工、停产、停业等所造成的财产间接损失。

(3) 在交通事故处理中，死亡不以事故发生后 7 天内死亡的为限；重伤、轻伤同样按上述统计标准；财产损失还应包括现场抢救（险）、人身伤亡善后处理的费用，但不包括停工、停产、停业等所造成的财产间接损失。

(4) 在日本，交通事故是根据事故后果分为死亡事故、重伤（Ⅰ、Ⅱ类）事故、轻伤事故和物损事故。死亡事故是指交通事故发生后 24h 内死亡的事故；Ⅰ类重伤事故是指交通事故负伤后治疗期在 90 天以上者；Ⅱ类重伤事故是指交通事故负伤后治疗期在 30 天以上者。

3. 按事故原因分类

任何交通事故的发生都有其原因。交通事故原因可分为主观原因和客观原因两类。

1) 主观原因造成的事故

主观原因造成的事故,是指造成交通事故的当事人本身内在的因素。如主观过失或有意违法,主要表现为违反法规、疏忽大意和操作不当等。

违反法规是指,当事人由于主观方面的原因,不按交通法规的规定行驶或行走,致使正常的道路交通秩序混乱发生交通事故。如酒后驾车、毒驾、无证驾驶、超速行驶、争道抢行、故意不让行、违法超车、违法超载、非机动车走快车道、行人不走人行道等原因造成的交通事故。

疏忽大意是指,当事人由于心理或生理方面的原因,没有正确地观察和判断外界事物而造成的失误。如心情烦躁、身体疲劳等都会造成精力分散,反应迟钝,表现出瞭望不周,采取措施不当或不及时;也有的当事人仅凭主观想象判断事物,或过高地估计自己的技术,过分自信,引起驾驶行为不当而造成事故。

操作不当是指,驾车人技术生疏、经验不足,对车辆和道路的情况不熟悉,遇有突发情况时惊慌失措,引起操作错误。如有的驾驶员制动时误将加速踏板当成制动踏板踩下;有的骑自行车人遇到紧急情况不知停车等而造成交通事故。

2) 客观原因造成的事故

客观原因造成的事故,是指车辆、环境、道路方面的不利因素而引发的交通事故。客观原因在某些情况下易诱发交通事故,特别是道路、环境和气候方面的因素。对于道路和环境方面的因素,目前还没有很好的调查和测试手段。因此,在事故分析中有时会忽视这些因素。这需要引起人们的重视。

任何一起交通事故都有其促成事故发生的主要情节和造成事故损害后果的主要原因。据统计和分析,绝大多数交通事故都是因为当事人的主观原因造成的,而客观原因所占的比例相对较少。

4. 按事故第一当事者或主要责任者的内在原因分类

这类交通事故一般分为3种,即由于交通事故第一当事者或主要责任者的观察错误、判断错误以及操作错误所引起的交通事故。

1) 观察错误

观察错误是指当事人心理或生理方面的原因所致,即对外界环境的客观情况没有正确的观察,或由于道路条件不良、交通标志标线不清以及由于交会路口冲突区太大等引起的观察错误。

2) 判断错误

判断错误包括对对方车辆的行动、对道路的形状和线形、对对方车辆的速度以及自己车辆与对方车辆的距离判断有误,或过分相信自己的技术以至于对所驾驶车辆的性能和速度估计判断有误。交通事态判断过程常发生在极短的时间内(一般为0.1s)。根据有关统计数据,由于判断错误而引起的交通事故占30%～35%。

3) 操作错误

操作错误,主要是指技术不熟练,特别是新领证驾驶员,由于对车辆和道路不甚熟悉,遇到紧急情况时就不能应付自如,容易出现慌乱,发生操作错误而引起交通事故。此外,由于车辆本身机械故障(如制动、转向失灵),更易导致驾驶员的操作错误。

### 5. 按事故的对象分类

1）车辆交通事故

车辆交通事故，是指因车辆之间发生刮擦、碰撞而引起的事故。刮擦是车辆侧面接触的现象，刮擦可分为超车刮擦、会车刮擦等。碰撞又常可分为正面碰撞、追尾碰撞、侧面碰撞、转弯碰撞等。这类事故占事故总数的70%以上。

2）车辆与行人的交通事故

车辆与行人的交通事故，是指机动车对行人的碰撞、碾压和刮擦等事故。这类事故包括机动车驶上人行道以及行人横穿道路时发生的交通事故。其中，碰撞和碾压常导致行人重伤、致残或死亡。刮擦相对前两者后果一般比较轻微，有时也会造成严重后果。在发达国家，车辆碰撞行人事故导致死亡人数占总数的10%～20%；据公安机关交通管理部门2017年统计，我国这类事故导致死亡人数占总数的27.1%。

3）机动车对非机动车的交通事故

由于我国道路交通主要是混合交通，因而这类事故在我国主要表现为机动车碾压骑车人的事故。我国号称"自行车王国"，自行车的拥有量居世界之首。近些年，电动自行车大量涌现，电动自行车事故伤亡比例已经超过自行车事故。自行车事故死亡和受伤人数在我国2017年交通事故死伤总人数中所占比例分别为4.4%和3.3%，而电动自行车分别为11.7%和15%。

4）车辆单方事故

车辆单方事故，是指机动车没有发生碰撞、刮擦、碾压等的翻车和坠落事故。例如，车辆由于行驶速度太快，或车辆在转弯或掉头时所发生的翻车事故，以及在桥上因大雾天气或因机件失灵而产生的车辆坠落的事故等。

5）车辆碰撞固定物的事故

车辆对固定物碰撞的事故是指车辆与道路两侧的固定物相撞的事故。其中，固定物包括道路上的作业结构物（作业车辆、养护机械、警示装置等）、护栏、道路附属设施（隔离墩、路缘石、警示桩、路灯杆、交通标志杆等）、行道树以及路外建筑物等。

### 6. 按事故发生地点分类

交通事故发生地点一般有多种分类方法。按照道路类型可分为公路和城市道路；按道路交通量分为5个等级，即高速公路、一、二、三、四级公路；按道路行政等级划分为国道（G）、省道（S）、县道（X）、乡道（Y）及专用公路（Z）。

其他分类方法还有：按伤亡人员职业类型分类；按肇事者所属行业分类；按发生事故时的天气分类；按发生事故的地形条件、道路线形、路面类型、路面通行条件、道路横断面位置、路口路段、道路物理隔离、路侧防护设施、交通控制方式、照明条件、能见度条件、交通方式等分类；按肇事驾驶员所持驾驶证种类、驾龄分类。

## 第三节 交通事故的形式

交通事故的形式，是指交通事故参与者之间发生冲突或自身失控肇事所表现出来的具体形态。它基本上可被分为碰撞、碾压、刮擦、翻车、坠车、爆炸和失火等7种形式。

1. 碰撞

碰撞是指交通强者(相对而言)的正面部分与他方接触,或同类车的正面部分相互接触。碰撞主要发生在机动车之间、机动车和非机动车之间、机动车与行人之间、非机动车之间、非机动车与行人之间,以及车辆与其他物体之间。根据碰撞时的运动形态,机动车之间的碰撞可分为正面碰撞、侧面碰撞、追尾碰撞等。

2. 碾压

碾压是指作为交通强者的机动车对较弱者(如自行车或行人等)的推碾或压过。虽然在碾压发生之前,大部分已发生了碰撞,但在习惯上一般都称为碾压。当汽车将行人或骑车人等撞倒卷入车轮之下时,有经验的驾驶员可能会释放制动踏板,让车轮从受害者身体上滚过,以免形成推碾而加重事故后果。

3. 刮擦

刮擦是指交通强者的侧面部分与他方接触,造成自身或他方损坏。刮擦主要表现为车刮车、车刮物、车刮人。对汽车乘员而言,发生刮擦事故时的最大危险来自破碎的玻璃、车身钣金及装饰件;但也有车门被刮开,将车内乘员甩出车外的情况。

根据车辆运动情况,机动车之间的刮擦可分为会车刮擦和超车刮擦。

4. 翻车

翻车是指车辆的全部车轮或部分车轮悬空、车身着地的现象,通常是车辆未发生其他事态而造成的翻车。翻车一般分为侧翻和滚翻两种。车辆的一侧轮胎离开地面称为侧翻,所有的车轮都离开地面称为滚翻。为了准确地描述翻车过程和最后的静止状态,也可用90°、180°、270°、360°、720°翻车等概念。

5. 坠车

坠车通常是指车辆跌落到与路面有一定高度差的路外,如坠落桥下、坠入山涧、坠入水中等。

6. 爆炸

爆炸是指因将爆炸物带入车内,在车辆行驶过程中,因振动等原因引起爆炸造成事故。若驾驶员无违法驾驶行为,就不算是交通事故。

7. 失火

失火是指车辆在行驶过程中未发生违法驾驶行为,而是由于某种人为或技术原因而引起的车辆火灾。常见的原因有乘员使用明火、违法直流供油,发动机回火,电气系统出现短路、漏电等。

汽车失火的内在因素,是因为目前汽车使用的各种燃料以及部分防冻液,都是易燃的液体物质。汽车燃油或防冻液的失火常引起车辆本身的可燃物质,如轮胎、油漆、油封、纤维或皮革件、木质或塑料件以及所装载货物等发生燃烧,造成车辆失火事故。足够高的温度和充分的空气是易燃物品发生燃烧的必备条件,即引起汽车失火的外因条件。

汽车失火常造成严重的车辆事故。这种火情燃烧突然、迅速,常难以及时扑灭。许多车辆常由于失火而报废。因此,防范汽车失火事故,应以预防为主、扑救为辅的原则。具体的失火预防措施和方法是,除了在车库、车场和汽车上应设有消防器材外,最重要的还是严格控制各种火源,加强对油料使用的管理。

我国道路交通各类事故形态死亡人数对比如图2-1所示。其中正面碰撞、侧面碰撞、追尾碰撞在内的车对车碰撞交通事故无论是事故次数、人员伤亡,还是直接财产损失都占到相应总数的 2/3 以上。

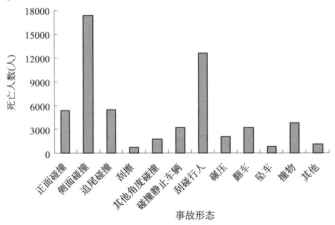

图 2-1　全国各类交通事故形态死亡人数对比

## 第四节　交通事故的原因

交通事故的原因分析是交通事故研究的主要内容之一,是采取预防交通事故对策的依据,也是鉴定交通事故当事人责任的关键。交通事故是随机事件,现象千变万化,原因错综复杂。即交通事故的构成原因是多因素互相作用的结果,很难用一个固定的模式或数学表达式精确地描述它。

交通事故的原因有主观的,也有客观的;有直接的,也有间接的;有造成事故的原因,也有引起事故后果的原因。通常讲"违法是肇事的前因,肇事是违法的后果"。在某种意义上,这不无道理。但是,不能把违法无条件地列为交通事故的原因,并作为认定事故的依据。交通违法和交通事故之间并不一定存在必然的因果关系。研究交通事故原因的方法可通过两个途径,既可通过宏观的统计分析,也可通过微观的案例分析。前者着重于找出造成交通事故原因的规律,为采取预防交通事故的对策提供依据;后者则侧重于鉴定事故的责任,满足事故处理的需要,当然也具有事故预防的意义。本节将从心理学、人类工效学、统计学、交通工程学以及与驾驶员行为有关的饮酒、疲劳等不同的角度分析事故的原因。

### 一、交通事故成因的心理学分析

产生道路交通事故的相关因素涉及人、车、路、环境、管理。但究竟在何种条件下发生交通事故,从心理学的观点,产生事故的行为 $B$ 可表达为

$$B = f(P, E) \tag{2-1}$$

式中:$P$——人的因素,包括所有交通参与人的素质、遵守交通法规的意识、知识水平、身心状态、感觉功能、动作功能、经验、疾病、疲劳、气质等;

$E$——环境因素,包括肇事车辆的各种性能、路况、交通密度、天气状况、照明及交通参与人的家庭、社会、工作单位等情况。

在诸多因素中,任何一项因素均有出现问题的可能,且与其他因素互相作用,情况错综复杂。因而分析交通事故时,必须本着客观、真实、全面的原则,准确地找出事故的原因。

在道路交通系统中,交通参与人是最为核心的因素。尤其在道路交通安全方面,驾驶员起着决定性的作用。在道路交通事故中,由于驾驶员原因造成的事故占绝大多数。据统计结果,人的因素是造成交通事故的主要原因,由此造成的交通事故约占总事故的95.30%。在人的因素造成的事故中,因机动车驾驶员的过失造成交通事故的约占87.5%,非机动车驾驶员占4.7%,行人、乘客占5.19%,其他人员占2.63%。

由驾驶员失误发生的交通事故从表面上看原因是多种多样的,但分析其内在原因可发现,交通事故主要是由于感知迟缓(错误)、判断不准确(或判断过慢、判断失误)、操作不当3个方面的原因造成的。有关调查资料表明,其中感知迟缓引起的事故约占55%,判断错误的事故约占40%,操作不当约占5%。

驾驶员对任何一个信息的处理都要依次经过信息感知(观察)、分析判断(推断和决策)、操作(执行)3个阶段。每个阶段的错误都将造成整个信息处理过程的迟缓甚至失败,从而引发交通事故。

信息感知就是收集理解信息的过程。感知是感觉器官所获得的信息在大脑中的反映。信息先由感觉器官接收,经神经传到大脑皮层,产生相应的映像。这个过程的速度通常是相当快的。若因某种原因使得这个速度变慢,就是感觉迟缓;若在大脑中产生的映像出现错误就是感知错误。

发生感知迟缓或感知错误的原因,除了刺激物方面的原因如有些信息过于突然、过于隐蔽、刺激强度过弱等以外,主要是驾驶员心理和生理方面的原因。心理方面主要有注意力不集中、注意范围过小、注意转移和分配能力差等。生理方面的原因主要是感觉器官和大脑机能不正常,比如有视觉障碍(色盲、近视)、酒精或药物作用、疲劳等,都会造成感觉器官和大脑迟钝,使得感知缓慢甚至错误。

信息被感知以后,驾驶员把感知到的信息与自己的知识、经验进行对照、分析,然后判断出道路的宽窄、软硬,前后车速、意图,行人的年龄、行走方向与速度,自己车辆的技术状况,本身健康状况及心理机能等,并决定采取相应的措施。在这些项目中的任何一项判断不准,都容易发生交通事故。

驾驶员判断错误的原因常有感知材料不全面、不准确,知识、经验不丰富,对感知的情况不知如何处理,犹豫之下造成判断失时;存在侥幸心理,知己不知彼,凭自己的主观想象去猜测对方车将会怎样减速,行人将会如何躲让。以猜测为基础作出判断,结果经常是事与愿违而造成事故。

信息被感知和判断之后,驾驶员大脑将发出指令,指挥肢体作出相应的操作反应,即手脚按大脑决策后的指令,进行具体操作,并对汽车产生作用效果。操作错误造成的事故虽然不多,但常会导致一些比较严重的交通事故。

发生操作失误主要是因手脚动作的错误或不恰当,或手脚配合不协调造成的。

在实际驾驶过程中,感知、判断、决策、操作是有机结合的。感知是判断的前提,为判断提供材料,是分析的源泉。分析、判断是为操作反应提供指令。操作是感知、判断的结果。同时,操作的结果又反馈到感觉器官,对操作进行修正、调整。感知、判断、操作构成驾驶员的信息处理过程,其中任何环节出错都会导致交通事故。

## 二、交通事故成因的统计分析

从统计学的角度,可把交通事故看成是由于错觉而引起的行车遭遇的概率现象。在交通事故的总次数中,汽车单独事故约占7%,约93%的交通事故都是由行车遭遇引起的。

### 1. 错觉与遭遇

行车遭遇是指汽车在道路上行驶时与其他车辆、行人之间所发生的交通遭遇。行驶中汽车超越其他车辆或被其他车辆超越为超越遭遇,两车在路上相会为会车遭遇,同时进入交叉路口的不同方向为交错遭遇,躲避行人为避让遭遇等。汽车每出行一次,因时间、地点、条件和目的的不同,可能有百次、千次乃至上万次的各种遭遇。

根据日本统计资料,职员单是上下班驾驶轿车,每辆车平均每天有100次行车遭遇。我国生产型和公共服务型车辆占有很大比例,加上混合交通流中的自行车和行人,所以每天每辆车的行车遭遇次数远超过工业发达国家的私人轿车的行车遭遇次数。假设每辆车每天平均有100次遭遇,2017年的统计资料表明,全国有30986万辆机动车,出车率按70%计算,为21690万辆,扣除种种原因,一年按300天计算,21690万辆车乘以300天,再乘以行车遭遇100次,就等于有65070亿次行车遭遇。当然,这65070亿次行车遭遇中的绝大多数,由于相互之间或双方中的一方的正确观察、判断和采取措施,或由于交通法规、交通管理的指导而安全通过。但也有不少由于出现错觉,判断不准确,操作失误而发生交通事故。当然有错觉的行车遭遇也并非一定会发生交通事故,因为有的在碰撞前的瞬间得以改正,有的由于双方并未形成错觉而避免了交通事故的发生。

错觉是一种错误的知觉。驾驶员认识错误,判断不准确,操作失误都表示为一种错觉的心理状态。如像交通事故的驾驶员在笔录时常说:"没有想到……""没有觉察到……""没有注意到……"等,都是错觉的反应。

假设在每100万次行车遭遇中,出现一次可能发生事故的错觉,则全国一年65070亿次的遭遇中,就有可能出现65.1万次事故。当然这65.1万次事故是包括那些未被列入统计范围的轻微事故。多少次交通事故中会有一次死亡事故也不是绝对的,只能从已发生的交通事故中的死亡事故实际数据中伴随以其他条件的变化,运用科学的方法进行探讨和运算。

预测交通事故和死亡人数的因素和方法很多。从统计学的观点,交通事故次数表达式为

$$W = MP \tag{2-2}$$

式中:$W$——交通事故次数;

$M$——可能诱发成交通事故的行车遭遇数;

$P$——这些遭遇中能形成事故的概率。

错觉是一种人类不可能完全避免的自然现象。汽车行车遭遇中的错觉常会引起交通事故,付出血的代价。因为交通错觉是事关人身伤亡的大事,这就必然成为人们重视的问题。

### 2. 行车错觉

驾驶员行车速度不仅受驾驶技术影响,而且受身体、心理、年龄、环境等诸多因素的影响,在行车中往往会产生各种各样的错觉。交通统计中的错觉主要有距离错觉、速度错觉、

坡度错觉、宽度错觉、颜色错觉、光线错觉和时间错觉等。这些错觉与错看不同。错觉是即使注意了往往也难于避免的人类知觉特性。因此,驾驶员应了解这些特性,并在行车中预防错觉带来危险。

1)距离错觉

对于路上各种类型的车辆,驾驶员有时会对对向车长、会车距离及跟车距离产生错觉。例如,同样的距离,白天看起来近,而在夜间及昏暗的环境感觉远;前面是大车时,感觉距离近;前面是小车时,感觉距离远;路上参照物多时感觉距离近,参照物少时感觉距离远。

2)速度错觉

速度错觉主要表现为速度感钝化。驾驶员一般根据所观察景物移动作参照物来估计车速,景物移动的多少和丰富程度会导致对车速的不同判断。例如,在市区道路上对车速易于高估,而在旷野道路上易于低估;在加速时易于将低速高估,在超车时会延长超车距离;在减速时易于将车速低估,以致转弯、会车时因车速过高而发生危险;长时间以某一速度行驶后会对该速度产生适应,对其余速度易于错估,特别是误将高速低估。机动车从郊区驶进城区易发生追尾撞车事故,就是这个原因。

3)坡度错觉

在距离很长的坡道上下坡,会产生好像是在平路上行驶的感觉。在下长坡接近坡底、坡度变得较小时,车辆实际上还在下坡行驶,驾驶员却有汽车变成上坡行驶的感觉。这时,若误以为是在上坡行驶而加大节气门开度,车速就会更快。在上坡途中坡度变缓时,驾驶员却有汽车下坡行驶的感觉。这时,驾驶员若误认为汽车是在下坡行驶而减小节气门开度,易使车辆发生溜坡现象。

4)宽度错觉

夜间在两侧植有行道树的公路上行驶,两旁树木的反光会使驾驶员产生一种车辆在狭窄的通道里行驶的感觉。当路两侧树木变矮或消失后,驾驶员又会误以为汽车驶出窄道而加大节气门开度使汽车增速。驾驶员在高速超车过程中会感觉到道路比较窄;转弯时也会误以为道路明显变窄而误操作。当汽车通过正在施工的路段时,本来道路是从中间平分的,但驾驶员会感觉施工的一侧宽,自己行车的一侧窄等现象。

5)颜色错觉

在市区等交通情况复杂的路段,周围景物五颜六色、多姿多彩、相互交错、涌动变幻,容易分散驾驶员的注意力。特别是在夜间行车,驾驶员容易将路口红绿灯误当成霓虹灯,或把停驶车辆的尾灯当成正在行驶车辆的尾灯。另外,汽车外表颜色还会引起驾驶员视觉上远近的差异。如浅色调使车辆显得大些,感觉近些;深色调使车辆显得小些,感觉远些。夏季驾驶员戴墨镜时,易将涂色物体"滤"掉而产生错觉。

6)光线错觉

阳光、物体反光、夜间远光灯的强光都会使驾驶员的视觉暂时难以适应,形成光线错觉。如阳光下路旁树木交替变换的阴影、原野积雪等,易使人发生眩目现象;进出隧道时,肉眼暂时不能适应,都会形成错觉。

7)时间错觉

驾驶员心情愉快时,感觉时间过得快;心情烦躁时,感觉时间过得慢。另外,驾驶员在任务紧急、急于赶路时,也会产生抢时间的想法,认为时间过得特别快,以至于盲目开快车。

### 三、交通事故成因的人类工效学分析

人类工效学寻求通过"机器"(实际上是它所处于工作场所的一切方面)适应操作者能力的要求,使工作效率、安全性、舒适性等达到最佳状态。通过人与机器以这种方式联系起来,而建立了人和机器两者之间的关系。人们通过感觉器官接受机器的信息,并以某种方式作出反应,就能通过各种控制设备改变机器的运行状态。例如,驾驶员期望汽车按一条预定路线安全行驶,驾驶员与汽车之间就需要建立这样一种关系:当汽车偏离预定的路线时,驾驶员通过视觉或听觉器官接收汽车偏离路线的信息,然后才能作出判断。驾驶员通过控制转向盘来校正汽车,以保持预定的行驶路线。驾驶员又会接收到校正后的汽车行驶方向信息,重新作出反应。这个过程不断地反复进行,直至汽车行程终结为止。

人类工效学的任务就在于维持和加强人-机器闭环系统的运行,设法增加信息的传递速度。例如,用风窗玻璃或易于识别的道路信息及标志,或使控制器的操作更为有效,改变控制器位置及大小等。

随着科学技术的进步,机器越来越复杂,而有能力操作高度复杂机器的人毕竟有限。即使操作者经过严格的培训,其适应机器的能力也是有一定限度。因此,操作者不能适应机器的矛盾日益突出,常因人-机匹配不当而出现各种事故。

在道路交通领域,交通参与者处于人-车-路组成的动态复杂大系统中。车辆与道路条件直接与人有关。随着车辆数量迅速增加和车速的提高,存在着人与高速行驶的车辆及道路不适应的问题。这种不适应常表现为交通事故的发生。

1.事故及其发生的一般原因

事故发生的原因,在很大程度上取决于决定操作者的行为性质。按人类工效学的观点,事故发生常是由于环境(包括道路条件和车辆技术状况)对驾驶员的要求超出了其负荷能力。这种情况可从图2-2上看出。

在图2-2中,下曲线表示在各个瞬间由环境产生变化的要求。例如,驾驶员在驾驶车辆行驶时,客观环境要求其反应敏捷、技术熟练、协调一致,包括转弯、变速、制动等操作,以使车辆正常、安全地在道路上按预定的路线行驶。上曲线表示操作者(驾驶员)的能力随时间的变化。在图2-2中A点时刻,环境对驾驶员的要求高,可能是一个老年行人正在横穿道路,车辆必须避让他;此时,驾驶员的能力却有些降低,比如精神分散。但驾驶员能力的降低尚不严重,基本还能满足交通环境的要求,不致发生交通事故。而在B点,驾驶员的能力降低得过低(可能是其注意力集中在其他事情上,或者是阳光耀眼,或者太疲劳),已远不能满足瞬间交通环境的要求,这时就不可避免地发生一起交通事故。

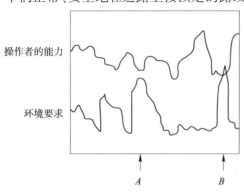

图2-2 驾驶员行为和环境要求

虽然交通事故的原因有其深刻的内容,但可归结为这3个主要因素:①可预见性低;②可避免性低;③有意识性低和过失性高。一个交

通事件包括这3个主要因素的成分越多,就越可能演变成一起"交通事故"。

据此可以认为,交通事故是人对交通环境缺乏可预见性、难以避免及其无意识等因素综合效应作用的结果。由于交通事故难以预见,并且不经常发生,它的发生具有随机性、突发性、偶然性,很少能直接地进行观察研究。因此,交通事故多半是通过交通事故报告进行研究。另外的办法是,通过对于"小事故"或者"模拟事故"直接观察,但这些办法的缺点是可靠性差。因为这些都不是对真实发生交通事故的直接观察。

2. 事故发生原因的见解

交通参与者的行为若有缺陷或不足,就可能导致交通事故。交通参与者的行为非常复杂,受许多因素如生理和心理因素的影响。目前,对人的行为引起交通事故的原因有两种见解。

1) 学习的见解

驾驶员已经形成习惯的动作或行为,其中有安全的,也有不安全的。而习惯性动作的形成,则是从学习中获得的。

驾驶员的动作可分为安全的和不安全的两种。根据学习的观点,经常执行安全动作,时间长了,安全动作就成习惯,也就不易发生交通事故。相反,不安全行为在实际工作中很多,日久会形成习惯性动作,常会导致交通事故。

为了能有意识地让驾驶员多执行安全动作,可通过各种的学习达到安全操作的目的。例如,进行交通安全宣传,举办各种交通安全学习班,办驾驶员培训学校。但这些方法有时收效甚微。在受教育、培训期间,驾驶员是按安全方式驾驶车辆,但学习、培训结束后,常又会做出不安全的动作,表现出不安全的驾驶行为。

2) 事故记忆关系的见解

在实际工作中,有许多任务的完成要求有很好的记忆。驾驶员必须记住操作的顺序、各种信号的意义及应作出的反应等。但是,人类大脑存储信息的能力是有限度的。在正常操作中不常做的动作,就需要记住。但要切实记住却是不易的,遗忘(忘记)却常是交通事故的先兆。

遗忘的原因是相当复杂,它是生理上的一种衰退现象。有研究指出,记忆的衰退是由于被以前学过的材料削弱(前干扰作用),或者记忆的保留被以后的学习材料削弱(后干扰作用)。

在绝大多数情况下,遗忘了控制系统中的某一环节,不一定会发生事故,这是因为并没有进行此操作。但如果出现错误的记忆,反而容易造成交通事故。

## 四、交通事故成因的交通工程学分析

交通事故是道路交通系统中由于人、车、路、环境诸要素配合失调而偶然发生的。分析交通事故成因最重要的任务是分析人、车、路、环境对交通事故形成的作用。

1. 人的因素

人是交通安全的主体。在道路交通系统中,人既是交通事故的制造者,又是交通事故的受害者。人包括所有使用道路者,如驾驶员、乘车人、骑自行车者、行人等。他们是交通系统中的客观对象,若不能全面、及时地感知,正确地思维,准确地判断,灵敏地操作反应,就会酿成交通事故。

人的反应时间长短与交通事故的发生有密切的关系。统计资料表明,反应时间长的人,事故率也高。以制动的反应时间为例,无事故的驾驶员平均为 0.377s,发生事故的驾驶员平均为 0.393s,两者反应时间相差了 0.016s。

反应是否及时,主要取决于反应时间的长短。反应时间长短与刺激物的种类有关。在各种刺激物中,以声音刺激的反应时间为最短,见表 2-1。这些都是在有准备条件下的测试结果。在实际交通情况下,驾驶员的反应时间相对较长。

**反应时间与刺激物的关系**　　　　　　　　　　　　　　　　　　表 2-1

| 刺激物种类 | 平均反应时间(s) | 刺激物种类 | 平均反应时间(s) |
| --- | --- | --- | --- |
| 触刺激 | 0.182 | 味刺激 | 0.350 |
| 音刺激 | 0.149 | 温度刺激 | 0.440 |
| 光刺激 | 0.200 | | |

反应时间长短与刺激物的刺激强度有关。刺激强度越大,反应时间越短。如各种交通标志设计得大而醒目,则说明有相当的亮度,有利于缩短驾驶员的反应时间。

反应时间长短与产生反应的身体部位有关。无论是左手或右手,都比脚反应快,见表 2-2。

**手脚的反应时间**　　　　　　　　　　　　　　　　　　表 2-2

| 手或脚 | 反应时间(s) | 手或脚 | 反应时间(s) |
| --- | --- | --- | --- |
| 左手 | 0.144 | 右脚 | 0.174 |
| 右手 | 0.147 | 左脚 | 0.179 |

反应时间长短与反应者年龄、性别有关。通常,儿童、老人、女性的反应时间相对较长。若以红色信号来刺激驾驶员,不同年龄驾驶员的反应时间见表 2-3。

**年龄与反应时间**　　　　　　　　　　　　　　　　　　表 2-3

| 年龄(岁) | 平均反应时间(s) | 年龄(岁) | 平均反应时间(s) |
| --- | --- | --- | --- |
| 18~22 | 0.48~0.56 | 45~60 | 0.78~0.80 |
| 22~45 | 0.58~0.75 | | |

反应时间长短与显示刺激性质和对比强弱程度有关。两种颜色对比鲜明时,反应时间较短;两种颜色接近时,反应时间较长。

反应时间长短与反应者心理上有无准备有关。心理上对反应有准备,反应时间短;突然的刺激出现时,心理上无准备,反应时间就会变长。

以上列举的各种反应时间,都是对应于一种刺激,只需要做出一种动作即可。这个动作所需要的时间,称为简单反应时间。

对于两种以上的刺激,对每种刺激要作出不同的反应,甚至对其中某些刺激物要作出反应,对某些刺激物不作出反应。这类反应称为选择反应,所需反应时间称为选择反应时间。选择反应时间比简单反应时间长,而且刺激物越多,反应时间越多。

此外,有关调查表明,山区、郊区的驾驶员初到交通繁忙的市区,对交通信号灯的反应较

慢;公共汽车驾驶员的反应较快,新驾驶员的反应都比较慢。反应迟缓的原因,除驾驶员思想不集中外,也与驾驶员的素质有很大关系。

人为责任交通事故的发生,原因是多方面的。其中,有的是驾驶员的疏忽大意、违法驾驶,操作失误;有的是因行人、非机动车驾驶员不遵守交通法规所致。

从驾驶员方面分析,驾驶员责任事故的发生主要在行驶过程中反应、判断、操作3个环节上出现失误,见表2-4。

驾驶员责任事故的原因分析  表2-4

| 内在因素 | 交通事故次数(起) | 构成率(%) | 内在因素 | 交通事故次数(起) | 构成率(%) |
| --- | --- | --- | --- | --- | --- |
| 察觉迟缓 | 656 | 59.6 | 其他因素 | 9 | 0.8 |
| 判断错误 | 384 | 34.8 | 合计 | 1102 | 100 |
| 驾驶错误 | 53 | 4.8 | | | |

驾驶员在行车过程中注意力分散,没有及时发现险情,认为自己车前、车后无其他车辆和行人的影响。驾驶员疲劳过度、休息不充分、睡眠不足、酒精作用、药物作用、身体健康状况欠佳等潜在的心理、生理性原因,造成反应迟缓而酿成交通事故。

驾驶员由于驾驶技术生疏、情绪不稳定、维修制度不落实,致使制动或转向回避不充分而发生操作等错误也会引发交通事故。操作上的错误大多数都与反应、判断的迟缓或错误有着直接的关系。这是操作错误肇事的主要特点。

2.车辆原因

车辆是现代道路交通系统中的主要元素。车辆技术状况是影响道路交通安全的直接因素。车辆因素主要是指机动车因素。机动车性能不佳、机件失灵或失效、零部件损坏,均可成为造成交通事故的直接因素。影响汽车安全性的主要因素有车辆的转向、制动、行驶和电气4个部分。

1)转向部分

汽车转向系统是由转向器和转向传动机构组成的。在转向系统中影响行车安全的主要因素是转向沉重、汽车摆头、行驶跑偏等。

转向沉重,常常是因为使用中有关机件的变形和维修装配时调整不当或间隙过小等所致。汽车摆头是汽车行驶时前轮摆动造成的操纵不稳,甚至高速行驶时出现蛇形轨迹。汽车摆头的原因较多,如前束调整不当、车轮不平衡、转向盘游隙过大等均可造成行驶摆头。

汽车跑偏的主要原因是汽车前桥左、右轮胎气压不等,前轮定位(前束、主销后倾等)不正确,车架撞击变形后未矫正等造成的。

以上分析说明,转向系统故障对行车安全的影响极大。转向系统的零部件若有异常现象发生,便有可能造成交通事故。在高速、山区、带挂车行驶时,转向系统更为重要。因转向横、直拉杆等转向传动机件的脱落造成转向失效,就会发生重大交通事故。

2)制动装置

汽车制动装置是降低车速、停止车辆的控制与安全机构,是汽车行车安全的核心部件。制动装置常出现的故障有:制动力不足;轻踏制动踏板无制动力;释放制动踏板后,不能迅速解除制动;制动器发咬;制动系统压力低和气压表指示突然下降;制动跑偏。这些情况反映在制动上,有制动失效、制动距离延长、制动跑偏、制动侧滑等。制动装置故障的原因有:制动阀至制动气室的管路或接头漏气;制动鼓(盘)内有油;制动鼓失圆或制动盘变形等。

据调查统计,汽车因制动距离延长、制动跑偏和侧滑问题引起的交通事故约占事故总数的15%;其中侧滑引起的事故最多,占事故总数的7.5%以上。

3) 汽车行驶系统

汽车行驶系统由车轮、车桥、车架和悬架等机构组成。它承担着汽车的全部质量,并传递驱动力和制动力等力和力矩,还要承担路面对汽车的冲击。

汽车行驶中轮胎爆裂、磨损严重、充气压力不足、车轮脱落都可能引发交通事故。尤其是前轮爆裂等损坏,就会导致汽车急剧偏离行驶方向,车速越高,其危险性越大。有时汽车行驶过程中的前轮脱落会导致翻车事故。

前桥在使用中因磨损可引起机械损坏,有时出现弯曲变形或个别部位断裂等现象。车架在长期使用中发生弯曲、变形、铆钉松动甚至断裂。这些故障现象都可能酿成交通事故。

4) 电气设备

灯光和喇叭是行车中信息交流的一种"语言"。若汽车的电气设备发生故障,可能会在不知不觉中危及交通安全,导致交通事故的发生。汽车灯光,无论是照明还是信号指示,一旦发生故障,就必须停止行驶。喇叭失灵或声音太小,行车的危险性也较大。

除了汽车技术状况因素之外,交通事故与交通流的组成也有关系。交通流中,载货汽车的比例增大,交通事故率增大,其主要原因是车流的速度差大。

3. 道路因素

除人、车因素外,道路及环境作为构成道路交通系统的基本要素,也可能成为导致交通事故的主要原因。

1) 道路线形与交通事故

道路线形几何要素的不合理以及各种不良的线形组合,均可导致交通事故的发生。

直线路段过长,因道路景观是静止的,容易因单调使驾驶员产生疲劳,注意力分散,致使反应迟缓。一旦发生突然的交通情况,就会使驾驶员措手不及而肇事。

据美国公路部门统计,平曲线与交通事故关系很大。曲率越大,交通事故率越高。尤其曲率在10m以上时,事故率急剧上升。原因是曲率越大,汽车行驶中的转弯半径越小,而车辆横向所受的离心力越大,越容易发生侧滑或侧翻;同时,驾驶员的行车视距变小,视野盲区增大。道路竖曲线中的凸形竖曲线半径过小时,会影响到驾驶员的视距,使其视野变小,也是酿成交通事故的原因,见表2-5。

视距与交通事故的关系(凸形竖曲线) 表2-5

| 视距(m) | 交通事故率<br>(次/百万车·km) | 视距(m) | 交通事故率<br>(次/百万车·km) |
| --- | --- | --- | --- |
| 240以下 | 3.9 | 450~750 | 2.4 |
| 240~450 | 3.1 | 750以上 | 2.0 |

凹形竖曲线处,由于汽车处于下坡行驶状态,因车速较大,引起车辆俯仰摆动。若汽车

在夜间行车,车灯照距变短,影响停车视距,也会造成交通事故。据资料统计,竖曲线的视距越短,交通事故越频繁,见表2-6。

视距与交通事故的关系(凹形竖曲线)　　　　　　　　　　　　　　　表2-6

| 视距(m) | 交通事故率<br>(次/百万车·km) | 视距(m) | 交通事故率<br>(次/百万车·km) |
| --- | --- | --- | --- |
| 240以下 | 1.5 | 450~750 | 0.8 |
| 240~450 | 1.2 | 750以下 | 0.7 |

2)坡度与交通事故

道路的纵坡,无论上坡或下坡,对交通事故的形成都有直接的影响。汽车上坡时,由于坡度的阻力使车速降低。坡道越陡,车速下降越快;坡道越长,车速降低越多。为了维持汽车的爬坡能力,要不断地增加驱动力。如果驱动力不足,制动不及时,操作失误,就会造成车辆向下溜滑,而引起交通事故的发生。汽车下坡时,由于汽车自身重力加速度的作用,使车辆速度越来越快,尤其有的驾驶员为了节油,采取下坡熄火滑行的错误驾驶方式,一旦遇到意外的交通事态,就会来不及采取应急措施,失去对车辆的控制,易造成交通事故。

长距离的陡坡对车辆行驶安全更不利,发生事故较多。表2-7中的数据为德国高速公路的调查资料。下长陡坡容易造成交通事故,冬季道路有冰雪时,情况更为不利。

坡度与交通事故率　　　　　　　　　　　　　　　表2-7

| 纵坡度(%) | 交通事故率(次/亿车·km) | 纵坡度(%) | 交通事故率(次/亿车·km) |
| --- | --- | --- | --- |
| 0~1.99 | 46.5 | 4~5.99 | 190.0 |
| 2~3.99 | 67.2 | 6~8.0 | 210.5 |

3)线形组合与交通事故

行车安全性与不同线形之间的组合是否协调有密切的关系。不良线形组合是导致交通事故发生的重要潜在原因。

线形的骤变,如长直线的末端设置急弯曲线,事故率增加。

短直线介于两个同向弯曲的圆曲线之间形成所谓的"断背"曲线。这种道路线形容易使驾驶员出现错觉,把线形看成是反向曲线,而发生操作错误,酿成事故。在直线路段的凹形纵断面路段上,驾驶员位于下坡看到对面的上坡段,容易产生错觉,把上坡的坡度看得比实际的坡度大。这样,驾驶员就有可能采取加速以便冲上对面的上坡路段;同时,在下坡路段驾驶员看上坡车时,觉察不出自己是在下坡,因而可能发生交通事故。

在凸形竖曲线的顶部或底部插入急转弯的平曲线,前者因没有足够视距而导致急打转向盘;后者在超出汽车设计车速之地仍然要急打转向盘。这些都容易发生汽车翻车或驶出路外等交通事故。

在平曲线内道路纵断面反复凹凸。若产生这样的线形组合情形,就形成只能看见脚下和前面,而看不见中间凹陷的线形,从而容易发生交通事故。

转弯半径较小的平曲线与陡坡组合时,路段会使交通事故剧增。德国的比鲁兹对高速公路交通事故的调查已证实了这种规律,结果见表2-8。

弯道与坡度相结合的路段交通事故率(次/亿车·km)　　　表 2-8

| 曲线半径(m) | 坡度(%) | | | |
| --- | --- | --- | --- | --- |
| | 0~1.99 | 2~3.99 | 4~5.99 | 6~8 |
| 4000 以上 | 28 | 20 | 105 | 132 |
| 3001~4000 | 42 | 25 | 130 | 155 |
| 2001~3000 | 40 | 20 | 150 | 170 |
| 1001~2000 | 50 | 70 | 185 | 200 |
| 400~1000 | 73 | 106 | 192 | 233 |

4) 路面状况与交通事故

路面状况对交通安全影响较大。根据美国调查资料,路面潮湿时的交通事故率是干燥路面的 2 倍,积雪时是干燥路面的 5 倍,结冰时是干燥路面的 8 倍。

一些特大恶性交通事故大多数发生在阴雨天气。潮湿的泥泞路面因附着系数低,容易发生交通事故。其主要表现为两个方面:一是发生在制动前,路面附着能力低使驾驶员控制不住汽车;二是发生在制动后,在预定的距离内不能有效减速乃至停车。因潮湿路面的附着系数低,汽车轮胎与路面之间不能产生足够的附着力,汽车制动时轮胎会产生滑移,方向失去控制,以致发生交通事故。

据英国道路研究所的有关资料,因路面溜滑发生的交通事故与道路线形的关系很大。半径不足 150m 的弯道路段,因路滑的交通事故率为直线路段上的 48 倍,而环形交叉道路上因路滑交通事故是直线路段的 80 倍。

5) 交叉路口与交通事故

交叉路口是道路交通的枢纽。驾驶员在交叉路口处要选择自己的行车路线,从而与其他车辆发生交织或冲突,因而常是交通事故的高发点。据我国交通事故统计资料表明,平面交叉路口的交通事故约占交通事故总数的 11%。

由于在平面交叉路口附近的交通流既有汇合,又有分散,不同方向的车流在交叉路口形成较多的冲突点和交织点,如图 2-3 所示。

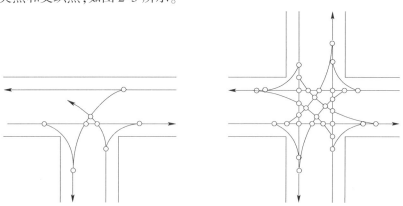

图 2-3　平面交叉路口的基本冲突形式

由图 2-3 可见,在平面交叉路口,交通流的交叉、合流和分流冲突点和交织点的数量,随着平面交叉路口的支路数增加而急剧增加。事实证明,每一个冲突点均为一个潜在的事故点。

实质上而言,各种冲突是车辆相对速度(矢量)的冲突。即两个同方向、同速度的车辆,在交通流中发生冲突的可能性最小;而两个方向相反的车辆,在交通流中发生冲突的可能性最大。因为前者相对速度小,后者相对速度大。所以,一般道路上都要求道路中间设分隔带,分隔交通流。调查表明,影响交叉路口交通事故的主要因素还有交通流量大小、交叉路口有无信号控制、交叉路口长度及车道宽度等。

6)交通环境与交通事故

交通流量的大小直接影响驾驶员的心理状态,也影响交通事故率的高低。

当交通流量很小时,车辆的行驶速度主要取决于道路条件和车辆技术性能以及驾驶习惯。在这种交通环境条件下,交通事故常是因高速行驶、冒险行驶、车辆的运行状态与道路条件不相适应所致。随着交通流量的不断增大,由于车辆的相互干扰,互成障碍,超车不当,避让不及,常导致交通事故。

车速与交通事故有密切关系。研究结果表明,同一条道路上,交通事故的多少与车速的关系不大,而与道路上的各种车辆的速度离散程度成正比。例如,路段上的车辆行驶速度平均为50km/h时,某车行驶速度为30km/h与行驶速度为70km/h时的危险性是一样的;而某车行驶速度为20km/h或80km/h,其危险性比前者大。就是说,车速太快或太慢均容易发生交通事故,而顺应交通流的行驶速度最安全。限制车速能使交通事故率降低。

一些道路经投资改建、提高道路等级后,车速也随之提高,有时在一段时间内交通安全状况比改建前反而恶化,说明车速与交通事故之间存在着密切的关系。

## 五、饮酒、疲劳与交通安全

1. 饮酒与交通事故

饮酒对驾驶机能的影响很大。驾驶员在饮酒后常造成交通事故。据许多国家统计资料表明,酒醉是引起交通死亡事故的一个重要原因。日本每年因饮酒驾驶所造成的交通事故占总数的4%以上,死亡占总数的10%。在美国,曾对交通事故死者做法医尸体检验。发现死亡驾驶员中,有50%是酒后驾驶汽车。美国曾有一年拘留的酒后驾驶员1200万余人次。在我国驾驶员饮酒也是造成交通事故的重要原因之一。

1)酒后交通事故的特点

驾驶员酒后行车碰撞事故多。驾驶员酒后不能有效地控制车辆方向与制动,有直接碰撞车辆、行人、物体等潜在危险。所谓物体主要是指道旁树木、桥栏、电线杆及路旁其他设施,有时还碰撞路边停放的车辆。

驾驶员在酒后常不能正确地判断道路的线形、宽窄,有时甚至驶入路外翻车。

驾驶员酒后并夜间行驶、会车时,迎面来车灯光照射眩目,酒后视力恢复迟缓,造成撞车事故。酒后30~60min间发生交通事故多,肇事者占60%。

酒后驾驶车辆发生重大、特大交通事故多,致死率高。

2)饮酒对人体的影响

酒中含有一定浓度的酒精(乙醇)。高度白酒酒精高达60%,果酒和低度白酒含酒精为16%~48%,啤酒含酒精3%~5%。酒后酒精迅速被胃黏膜和肠黏膜吸收,然后随着血液循环到人体各个组织。由于酒精和水可以任意比例混合,因此,可分布到人体内所有部位。当人饮酒过量,摄入过多酒精,会导致酒精中毒死亡。酒精中毒可分为急性与慢性两种。急性中毒指一次大量饮酒造成的,饮酒后,开始时使人的大脑中枢神经兴奋,然后产生抑制作用。兴奋时,一般症状表现为面红、多言、失态,有时举止粗野,有夸大和冒险的反常行为,呼气有酒味,出现反应迟钝、动作不协调、步履蹒跚,严重时精神错乱、失常。接着进入昏睡期,出现昏睡、昏迷、呼吸浅慢。严重者会因中枢神经麻痹而导致死亡。如果驾驶员酒后开车,在神经中枢处于高度抑制状态时,极易造成交通事故。慢性中毒系指长期、多次饮酒,导致中枢神经系统或肝胃等脏器病变,亦能使驾驶员身体素质变差,驾驶机能下降,交通安全受到影响。

3)饮酒对驾驶机能的影响

饮酒对驾驶员的驾驶机能影响很大。饮酒对驾驶机能的主要影响是视力减低,视野变窄,色彩感觉能力降低。体内酒精浓度低时,反应时间较饮酒前略有缩短。体内浓度增大时,反应时间明显增长,反应差别也明显增大,其他感觉也变得迟钝。注意力减弱,判断的正确性、记忆力变差;处理交通信息能力降低,动作不协调;麻痹理性,情绪不稳定;失去克制能力,胆大妄为,不知危险,喜欢超速行驶、强行超车等极易发生交通事故。试验证明:驾驶员血液中酒精浓度达到 0.08% 时,错误操作比正常人增加 16%。随着血液中酒精浓度的增加,操作转向盘的正确性下降。当血液中酒精浓度超过 0.09% 时,其判断能力要比正常人下降 25%。经试验发现,酒精在血液中的浓度达到 0.03% 时,驾驶能力开始下降,到 0.1% 时下降 15%,到 0.15% 时下降 30%。试验还表明,习惯性饮酒者,饮酒后 30min 其血液中酒精浓度达到顶峰;中等程度饮酒者,需 60~90min。酒量大的人在时间上不仅酒精浓度到达顶峰快,而且消失得也快,体内留存酒精浓度低;反之,酒量小的人,体内酒精浓度到达顶峰慢,消失得也慢,而且体内留存的酒精浓度较高。一般饮酒 30min 左右,血液中酒精浓度含量处于顶峰,此时,驾驶车辆最易发生交通事故。如果设没有饮酒的驾驶员危险度为 1.0,人体血液中酒精浓度与交通事故发生危险度的关系见表 2-9。

**人体血液酒精浓度与事故危险度**　　　　　　　表 2-9

| 酒精浓度(‰) | 发生事故危险度 | | | 酒精浓度(‰) | 发生事故危险度 | | |
|---|---|---|---|---|---|---|---|
| | 死亡事故 | 受伤事故 | 物损 | | 死亡事故 | 受伤事故 | 物损 |
| 0.0 | 1.00 | 1.00 | 1.00 | 0.8 | 4.42 | 3.33 | 1.77 |
| 0.1 | 1.20 | 1.16 | 1.07 | 0.9 | 5.32 | 3.87 | 1.90 |
| 0.2 | 1.45 | 1.35 | 1.15 | 1.0 | 6.40 | 4.50 | 2.04 |
| 0.3 | 1.75 | 1.57 | 1.24 | 1.1 | 7.71 | 5.23 | 2.19 |
| 0.4 | 2.10 | 1.83 | 1.33 | 1.2 | 9.29 | 6.08 | 2.35 |
| 0.5 | 2.53 | 2.12 | 1.43 | 1.3 | 11.18 | 8.21 | 2.52 |
| 0.6 | 3.05 | 2.47 | 1.53 | 1.4 | 13.46 | 9.07 | 2.71 |
| 0.7 | 3.67 | 2.87 | 1.65 | 1.5 | 16.21 | 9.55 | 2.91 |

2. 疲劳与交通事故

1)疲劳驾驶的定义及种类

疲劳驾驶是指驾驶员在驾驶汽车过程中,由于主客观原因产生的心理、生理疲劳致使驾驶机能减弱。

疲劳驾驶在生理上表现为感知迟缓,动作不协调,判断不准确,肌肉痉挛、麻木等。疲劳驾驶在心理上表现为注意力分散,思维不敏捷,反应速度降低。尤其突出的是情绪烦躁、忧虑、倦怠等。

疲劳,通常可分为身体疲劳和精神疲劳。身体疲劳是由于体力劳动所致,表现在身体方面。精神疲劳是由于脑力劳动所致,表现在精神方面。

按疲劳恢复时间长短分,可分为一次性疲劳(或急性疲劳)、积蓄性疲劳和慢性疲劳。一次性疲劳是经过短时间可以恢复的疲劳,如正常驾驶疲劳,睡一夜就可以恢复的疲劳;积蓄性疲劳是不能在短时间内可以恢复的疲劳,即使睡一夜后,第二天也仍不能恢复的疲劳,这种疲劳若长时间得不到恢复,发展下去就会成为慢性疲劳;慢性疲劳是一种病态性的疲劳,一般来说,是由于长期处于疲劳状态而引起的。这种疲劳造成驾驶员劳动效率降低,身心健康受影响。积蓄疲劳者和慢性疲劳者相似,都不宜驾驶车辆。

2)疲劳驾驶与交通事故

有关交通事故统计资料表明,驾驶员疲劳是发生交通死亡事故的重要原因之一。据日本交通事故统计数据,因疲劳驾驶而发生的交通事故占总数的1%~1.5%。据法国警察总署统计,交通事故占人身伤害事故的14.9%和死亡事故的20.6%,都是由疲劳驾驶造成的。

在我国,疲劳驾驶导致的交通事故也比较多,如连续行驶时间过长或驾驶出行的前一晚上参加文娱活动时间过长以致疲劳而肇事,以及夜间驾驶瞌睡而发生交通事故等。所以,疲劳驾驶是引起交通事故的一个潜在原因,见表2-10。疲劳驾驶引起的这类事故还与驾驶员驾驶的车种有关。通常,驾驶大型货车所造成的事故比驾驶出租汽车、轿车要多。根据试验得知,驾驶员一天驾驶车辆超过10h以上时,若睡眠不足4.5h,则交通事故率最高。国外有人对驾驶员因过度疲劳所造成的交通事故进行了统计分析,其中60%是由睡眠不足3.5h所引起的。因此,充足的睡眠时间对驾驶员行车安全是十分重要的。

疲劳驾驶与事故(%) 表2-10

| 事故原因 | | 车辆种类 | | | |
|---|---|---|---|---|---|
| | | 大型货车 | 小型货车 | 出租汽车 | 自用车 |
| 对方原因 | | 34 | 61 | 67 | 38 |
| 本身原因 | | 66 | 39 | 33 | 62 |
| 本身原因 | 睡眠不足 | 9 | 11 | 21 | 10 |
| | 极度疲劳 | 30 | 14 | 10 | 5 |
| | 紧张缓解后 | 22 | 14 | 29 | 24 |
| | 不注意 | 34 | 57 | 40 | 57 |
| | 其他 | 5 | 4 | 0 | 4 |

疲劳驾驶与天气、交通条件和道路条件都有关。因此,驾驶员的工作时间应根据这些情况酌量增减。驾驶员进行长时间或长距离行驶时,影响最大的是与驾驶员直接有关系的各种机能。

3)疲劳驾驶的原因

如图2-4所示,疲劳驾驶除驾驶操作方面的原因之外,还包括驾驶员身体素质和生活环境等各种疲劳的原因。睡得晚,睡眠时间不足4~5h;睡眠环境噪声强,无法保证睡眠质量。

这些都影响驾驶员的休息,加速疲劳的产生。

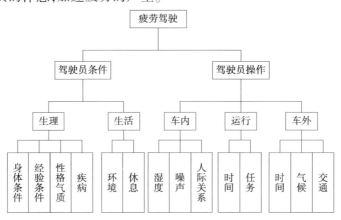

图 2-4 疲劳驾驶的原因

工作单位与住宅地距离较远,往返一次时间长;家庭关系不和睦,思维总停留在家人感情的裂痕上;自由时间又进行其他高强度或长时间的体力劳动。这些都会加重驾驶员的心理负担,长此以往,就会引起"慢性疲劳"。

驾驶员体力弱,有慢性疾病,驾驶技术生疏,行车经验少,年龄偏高,女性有正常生理反应现象,性格粗心、急躁、易冲动等易引起驾驶疲劳,而诱发交通事故。

从客观因素分析,车内通风不良,灰尘大,废气浓度大,温度过低或过高,湿度过大,振动剧烈,噪声大,仪表、开关、操作柄等设计安装不宜,操作不便,座椅坐垫、靠背过硬,座椅靠背角度不适合,与同车人之间关系紧张,道路条件较差,线形不协调和单调,转弯太多且过急,较长时间上、下坡,交通环境复杂,车辆、行人太多,交通拥挤、阻塞、混合,天气条件不好,风沙、雨、雪、雾天气驾车时间太久,车速过快等都可能引起疲劳。

有人对疲劳调查发现,10 个方面的原因所占的比例较大。它们依次为睡眠不足,身体状况欠佳,季节与气候不适,温度与通风不良,道路条件差等,详见表 2-11。表 2-11 中的数字加起来不等于 100%。这是因为驾驶员可能会同时占有几种数字,即疲劳由几种因素联合作用形成。

疲劳驾驶的原因　　　　　　　　表 2-11

| 原　因 | 百分比(%) | 原　因 | 百分比(%) |
| --- | --- | --- | --- |
| 睡眠不足 | 32.9 | 道路交通条件差 | 14.4 |
| 身体状况欠佳 | 29.7 | 执行勤务负担重 | 13.5 |
| 季节、气候不适 | 17.8 | 饮食不适 | 13.0 |
| 车速问题 | 16.4 | 行车时刻不利 | 9.0 |
| 温度、通风不良 | 16.0 | 驾驶时间过长 | 7.9 |

# 第三章 交通事故分析

## 第一节 概 述

### 一、交通事故分析的目的

道路交通事故千变万化,交通事故原因各不相同。每起交通事故均有其特殊性(含有特殊情况),亦称为个性。交通事故分析的目的,在于在从大量交通事故个案(特殊性)中找出共性,以便有针对性地采取交通事故防范措施,减少交通事故,提高道路交通安全水平。通过对交通事故的大量分析,可以预测交通事故,得出规律性结论,为决策提供依据和基础。同时,也可对现行的行政政策进行研究和比较,即对所采取政策的有效程度和道路安全设施的投资效率等进行具体分析。

交通事故分析主要是分析事故发生的原因,利用统计学的方法对交通事故进行分类,找出事故的重点或典型类型和形态,提出改进交通安全管理、汽车安全设计、道路交通安全设施等措施。交通事故分析结果具有统计特性,是对一个地区或整个国家交通安全状况的总体评价。

事故调查和分析的因果链如图 3-1 所示。

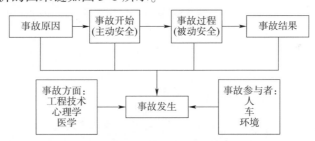

图 3-1 事故调查和分析的因果链

交通警察对交通事故的车辆、物品、尸体、当事人的生理和精神状态及有关的道路状态等,应根据需要及时指派专业人员或者聘请有专门知识的专家进行检验或者鉴定。检验或者鉴定应当做出书面结论。

交通事故分析在于借助已收集到的信息、资料、数据,进一步科学地解释事故发生的原因,并描述交通事故发生全过程的运动状态,明确各方当事人应负的责任,应当吸取的经验和教训,分析降低交通事故后果应采取的必要措施等问题。除了评估速度分布和质量关系分布规律以及与乘员座椅位置、碰撞方向的关系,还可阐述车辆乘员的碰撞位置、相互作用以及典型的受伤机理,从中获得进一步的理论和经验(诸如工程技术、医学、心理学领域),从而对改善道路交通安全作出贡献。

交通事故分析是对导致相似伤害和损失的事故原因进行研究。交通事故分析必须利用所分析的事故总体,实现每一起事故的再现。

车辆与行人交通事故的分析是探索行人受伤与车辆的几何形状、碰撞速度及碰撞部位的内在联系。

当行人被车辆前部碰撞时,车辆与行人的接触部位的形状直接起作用,制动和由此引起的车辆"点头"效应,撞击的部位一般在臀部与发动机罩、保险杠与行人小腿上部,但头部与车辆碰撞部位却受速度和车身外形很大影响。

由于头部受伤对事故的后果影响很大,受害人头部与汽车碰撞接触位置的材料性质具有很大作用。

在这一方面,德国20世纪70年代开发的Unicar在车辆概念设计阶段,就将其设计重点放在外廓形状有利于降低行人和骑自行车人的受伤后果上。车辆在行人可能接触的部位,如保险杠、发动机罩与散热器过渡部位、风窗玻璃刮水器轴、风窗玻璃框架、车顶边缘等处采用了柔性材料。在碰撞时,可能接触的其他部位采用了夹层结构。

## 二、交通事故分析的主要内容

交通事故构成的三要素是人、车、路。其实质是车辆道路通行过程中由于人为的原因,所发生的意外事件,致人员伤亡或车物损坏。

1. 驾驶安全

汽车是由人驾驶的。人的素质、技术水平是交通安全的主要影响因素。在我国道路交通事故的死亡事故中,有60%～70%死亡是因驾驶员责任而酿成的。因此,预防交通事故的首要任务是提高驾驶员的素质。机动车驾驶员发生事故的过程如图3-2所示。

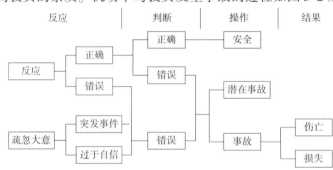

图3-2　机动车驾驶员发生事故的过程

2. 驾驶员的基本素质

1) 视觉特性

驾驶员的视觉是对前方物体的远近、颜色、视野及光亮的反应。眼睛分辨两个物点间最小距离的能力就是视力。在行车中驾驶员看到人或前方物在移动,此时的视力是动视力。动视力随车速增加而降低,随年龄增大而衰减。

视力与光亮度有关。夜视力是驾驶员在黑暗的状态下辨认外界物体的能力,是夜间行车所需要的一种视觉机能。据测算,夜视力比白天的视力降低约1/3。

视野是指眼球固定注视某点,眼睛所能看到的空间范围。视力最敏锐的空间是圆锥体区间。

驾驶员对不同颜色产生不同的生理与心理作用。红色显近,绿色显远。明度高的物体似大显轻,明度低的物体似小显重。远处辨色力的顺序为红、黄、白、绿。色盲者因无力辨别颜色,所以不许驾驶汽车。

驾驶员眼睛对光亮的适应能力,一般是指由明到暗需 3~6min,直到 30~40min,才能完全适应。由暗到明的适应力要比前者为快。夜间驾驶员在对方汽车灯光照射下视力下降,恢复时间通常需 3~6s。在夜间行车中,驾驶员对黄色视标距离最远约27m,对黑色仅有4~5m。

2)反应特性

反应是对某种刺激的回应动作。人类总是先由眼睛等感觉器官获得信息,传入大脑,经处理后发出指令而产生动作。这个过程所用时间称为反应时间。它取决于刺激的强弱、时间长短、性质和次数。反应时间可分为简单反应时间和选择反应时间。

3)耐劳特性

驾驶员经过较长时间的驾驶,会引起生理、心理机能失调而产生疲劳。疲劳后感观迟钝,动作灵敏度降低,反应时间加长,容易导致交通事故。驾驶疲劳是指驾驶员在驾驶过程中,由于主客观原因产生的心理、生理疲劳致使驾驶机能减弱的统称。

驾驶疲劳在生理上表现为感知迟缓,动作不协调,判断不准确,肌肉痉挛,麻木等。心理上表现为注意力分散,思维不敏捷,反应速度降低,尤其突出的是情绪烦躁、忧虑、倦怠等。

4)酒精的影响

饮酒后对驾驶机能的主要影响是,视力减低,视野变窄,色彩感觉能力降低。体内酒精浓度低时,反应时间较饮酒前略有缩短。体内浓度增大时,反应时间明显增长,反应差别也明显增大。饮酒后其他感觉也变得迟钝,例如,注意力减弱,判断的正确性、记忆力变差;处理信息能力降低,动作不协调;麻痹理性,情绪不稳定;失去克制能力,胆大妄为,不知危险,喜欢超速行驶、强行超车等极易发生交通事故。

5)其他

驾驶员应当具有良好的心理素质,在任何情况下,应首先遵守交通法规,这也是减少交通事故的重要条件。学习了解汽车结构、受力特征、行驶特性是提高驾驶员素质的有效手段,也应加以提倡。

## 第二节 交通事故分析方法

在交通事故分析过程中,常采用以下各种方法。

### 一、统计分析法

统计分析法就是用能够客观、全面反映交通事故本来面目的数据资料,如通过交通事故的次数、死亡、受伤、财产损失、原因、地点、时间、道路、车辆、驾驶员、骑自行车人、行人等数据资料,来准确、全面地反映事故的原始状态,据此作出科学的推理和判断,揭示交通事故总体的内在规律,进而采取解决问题的对策。统计分析方法的全过程,可分为三个基本步骤,即调查、整理和分析。

### 二、分类法

分类法又称分层法,是把数据资料按照不同的目的、要求、需要、性质区分的方法。它既是加工处理数据的一种重要方法,又是分析交通事故或其他问题原因的基本方法。其目的是经过分类,搞清楚性质不同的数据资料及错综复杂的交通事故原因,给出一种明确、直观、规律性的概念。

按时间、当事人、车辆、道路、事故原因、事故现象、人体受伤部位、死亡时间情况、车辆隶属关系等分类,是分析交通事故常用的数据分类法。分类也可以根据实际情况和分析的项目进行。但是,不论如何分类,在原始统计报告资料中必须有这些内容。

### 三、统计表格法

统计表格法是交通事故统计分析中常用的一种方法。根据不同的分析目的,将统计分析的结果编制成各种表格。表格内可以包括各种必要的绝对指标和相对指标的具体数值,例如"交通事故月报表"就采用这种方法。

### 四、直方图法

直方图由一系列高度不等的矩形组成。其横坐标可以是性质不相同,但互相有联系的各种因素,也可以是同一因素的数值分段。各矩形的高度代表对应横坐标的某个指标值。直方图的特点具有形象直观的特点。用直方图进行交通事故统计分析,不仅可以反映出交通事故的变化和趋势,还可以比较出各种因素对交通事故的影响程度。例如,某年各大区交通事故死亡人数比较图就是这种分析方法,如图3-3所示。

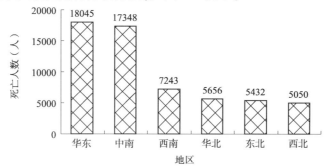

图3-3 某年全国各大区交通事故死亡人数比较

### 五、坐标图法

简单的坐标图由一个横坐标和一个纵坐标构成。横坐标一般是连续数列,例如时间、年龄等。纵坐标可以是某一绝对指标或相对指标。用坐标图进行分析比较,有很强的直观性,一般用来表示交通事故中某一特征指标的发展变化过程趋势。例如,某地逐月交通事故死亡人数,坐标图一般如图3-4所示。

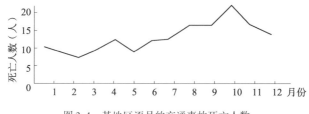

图3-4 某地区逐月的交通事故死亡人数

## 六、圆图法

圆图是将要分析的项目按比例画在同一个圆内。整个圆周360°被看作是100%，半圆周180°相当于50%，90°扇形相当于25%，用圆图法可以直观地看出各个分析项目所占比例大小。图3-5所示为某地交通事故发生地点的统计圆图。

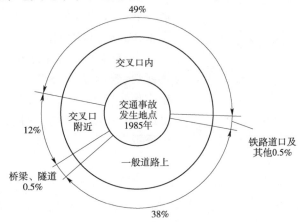

图3-5 某地交通事故发生地点的统计圆图

## 七、事故现场分析图

事故现场分析图用来分析交通事故在道路上的分布情况和事故多发地点。其制作方法是在道路图上，用规定的简明符号将实际发生的交通事故时间、事故形态、事故发生前肇事车的行驶状态和方向、行人或自行车的前进方向、事故后果等标注在相应的位置上，即得到事故分析图。图3-6所示为事故分析图示例。

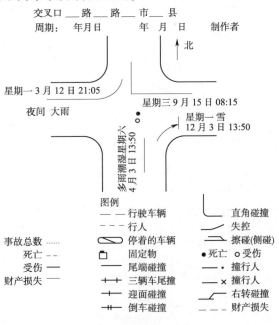

图3-6 事故分析图示例

## 八、事故因果图

事故因果图又称特性因素图,因其形状特殊,也称树枝图或鱼刺图,其形式如图 3-7 所示。

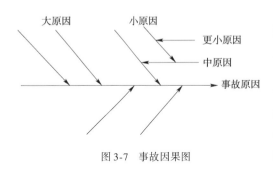

图 3-7 事故因果图

制作事故因果图时,应集思广益,尽可能地把交通事故的各种大小原因,客观地、全面地找出来,绘到因果图上。

事故因果图适用于分析交通事故的原因。它直观、逻辑性强、因果关系明确,因此便于采取相应预防措施。它既可以对事故总体进行分析,也用于对单项原因进行分析,还可对具体案例进行分析。

## 九、排列图法

排列图法又称巴雷特图法。它是找出影响交通事故主要原因的一种有效方法。这种方法有两个纵坐标、一个横坐标、几个矩形及一条曲线。左侧纵坐标表示事故次数或死亡人数、受伤人数等;右侧纵坐标表示事故发生频率(以百分比表示);横坐标表示要分析的各个因素,按影响程度的大小从左至右依次排列;矩形高度表示某个因素影响效果的大小;曲线表示各因素作用大小的累计百分数,常称为巴雷特曲线。采用排列图来反映交通事故的主要原因时,通常把累积百分数分为三类:将 0~80% 频率的影响因素作为甲类因素(关键因素),80%~90% 频率的影响因素作为乙类因素(次要因素),90%~100% 频率的作用因素作为丙类因素。如果全力解决甲、乙两类因素,就能够解决 90% 的交通事故问题。这种方法的形式如图 3-8 所示。

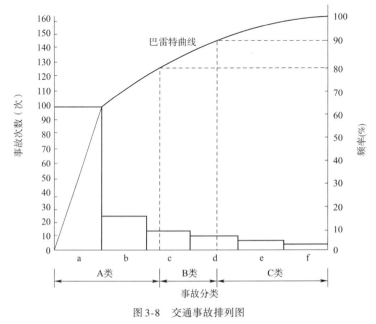

图 3-8 交通事故排列图

排列图的制作过程如下：

(1)将发生事故的原因进行分组，并计算各组的频率数。

(2)将左纵坐标作为次数(频数)；将右纵坐标作为出现该类问题的次数占总次数的比重(频率)；将横坐标表示为事故分组，按各类因素出现的频数多少依次自左向右排列。

(3)将各因素的累计频数值以曲线连接，得出用坐标图表述的巴雷特曲线。

### 十、故障树分析法

故障树又称 FTA(Fault Tree Analysis 的缩写)图。故障树是工程上分析故障的一种方法。它应用在交通事故分析上，可定性地分析引起事故的直接和间接原因。

交通事故是非常复杂的现象。一起交通事故的发生经常是许多因素互相影响、互相作用的结果。如果不遵循一定的方法，盲目地分析事故原因，既费时间，又难免发生遗漏。利用 FTA 图的方法可使分析逐步深入，从而全面地找出与事故有关的各种影响因素。

FTA 图分析事故的步骤如下：

(1)找出与事故有直接联系的若干原因。

(2)把每一直接原因分解成若干个第二层原因。

(3)继续分解第二层原因。

(4)直到认为不能或不必继续分解为止。

将上述步骤的关系用约定的符号绘制成图形的形式，就得到 FTA 图。FTA 图每层原因都与上层原因有直接关联，并且认为上、下层原因之间存在着逻辑"与/或"关系。

## 第三节　交通事故统计分析

交通事故统计分析属于宏观分析的范畴。它既适用于对某条具体线路交通事故进行统计分析，也可用于进行地域性的交通事故统计分析。

线路交通事故统计分析是以特定的道路区间为研究对象。通过调查路段事故发生的状态、次数、时间和空间分布规律，进行因果分析，研究事故多发区段和多发点，为交通安全治理、交通管理、道路条件改善、安全设施设置提供决策依据。

地域性交通事故调查统计分析主要针对全国、省、市、县及某些特定区域进行各种统计分析。对制定国家交通安全政策和法规，确定交通治理的投资，设置交通管理机构及研究机构等有重要作用。

交通事故统计分析涉及的内容相当广泛，但大体内容如下：

(1)与交通事故有关的基础数据的统计分析，如针对某地区的逐年人口数、汽车保有量、道路总长度、道路密度、自行车保有量、拖拉机保有量、主干道交通流量、交通事故次数、死亡人数、受伤人数、直接经济损失等。

(2)交通安全评价指标的研究，如绝对指标、相对指标、静态指标、动态指标等。

(3)时间序列交通事故分布规律的研究，如按年、月、日、时所进行的各种交通事故统计分析。

(4)交通事故分布规律的空间序列研究，如按全国、省、市、县、地区，以及按不同道路、路段等所进行各种交通事故统计分析。

(5) 与道路环境有关的交通事故统计研究,如道路几何尺寸、线形等与事故发生次数的统计分析。

(6) 交通事故因果关系的统计分析,如对影响交通事故发生的各种因素的相关分析。

(7) 与人的心理、生理特性有关的交通事故规律的研究,如性别差异、年龄差异、饮酒、药物(含毒品)、疲劳等。

(8) 与人的伤害有关的各种统计分析,如受伤部位、类型等。

(9) 与具体交通参与者有关的各种统计分析,如轿车事故、货车事故、大客车事故、自行车事故、摩托车事故、行人事故、儿童事故、老年人事故等的各种统计分析。

交通事故统计分析所包括的内容很多。实践中应根据交通安全研究的目的,确定调查、统计分析的内容及范围。这项工作是交通事故治理中政府决策不可缺少的重要前提。

### 一、交通事故统计分析的特点及意义

为了预防和正确处理交通事故,必须客观、全面地认识交通事故现象。交通事故统计分析是对事故总体进行的调查研究活动,目的是查明交通事故总体的现状、发展动向以及各种影响因素对事故总体的作用和相互关系等,以便从宏观上定量地认识交通事故现象的本质和内在规律性。

交通事故是涉及多方面因素的复杂现象。一起交通事故的发生,既有其特定的、偶然的原因,同时又受总体的共性因素支配。只对个别的交通事故进行微观的研究,难以把握事故总体的规律和动向。只有调查了足够多的交通事故之后,才有可能排除偶然因素的影响,对总体情况有所认识。所以,交通事故统计分析必须是总体性的。

此外,事故统计分析需要有明确的数量概念。主要通过具体的数据而不是文字叙述,来揭示交通事故现象的本质和内在规律。所以,事故统计分析又必须是定量性的。

交通事故统计分析对于科学地搞好交通管理,减少和防止交通事故的发生,保证道路交通安全,具有十分重要的意义。交通事故统计分析的主要作用如下:

(1) 发现和确定事故高发交叉路口、路段或区域(黑点或黑段)。

(2) 可以分析交通事故的特征、规律性及交通安全管理工作中的薄弱环节,明确交通安全管理工作的目标、重点及对策。

(3) 可以证实道路几何设计、交叉路口设计、车行道设计、交通控制装置的设置及参数选择的合理性。

(4) 可以鉴定某些交通管理方法的实际效果。

(5) 可以为交通管理部门提供合理性设置的论证资料。

(6) 可以证实交通建设投资的合理性。

(7) 可以检验交通法规中所规定款项的合理性,了解应进一步完善和补充的条款。

(8) 检验驾驶员培训、交通安全教育的效果。

(9) 检验道路交通规划的合理性。

(10) 可以分析出影响交通安全的诸因素及其影响的重要程度,预测交通事故的发展趋势。

(11)为交通安全教育和交通安全研究提供资料。

交通事故统计数据简单、直观、明了地表现事故发生的实际情况,以此作为交通安全宣传教育的材料,有较强的说服力。在进行交通安全宣传时,也要根据事故统计分析所提供的资料确定研究方向和研究课题。

## 二、交通事故统计报告

### 1. 交通事故统计报告的任务

交通事故统计报告比较简单。基层县(区)的交通事故报告是保证质量的关键。基层填好报表的关键又在于填好《交通事故报告登记表》。逐级地统计整理是原始资料审查、分组、汇总和编表的程序。

审查基层报表。审查是否有不合逻辑、不合理、互相矛盾的现象。有无遗漏和计算错误,并及时修改补充。

统计分组。将基层报表按照统计要求、统计分析需要,加以科学分组,使统计资料系统化。

计算汇总。计算各组的合计数、总计数,并根据需要计算绝对数、相对数、平均数、指数等。

编制统计表和统计图。根据统计报表计算汇总结果和实际需要,编制统计表、统计图,供交通管理决策层和相关部门参考。

统计整理,分日常统计资料和历史资料统计整理。日常统计资料整理,反映一定时期(如月、季、年)的情况。历史统计资料整理是对历年统计资料进行全面系统整理,反映较长历史时期的情况。

### 2. 交通事故统计的范围

凡是因过错或意外发生交通事故,造成人员、牲畜伤亡或车辆、财物损失,达到统计标准,属于统计范围的都列入交通事故统计。

下列情况之一,不列入交通事故统计范围:

(1)轻微事故。

(2)厂矿、农场自建的不通行社会车辆的专用道路,用于田间耕作供农机具行走的机耕道,机关、学校、单位院内道路,火车站、汽车总站、机场货场内道路上发生的事故。

(3)参加军事演习、体育竞赛、断路施工的车辆自身发生的事故。

(4)在铁路道口和渡口发生的事故。

(5)蓄意驾车行凶杀人、自杀,精神病患者、醉酒者自己碰撞车辆发生的事故。

(6)车辆尚未开动,发生的人员挤伤亡事故。

(7)由地震、台风、山洪、雷击、雪崩等不可抗拒的自然灾害造成的事故。

### 3. 交通事故统计报告制度

道路交通事故由发生地的公安机关交通管理部门统计上报。

《交通事故日报表》和《交通死亡事故情况分析表》,由县(区)公安机关交通管理部门按月、季上报,逐级汇总上报到公安部交通管理局。各省(自治区、直辖市)每月发生交通事故的次数、死亡、受伤和直接经济损失四项数字的总数及"城市""农村"四项数字,需在下月的

5日前先报公安部,10日前将报表发出。

特大事故,由县(市)公安机关交通管理部门在24h内直接报公安部,并同时报省(区)和市(州、盟)公安机关交通管理部门,报告内容包括交通事故的时间、地点、车辆牌号、车别、驾驶员姓名、车属单位、事故简况、伤亡人数、死亡者姓名、年龄、职业、经济损失、事故原因及处理情况。上述有些情况和处理结果填报《特大交通事故报告表》。对一次死亡15人以上或造成重要首长、外宾死亡的交通事故,除填报告表外,还要附送事故案卷副本。

### 三、交通事故的分析指标

1. 总量指标

总量指标是指反映交通事故现象在一定时间、地点、条件下的总体规模和水平。其表现形式为绝对数,也称绝对指标。

按指标反映的时间状况不同,可分为时期指标和时点指标。

时期指标是反映总体在一段时期内活动的总量,是一个时间间隔内的数字。如某年、某季、某月的交通事故次数。

时点指标是反映总体在某一时点上规模或水平的总量,是在某一时刻的数字。如某年底某地的人口数、机动车辆数、驾驶员数等。

时期和时点指标的特点不同。时期指标相同的指标数值可以相加,因为相加后的结果有实际使用意义。例如,将一月、二月、三月的交通事故次数相加得到第一季度的交通事故次数。时期指标数值大小与所属时期长短有关。一般来说,经历时期越长,指标数值越大,反之,则越小。不同时点的时点指标数值不能相加,因为相加的结果没有实际使用意义。时点指标数值的大小与时点的间隔长短无直接关系。

2. 相对指标

交通事故现象之间是相互联系和相互制约的。交通事故统计分析必须从现象的联系出发,才能正确地认识现象的特征和规律性。相对指标是两个有联系指标的比值,又称相对数,通常为两个绝对数之比。相对数是反映交通事故现象数量关系的抽象化指标。这就更便于对比分析和说明问题,相对数一般用百分数表示。

相对指标的计算计算公式为

$$相对指标 = \frac{比数}{基数} \times 100\% \qquad (3-1)$$

式(3-1)中的分子是比数,是准备观察、分析的数量;分母是基数,是用作比较标准的数量。比数和基数可以是总量指标,也可以是相对指标或平均指标。

相对指标可以说明交通事故现象之间的比例关系、变化速度、严重程度以及总体内部结构等,使人们能更清晰地认识事物。利用相对指标可以对事故进行比较分析。有些总量指标由于本身特点和条件的限制,无法直接进行比对。但通过计算相对指标,使绝对水平抽象化,从而使对比有共同的基础,方便了对比分析。

交通事故统计分析中常用的几种相对指标有结构相对指标、比较相对指标、强度相对指标和动态相对指标。

1) 结构相对指标

结构相对指标是在分组的基础上,用总体各部分数值与总体的总数值相比,来说明各部分在总体中所占的比重。它又称比重指标,一般用百分数表示。其计算式为

$$结构相对指标 = \frac{总体中各部分的数值}{总体的总数值} \times 100\% \tag{3-2}$$

式(3-2)中的分子为总体的各部分数值,它永远小于分母的总体数值。各部分数值相加应等于总体的总数值。即总体中各部分的比重之和必须等于1(或100%)。

例如,表3-1为我国某地某年车辆碰撞事故的构成情况。表3-1表明,在碰撞事故中,以机动车碰撞自行车所占的比例最大。

某地某年车辆碰撞事故构成　　　　　表3-1

| 碰撞事故构成 | 车对人 | 车对车 | 车对自行车 | 其他 | 总计 |
|---|---|---|---|---|---|
| 百分比(%) | 26.30 | 27.70 | 32.90 | 13.10 | 100 |

结构相对指标的作用是:
(1)研究总体的内部结构,说明总体的性质和特征。
(2)可以研究总体的内部结构变化,说明交通事故现象发展变化的过程及其规律。
(3)可以分析总体各构成部分所占比重合理与否,反映交通安全管理工作的情况。

2) 比较相对指标

比较相对数有两种类型。一种是将同一总体中有联系的两个指标数进行比对。例如,某年美国交通事故受伤人数与死亡人数相比为63∶1。另一种是同类现象在同一时期内的指标数在不同地区间进行对比。例如,通过两地区在同一时期内汽车正面碰撞事故数的比对,可以比较两地此类交通事故的发生程度。其计算方法为

$$比较相对数 = \frac{某一总体某类现象指标数值}{同一时期另一总体同类现象指标数值} \times 100\% \tag{3-3}$$

式(3-3)的应用条件是分子与分母两个指标必须是同一时期、同类现象、两个不同总体的指标。它们可以是总量指标、平均指标或相对指标。两个指标可根据不同要求互换分子与分母的位置,即可以选择其中任何一个作为对比基数,也可以计算两个指标的差额。

同一类事物由于所处的环境条件不同,其发展情况也互有差异。在研究某一总体现象时,为了能更深刻地认识其本质及其规律,往往和一些不同空间、不同条件的同类事物进行比较,以便找出同类现象在数量上的差异程度或问题的症结所在。

3) 强度相对指标

强度相对指标,是同一时期两个性质不同,但又有密切联系的总量指标相对比,以说明交通事故现象的强度。如交通事故死亡人数与机动车保有量之比、交通事故死亡人数与人口或行驶里程和之比。事故率(次/万车·年)、伤人率(人/万车·年)、死亡率(人/万车·年)、经济损失率(千元/万车·年)皆为强度相对指标。其计算式为

$$强度相对指标 = \frac{某一总量指标数}{同一时期另一有联系而性质不同的总量指标数值} \tag{3-4}$$

强度相对指标是不同现象的普遍联系。互为条件是计算强度相对指标的客观基础。科学地计算和运用强度相对指标,必须说明两者之间的相互关系,并依据统计分析的要求,决

定计算指标和计算方法。强度相对指标可以反映一个国家或地区的交通安全状况,也可以反映现象的密度和普遍程度,同时可以反映交通安全水平。

4) 动态相对指标

动态相对指标是事故现象在不同时间上的同一指标对比的比值,以表明交通事故随时间的推移发生变动的状态和趋势。其计算式为

$$动态相对指标 = \frac{报告期指标数}{基数指标数} \times 100\% \tag{3-5}$$

3. 平均指标

平均指标反映总体内各单位某一数量标志的一般水平或平均水平,又称统计平均数。平均指标是把总体各单位某一数量指标值之间的差异抽象化的结果。平均指标是一个代表值,用来说明总体某一数量标志的一般水平。

利用平均指标可以对比同类现象在不同地区、不同单位的一般水平,以便用来比较水平的高低。利用平均指标可以比较某种现象不同时期的一般水平,分析其发展变化,以便用来说明现象的发展趋势和规律性。利用平均指标还可以分析现象之间的依赖关系。

1) 算术平均数

算术平均数是计算平均指标最常用的方法。它是把总体单位的各个指标值相加求得总体指标总量,再除以总体单位总量而计算出来的平均指标。其基本计算式为

$$算术平均数 = \frac{总体标志总量}{总体单位总量} \tag{3-6}$$

式(3-6)中分子与分母必须是来自同一总体的标志总量和单位总量。就是说,总体标志总量正是同一总体的各个总体单位的标志数值总和。

2) 简单算术平均数

根据未经整理分组的原始资料计算算术平均数,可以把每一个总体单位的标志值逐个简单相加,求得总体标志总量,再除以总体单位数,所得之商即为算术平均数。简单算术平均数计算式为

$$\bar{x} = \frac{x_1 + x_2 + x_3 + \cdots + x_N}{N} = \frac{\sum x}{N} \tag{3-7}$$

式中:$\bar{x}$——算术平均数;

$N$——总体单位个数(即标志值项数);

$\sum$——总体符号。

3) 加权算术平均数

简单算术平均数可用来计算绝对数的平均数,而相对数的平均数必须用加权算术平均数计算,即

$$Q_{权} = \frac{\sum_{i=1}^{n}(Q_i \cdot W_i)}{\sum_{i=1}^{n} W_i} \tag{3-8}$$

式中:$Q_i$——单位的数量;

$W_i$——单位数量的权数;

$n$——单位的个数。

4）几何平均数

几何平均数是 $n$ 个变量值 $x_i$ 连乘积的 $n$ 次方根，是比较常见的平均数。几何平均数 $Q_n$ 计算式为

$$Q_n = \sqrt[n]{x_1 \cdot x_2 \cdots x_n} \tag{3-9}$$

4．动态数列

把同一个指标在不同时间上的数值按照时间的先后顺序加以排列，就是动态数列。动态是指交通事故现象在时间上发展变化的状态和态势。

根据所排列统计指标性质的不同，动态数列分为绝对数动态数列、相对数动态数列和平均数动态数列。

1）绝对数动态数列

用绝对数指标排列而成的动态数列就是绝对数动态数列。它可表明交通事故的规模和发展水平在时间上的发展变化。

绝对数动态数列分为时期数列和时点数列两类。用时期指标排列而成的绝对数动态数列为时期数列。用时点指标排列而成的绝对数动态数列为时点数列。

2）相对数动态数列

相对数动态数列是用相对数指标排列而成的动态指标。相对指标有多种，相对数动态数列也相应地有许多种。相对数动态数列可以说明交通事故现象之间的相互联系在时间上发展变化的过程。

3）平均数动态数列

平均数动态数列是用平均数指标排列而成的动态数列。平均数动态数列说明交通事故现象一般的发展变化过程。

4）动态数列的编制原则

通过相对数动态数列中各项数值的对比，才能观察交通事故现象发展的过程、趋势，才能研究其发展规律。保证动态数列中各项指标数值之间的可比性，是编制动态数列的基本原则。为此，在编制动态数列时必须遵循的原则包括：

（1）总体的空间范围。

（2）时期的长短。

（3）指标的内容。

（4）指标的计算方法要一致。

5．动态分析指标

动态数列可反映交通事故发展的过程和趋势。分析事故的变化特点的规律性，仅有动态数列还不够，还需计算动态分析指标，即计算平均水平、增长量、发展速度、增长速度、平均发展速度和平均增长速度等。

1）平均水平

平均水平是动态数列中各时期的指标计算的序时平均数。交通事故在各个时期发生的水平是不同的，为了得出一般的概念，就需要计算平均水平。

2）增长量

增长量表明在一定时期内增长的规模、水平指标。增长量是计算期（或本期）数减去基

准数的差数。计算期水平高于基准期水平时,为正数;计算期水平低于基准期水平时,则表现为负数。

计算增长量时,由于使用的基准期不同,又可分为逐期增长量和累积增长量。逐期增长量是以计算期数减去前期数,表明单位时间内增长的绝对数;累积增长量是以计算期减去固定基准期数(一般是以数列的最初水平为固定基准期),表示一定时期内累积增长的绝对数,也等于这段时期逐期增长量之和。

3)发展速度和增长速度

发展速度(即前面所提过的动态相对数)是计算期数与基准期数的比值,常用百分数表示。它表明交通事故在不同时期发展的速度和程度。由于对比的基准期不同,发展速度又分两种,即环比发展速度和定基发展速度。

环比发展速度是计算期数与前期数之比,表明事故在一单位时期内发展的程度和速度。

定基发展速度是计算期数与固定基准期数之比,表明事故在一段时期内的总体程度或总速度。

增长速度表明事故增长的程度或速度。与发展速度不同,它不包括相当于基准期的部分,是反映纯增长速度。增长速度用 $\Delta x$ 表示,其计算式为

$$\Delta x = \frac{A_i - A_g}{A_g} = \frac{A_i}{A_g} - 1 \tag{3-10}$$

或

$$\Delta x = \frac{\Delta A}{A_g}$$

式中:$A_i$——计算期数;

$A_g$——基准期数;

$\Delta A$——增长量。

计算增长速度时,依使用的基准期不同,分为环比增长速度和定基增长速度。环比增长速度反映单位时间增长情况的指标;定基增长速度反映一段时期内的总增长情况的指标。在计算关系上,环比增长速度的乘积不等于定基增长速度。

4)平均发展速度和平均增长速度

平均发展速度是了解一定阶段经常达到的一般速度,各期发展速度的平均指标。

环比发展速度是表明各单位时期的发展速度,所以,平均发展速度就是将各期环比发展速度加以平均。由于环比发展速度不是相加,而是连乘才能得出总速度(表3-2)。

中国道路交通事故发展速度　　　　　表3-2

| 年份 | 2011 | 2012 | 2013 | 2014 | 2015 | 2016 | 2017 |
|---|---|---|---|---|---|---|---|
| 事故次数(次) | 210812 | 204196 | 198394 | 196812 | 187781 | 212846 | 203049 |
| 环比发展速度(%) | 100 | 97 | 97 | 99 | 95 | 113 | 95 |
| 定基发展速度(%) | 100 | 97 | 94 | 93 | 89 | 101 | 96 |
| 环比增长速度(%) | — | -3 | 0 | 2 | -4 | 18 | -6 |
| 定基增长速度(%) | — | -3 | -6 | -7 | -11 | 1 | -4 |

在计算平均发展速度时,通常不是利用算术平均法,而是用几何平均法。

各期环比发展速度为 $x_1, x_2, x_3, \cdots, x_n$,则平均发展速度为

$$\bar{x} = \sqrt[n-1]{x_1 \cdot x_2 \cdot x_3 \cdots x_n} \tag{3-11}$$

因为
$$x_1 = \frac{A_2}{A_1} \quad x_2 = \frac{A_3}{A_2} \quad \cdots \quad x_n = \frac{A_n}{A_{n-1}}$$

所以
$$\bar{x} = \sqrt[n-1]{\frac{A_n}{A_1}}$$

平均增长速度(即通常称的递增率)不能直接根据增长速度计算,而是根据平均发展速度减1(或减100%)计算。

平均发展速度为

$$\bar{x} = \sqrt[5]{0.97 \times 0.97 \times 0.99 \times 0.95 \times 1.13 \times 0.95} \approx 0.99 = 99\% \tag{3-12}$$

平均增长速度为

$$\Delta \bar{x} = \bar{x} - 1 = 0.99 - 1 = -0.01 = -1\%$$

## 第四节 交通事故案例分析的内容和步骤

目前,我国道路交通中还有很多规范没有完成,交通事故分析和鉴定就是其中之一。法医鉴定技术已有长期的历史和丰富的知识积累。而汽车交通事故的技术分析和鉴定至今尚未形成学科体系。在汽车保有量和交通运输周转量迅速增加和法制不断健全的同时,交通事故争议和纠纷也呈逐年增加的趋势。因此,有必要对典型交通事故鉴定的分析再现方法进行探索、归纳、整理,像法医科学那样进行知识和经验的积累,并把现场勘查、碰撞试验和理论分析结合起来,才能逐步形成切实可行的鉴定案例的分析和再现方法。

事故案例分析是针对交通事故某一个案所进行的具体分析。相对统计分析来说,是微观分析。其目的在于再现一起交通事故的全过程,为交通事故的正确处理和改善汽车设计的安全性提供科学的论证和依据。

### 一、事故案例分析鉴定的内容

在交通事故处理中,应作鉴定分析的内容取决于事故个案的具体情况。但是,从有关碰撞事故工程学来看,大致有下列内容。

1. 有关汽车结构性能的内容

有关汽车结构性能的内容包括:碰撞车辆的制动性能;有无结构缺陷造成瞬间制动失灵;转向系是否灵活、可靠;悬架断裂的原因等。

**鉴定案例1**

1)事故概况

事故发生时间:某年6月××日18时10分许。

事故发生地点:临河街与岭东路交叉路口。

天气和道路:干燥沥青路面。

2)事故过程

事故现场勘查笔录记载如下:刘×驾驶吉A·07×××胜利牌轿车沿临河街由南向北行驶,行至岭东路前,将同向行驶的电动自行车驾驶员赵××撞伤致死。

速度和制动情况的推算。如紧急制动前的车速;起步后到达某一速度时所需要行驶的距离;按制动印迹推算驾驶员采取紧急制动的地点到碰撞的时间;停车距离;根据车辆损坏情况,推算碰撞的速度等。

3) 委托鉴定事项

吉 A·07×××胜利牌轿车制动系技术状况。

4) 鉴定依据

事故现场勘查笔录和事故现场勘测图。

事故当事人刘×陈述笔录。

事故现场环境考察。

事故汽车行车制动检验。

5) 汽车行车制动系和转向系技术状况

在该年的 7 月 14 日 15 时 30 分在事故处理人员陪同下,查看了事故现场环境。约 16 时至 17 时,查看事故汽车和电动自行车的损坏和碰撞接触情况,然后对事故汽车进行制动试验检查。此过程事故当事双方代表和事故处理人员在场。行车制动系技术状况检查结果如下:

(1) 踩下制动踏板,制动灯亮。

(2) 在灰渣土路上,汽车以初速度约 20km/h 制动 3 次,汽车均能产生制动效果,且有制动的点头效应。

(3) 在沥青路面上,以约 30km/h 的速度实施制动 3 次,汽车均有制动效果,路面上留有可视的轮胎压印。

(4) 以初速度 30~40km/h 在沥青路面上实施制动,路面上可见较为清晰的轮胎从滚动向滑动过渡的轮胎印迹 8~9m 长。

6) 结论

检查结果表明,吉 A·07×××胜利牌轿车行车制动系的制动效能低,低于有关法规的规定值,但未见制动失灵或失效的迹象。

2. 事故因果关系的内容

如从车辆损坏情况,鉴定碰撞双方的行驶方向和接触部位,碰撞车辆的作用力与被碰撞车的速度变化,碰撞时乘员身体的移动和加害部位;受害人是撞击致死,还是碾压致死,有无二次碾压致死的可能;印迹是否是肇事车辆留下来的等。

**鉴定案例 2**

1) 事故概况

某年 6 月××日 15 时许,姜×驾驶黑 N·72×××桑塔纳牌轿车由长春向哈尔滨方向行驶至 102 线 1142km+200m 处,与对向驶来由马××驾驶的吉 A·E5×××捷达轿车发生碰撞交通事故,导致汽车乘员受伤和路侧行人死亡,两车不同程度损坏。

2) 鉴定内容

黑 N·72×××桑塔纳牌轿车左前轮胎爆裂分析。

3) 鉴定依据

(1) 事故案卷中事故现场勘查草图、比例图、现场照片以及当事人和目击者笔录。

(2) 事故办案人员案情介绍。

(3) 事故现场周围环境。
(4) 两车损坏(含接触变形)情况和特点。
4) 检查与分析
(1) 事故车辆检查。受交警支队事故处委托,于7月3日上午10时至11时30分,于××市交通警察大队停车场检查了黑N·72×××桑塔纳轿车和吉A·E5×××捷达轿车损坏情况和特点如下：
① 参与事故两辆汽车的左前轮均爆裂。
② 黑N·72×××桑塔纳牌轿车左前轮轮胎破损部位对应的铝合金轮辋破碎,吉A·E5×××捷达轿车左前轮轮胎破损部位对应的钢制轮辋严重变形。
③ 两辆汽车左前轮轮胎爆裂处均存在轮胎刮擦熔化痕迹,且黑N·72×××桑塔纳牌轿车靠近刮擦胎面的较小爆裂口处有明显刮擦痕迹。
④ 黑N·72×××桑塔纳牌轿车左前轮附近的车身(左前翼子板附近)遗留下撞击变形。吉A·E5×××捷达牌轿车左侧整个车身长度遗留下刮擦变形。
(2) 事故案卷查阅。事故现场草图、比例图记录以及照片上显示的左侧轮胎拖痕均表明,黑N·72×××桑塔纳牌轿车碰撞后从中心线路面左侧穿过中心线回到其行车道(中心线右侧路面);吉A·E5×××捷达牌轿车碰撞后左前轮轮胎因爆裂后在路面上留下黑色拖痕,而其另三个轮胎在路面上留下侧滑印迹。
(3) 事故现场环境:事故现场道路环境为平直道路,视线良好。
(4) 分析。
① 两车接触留下的车身、轮胎接触痕迹表明,两辆事故汽车的两个左前轮在事故过程中发生接触了碰撞,路面的黑印分别为两车左前轮无气后轮胎及轮辋在路面滑移的痕迹。
② 两车接触点应在两车左前轮拖痕印迹各自起点之间,即在现场图定位的69.7~105.9m处。
③ 由于轮胎爆裂后轮胎及轮辋必然会在路面上形成滑痕,所以,两车左前轮轮胎爆裂时刻应在现场图定位的69.7~105.9m处,即在黑N·72×××桑塔纳牌轿车行车方向道路中心线的左侧。
5) 结论
根据检查和分析结果,得出推论:黑N·72×××桑塔纳牌轿车左前轮系碰撞过程中两车左前轮直接碰撞而爆裂的。
与视认性有关的内容。如风、雨、雪、冰雹、雾天天气以及黎明、黄昏、灯光有关的能见度,能否看清车前的障碍物,被对方车灯照射所产生的眩目程度,超车时的视野遮蔽,驾驶员的视线盲区,以及后视镜的视野等。

3. 与酒后驾车有关的内容
与酒后驾车有关的内容,如血液中酒精的浓度及随时间的变化;酒精浓度与驾驶机能的关系;酒精浓度检测的准确性;碰撞时驾驶员的醉酒程度等。

4. 与人类工程有关的内容
与人类工程有关的内容,如驾驶员的疲劳程度;出车前的心理状态;碰撞前有无打瞌睡,有无精神不集中;碰撞后驾驶员的心理状态等。

### 5. 与道路环境有关的内容

与道路环境有关的内容,如事故与道路附着系数的关系;纵坡与横坡对事故形成的影响;弯道半径与视距的关系;路面的坑洼、塌陷、施工以及堆放物等的影响。

## 二、事故案例分析的步骤

事故案例分析的步骤为:①收集事故信息;②整理资料;③加工分析和计算;④计算结果与原始资料进行比较;⑤确定合理的方案;⑥写出鉴定材料。

# 第五节 预防事故措施的效益分析

自从汽车问世以来,交通事故就阴霾不散,给人类造成巨大伤亡和损失。自1945年第二次世界大战结束后至今,在地球上已有逾亿人因交通事故终身残疾,3000多万人丧生。随着交通运输事业的发展,这种严峻局势仍呈上升趋势。世界卫生组织(WHO)发布的《道路安全全球现状报告2018》显示,2016年度全球有135万人死于道路交通事故,超过5000万人受伤。

据有关人士分析,通车里程的增加、交通流量的增大是导致事故发生的主要原因。此外,因道路标志、标线严重匮乏导致的事故也占了较大比例。

据了解,目前机动车驾驶员仍是交通肇事的主要群体。在导致事故的原因中,无证驾驶、酒后驾车、超速行驶、违法超车、违法装载占据了相当的比例。

在道路交通事故中,受害人在经济受到巨大损失,精神上蒙受了巨大的创伤。社会劳动力资源的损失和车辆、货物等物资资源的破坏,都对社会成员心理造成不良影响。这些损失和破坏,无疑阻碍了经济的发展,也给社会带来了巨大的负担。

从理论上说,人的生命价值很难用金钱来衡量,但是为了形象地评价道路交通事故对社会经济的影响,增强人们对生命安全价值的认识,科学地对交通安全设施进行成本效益分析,建立我国交通事故赔偿体系,完善交通安全社会保险体系,有必要对人的生命价值作出经济测算。

## 一、理论依据

1. 利益丧失原则

道路交通事故的受害人一旦死亡,其对社会的消耗和贡献均告终结,但这属于非正常死亡。与死者活着相比,非正常死亡者的余生理应创造的价值因死亡而遭受损失。这种利益实为影子价格,即现今并未实现只是预计在今后可通过价格体现的价值。

2. 投入产出理论

所谓的"投入"是指任何经济系统从事某种经济活动都必须有所消耗,如人、财、物力。所谓的"产出"指各个系统内部诸要素间对人、财、物的分配使用去向以及其结果。国民经济中每种经济活动都既有投入又有产出。

3. 人力资本投资理论

在投入产出分析中,将人视为一种资本,它是国民财富的重要组成部分。人类后天获得的能力,均可算作资本的一部分。资本大,对社会贡献大,即产出大。一旦遇交通事故死亡,则造成的损失大。

4. 人力资本的投入与产出的社会性

人作为自然的人,其投入与产出与所处环境构成一个经济系统。人需要生存就需要付出一定的劳动,在付出劳动的同时满足自身生存发展的需要,也满足社会发展的要求。同时,社会的政治、经济环境也制约着人类劳动成果的数量和质量。因此,人的投入产出与整个社会的经济、文化发展密不可分。所以,人力资本作为一种投入,其产出是与整个国民经济的发展紧密相关的。

## 二、事故损失费用的组成与划分

1. 损失来源

日本在研究交通事故造成的经济损失时将损失分成:当事人的直接损失,警察、法院等社会公共支出的费用,因交通事故阻塞对第三者造成的损失等。

1) 当事人的直接损失

收入损失(因死亡、致残及治疗中的停工所造成的损失)、医疗费用、物损(车辆、货物、房屋、衣服等)和律师辩护费用。

2) 社会公共支出的费用

警察及道路管理者处理事故的费用、道路设施的修缮费用等、消防及急救服务费用等、法庭裁决费用、保险业务费用。

3) 第三者的损失

因交通事故阻塞使第三者造成的时间及燃料的损失、第三者看护病人花费的时间和交通费用。

2. 直接损失与间接损失

以美国为代表的一些国家采用按直接损失与间接损失对费用进行归类,其中包含的费用项目为直接损失和间接损失。

1) 直接损失

直接损失是由事故后果所产生的物质损失和必要的服务所产生的费用,包括财产损失、急救和交通紧急服务费用、医疗费用(急诊、住院、护理、康复等)、法律诉讼与裁决费用。

2) 间接损失

间接损失包含事故所涉及的人和社会所体验到的不可弥补的损失。这些损失包括生活中不可见的部分(如痛苦和承受)、可见的部分(如服务性机构所完成行政工作),以及由于事故导致个人不能生产产品或提供服务的损失。

美国联邦交通局(FHWA)提出的四部分间接费用包括:社会机构所支出的费用、人力资本损失、社会性和心理性的损失以及生命和安全的价值。

3. 按资源的损失费用和恢复费用来划分

这种分类划分的方法见于德国的研究(Krupp,1985)。该研究结果认为,一方面,由于交通事故的结果,致使人力或物力的资源遭到破坏或损伤(资源损失);另一方面,为了使遭到破坏的资源尽可能地恢复原状以及清除事故的后果,必须使用的人力和物力资源,即产生恢复性费用。这两种费用共同组成事故的经济损失,包括资源损失费用和恢复性费用。

资源损失费用包括人力资源的损失、物力资源的损失。

恢复性费用包括直接恢复性费用、间接恢复性费用。

4. 我国事故损失费用的组成和划分

目前,我国统计的交通事故经济损失包括人员伤亡和财产损失两类,又分别包括为直接损失和间接损失。其范围和内容均较狭窄,不宜用于交通事故经济损失的研究。

在研究交通事故对整个社会造成的损失和影响时,人们可以不考虑各部分损失属类,而是从整个社会的角度确定事故损失费用组成,进而对事故损失费加以分类。

1)人员伤亡的损失

这部分损失是由于交通事故导致人员伤亡而对社会或国民经济造成的损失。主要包括两部分,即生命价值的损失和医疗、丧葬等费用。

2)物质财物的损失

物质财物损失仅指直接损失,即财物、车辆、公共设施的折款额。

3)社会公共支出的费用

这部分费用包括所有处理事故后果的公共机构所花费的工作量及事务处理费用等。这些机构包括警察、消防、保险、福利机构等。

4)交通延误等造成的经济损失

在交通事故发生后,道路一般不会完全中断行车,但道路总体通行时空减少,通行能力下降。

(1)广义道路最大交通量。

在某一有效面积为 $A(\mathrm{m}^2)$ 的道路路段,$T(\mathrm{h})$ 时间内,它的时空总体容量计为

$$C = AT \quad (\mathrm{m}^2\mathrm{h}) \tag{3-13}$$

当道路的单车道宽度为 $\omega(\mathrm{m})$,车辆行驶的安全车头间距为 $l(\mathrm{m})$ 时,则一辆汽车行驶所需有效流动空间为

$$S = \omega l \quad (\mathrm{m}^2) \tag{3-14}$$

当汽车以速度 $v(\mathrm{m/h})$,驶过长 $L(\mathrm{m})$ 的一条路段,行驶时间为 $T = L/v(\mathrm{h})$ 时,则其时空消费为

$$C_\mathrm{E} = ST = \frac{\omega l L}{v} \tag{3-15}$$

考虑某一连续车流,如果车辆的速度都相同,那么所有车辆的时空消耗也相等,$v/l$ 即为单车道的道路服务交通量 $Q$,由式(3-15)得

$$Q = \frac{\omega L}{C_\mathrm{E}} \tag{3-16}$$

(2)事故发生后路段交通量。

在 $T$ 时间内,道路的总体时空容量 $C$ 中产生了损失 $C_\mathrm{S}$,下降后单方向的最大服务交通量为

$$Q'_i = \left(1 - \frac{C_\mathrm{S}}{C}\right) Q_i \tag{3-17}$$

## 三、事故经济损失的计量方法

1. 净产量法

此法与总产量法的不同之处仅在于死亡者将来的消费(现值)要从总产量中减去。

2. 保险法

事故的损失费用定义为实际的资源损失加"特定"个人对生命(或四肢)的投保之和。

3. 法院裁决

法院裁决给由犯罪或过失而造成的死亡人员的赡养者的数额。它代表了与死亡有关的社会的损失,实际资源加上此数,就形成事故的损失费用。

4. 愿付费用法

事故损失的费用定义为实际的资源费用加上人们为降低事故的数量或严重程度而愿意支付的费用(包括金钱、时间、自由及其他)。

5. 公共部门的不明确估算法

此法试图确定用于公共部门事故预防方面的不明确的事故费用和价值,决定支持或反对影响安全的投资计划。

6. 人力资本法

死亡 1 人的交通事故损失是实际资源损失(如车辆、财务的损毁,医疗费用,社会的公共支出费用等)加死亡者若达到期望寿命的产量的现值之和。如果要反映事故死亡者及其照顾者的"痛苦、不幸"等精神损失,则可将一定的量加到总产量损失和资源损失中。

# 第四章 驾驶员的交通特性

## 第一节 交通心理学概述

### 一、心理学基本概念

心理学是研究人类行为的科学。人类行为是指人在环境中所完整进行的活动。为了正确地理解人类行为,人们就要正确地了解引起和制约行为的各种条件,并系统地分析这些条件和行为的因果关系。

人类的行为是基于特定的欲望,是为了实现特定的目标,并选择各种各样的手段去实现这个目标而活动的。因此,心理学又是一门研究人的心理现象(也称为心理活动)及其规律的科学。心理现象一般分为心理过程和个性心理差异两个方面。

1. 心理过程

心理过程包括认识过程、情绪过程和意志过程。

1)认识过程

人的认识过程是最基本的心理过程,也是在认识客观世界的活动中表现出来的各种心理现象,包括感觉、知觉、记忆、思维和想象过程。通常,人们在用眼看、耳听、鼻闻、舌舔、手触时,便产生了感觉和知觉。

2)情绪过程

情绪过程是人在从事某种活动时或面对客观事物所持有的心态。情绪分为积极的和消极的两类。

3)意志过程

意志过程,是人对客观事物不仅认识、体验,还要自觉地确定目的,并采取一定的行动进行处理和改造。

2. 个性差异

个性差异包括个性心理特征和个性倾向性。

1)个性心理特征

个性心理特征包括兴趣、能力和性格。每个人都具有不同的个性心理特征。人的兴趣不同,能力有高低,性格也有差异。

2)个性倾向性

个性倾向性是指人对现实的态度,是进行活动的基本动力。它主要包括需要、动机、兴趣、理想、信念和世界观等成分。

3. 心理活动规律

人的心理活动有严格的规律,而这些规律是不以人们的意志为转移的。心理活动的基本规律有三条。

1) 人脑的产物

人的大脑在分析综合的同时,也产生了心理活动,因此人的心理是人脑的产物。

2) 客观现实的主观映像

人的心理是客观现实的主观映像。心理是客观事物作用于感觉器官,反映到大脑里而产生的。人脑在反映事物的时候,也是获得客观事物映像之时,但对映像的认识、理解、评价、对待等都是各不相同的。即使同一个人,在不同的时间、不同的地点和不同的条件下,对同一事物映像的看法也不尽相同。这是由于每个人的知识、经验、思想、情感不同,所以对同一事物产生不同的映像。这个映像就被称为客观事物的主观映像。

3) 客观事物的反映

人们只有经过仔细的观察,认真的思考,才能正确地反映客观事物。

## 二、交通心理学

交通心理学是系统地研究机动车驾驶员和行人等交通参与者在交通过程中的行为、心理活动规律及个性心理特征的科学。也就是说,交通心理学是一门应用科学。它把心理学的方法和原则应用于交通活动中的人。作为应用心理学的范畴,交通心理学着重研究交通活动中与人有关的领域,包括人与机器(驾驶员与车辆)的关系,人与环境(驾驶员与道路及交通标志)和人与人(驾驶员与行人)之间的相互关系。

交通心理学将人、车、路和环境视为一个系统。道路交通系统中的人包括驾驶员、行人和乘客,是交通系统中的主要部分。因此,交通心理学研究的对象应是人的交通心理产生、发展的规律,以及车辆、道路、环境对人的交通心理的影响和作用。驾驶员是在道路交通系统中起决定作用的要素,通常把驾驶员看作道路交通系统的信息处理者和决策者。在车辆行驶过程中,外界的各种信息(道路状况、交通信号、交通标志和道路标线以及行人动态等)都要通过驾驶员的视觉、听觉、触觉等感觉器官传入神经到达大脑,再经过大脑依据这些信息以及已往的经验进行判断、作出决策,然后由输出神经将大脑指令传给手、脚等运动器官来操纵车辆,使车辆按驾驶员的意志在道路上行驶。如果驾驶员在交通信息的搜集、处理和判断的任何环节上发生差错,就有可能引起交通事故,所以驾驶员可靠性对交通安全有着决定性的影响。

驾驶员可靠性一般理解为在具体条件下和指定时间内,按预定的准确度完成所要求的职能的能力。驾驶员可靠性取决于驾驶员的技术熟练程度、个性与感受信息的特性以及在周围动态交通环境中的应变能力。

人的因素不仅涉及交通安全,而且贯穿整个道路交通系统的各个方面。汽车的结构、仪表、信号和操纵系统应适合驾驶员的操纵特性;交通标志的大小、颜色、设置地点应考虑驾驶员的视觉机能;道路线形设计要符合驾驶员的视觉和心理生理要求;制定的交通法规、条例应具有科学性。

交通事故统计结果表明,在发生交通事故的直接或间接原因中,有80%~90%与驾驶员有关。因此,有必要对道路交通系统中的驾驶员交通心理与信息处理过程及行人与骑自行车者的交通心理加以叙述。

从道路交通事故的发生来看,在人、车、路(环境)三要素中,每个要素都可能出现异常而导致系统的失调。但是车辆或道路在出现异常时,由于驾驶员的调控作用,有可能避免交通事故的发生。一旦驾驶员在行车过程中行为出现异常,交通事故就难以避免。人们经过长期的研究,目前能够准确地预测作为技术子系统的车辆在不同道路条件下的工作情况,以及车辆对道路的作用。根据数以千万人丧生于车轮之下的经验教训,人们可以准确地作出交通事故成因分析,提出交通事故防范措施,供机动车驾驶员和道路交通参与者学习,以提高交通参与者素质,为遏制交通事故的发生发挥积极的作用。

随着科学技术的发展和进步,交通心理学研究内容和趋势主要方面为:

(1)驾驶员的交通心理特性。
(2)道路安全行驶规律及事故预防。
(3)交通参与者的社会心理与交通安全。
(4)交通标志、标线与道路安全设施。
(5)交通环境与道路几何设计中人的因素。
(6)交通管理者的交通心理与安全宣传教育。
(7)非机动车骑乘者的动态行为分析。
(8)车辆与交通心理。
(9)交通事故碰撞前瞬间的人头脑固有的反应特性分析。

由于具体交通情况的不同,在美国对驾驶人员驾驶操作的研究甚为关注,研究也较深入。在日本则对驾驶员特性以及与保护行人有关的行人心理研究较为重视。

在我国除上述研究以外,还注重对骑自行车人和混合道路交通中其他道路使用者的心理现象及行为特性进行研究。

交通事故居高不下,多年来同类交通事故屡次发生的原因之一,主要就是由于前车已覆,后车尚不能为鉴的麻痹思想所致。一个驾驶员要不发生交通事故或者少发生事故,就需要长期在道路交通活动中不断学习。原因是驾驶员在驾车过程中每行驶一步都与原来情况不一样,人、车、路及周围环境都在瞬息万变之中,要想预知道路前方路面上的未知交通情况,就得下功夫学习,只有这样其驾驶技术才能日臻熟练。

## 第二节 驾驶员的交通特性

汽车在道路上行驶过程中,从环境(包括车外环境和车内环境)传来的信息,对驾驶员的感觉器官产生刺激作用,并被接收、传送至大脑中枢。驾驶员经过思考、判断,作出决定后产生驾驶行为,即操纵汽车的行驶。

驾驶员驾驶汽车的过程基本上包括感知、判断和操作三个部分。感知外界信息、分析综合信息与推理判断、根据判断进行处理操作,简称为感知、判断和操作。

感知,就是利用驾驶员的感觉和知觉来接收信息;判断就是利用感知到的信息进行分析综合与推理判断的整个思维过程;操作就是经过思维后作出的处理决定。

从心理学角度来看,感知是客观事物直接作用于人的感觉器官,在人脑中所产生的对事物属性的反映。感知是一种心理过程,所以感知特性属于心理特性的一种。驾驶员的感知特性,即感觉知觉特性,包括感觉和知觉两方面。判断和操作是驾驶员对感知到的信息所作出的反应。

## 一、感觉

驾驶员认识周围环境是从最简单的心理活动(感觉)开始。感觉的产生是感觉器官受到信息刺激作用的结果。因此,感觉是指客观事物(机体内外)直接作用于人的感觉器官,在人脑中所产生的对客观事物个别属性的反应。例如,汽车转向盘的属性就有形状、大小、新旧等。这些属性刺激人的感觉器官,就会在大脑的一定部位产生兴奋,进而对事物的属性产生反映。

感觉分为外部感觉和内部感觉。外部感觉即接受外部刺激,反映外部事物属性的感觉,如视觉、听觉、嗅觉、触觉等。视觉是人体吸收外界信息的主要来源,通常视觉器官从交通环境中获得的交通信息约占信息来源的 80%,听觉器官给驾驶员提供的交通信息约占 14%,人体通过以鼻为感觉器的嗅觉、以舌为感觉器的味觉、以皮肤为感觉器的触觉这三种感觉获得的交通信息各占 2%。内部感觉即接受机体内部刺激,反映身体位置、运动和内脏器官的不同状态的感觉,如运动感觉、平衡感觉、内脏感觉。

1. 视觉

视觉是指外界光线经过刺激视觉器官在大脑中所引起的生理反应。视觉之所以是人体获取外界信息的主要来源,是因为交通参与者主要靠用眼睛来获得信息(如道路情况、信号、标志及其他车辆与行人的动态等)。在区分外界物体的明暗、颜色、形状等特性以及物体的大小、远近等空间属性时,视觉机能的好坏对行车安全有直接影响。人们通常把眼睛称为心灵的窗户,不仅因其信息量大,还因为视觉刺激物——光线能组合成各种空间的形象,如组成各种具有动感的信号。光在空间传播的速度可达每秒 30 万 km,而且在传播中损耗少,很少受大雾及霾以外的自然条件影响。因而,不仅大量交通信号利用光来发布,而且在驾驶工作中常把许多本来应由其他分析器感知的刺激物通过仪表转换成视觉信号,如水温表、车速表、油量表等。

立体视觉是人对三维空间各种物体远近、前后、高低、深浅和凹凸的一种感知能力。立体对象使两眼在视觉上存在双目视觉差。视差信息理论认为,双眼注视景物时产生的视差是人对深度感知的基础;当深度信息传至大脑枕区再经过加工处理后,便产生了深度立体感知。这种把两眼具有视差的二维图像融合分析为一个单一完整的具有立体感的三维图像的过程,就是双目视觉,即立体感觉。立体视觉的基础是双眼视觉功能的正常。对驾驶员来说,立体盲是一种比色盲、夜盲更为有害的眼疾。在交通环境中立体视觉的重要性在于,驾驶员只有准确地判断车辆与车辆之间、车辆于交通设施之间的距离和确切方向、位置,判断车辆的速度,正确认识交通环境中的事物,才能避免交通事故的发生。

1)视力

人体能通过这五种感觉器官反映外部世界属性,其中视觉最为主要。驾驶员的视觉机能对驾驶行为影响很大。人眼能分辨物体形状、大小的能力称为视力。视觉敏锐度的基本特征就在于辨别两物点之间距离的大小。视力有静视力、动视力和夜视力之分。

(1)静视力。

静视力是指待检人员站在视力图表前面,距视力表5m,依次辨认视标测定的视力。标准视力表共分12级。0.1~1.0每级差0.1,共10级,另有1.2和1.5两级。我国驾驶员的体检视力标准规定:两眼视力均在标准视力表0.7或对数视力表4.9以上,或两眼视力不低于0.4,但矫正视力达到0.7以上,无红、绿色盲。

(2)动视力。

驾驶员观察物体运动的视力,称为动视力。汽车行驶时,驾驶员同汽车一起以一定的速度前进,即驾驶员与道路环境中的物体发生相对运动。动视力随着车速的提高而明显下降。例如,以60km/h的速度行驶,驾驶员能看清汽车前方240m的标志;而用80km/h的速度行驶,则在接近160m处才能看清。车速提高33%,视认距离减少36%。为保证驾驶员在发现前方有障碍物时,能有足够的时间辨认和采取措施,或希望车速提高,视认距离也能相应地增加。但由于人的生理条件的局限,其结果恰恰相反,因此,汽车最高车速也受人眼动视力的限制。此外,动视力随着驾驶员年龄的不同而有所差异。年龄越高,动视力随车速增大而下降的幅度越大。动视力一般比静视力要低10%~20%,特殊情况下低30%~40%。例如,同样观察4m/s运动的物体,20岁左右的人静视力约为1.10,动视力约为0.7,而一个静视力为1.20的30岁的人,动视力却只有0.50左右。

(3)夜视力。

在黑暗环境中的视力称为夜视力。在照度为0.1~1000lx的范围内,视力与照度呈线性关系,并随照度的减小而下降。黄昏时刻照度明显降低。在由明转暗的情况下,形成视觉主要靠视杆细胞起作用。视杆细胞的感受性增加缓慢,需要30~40min的时间才能达到稳定。由于天黑得较快,对黑暗的适应还没有充分形成,加之打开前照灯,恰与周围照度相近,不能形成鲜明对比,驾驶员不易看到周围的车辆和行人。因此,黄昏时分驾驶难度最大,并易出交通事故。在无照明的条件下,人在夜里的视力降至白天的4%~10%,形成视觉全靠视杆细胞起作用。另外,夜视力与驾驶员的年龄也有关。年龄越大,夜视力越差。20~30岁的驾驶员的夜视力最好。夜视力还与车速有关,速度增加,视力下降。

夜间打开汽车前照灯行驶时,驾驶员的视力还受到一些因素的影响。

物体高度、尺寸影响驾驶员的夜视力。由于汽车前照灯光线较低,特别是汽车在会车时要将远光灯变换为近光灯(一般会车光线比行驶光线低),所以物体在汽车前的位置越低,夜间越容易被发现,而且看得越清楚。在白天,大的物体从远处就能发现。夜间距离越远,光线越暗。所以在远处,即使是庞大的物体有时也感知不到。

物体明亮度、对比度影响驾驶员的夜视力。明亮度、对比度大的物体在夜间容易被发现,但距离比白天要短53%。例如,有两个对比度分别为88%和35%的物体,如果汽车在白天行驶,对比度小的物体比对比度大的物体的视认距离降低53%;如果汽车在夜间行驶,汽车开前照灯时视认距离降低75%,开小灯时视认距离降低80%。

路面情况影响驾驶员的夜视力。因车灯的灯光只能直射,路面凸出处显得明亮,凹陷处显得黑暗。在行车中,驾驶员根据路面明暗来避让凹坑。不过因灯光晃动,驾驶员有时判断不准。若远处发现的黑影在车辆驶近时消失,可能是小的凹坑;若黑影仍存在,可能凹坑较大、较深。若在车辆行驶中前面突然发黑,则道路前方为转弯处。月夜路面呈现灰白色,路面积水处呈白色,且反光、发亮。无月亮光照的夜晚,路面显现深灰色。

物体颜色会影响驾驶员的夜视力。夜间行车,白色、红色和黄色容易被驾驶员辨认,绿色次之,蓝色最不易被辨认。在车灯照明的条件下,各种颜色对夜视力的影响程度见表4-1。

**各种颜色对夜视力的影响程度**　　　　表4-1

| 距　离 | 颜　色 | | | | | |
|---|---|---|---|---|---|---|
| | 白 | 乳白 | 红 | 绿 | 灰 | 黑 |
| 能发现某种颜色物体的距离(m) | 82.5 | 76.6 | 67.8 | 67.6 | 66.3 | 48.2 |
| 能确认是某种物体的距离(m) | 42.9 | 32.1 | 47.2 | 36.4 | 36.4 | 18.8 |
| 能肯定其移动方向的距离(m) | 19.0 | 13.2 | 24.0 | 17.8 | 17.0 | 9.6 |

2)视力适应

视力适应是指人的眼睛对于光亮程度的突然变化,视力要经过一段时间才能适应,人眼恢复视力。由明处到暗处,肉眼习惯和视力恢复的过程,称为暗适应。由暗处到明处,肉眼习惯和视力恢复的过程,称为明适应。

从一般经验得知,暗适应比明适应所需时间要长,眼睛通常要3~6min才能基本适应,30~40min才能完全适应;而明适应在1min内就可完全达到。

照明强度影响视力适应速度的快慢。在明适应过程中,眼睛的瞳孔要缩小。暗适应过程中,瞳孔要扩大。眼睛在明亮的白天和黑暗的夜间,通过瞳孔的变化来适应光环境,发挥视觉功能。当汽车在明暗急剧变化的道路上行驶时,因眼睛的视觉不能立即适应,容易发生视觉障碍。为了防止产生驾驶员视觉障碍,必须减少由亮到暗而引起的落差,通常逐渐减低光照度,这称为缓对照明。一些城市,在城区与郊区的交界处一般可将路灯布设距离逐渐拉长,直到郊区人烟稀少的地方才不设置路灯。这样可避免由有路灯照明市区驾车到无路灯照明郊区的过程中驾驶员感到由亮突变到暗的不适应过程,从而达到交通安全的目的。又如在高速公路的隧道入口处附近,虽说隧道内有100lx左右的照度,但在白天,隧道入口前的照度级约数$10^{-4}$lx。驾驶员驾驶车辆进入隧道时,因明暗差距过大,眼睛不能马上适应,会发生约10s的视觉障碍,期间就有发生交通事故的可能。如果行车速度为100km/h,10s视觉障碍期大约相当于在260m的行驶距离内驾驶员的眼睛不能适应。故在隧道入口处应设有缓和照明,以减少视觉障碍;或在路旁设立"隧道内注意开灯"的标志,唤起驾驶员的注意。

3)眩目

光线越明亮,通常视觉越好。若视野内有强光照射,颜色不均匀,就会使人的眼睛产生不舒适感,且引起视力显著下降,这种现象就是眩目(由于刺目光源对眼球中角膜即视网膜间介质中所产生的散乱现象)。眩目是由眩光产生的,而眩光会使人的视力下降。视力下降的程度取决于光源的强度、视线与眩光间的夹角、光源周围的亮度、眼睛的适应性等多种因素。

眩目有连续与间歇之分。夜间行车多半是间歇性的眩目,表现为受到对向车灯强烈照射时要闭眼或移开视线的现象。由于路灯照明反射产生的眩目,后续车辆的前照灯光线照射到驾驶室内后视灯(指对轿车而言)上反射到驾驶员眼睛内产生的眩目,会使驾驶员产生不愉快的感觉。这些情况都属于生理性眩目。

引起眩目的光线消失后,通常需要 3~10s 的时间,眼睛才能够恢复至原有视力。强光照射中断以后,视力恢复时间的长短与受刺激人的年龄有关。年龄越大,视力恢复需要的时间越长。特别是年龄超过 60 岁后,视力恢复需要的时间几乎等于十几岁青少年的 3 倍。眩目后视力恢复时间还与身体状况有关,如青少年饮酒后的视力恢复时间显著多于正常情况下所需的时间。

眩目后视力恢复时间还与刺激光的亮度、持续时间等有关。

因此,当发生眩目现象后,驾驶员应迅速降低车速,或将车暂时停在路边,等待视力的恢复。

为防止发生眩目现象,在夜间会车时应避免注视对面来车的前照灯。如受到对方前照灯光束的照射,应立即把视线移开。夜间会车时,双方车辆都应把前照灯的远光光束变换为近光光束。这样也可有效地防止眩目现象的发生。但需要注意,在无路灯照明的道路上会车时,如果一方车辆的前照灯改用了近光而对方车辆仍用远光,不但不能防止眩目,反而还可能带来新的危险。由于对方车辆前照灯的照射使驾驶员眼睛发生眩目现象。而且如果这时车前方恰有行人存在,则近光光束照在行人身上反射回来的光线较对方车辆前照灯直接射来的远光光束微弱,驾驶员便看不见车前方的行人。此时,行人自身受到双方车灯光线的照射会误认为双方驾驶员都发现了自己,因而放松了警惕;这样便很容易造成交通事故,驾驶员应予以充分注意。

其他防眩目的交通措施包括改善道路照明、设防眩网、设道路中央分隔带并植树遮蔽迎面来车的灯光、在汽车上采用偏光玻璃做前照灯灯罩、驾驶员佩戴防眩眼镜等。

4)视野

两眼注视某个目标时,注视点两侧可以看到的范围称为视野。将头部及眼球固定,眼睛所能看到的范围为静视野。若头部固定,允许眼球自由转动,眼睛所看到的范围为动视野。动视野比静视野大,左右约多 15°,上方约多 10°,下方无变化。

驾驶员的视野与行车速度有密切关系。随着汽车行驶速度的提高,注视点前移,视野变窄。视野与车速的关系见表 4-2。

视野与车速的关系　　表 4-2

| 行车速度(km/h) | 注视点在汽车前方(m) | 视野(°) | 行车速度(km/h) | 注视点在汽车前方(m) | 视野(°) |
|---|---|---|---|---|---|
| 40 | 183 | 90~100 | 105 | 610 | 40 |
| 72 | 366 | 60~80 | | | |

行车速度越高,驾驶员越注视远方,视野越窄,如图 4-1 所示。注意力随之引向景象的中心而置两侧于不顾,结果形成所谓"隧道视"或"管视"。此外,在汽车行驶过程中,靠近路边的景物相对于驾驶员眼睛的回转角速度若大于 72(°)/s 时,景物在视网膜上就不能形成清晰的成像而感到模糊不清。所以,车速越高,就越看不清路边近处的景物。因此,设计较高行驶速度的道路时(特别是高速公路),要采取封闭式,以禁止行人和非机动车进入车道,避免发生交通危险。按照这种规律,高速公路上的交通标志大都设在车道上方。

# 第四章 驾驶员的交通特性

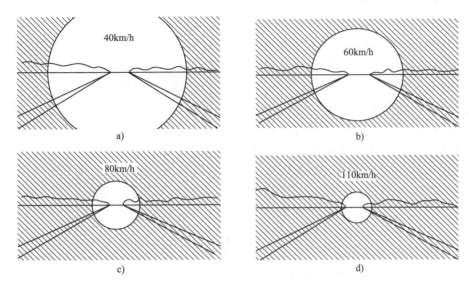

图 4-1 视野随车速的变化

**2. 听觉**

听觉即对声音的感觉,对听到的声音能分析出它的音高、响度、音色和持续性,还能分析连贯地被感知的节奏旋律变化,并由此而能分辨它的方位和远近。因此听觉能补充视觉的不足,其重要性仅次于视觉。听觉感受靠人耳朵的功能来实现。耳朵还具有感受人体平稳的功能,听觉对行车安全也具有重要意义。

对于驾驶员来说,听觉是指以耳朵作为感受器直接接受外界传来的车辆和行人的有声信息或报警声,接受交通管理者通过扩音器传来的指挥信息,接受行车中的背景音乐等信息,从而在大脑中产生生理反应。引起听觉的声音信号富于变化,最易引人注意。声音信号能绕过固态物体传向四面八方,所以警车、消防车等特殊用途车辆除了使用警灯外,还使用各自特殊的音响信号。驾驶员在行驶中听到警车、救护车和特种车的警报声,就必须减速让行。有经验的驾驶员在行车过程中,还能根据车内异响而推断某种机件或设备是否发生了故障,从而及时采取措施,保障行车安全。

与视觉信息相比,听觉信息具有反应快和刺激强的明显特征。听觉反应时间为 0.12~0.16s,视觉为 0.15~2.0s;听觉刺激强,超车或会车、在公路上高速行车,遇到前方有行人、在雾天视觉受到影响时,常用鸣笛来提醒对方驾驶员和行人的注意。驾驶员的听觉不正常,就无法接受有声信息,就易导致交通事故。

音高基本上取决于声音的频率(声波每秒振动的次数)。频率越高,人听到的声音就越高。人对 1000Hz 附近的声音的感受性最高。人耳能听到的声音频率范围最低不小于 16Hz,最高不超过 20000Hz。在这个范围内,每个人的情况不完全相同。疾病和年龄都会改变听觉的感受范围。在 500Hz 以下和 5000Hz 以上的声音,需要大得多的强度才能被人耳感受到。16Hz 以下和 20000Hz 以上的声音,强度无论多么大,都不能使人发生听觉。

响度是与声音的物理强度相对应的,主要由声波的振幅来决定。振幅大,响度强;振幅小,则响度弱。响度计量单位是分贝(dB)。当声音强度超过 140dB 时,所引起的不再是听觉,而是不舒适的痒觉或痛觉。我国规定的噪声标准,听力保护的最大值为 90dB,思考工作允许值为45dB。通常将50dB以下视为安静。

音色是指不同发音体发出的不同声音,由声波的波形决定。最简单的声波是纯音。纯音是单一的正弦曲线波形的声波,用音频信号发生器和音叉可以发出纯音。不同频率和振幅的纯音混合而成的声音叫复合音,人们平常听到的几乎都是复合音。

对于所有声音也可以按波形和振幅是否有周期性的振动而分为乐音和噪声。乐音是周期性的声波振动,而噪声是不规则的声波振动而无周期。噪声超过一定强度,较长时间作用于听觉器官,就会影响人的工作效率和健康。

3. 运动感觉、平衡感觉和内脏感觉

内部感觉反映的是自身各部分内在现象的属性,如运动感觉、平衡感觉和内脏感觉。

运动感觉,是指人在进行各种活动时,对自己身体各部分,如头部、四肢和躯干肌肉骨骼运动和位置状态的感觉,又称肌肉运动感觉。有了运动感觉觉,人才能知道自身四肢的位置和动作、运动速度和肌肉松紧等。驾驶员在这个基础上才能维持一定的姿势,控制驾驶动作。驾驶员在行车中不仅依靠视觉来取得信息,还靠运动感觉提供脚与制动踏板接触时肌肉松紧程度的信息、自身姿势的信息以及自身速度的信息反馈。驾驶员能够准确、协调地控制车辆,很重要的是靠运动感觉来保证的。另外,运动感觉还参与眼部肌肉运动,从而保证了视觉的作用。

平衡感觉是根据人体的位置和重力方向发生变化而引起的,反映了驾驶员头部或身体的空间位置和方向。平衡感觉使驾驶员在转弯和上下坡时,能正确地判断自己的位置,从而掌握汽车的平衡状态。

内脏感觉,如饥、渴、饱、作呕、肠胃疼痛、便秘感等身体内脏器官的感觉,会引起驾驶员在行车中对自身的不适应感;驾驶员只有调节好了内脏感觉,才有利于安全行车。

## 二、知觉

知觉是人对客观事物的认识。它是人将感觉器官接受的周围客观事物的信息与经验相结合,把个别感觉理解为事物完整映像的心理过程,即直接作用于感觉器官的客观事物的整体在人脑中的反映。例如,在行车过程中,驾驶员对道路的认识就是综合了道路的宽度、平坦情况,道路上的标志、标线,行人与车辆的多少,道路上的交通信号等属性,形成对这段道路的整体认识。可见感觉是知觉的成分,是知觉存在的前提。感觉反映事物的属性,知觉反映事物的整体。没有感觉,知觉就不复存在。感觉是仅有的一种分析器参与的被动的、消极的感应过程;知觉是几种分析器的共同活动,对事物各种属性的整体反应。因而,知觉是一种积极的认识过程。但两者又是同时进行而密不可分的,所以通常合称为感知。

大量研究结果表明:驾驶员的知觉能力是随着对事物突出的结构特征的逐渐把握而发展起来的。驾驶员的经验对知觉能力有一定的影响。经验越丰富,知觉也越丰富,从事物中看到的东西便会越多。

知觉有视觉起主导作用的视知觉和听觉起主导作用的听知觉等。知觉还有空间知觉、时间知觉和运动知觉之分。

空间知觉是对客观存在事物的空间反映,包括物体形状、大小、目标位置、距离(远近)和方位等特性的反映。对驾驶员来说,最重要的空间知觉是距离知觉和立体知觉。距离知觉即远近知觉,主要靠视觉、听觉和运动感觉参加活动。行车中驾驶员要随时了解道路几何形状、其他交通工具的大小、距离和方向等情况,以便处理行驶中遇到的各种问题。例如,超车时,驾驶员必须正确地估计自己车辆的速度、与被超车之间的相对速度、与对面来车的距离,以便掌握超车时机。

时间知觉是指客观事物运动、变化的延续性及顺序性在人的大脑中的反映,时间知觉的参考体有自然界的周期现象(如太阳的升落、月亮的盈亏、季节的变化等)和有节律的生理活动(如呼吸和脉搏等)。时间知觉受人们的态度、兴趣、情绪等因素的影响。当态度积极、兴趣浓厚、情绪良好时,人们往往把时间估计得过短;反之,往往估计得过长。

运动知觉是指驾驶员对物体在空间位移和移动速度的知觉。驾驶员通过运动知觉可以分辨物体的静止和运动以及运动速度的大小。

## 第三节 驾驶员的注意

### 一、注意的概念

注意是心理活动对一定事件或物体的指向和集中,即对外界事物和现象有选择的感知。被人们注意的事物就被感知得比较清晰、完整、正确;未被注意的事物就被感知得比较模糊。注意是一种心理现象,与人的心理活动紧密相连。

驾驶员的注意直接影响着驾驶技能和车辆安全行驶。据有关报道,16%～34%的交通事故与注意相关。在行车过程中,驾驶员会受到各种各样信号的刺激,但只能感知影响行驶的重要目标。例如,眼睛只观察来车、行人和交通信号,耳朵只听发动机和其他机构的响声。如果驾驶员在驾驶汽车时注意力不集中,就会出现反应时间长,动作不准确,甚至出现错误动作,或者当情况迫在眉睫时才想到要操纵汽车。

注意有这样的特点:指向周围某一目标,而不是所有目标;自始至终伴随着已经指向和集中于某个目标的心理活动过程,直至这个目标消逝,注意才结束。"注意"对人的认识过程有重要意义。它能使人心理活动处于一种积极状态,使一切活动成为可能。由于注意,驾驶员才能避开其他无关事物的干扰,集中精力清晰地感知道路上的情况及车辆的行驶状态。由此可见,注意对一定的事物具有指向性和集中性。

指向性,是指人的认识活动指向意识所关注的方面,而离开其他的事物。例如,汽车在行驶过程中,驾驶员不是关心所发生的各种信息,而是要把心理活动指向与驾驶有关的交通情况上。这是人的意识对客观信息进行的选择反应。这种指向性就保证了各种器官为了明确的目的而接收有关的外部信息。

集中性,是指人将其所有精力集中在选择的对象上,并清晰、完整、准确地把客观事物反映出来,同时对别的其他事物的作用加以抑制而不予理会。如全神贯注、聚精会神、凝视、倾听等都是注意力集中的表现。别的其他事物遵循物理学的规律对感觉器官施加影响,但仅把它们作为注意的边缘。人们常对注意的边缘反应模糊、不清晰,甚至被忽略掉。由于注意的集中性,可以消耗较少的精力,发挥注意更大的功能。在车辆行驶过程中,有很多目标会引起驾驶员的注意,但驾驶员只能把注意力集中在主要目标上,而且花费较少的精力。这样驾驶员才能有更多的精力用于操纵车辆,保证安全行驶。

注意中心和注意边缘是经常转换的。注意边缘可以变为注意中心,注意中心也可以变为注意边缘。

我国《道路交通安全法》规定:机动车、非机动车实行右侧通行。机动车、非机动车在道路上行驶时,如果道路上施划中心线的,以中心线为界;未施划中心线的,以几何中心为界。

行人横过道路时,经验丰富的行人总是先注意观看左面来的车辆,而后再注意右面行驶过来的车辆,然后再盯住左面来的车辆。待横过至道路中间时,再转头观察右面驶来的车辆,直至安全横过道路为止,注意才结束。正是由于注意可能不断地转换,才能使行人和驾驶员对新的交通情况作出相应的反应。

## 二、注意的分类

根据有无目的性和意志努力程度不同,把注意分为无意注意和有意注意两种。

### 1. 无意注意

无意注意是由于周围环境的突然变化而引起人们的注意。它是在人们事先无准备的情况下,不自觉地、事先无预定目的、也不需主观努力、自然而然产生的注意,所以又称为不随意注意。

无意注意主要是由事物的外部特征引起机体的定向反射而产生的。强度大的刺激物(浓重气味、强烈光线、巨大声响、独特外形等)会引发人们的无意注意。刺激物的活动和变化,如一闪一灭或不停转动的霓虹灯、五颜六色的广告和招牌等同样会引发人们的无意注意。刺激物之间的对比关系,如形状、大小、强度、颜色或持续时间等方面的鲜明对比等,也会引起无意注意。

无意注意与人的本身状况有关。同样的一些客观事物,可能引起某个人的无意注意,而不引起另一个人的无意注意。当某事物满足人们的需要、愿望,并与人们的兴趣和知识经验相吻合,人们对其态度积极时,该事物就很容易成为无意注意。

人的身体状况对无意注意也有很大影响。疲劳或精力旺盛的状态对人的无意注意有重大影响。一个人在过度疲劳的情况下,常不能觉察到那些在精力旺盛时很容易引起无意注意的事物。人在精力旺盛时最容易对新鲜事物发生无意注意。

新奇刺激物容易引起无意注意。要保持这种无意注意,则与一个人的知识和经验有密切关系。新奇事物固然能引起人们的无意注意,但如果人们对它毫无理解,即使它能引起一时的注意,也会很快失效。例如,一个有经验的驾驶员,驾车行驶在下过雨或冰雪的路面上时,具有强烈制动会使车辆后轴发生侧滑的知识,观察到附近有其他车辆,就会引起无意注意,操纵车辆平稳行驶。

无意注意通常是消极的注意,但在一般情况下对驾驶汽车是有益的。例如,红色的信号灯、发动机的异响声、轮胎与地面的摩擦声等外界刺激信息会引起驾驶员对道路情况和车辆技术状况的无意注意。这种无意注意对驾驶员估价道路环境和车辆技术状况,完成相应操作,保障交通安全,都有其积极的意义。在特殊情况下,无意注意也会分散驾驶员的注意力,对驾驶汽车安全行驶不利。例如,过多的道路交通标志及与道路交通无关的广告牌、标语、宣传画等,常会引起驾驶员的无意注意,从而分散驾驶员的注意力,甚至导致交通事故。美国在20世纪70年代就从65000多km的道路网中清除了80多万幅宣传板,对保证道路交通安全发挥了作用。在行车途中,车外的新鲜事物和强烈刺激经常出现,驾驶员要善于控制自己,避免无意注意引起的注意力分散。

2. 有意注意

有意注意是一种自觉的、有预定目的的、常需要一定意志努力而产生和保持的主动注意。例如,驾驶员在行车中留心观察车辆、行人动态,倾听发动机和底盘的响声,即使疲倦了仍然要强迫自己去注意;驾驶员在行车途中,要有意注意车辆的仪表、发动机和传动机构的工作情况,同时也要注意与车辆行驶有关的各种交通状况。

引起有意注意的事物,并不一定强烈、新奇。以下几点有利于引起和保持有意注意。

(1) 对自己活动的结果和意义的理解越深刻,集中注意的要求和决心越强烈,注意也就越能集中和稳定。

(2) 尽量避免环境中能够分散注意的干扰因素,排除与注意无关的思想和情绪的干扰。所以在《中华人民共和国道路交通安全法实施条例》中明确规定:车辆驾驶员不得有在驾驶车辆时拨打和接听手持电话、观看电视等妨碍安全驾驶的行为。另外,有研究结果表明,驾驶员边驾驶边听广播会分散注意力。

(3) 培养稳定的间接兴趣。人对于所从事的活动本身可能没有兴趣,但是对于活动的最后结果有很大的兴趣。例如,驾驶员对于发动机的声音本身没有兴趣,但发动机声音的变化反映着发动机的运转情况,它与汽车能否正常行驶有关,所以它会引起驾驶员的有意注意。

3. 无意注意和有意注意的转化

无意注意可以向有意注意转化。例如,十字路口和道路障碍物前的红灯以及前车的周期闪现的转向信号灯,都会不自觉地吸引驾驶员的注意力,使其有意地去注意采取制动或转动转向盘,以保证行车安全。

有意注意也可以向无意注意转化。例如,驾驶员对所驾驶的车辆不熟悉,因此必须有意注意才能从车辆的声响觉察出故障来,但时间一长,只要有特异声响,驾驶员立刻就会注意到车辆故障的部位。要保证行车安全,在驾驶中驾驶员必须保持高度注意,这主要靠有意注意来工作。但是仅靠有意注意容易疲劳,所以驾驶员要学会使有意注意与无意注意不停地转化。

### 三、注意的特性

注意有其自身的特性,即注意的范围、注意的集中与转移、注意的强度与稳定性、注意的分配。它们对行车安全均有着重要的影响。

1. 注意的范围

注意的范围是指在同一时间内,人能够清楚地觉察或认识对象的数量,也称为注意的广度。人的注意范围是有限的。例如,有的研究表明,没有干扰时,在0.1s时间内,成人一般能认清8~9个黑色圆点,注意到4~6个没有相互联系的字母,3~4个几何图形。我国心理学者在汉字方面所作的实验表明,在0.1s时间内,对没有内在联系的单字只能看清3~4个,对内容有相互联系的词或短语,一般可看清5~6个。所以,车辆号牌一般都不超过6位数字。又如在道路交通流密集时,驾驶员只能同时识别不超过2~3个道路交通标志。这是因为除了道路交通标志外,驾驶员的注意力还要朝向车辆和道路上的其他客体,如完成驾驶操作,识读仪表数字等。

扩大注意范围的主要途径如下:

(1)了解被注意对象的特征。如果了解被注意对象的特征,找出其联系和规律,把分散的对象系统化,就能扩大注意的范围。根据研究成果得知:对排列整齐的事物,比对凌乱错落的事物的注意范围大;对颜色相同的事物,比对五颜六色的事物的注意范围大;对大小相同的客体,比对大小不等的客体的注意范围大。对于驾驶员而言,如果尽可能使交通标志和信号集中、整齐、简单、明了,就可扩大驾驶员的注意范围。如果把交通标志和交通信号的颜色涂得乱七八糟,安装得东倒西歪、杂乱无章,就会缩小驾驶员的注意范围,间接影响行车安全。对于不整齐、不集中的客观事物,驾驶员只要了解其特点,认识其意义,掌握其关系,也可扩大注意范围。

(2)提高技术熟练程度。由于驾驶技术熟练的驾驶员有较大的注意范围:既能注意到近距离的交通信号、行人,还能注意到远处来车、道路情况和两侧动态;不仅能单手转动转向盘,还能操纵离合器踏板和变速杆。所以通过驾驶训练,提高驾驶技术熟练程度,可扩大驾驶员的注意范围。

(3)要有丰富的知识、经验。知识越渊博,经验越丰富,注意的范围就越大。例如,在驾驶车辆时,如果驾驶员既能熟悉交通法规和安全规程,又掌握安全行车的基本要领,了解汽车的结构原理和修理技术(即具有较丰富的驾驶知识和经验),则驾驶员便能把与驾驶有关的许多孤立的事物联接成一个整体来感知。这样扩大了注意范围。

(4)驾驶员的注意范围与车速有关。在行车过程中,交通环境的一切都与车辆发生相对运动,刺激对象在驾驶员视野中停留的时间十分有限。车速越高,停留时间越短。车速减慢,可以增加刺激物在视野中停留的时间,扩大驾驶员的注意范围。

2. 注意的集中与转移

注意的集中是指把精力高度集中在某一客体、现象或活动上,而同时能离开其余一切对象或活动。注意集中并不是把注意仅指向一个单一的对象上,而是保持注意的总方向和总任务不变,具体的注意对象和活动可以有所变化。在行车中,驾驶员时而注意观察前方,时而注意倾听发动机和传动机构的声音,时而注意观察仪表。因为若只注意前方,而对其他情况都不注意,则即使注意集中5min都相当困难。又如,在行车前,驾驶员要把其他事情处理好,以免上车后思想转移,分散注意力。对于驾驶员来说,注意的集中就是要把注意的总方向始终集中在驾驶汽车这个活动上。

注意的转移是指根据工作需要,有意识、有目的地把注意从一个对象转移到另一个对象上。驾驶员操纵动作的速度和准确度取决于注意转移的速度。

注意的分散是在需要注意集中的情况下,受到无关刺激物的干扰,而使注意离开需要注意的对象。它是一种被动的不由自主的心理活动,是思想开小差的一种表现。

注意的转移与注意的分散不同,是一种主观努力的心理活动,是在实际需要时有目的地把注意转向新对象。

在行车中,驾驶员要善于转移注意。一方面,每次出车时,要抛开原来的活动,把注意迅速转移到驾驶工作上。如果驾驶员进入驾驶室开始工作后,思想还停留在上车前的其他事情上,必然会导致思想开小差,常会引起交通事故。另一方面,对突然出现的刺激信息要能迅速反应,具有注意转移的高度机敏性。如汽车在窄路会车时,驾驶员要集中注意观察对向来车,预测会车地点以及会车地点的交通状况,然后注意迅速转移到鸣喇叭、减速、操纵转向盘,紧接着注意要转移到观察汽车靠右的程度和来车左边交会时汽车侧向之间的距离等。在这约半分钟的时间内,注意至少要转移6次以上。如果驾驶员没有从原来的活动及时把注意转移到驾驶工作上而思想不集中,或在驾驶中注意转移不迅速、反应不及时,都会导致操作失误而发生交通事故。因此,驾驶员在出车前应保持一段平静的休息时间,有利于行车中注意的转移。另外,在驾驶车辆过程中,驾驶员要养成不断变化注意对象(一般2s转换一次视线,10s看一次后视镜)的习惯。只有这样,注意才能长时间地保持在驾驶车辆的活动上。

注意转移的快慢和难易,受到一些因素制约。

(1)原来注意集中的程度。如果先前活动时注意非常集中(如全神贯注下棋、看小说时),则要将注意迅速转移到后来的活动上就不大容易。

(2)对新活动意义的认识水平。如果驾驶员能够正确认识新活动的意义,注意就容易转移。例如,行车中如果认识到注意的分散能够造成生命、财产损失等无法挽回的后果,驾驶员就会专心致志地驾驶车辆,并及时转移注意。

(3)新的注意对象是否能够符合人的需要和兴趣。新的注意对象越符合人的需要和兴趣,注意的转移就越快、越容易;反之,注意的转移就慢,且困难。

(4)知识和经验。驾驶员的注意转移速度取决于驾驶员的驾驶经验。驾驶员经长期行车实践,掌握了丰富的驾驶经验,就能做到在超车、通过交叉路口或变换车道时熟练地转移注意对象。

注意的转移表现在每个人身上是有差异的,但可通过以下步骤进行训练:

(1)把注意从一个对象上迅速转移到另一个对象上。

(2)从很多对象中分出主要对象,如从各种声音中分出故障声音。

通过训练,可以改善和提高驾驶员的注意转移的能力,这对注意比较迟钝的人尤为重要。

3. 注意的强度与稳定性

注意的强度是指认识客体、现象或活动时心理活动的紧张程度。注意的强度越大,注意力越集中,对客体、现象或活动的认识越是完全和清晰。驾驶员的注意强度因环境而变。例如,在十字交叉路口和超车时,注意的强度总比在有少量交通参与者的直线路段行驶时要大(在紧急情况下,例如,驾驶员在驾驶中突然发现小孩在离车不远的地方快速横穿道路,注意强度就会陡然增大);但驾驶员在道路景色单调、长距离的直线道路行车或者夜间行车时,都会使注意的强度下降。单调的噪声、振动也会引起驾驶员注意强度的下降和出现瞌睡,从而导致判断错误和操作延误。善于根据驾驶工作的实践来不断地调节自己的注意强度是十分重要的。因为长时间的、高度紧张的注意会引起驾驶员疲劳,注意趋于分散,注意的强度也就趋于下降。在道路狭窄、交通情况复杂或阴天下雨、视线模糊的情况下,驾驶员应提高注意的强度,以确保行车安全。在一般情况下,驾驶员应适当地调整注意的强度,以避免长时间注意高度集中而过快地发生疲劳。

注意的稳定性也称注意的持久性,是指注意长时间地保持在某种事物或从事的某种活动上。注意稳定的标志是在一段时间内保持高度的集中。与其他工作相比,驾驶车辆更需要注意的稳定性。因为汽车运行速度高,车内外环境瞬息万变,只要稍微不注意,就会忽略某些重要情况而出交通事故。但是,要求驾驶员长时间地在一件事上保持注意的稳定是不现实的。因为在注意高度集中的情况下,人们会把注意全部集中在注意对象上,同时离开其余的一切事物。这时,注意范围也会急剧缩小,注意长时间的高度集中,会引起疲劳,并时注意趋于分散,注意的强度也趋于降低,因此驾驶员必须控制注意的强度。在遇到复杂情况时,适时地把注意高度集中与当前的紧急事物上,克服各种无关的干扰,作出及时而准确的动作反应。

注意的稳定性并非是指当人们把注意集中在同一事物时,注意总是长时间地保持固定不变。实际上,注意是处在间歇性的变化之中的,时而加强,时而减弱;即一会儿注意,一会儿不注意。注意的这种周期性变化称为注意的起伏现象。实验表明:听觉的起伏现象周期最长,视觉次之,触觉最短。注意的起伏现象,主观上不易觉察到,对活动的效果也无重大影响。

注意的稳定性也不意味着注意总是指向单一的一个对象,而是说注意的对象和行动本身可以变化,但注意的总方向始终不变。例如,驾驶员在行车中,要注意观察道路上的行人、灯光信号、交通标志、其他车辆的活动、汽车的运行状态等,要根据实际情况变换挡位,但是这些活动都是服从安全驾驶这项总任务的,所以注意也是稳定的。

注意的稳定性取决于对驾驶员的训练程度,又与一个人的机体状态有关。获得良好训练的人,能较长时间地保持注意的稳定性。调查表明,高度注意可在 40min 内无明显减弱地任意保持着,通常学生上课的持续时间定为 40~45min,就是以此为依据的。机体健康、精力充沛,对所注意的对象有浓厚的兴趣,且采取积极行动时,就容易保持稳定的注意;而失眠、疲劳或生病时,就不容易保持注意的稳定性。

同注意稳定性相反的是注意的分散。注意的分散是由于无关刺激物长时间的干扰或由于单调刺激物长时间的作用,使注意不能保持在应指向和集中的事物上,却指向无关的对象。实验证明,与注意的对象类似的刺激物,比不同类型刺激物的干扰作用大;相同的干扰刺激,对知觉影响小,对思维影响大;在知觉过程中,视觉和知觉受无关刺激的影响最小。使人发生浓厚的兴趣或强烈影响情绪的事物,也会引起注意分散。但是,在没有外界刺激物时,保持注意的稳定性也是很困难的,这是因为缺乏刺激物,大脑的兴奋难以维持较高的水平。据国外研究,一个人长期处于单调刺激的环境中,知觉会发生混乱,出现幻觉(听到本来没有的声音,看见并不在面前的事物形象),而且感到昏昏欲睡。据美国哈佛大学报告,在长距离驾驶大型货车的驾驶员中,出现幻觉是极为常见的;在道路上驾驶大型货车几小时后,有的驾驶员就开始见到一些幻影,如在风窗玻璃上有巨大的红蜘蛛,一些不存在的动物跑过道路,以致常引起交通事故。所以,有时微弱的附加刺激物不但不会减弱注意,反而会加强注意。

4. 注意的分配

注意的分配是指注意的总方向不变,在同一时间内把注意分配到两个或两个以上的对象或活动上。例如,驾驶员一边驾驶汽车,一边欣赏音乐,就是把注意同时分配在听和驾驶两种活动上。

驾驶员在驾驶车辆时要具有较强的注意分配能力。因为行车过程中,驾驶员应自始至终把注意分配在许多活动上,同时注意几个方面的情况。例如,要注意操纵转向盘、制动器,又要观察外界的行人、车辆动态,还要注意车内仪表和车外的交通标志和交通信号;如果驾驶员不能分配注意,顾此失彼,就容易发生交通事故。例如,驾驶员因只顾点香烟、吃东西、调收音机、找工具灯等发生交通事故,造成严重伤亡的时有发生。

分配注意有一定的条件,一方面同时注意的对象或活动间要有一定的联系;另一方面注意要分配到的几种活动中必须有一种或数种已经非常熟练,甚至达到了"自动化"或"半自动化"的程度,以致不需要特别地注意也能进行。这样才能把注意分配到比较生疏的活动中去。例如,在注意的范围内,驾驶员总是把注意力分配到某一时刻会造成最大危险的对象或活动上,分配到能够预测道路形势发展的客体、现象和活动上。驾驶员要善于注意分配,就必须多学多练,提高驾驶技术水平。

严格来讲,注意的合理分配是很不容易做到的。在大多数情况下,注意是迅速转移的。但从总体上来说,注意的迅速转移被人们视为注意的分配。例如,汽车的起步,应先挂上挡,然后松驻车制动器手柄,再缓抬离合器踏板,适当踩踏加速踏板,然后平稳起步。熟练技巧,只要这个反应系统形成了,驾驶员就不必多注意这些动作,只要注意观察车前、车后、车左、车右的周围情况即可。这就实现了把注意分配到正在进行的几种活动上。注意分配的实质是并列的几个活动中,基本活动处在意识的中心,而其他活动(自动化的活动)只受意识的检查。

注意的分配有下列几种。

1) 从时间上分配

驾驶员要用较长的时间把注意集中在主要目标上,同时也要不断利用很少时间注意其他有关的交通情况。

2) 从感官上分配

汽车行驶中,驾驶员利用不同的感官分别注意不同的情况。例如,用视觉器官注意观察汽车前方的交通情况,用听觉器官注意察觉发动机、传动机构的工作情况,用触觉器官感知操纵机构。

3) 从动作上分配

驾驶员要努力提高驾驶操作的熟练程度。操作熟练程度越高,所需注意力就越少。这样就使注意力集中到主要活动上。

4) 注意集中在主要目标上

在车辆行驶中,驾驶员必须把主要注意集中在掌控转向盘上,其余精力用于察看各种仪表等。驾驶员应善于用较少的注意去发现能影响主要目标因素的变化。

5) 熟悉情况和熟练技能

熟悉与熟练能少占用注意,就可以把剩余的注意用到其他方面上。例如,有经验的驾驶员在注意交通情况的同时,能熟练地换挡,而无须注意排挡的位置。

注意力是保证行车安全的重要的心理特性,驾驶员生病、疲劳、酗酒、过度兴奋、过度压抑时,其注意力就要变差。每个驾驶员要学会在具体交通条件下利用注意特性,迅速分清主要信息和次要信息,不断清除视野中分散注意的客体、现象和活动,及时将注意力移向那些能够预测道路交通形势发展的客体、现象和活动上,防止和克服急躁情绪,保持身体的良好状态,加强对自己注意力的训练。这样就可使自己成为一个具有良好注意特性的优秀驾驶员。公路设计部门在设计道路线形时应尽量避免单调的景观和长距离的直线路段,路政管理部门必须及时清除公路两旁无关的广告、标语和宣传画,对提高驾驶员的注意力有利。

## 第四节 驾驶员的反应特性

### 一、反应特性

1. 反应及其分类

反应是回答某种刺激所产生的动作,即从接受信息(感知)到反应产生效果的过程。反应过程包括刺激引起感觉器官的活动,信息经由神经传递给大脑,经过加工后,再由大脑传递给肌肉,肌肉收缩,作用于外界的某种客体。即反应包括反映、判断、措施三个阶段。

反应有简单反应和复杂反应之分。给予单一的某种刺激,要求作出反应,且只需要一种动作就可完成,这种反应称为简单反应。简单反应的特点是,除该刺激信号外,被刺激者的注意力不为另外的目标所占据。

复杂反应是指对于两种以上刺激,需要根据不同情况,经分析判断后作出不同的反应。例如,驾驶员在超车过程中,既要知道自身车辆的行驶速度,又要估计被超越车辆的速度和让行超越路面的情况,在操作上有选择地准备超越时间。若由于超越时间长,至中途时,还要观察被超越车辆前面有无障碍,或骑车人、行人、动物及障碍物是否占据了有效路面,观察是否引起被超越车辆的驾驶员向道路中间回打转向盘靠拢道路中心线或驶过道路中心线避让,在操作上便有选择地作出几种反应。

2. 反应时间及其分类

从视觉和听觉等感觉器官接受到刺激到作出反应所需的时间,称为反应时间。反应时间是引起表露于外的反应开始动作所需的时间。环境刺激会引起一种过程的开始,但是这种过程在人体内部进行时是隐蔽的或潜伏的,直到此过程到达肌肉,产生一种外部可见的对环境的效应为止。

反应过程需要一定的时间,而在大脑中消耗的时间最多。即使一个简单的反应,从感觉器官内导的神经冲动也必须累积起来,并形成足够的兴奋,才能够引起大脑运动区对肌肉发出一种神经冲动。因此,反应时间又称反应潜伏期。反应时间应包括四个阶段,即感觉器官所需的时间、大脑信息加工所消耗的时间、神经传导的时间和肌肉反应的时间。

反应时间可分为简单反应时间和选择反应时间两种。

1) 简单反应时间

对于一种刺激,只需要一种动作就可完成,该动作所需要的时间称为简单反应时间。例如,在被试者面前放置一个灯泡,指示被试者看到灯泡点亮时立即按下开关,从灯泡亮到按下开关所经过的时间就是简单反应时间。

光信号刺激视觉的简单反应时间是由以下各部分组成的:

(1) 光到达人眼视网膜的时间近似为 0ms。
(2) 视网膜细胞产生兴奋的时间约为 20ms。
(3) 视神经将兴奋传导到大脑视觉中枢的时间约为 20ms。
(4) 信息由视觉中枢传至运动中枢的时间约为 95ms，传至运动神经、肌肉及肌肉收缩产生动作约为 17ms。

这些时间总计约 152ms。一般视觉、听觉、触觉和嗅觉的简单反应时间列于表 4-3。

简单反应时间  表 4-3

| 感觉 | 视觉 | 听觉 | 触觉 | 嗅觉 |
| --- | --- | --- | --- | --- |
| 反应时间(s) | 0.15 ~ 0.20 | 0.12 ~ 0.16 | 0.11 ~ 0.16 | 0.20 ~ 0.80 |

由表 4-3 可知，反应速度快慢的排列次序依次为触觉、听觉、视觉和嗅觉。因此，交通信号及车内各系统的工作情况，若以光线、声音，特别是以触觉刺激作用于驾驶员时，将使反应时间缩短。

当驾驶员对外界某种刺激信息作出简单反应时，好像是很快地产生动作，实际上是一个过程，需要一定的时间。在实验室条件下，从眼睛到手这种反应是简单反应；如要求按响喇叭，通常需要 0.15 ~ 0.25s；从眼睛到脚的反应，如要求踩下制动踏板，约需 0.5s。

2) 选择反应时间

对于两种以上刺激，需根据不同情况，经分析判断后，采取一个以上动作所需的反应时间，称为选择反应时间，或称复杂反应时间。也就是说，对某一特定事物，预先识别，随即判断如何反应，再加上简单反应时间。例如，各种不同颜色的灯光，或一组随机出现的数字等，指示被测试者只有在出现某一指定信息时（例如，某种颜色或某个数字），才按下电气开关。与简单反应时间不同的是，在选择反应时，有认识与判断的过程，所以，反应时间就要延长。而且，供选择的信息数量越多，反应时间延长得越多。有人为此做过读取圆形仪表指针读数的实验：当仪表板上只安装一个仪表时，读取一个读数需 1.171s；而当仪表板上安装七个同样形状的仪表时，读一个读数需 1.522s，比前者延长了 0.351s 的时间。驾驶员所需的反应一般均为选择反应时间。因为驾驶员在车辆行驶过程中所遇到的情况是异常复杂的，有一个识别、判断、反应的过程。

3. 反应的正确性、准确性与灵活性

很多交通事故都是因驾驶员反应不正确、不准确而操作错误或操作不适宜造成的。

反应不正确的原因主要是驾驶员对突发情况的判断、选择、反应有差错。例如，驾驶员驾驶车辆在任何道路上行驶，道路交通密度较大，出现突然情况，按当时的交通条件，需要驾驶员采取紧急制动减速或停车，才能避免事故的发生。但有的驾驶员遇险情不是采取紧急制动减速或停车，而是操作转向盘避让，或者按压喇叭警告，结果在互相避让的过程中发生了交通事故。

反应不准确的表现，主要是指反应的动作不合乎要求。例如，车辆遇险情时制动突然掉头、侧滑等。这是制动用力过大或过小，或者弯道转弯过快或过慢等引起的，驾驶员不能有把握地一次控制适当的制动力，使车辆达到减速或停车之目的。影响反应准确性的主要因素有刺激强度、行车速度、驾驶经历及驾驶技术等。

灵活性也是驾驶员反应的一个特性。驾驶员能够很快地从一种反应转向另一种反应，或者改变原来反应而转向新的反应。例如,驾驶员正在加速准备超车,突然发现被超越车辆的前方有行人横过道路或者被超越车辆的前方有障碍物,而且相距较近或者超越车辆跟随被超越车辆行驶距离较长,遇对面驶来车辆有会车可能时等,此时驾驶员会迅速制动减速或驶回自己的原路线避让。这就是从一种反应转向另一种反应,这种反应的速度即为反应的灵活性。

## 二、影响驾驶员反应的因素

驾驶员的反应时间受车辆行驶过程中外界客观条件和驾驶员主观条件所制约。分析影响驾驶员反应的各种因素,以便尽量减少反应时间对行车安全的影响,促使在车辆、道路以及交通环境的设计方面,采取有利于提高驾驶员反应速度的措施。

1. 刺激与反应

1) 刺激物种类与反应时间

刺激物种类不同,反应时间不同。这是由感觉的特性决定的,见表4-4。

**不同类型感觉的特性比较**　　　　　　　　　　　　　　　　　　　表4-4

| 感　觉 | 视觉 | 听觉 | 嗅觉 | 触觉 |
|---|---|---|---|---|
| 刺激种类 | 光线刺激 | 声音刺激 | 挥发性和分散性的物质 | 压、触、冷、热 |
| 刺激情况 | 瞬间的 | 瞬间的 | 需要一定的时间 | 瞬间的 |
| 知觉范围 | 有局限性 | 无局限性 | 受到风向的影响 | 无局限性 |
| 知觉难易 | 容易 | 最容易 | 容易 | 稍困难 |

利用接触刺激和声音刺激作为道路交通信息都有一些困难,因此大部分用光线作为刺激物,如各种交通信号、交通标志和交通标线等。

2) 刺激物强度与反应时间

对于同种刺激,其强度越大,反应时间越短。俄罗斯工程心理学家从生理强度规律来说明刺激强度影响反应时间的机制。即刺激物给予神经系统的能量越大,在精神系统的一切环节中的过程进行得就越快,最后的反射效应也越有力。如果以光线作为刺激物,就应有相当的亮度,各种交通标志应大而醒目。如果以声音作为刺激物,则其响度应大。这些都有利于缩短驾驶员的反应时间。

3) 刺激物的背景与反应时间

刺激物与背景对比强,反应时间就短;对比弱,反应时间就长。例如,在寂静的环境中听到喇叭声引起的反应时间,比在喧闹环境中听到的同样响度喇叭声引起的反应时间就短。

颜色对比与反应时间也有关系。两种颜色对比鲜明时,反应时间比较短。两种颜色接近时,反应时间就比较长。例如,交通事故调查发现,具有颜色鲜明的参与者(行人、车辆)遭遇交通事故相对较少,或许就是颜色起到某种作用。

4) 刺激物的复杂程度与反应时间的关系

长时间的单调刺激,会引起驾驶员反应变得迟缓。在较复杂的交通环境中行车,驾驶员注意力集中,精神较紧张,处理情况反应速度较快,动作准确;但是在笔直、平坦、宽阔、人车稀少的公路上,就会开快车,思想易麻痹,易引起心理上疲劳,甚至昏昏欲睡;当突然遇到险情,反应迟缓,甚至措手不及,极易发生交通事故。这主要是因为外界环境单调,缺乏变化而容易产生单调感。

单调感常伴有厌倦感。单调感产生的原因是由于外界刺激过少,身体动作的局部集中化,诱发出不愉悦的感情,使疲劳感增强。在这种情况下,驾驶员一方面要提高警觉,与疲劳作抗争,以克服单调感;另一方面要主动寻求刺激,努力去发现道路环境中的新异点、特殊点,丰富刺激的内容。通常,直线公路长度不超过2400m,每隔一段路程特意设有一个弧度不大的缓弯,或在路面涂上彩色鲜艳的线,在路侧增加交通标志,来增加对驾驶员的刺激。另一重要原因是,我国道路有些是混合交通,而公路环境条件的改善也是随着机动车和非机动车及行人等参与道路活动数量的增加,而不断在原有的公路基础上逐步拓宽形成的。从某一时刻来看,道路上的车辆和人、物很拥挤,但有时候道路路面上交通流稀少。再者,某些路段车辆和人拥挤,有些路段道路路面上人、车稀少。正是受这种间断性的道路环境条件的影响,会使有的驾驶员有意或无意地踩加速踏板提高车速,加之有的驾驶员虽已感知道路环境及自己车辆的行驶路线有异常情况,而又不愿意提前采取减速措施,结果酿成交通事故。交通事故统计资料表明,高速公路及高等级公路与一般公路的交会处的几千米以内,更易发生交通事故。

还有一些情况,如刺激太复杂,刺激的内容过多,也会使驾驶员的反应速度减慢。例如,在通过城市繁华街道行车时,车辆多、行人多、人车混杂,道路纵横交错,会车、停车等待信号多,交织点多、冲突点多,即沿街路段障碍多,路边的广告、商店、各种各样的建筑物等杂乱。面对这些复杂交通情况,有时驾驶员来不及对所有刺激物进行识别、判断、选择,而同时车速又快,往往因反应迟缓,处理避让不及时、不果断或不妥当,以致发生交通事故。

2. 情绪、情感与反应

1)情绪、情感的心理学含义

在日常生活中,情绪和情感通常不作严格区分地混用。在心理学中,情绪一般是指与人的生理需要相联系的心理活动,如防御反射引起的愤怒。情绪持续时间短,外部表现明显,是一种较低级的情感。而情感则是与复杂的社会性需要关联的心理活动。和情绪相比,情感持续的时间较长,外部表现不甚明显。在心理学中,所谓生理的需要,一般是指人在生理上对食物、水、空气、排泄以及避开外界有害刺激等的要求;社会性的需要,则是指人在心理上对劳动、交往、求知以及自尊等方面的追求。

情绪和情感是人对周围的现实和自己独特的个性态度。情绪和情感并非存在于人的认识和活动之外,而是在活动过程中产生,并且影响着活动的进行。

2)情绪、情感对驾驶员反应的影响

情感可以分为道德感、理智感和美感。道德感是根据社会道德行为准则评价别人和自己所产生的情感;理智感是人的认识和追求真理的需要是否得到满足所产生的情感;美感是人们对客观事物及其艺术上表现的美与丑的评价时所产生的情感。

从情感来说,高兴、满意、愉快时令人感到舒适,对驾驶员行车的观察和判断有促进作用。例如,感受性提高,勤于观察,仔细思考,思维变得灵活;对具体的驾驶活动也有促进作用,使驾驶员反应迅速、动作敏捷。而产生悲哀、忧愁、愤怒、恐惧等情感时,会使人感到痛苦。这类情感妨碍驾驶员的认识,显得无精打采,感受性降低,懒于观察和思考,反应减慢、动作迟缓。

情绪可以分为心境、激情、应激。心境是指一种比较微弱而持久的,能影响人的整个精神活动的情绪状态。在心境产生的全部时间内,它能够影响人的整个行动表现,使人一切都感染某种情绪色彩。一个人处于喜悦的心境时,对其他事物也会产生愉快的情绪,反应敏捷。相反,人的心境不佳时,常不能集中精力,反应迟钝。所以,驾驶员需经常保持舒畅的心境。

激情是一种强烈而短暂的、迅速爆发的情绪状态。它是由于人受到具有重大意义的强烈刺激而过度的抑制或兴奋所引起的,如狂喜、愤怒、恐怖、绝望等。驾驶员产生激情时,由于大脑皮层活动的剧烈变化,或强烈兴奋,或普遍性抑制,使认识范围狭小,判断能力降低,自我控制减弱。驾驶员在激情状态下去驾驶车辆,或许会把情绪转移到车辆上,开赌气车、冒险车,或者导致反应速度及正确性、准确性降低,容易发生交通事故。

应激是指出乎意料的紧张情况所引起的情绪状态。在应激状态下,驾驶员有两种表现:

(1)有经验的驾驶员能急中生智,头脑清醒,反应敏捷,动作准确,操作有力,及时摆脱险情。

(2)缺乏经验的驾驶员会恐惧惊慌,手足失措,反应迟缓,操作失误,容易发生交通事故。

3. 年龄、性别与反应

年龄与反应的关系见表4-5。年龄为10～17岁时,比较、判断能力和动作与反应速度均未达到90%;18～29岁,人的比较与判断能力和动作与反应速度达到了最大值。尤其是20～25岁年龄段,反应速度是人生中最快的。30岁以后,上述指标均有下降趋势。因此,25～35岁是驾驶员事业上的黄金时代。年龄在18岁以下的,不能从事驾驶员的工作,超过60岁的,也不宜继续从事职业驾驶员的工作。若非要从事驾驶工作不可的,也应减少行车时间。

年龄与反应速度的关系(%)　　　　　　　　　　表4-5

| 年龄(岁) | 10～17 | 18～29 | 30～49 | 50～69 | 70以上 |
|---|---|---|---|---|---|
| 知觉 | 100 | 95 | 93 | 76 | 46 |
| 比较、判断 | 72 | 100 | 100 | 89 | 69 |
| 动作与反应速度 | 88 | 100 | 97 | 92 | 71 |

日本曾有人用光和声音分别刺激男性、女性驾驶员,以测定其反应时间。测试结果发现,男性驾驶员的反应时间比女性的短。年龄和驾龄相同的男、女驾驶员,在干燥沥青路面上驾驶小型汽车进行制动试验时,在车速相同的情况下,女性的制动距离比男性的平均延长4m。

4. 产生反应的部位与反应

产生反应的身体部位不同,反应时间也不同。手的反应比脚快,见表4-6。要求反应迅速的操纵装置,应安置在手控制方便的部位。

手脚反应时间　　　　　　　　　　表4-6

| 部位 | 右手 | 左手 | 右脚 | 左脚 |
|---|---|---|---|---|
| 反应时间(s) | 0.147 | 0.144 | 0.174 | 0.179 |

5. 环境与反应

研究表明,驾驶员在行车过程中,车内外的环境会使驾驶员的反应速度发生变化。

1) 气温的影响

驾驶室或车厢内的气温过高,会影响驾驶员中枢神经系统的功能,表现为粗心大意和反应迟钝,操作失误增加。气温过低,会增加驾驶员身体热能的消耗,手脚不灵活,动作迟缓。驾驶室内最适宜气温应为18~20℃。

2)噪声的影响

驾驶室密封性差,消声器性能不良以及车况太差,车速较高时会发出刺耳的噪声,对驾驶员中枢神经系统、听觉器官都有较强的不良影响。要想使驾驶员完全不受噪声的影响是不现实的,因为他要通过声音获得信息。但是,强烈而持续的噪声会引起情绪紧张,造成驾驶员心烦意乱,头脑发胀,视敏度下降,平衡感丧失,反应迟钝。

3)振动的影响

车况太差,速度稍快就会发出刺耳的噪声,车辆悬架减振不好或路面失修引起的车身振动,对驾驶员有一定的影响。短时间的振动作用,能够增强驾驶员的紧张感,产生高于正常工作的能力。但长时间的持续振动,会使驾驶员的视野、色觉的反应都变差,注意品质和动作的准确性都会下降。

4)其他因素的影响

如汽车排出的有害气体,会损害驾驶员的大脑中枢神经;又如驾驶室内超员,怕交通警察发现等。这些会造成一定的心理障碍,使驾驶员的反应能力异变。

此外,车外环境不好,如尘土飞扬,刮风下雨,雾多路滑,气温过高,寒冬夜间寂寞单调等,也会使驾驶员的反应变慢。车外气候环境条件的变化异常等因素,虽有很大的影响,但对驾驶员来说是属于事先反应的准备状态,因而很少会引起交通事故。对环境刺激物的反应,人预先是否有精神准备,对反应的影响较大。道路上的预告信息可缩短驾驶员的反应时间,增加反应的准确性。这就是交通警察经常保持道路巡察,以警告驾驶员不论在何种情况下都要做到安全行车的重要原因。

6. 车速与反应

车辆行驶速度越快,驾驶员的反应时间越长;车速越慢,反应时间越短。从人的生理角度来看,车速越快,驾驶员的视野越窄,注视点越向远伸。由于驾驶员看不清视野以外的情况,使情绪和中枢神经系统都处于相对紧张状态,会导致反应时间变长。据有关测试,驾驶员在正常情况下,车速为40km/h时,反应时间为0.6s;车速增加到80km/h时,反应时间增加到1.3s左右。行驶途中遇到险情时,车速越快,驾驶员的制动反应时间就变得越长,来不及迅速作出正确的判断;车速越快,车辆的动能越大,实际制动距离延长,造成反应不及;车速越快,驾驶员的脉搏和眼动都加快,对各种信息的感知和反应迟钝,对外界信息感知不全面,并且驾驶员对感知到的信息来不及进行思维加工,也来不及进行正确的判断和推理;在会车和超车中常会出现过低估计车速,且容易对距离估计失误,尤其在越过障碍和盲区路段行驶中对突发情况还未来得及作出反应就发生了交通事故。这种情况在交通事故现场的具体体现,就是车辆先将行人、物撞倒,而后再出现制动印迹痕。事故接触点在道路面上的投影点,必然落在制动印痕迹的前面。很多交通事故,其实都是由于驾驶员盲目开快车,遇到紧急情况"反应不及"所致。

7. 驾驶疲劳与反应

1)疲劳的概念

疲劳是人们经过连续的体力劳动或脑力劳动后,工作能力暂时下降的一种状态。人们经过长时间的工作,通常都会感到疲乏无力,思维敏捷性和灵活性下降。人在疲劳状态下,许多在正常情况下很好解决的问题也变得难以解决。

从生理机制来看,疲劳与大脑皮层的抑制有关。长时间重复同样的工作时,大脑皮层某些部位的细胞因长时间地受到重复的刺激,产生强烈的兴奋。兴奋是神经细胞中化学物质分解代谢的过程,即能量消耗过程。当刺激物超过一定限度时,反应量不但不会增加,反而会减少。随着大脑皮层细胞能量的消耗,兴奋性降低,并转入抑制状态,同时抑制进一步扩散,便会引起睡眠。这就是疲劳引起睡眠的机理。

驾驶员疲劳分为生理疲劳和心理疲劳两种。生理疲劳是由于维持驾驶员操作的持久或过度的肌肉活动引起的。心理疲劳是由于在行车过程中,驾驶员不断地感知信息,思考、判断和处理信息,心理一直处于紧张状态而引起的。生理疲劳和心理疲劳也相互影响和彼此制约。

由于驾驶工作的复杂性和紧张性、驾驶工作环境(车内外环境、行驶条件)、驾驶员的睡眠、生活环境、本身情况(身体条件、经验条件、年龄、性别、性格)等诸多因素的影响,驾驶员较长时间连续工作后会产生驾驶疲劳,使驾驶员的感觉机能减弱,驾驶机能失调、下降,对安全行车带来一些不利影响。

(1)驾驶员简单反应时间显著增长。据国外研究,工作一天以后,不同年龄的驾驶员,对红色信号的反应时间都增长,见表4-7。

**不同年龄的驾驶员在疲劳前后的反应时间**　　表4-7

| 年龄(岁) | 疲劳前的反应时间(s) | 疲劳后的反应时间(s) |
| --- | --- | --- |
| 18~22 | 0.48~0.56 | 0.60~0.63 |
| 22~45 | 0.58~0.75 | 0.53~0.82 |
| 45~60 | 0.78~0.80 | 0.64~0.89 |

(2)驾驶员对复杂刺激(同时给红色和声音刺激)的选择反应时间也增长,有的甚至增长至2倍以上。

(3)疲劳后,驾驶员动作准确性下降,有时发生反常反应(应该有强烈、极快的反应时,其反应速度却很慢;不需要快速反应时,反而作出很快很强烈的反应)。动作的协调性也受到破坏,以致反应不及时,有的动作过分急促,有的过分迟缓。有时做出的动作准确但不合时机,这在制动、转向方面,表现得最为明显。

(4)疲劳后,驾驶员判断错误和驾驶错误都远比平时增多。驾驶员严重疲劳时,会出现行车中打瞌睡,极易引起重大交通事故。交通事故统计资料表明,疲劳驾驶是交通死亡事故的主要原因之一。从交通事故现场总结来看,凡是发生交通事故前,在事故现场常未留下所应采取任何措施的印痕或者道路路面上只有车辆轮胎的压痕印,而没有制动减速轮胎压印、拖印的,很多都可认定为驾驶员疲劳过度(含打瞌睡)而发生事故的。

2)驾驶疲劳的预防

许多交通事故从表面上看是驾驶员观察不周或措施不当造成的,但基本原因则是驾驶员疲劳。预防驾驶员疲劳的根本方法是劳逸结合,特别是在长途行车、高速行车和夜晚间行车时,更应注意工作与休息的适当安排。日本学者野泽氏曾对1000余名载货汽车驾驶员作过询问调查。调查的内容是在高速公路上行车时,连续行驶时间不应超过多少。调查结果表明,一天之内总累计行车时间不宜超过8h。因此,应严格限制8h以外驾驶。我国法规规定,连续驾驶机动车超过4h应停车休息,停车休息时间不少于20min。

对于不同年龄、不同性别的驾驶员,应采取不同的预防疲劳措施。年龄大的驾驶员,恢复精力比青年人慢,疲劳时要比青年人多安排一些休息时间。妇女特殊情况下的休息时间也比同龄男性稍长为宜。

若在行车中发现疲劳或者困倦时应采取措施,如停车做一些轻微的运动,或采取驾驶室通风,驾驶员洗脸、喝清凉饮料等办法以利于提神醒脑,或在十分困倦的情况下,设法睡眠一会儿,然后再行车。

8.酒精、药物与反应

驾驶员饮酒后,酒精在脑神经系统达到一定浓度时,对中枢神经系统产生抑制作用,对周围情况变化的反应速度明显下降,其反应时间将延长2~3倍,甚至更长。通过实验得知,车速为40km/h时,对同种信号的反应,未饮酒的驾驶员反应时间只需0.6s,而饮酒后的驾驶员需要1.8s。这样,汽车在驾驶员的反应时间内所行驶的距离就从7m增加到21m。加之酒精对大脑皮层的抑制过程产生破坏作用,使驾驶员很难估计车速、距离和自己的能力,以致使反应动作不准确,失误增加。

驾驶员在病态下驾驶车辆,注意力和反应能力会明显下降,动作不协调,准确性下降。驾驶员即使是慢性病也同样会增加发生交通事故的可能性。几乎所有的药物对汽车驾驶都有潜在的不良影响。驾驶员服药不当,对安全行车非常不利。据调查分析,有相当比例的交通事故是驾驶员在开车前服用了影响其精神及反应灵敏度的药物。

目前,刺激中枢神经系统的心理杀伤性药物,大致分为镇静剂、兴奋剂和致幻剂。鉴于不少药物有副作用,服用后会影响驾驶能力,而且剂量大了,容易发生交通事故。世界卫生组织(WHO)在1980年12月1日提出建议规定,有七类药物服用后会使驾驶员反应迟钝,降低注意集中的能力和驾驶能力,而这正是发生交通事故的诱因。驾驶员在服用后不准驾驶车辆。

## 第五节 汽车的制动过程与驾驶员的反应时间

### 一、汽车的制动过程

汽车在行驶中常会遇到一些意外情况,迫使车辆改变原来的运动状态,以适应新的环境条件。为了保证汽车行驶安全,就需要采取制动。

汽车制动过程,就是人为地增加汽车行驶阻力,使行驶的汽车动能或势能转化为热能的过程。汽车车轮制动是通过两对摩擦副实现的。一对摩擦副是车轮制动器的制动盘与制动衬块或制动鼓与制动摩擦片,另一对摩擦副是轮胎与地面。最终由地面形成与汽车行驶方向相反的地面切向制动力作用在轮胎胎面上,阻止汽车前进,迫使汽车减速乃至停止行驶。汽车空气阻力也是一种制动力,但在常用车速下空气阻力较小且迅速降低,一般忽略不计。

驾驶员接收到制动信号后踩下制动踏板,直至制动至停车的过程。制动过程可以分为几个阶段,如图 4-2 所示。它表示制动过程中制动减速度和制动时间之间的关系。

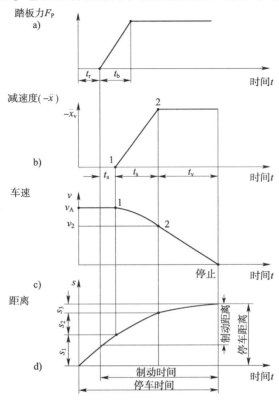

图 4-2 汽车制动过程示意图

1. 制动时间

驾驶员反应时间 $t_r$ 是指从驾驶员识别障碍到把脚力 $F_P$ 加到制动踏板上所经历的时间。其中,包括驾驶员发现、识别障碍并作出决定,把脚从加速踏板换到制动踏板上,以及消除制动踏板的间隙所需要的时间,如图 4-2a)所示。

操纵力增长时间 $t_b$ 是指脚力 $F_P$ 由零上升到最大之所需要的时间,如图 4-2a)所示。

制动滞后时间 $t_a$ 是指从施加操纵力到出现制动力(减速度 $-\ddot{x}$)的时间。其中包括消除各种铰链和轴承间隙的时间以及制动摩擦片完全贴靠在制动鼓(盘)上需要的时间,如图 4-2b)所示。液压制动系的滞后时间为 0.03~0.05s,气压制动系的滞后时间为 0.5~0.6s。

如果忽略驱动部件的制动作用,则在 $t_r + t_a$ 时间内,车速将保持不变,等于初速度 $v_A$,因而这段时间内车辆驶过的距离相对较长,如图 4-2d)所示。

减速度增长时间 $t_s$,在此期间减速度增长到它的最大值。$t_s$ 要比 $t_b$ 长一些。液压制动系减速度增长时间为 0.15~0.20s,气压式制动系减速度增长时间为 0.4~1.0s,汽车列车的可达 2~2.5s。

在持续制动时间 $t_v$ 内,脚踏制动踏板力假定是个常数,减速度 $\ddot{x}_v$ 也不变。

将图 4-2b)给出的减速度瞬态过程进行积分,即得到速度和距离的瞬态过程,如图 4-2c)、d)。

表 4-8 给出了轿车制动过程中的 $t_r$、$t_a$ 和 $t_s$ 的数值。从图中曲线值可见，$t_r + t_a$ 的大小与驾驶员是否需要移动视线有关。需要移动视线（比如，看见前方车辆的制动灯光）时，$t_r + t_a$ 要长一些。

驾驶员反应时间 $t_r$ 以及汽车制动系滞后时间 $t_a$ 和汽车减速度增长时间 $t_s$  表 4-8

| $t_r + t_a$ (s) | 无须移动视线 | 必须移动视线 |
| --- | --- | --- |
| 50% 数值（平均值） | 0.6 | 0.9 |
| 99% 数值（仅有 1% 的驾驶员超出） | 1.1 | 1.4 |
| $t_a$ (s) | ≈0.04 | |
| $t_s$ (s) | 0.2 | |

**2. 制动距离**

由图 4-2d) 可见，制动距离由下列部分组成。

$t_r + t_a$ 时间内驶过的距离 $S_1$ 为

$$S_1 = \nu_A (t_r + t_a) \tag{4-1}$$

$t_s$ 时间内驶过的距离 $S_2$ 为

从图 4-9b) 得到，加速度 $\ddot{x} = \dfrac{\ddot{x}_v}{t_s} t$（这里 $\ddot{x}_v$ 取为负值）。速度 $\nu$ 和位移 $S_2$ 分别为

$$\nu = \nu_A + \int \frac{\ddot{x}_v}{t_s} t \, dt = \nu_A + \frac{\ddot{x}_v}{2t_s} t^2 \tag{4-2}$$

$$S_2 = \int_0^{t_s} \nu \, dt = \nu_A t_s + \frac{\ddot{x}_v}{6} t_s^2 \tag{4-3}$$

$t_v$ 时间内驶过的距离 $S_3$ 为

这段时间里 $\ddot{x} = \ddot{x}_v =$ 常数，所以，速度 $\nu$ 为

$$\nu = \nu_2 + \ddot{x}_v \int dt = \nu_2 + \ddot{x}_v t \tag{4-4}$$

式中：$\nu_2$ 是这段时间的初始速度，也就是前一段时间的末速度。

由式 (4-2)，得

$$\nu_2 = \nu_A + \frac{\ddot{x}_v}{2} t_s$$

把 $\nu_2$ 代入式 (4-4)，并考虑到在 $t_v$ 时间内的末速度为零，可求出

$$t_v = \frac{\nu_2}{-\ddot{x}_v} = \frac{\nu_A}{-\ddot{x}_v} - \frac{t_s}{2}$$

这样就有

$$S_3 = \int_0^{t_v} \nu \, dt = -\frac{\nu_2^2}{2\ddot{x}_v} = -\frac{1}{2\ddot{x}_v}\left(\nu_A^2 + \frac{\ddot{x}_v^2}{4} t_s^2 + \nu_A \ddot{x}_v t_s\right) \tag{4-5}$$

由式 (4-1)、式 (4-3) 和式 (4-5)，得到制动距离 $S$ 为

$$S = S_1 + S_2 + S_3 = \nu_A \left(t_r + t_a + \frac{t_s}{2}\right) - \frac{\nu_A^2}{2\ddot{x}_v} + \frac{\ddot{x}_v}{24} t_s^2 \tag{4-6}$$

在正常情况下，式 (4-6) 中的第三项可忽略，即有

$$S = v_A \left( t_r + t_a + \frac{t_s}{2} \right) + \frac{v_A^2}{2(-\ddot{x}_v)} \tag{4-7}$$

采用式(4-7)可把制动过程简化为两个时间阶段,即 $t_r + t_a + \frac{t_s}{2}$ 和 $\frac{t_s}{2} + t_v$。在第一个阶段末,减速度由零阶跃为 $\ddot{x}_v$,参见图4-3。

又由 $t_v = \frac{v_A}{-\ddot{x}_v} - \frac{t_s}{2}$,可知

$$t = t_r + t_a + t_s + t_v = \left( t_r + t_a + \frac{t_s}{2} \right) + \frac{v_A}{-\ddot{x}_v} \tag{4-8}$$

式(4-7)常用于制定制动法规(对汽车制动装置的要求标准)。值得注意的是,法规中不考虑驾驶员反应时间 $t_r$。由式(4-7)和式(4-8)还可以确定车队中车辆安全间距。这方面存在两种理论:绝对安全间距和相对安全间距。

保持绝对安全间距可以在前车突然停止时,保证后车不致发生追尾碰撞事故。所以,绝对安全间距 $S_{绝对}$ 等于停车距离,即

$$S_{绝对} = v_A \left( t_r + t_a + \frac{t_s}{2} \right) + \frac{v_A^2}{2(-\ddot{x}_v)} \tag{4-9}$$

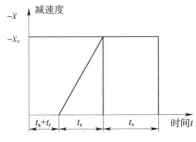
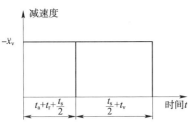

图4-3 汽车制动过程的简化

由于驾驶员对安全距离估计不准,所以常采用安全时间间隔表示车辆的安全间距,即

$$t_{绝对} = \left( t_r + t_a + \frac{t_s}{2} \right) + \frac{v_A}{(-\ddot{x}_v)} \tag{4-10}$$

根据相对安全的理论假定,前后相邻两车以同样的减速度制动。这样间距可以缩短,即

$$S_{相对} = v_A \left( t_r + t_a + \frac{t_s}{2} \right) \tag{4-11}$$

$$t_{相对} = t_r + t_a + \frac{t_s}{2} \tag{4-12}$$

根据该理论, $t_{相对}$ 与车速无关。

## 二、驾驶员的制动反应时间

从制动过程的分析可看出,驾驶员的反应时间与车辆无关,而与驾驶员本身的特性有关。实际上,反应时间取决于驾驶员的反应灵敏度、技术熟练程度、对所驾驶车辆的熟悉程度以及疲劳状况。据统计,对于技术熟练、反应敏捷的驾驶员,制动反应时间约为0.3s;一般驾驶员制动反应时间为0.6~0.8s;反应较慢的驾驶员则为1.5s;酒后对思维有影响的驾驶员在2s以上。制动反应时间的长短对汽车行驶安全影响很大,车速越高则在相同时间内走过的距离越长。

驾驶员的反应也与观察目标的密度有密切关系。驾驶员都有一个最适宜的目标观察密度。在这种情况下,驾驶员的精神不紧张,并有能力把握操控汽车,对道路环境也能及时作出反应。目标密度适宜且引起注意的目标多样化会使驾驶员精力集中,反应及时而迅速。

如果目标过少,在高速公路上或在单调的平原公路上,交通量也很小,驾驶员负担不大,经常会出现高级神经活动处于"抑制"状态,昏昏欲睡,很容易发生交通事故。

汽车驾驶活动基本上是属于选择性反应,反应时间较长。从安全的角度来看,驾驶员对危险信号或障碍物的反应越快越好。国外的有关统计资料表明,复杂反应时间长的人,发生交通事故的可能性也较高。表4-9是日本对一些驾驶员在九个月中事故次数与反应时间关系的调查数据。

**交通事故次数与反应时间的关系** 表4-9

| 事故次数(次) | 0~1 | 2~3 | 4~7 | 8~9 | 10~12 | 13~17 |
|---|---|---|---|---|---|---|
| 反应时间(s) | 0.57 | 0.70 | 0.72 | 0.86 | 0.86 | 0.89 |

由表4-9所列数据可看出,交通事故多的驾驶员反应时间大于交通事故少的驾驶员。

从大量的交通事故处理和实践考察中发现,要使遇到危险信号或障碍时驾驶员的反应时间缩短,只有一个办法,就是事先能预知道路路面前方的未知情况(这属于驾驶员的经验)。提前将右脚移离加速踏板,放在制动踏板上,可减少驾驶员的反应时间。例如,在弯道行驶中有90%车辆的行驶轨迹是偏离路线的,但驾驶员有意或无意知道是否错误。一旦对面左(逆)行路线上有车辆驶来,为了让开道路路面,再向右侧回打转向盘,试图使车辆驶离道路中心线为时已晚。

由于驾驶员需要有一定的制动反应时间,在行车中应保持足够的车间距,特别是高速行车时,更应如此。据日本专家推荐,行车时的车间距以保持每秒车速值的3~4倍为好。不同车速下车间距的推荐值见表4-10。

**不同车速下的车间距离** 表4-10

| 行车速度 | | 车间距离(m) |
|---|---|---|
| 时速(km/h) | 秒速(m/s) | |
| 30 | 8.3 | 15 |
| 45 | 12.5 | 25 |
| 50 | 13.9 | 30 |
| 60 | 16.7 | 40 |
| 80 | 22.2 | 80 |
| 100 | 27.8 | 100 |

为了便于记忆,不同车速时车间距的米数就为行车时速的数目。如车速为80km/h时,车间距应为80m。

## 第六节 生物节律与交通安全

### 一、生物节律

自然界呈现着各种周期性的变化。植物、动物和人类为适应自然,也呈现着各种不同的周期性变化。这种生物的周期性变化,反映出生物生命活动的内在节奏性。这些节奏性循环称为生物节律。人类的生物节律,代表人体内的生理生物循环,也是分析和研究人的行为及其生理机能的一门科学。

## 二、生物节律理论

生物学家已证明,人体内约存在一百多种周期性变化,准确地说可分为两类。一类如脉搏、呼吸、体温、血压、睡眠以及妇女月经等周期变化,称为生理节律。另一类是人的体力、情绪和智力的周期变化,称为生物节律。

19世纪末到20世纪初,奥地利维也纳大学心理学教授斯瓦布达和德国内科医生威尔赫姆弗利斯经过对病人长期的临床观察,分析病症、情感及行为的变化情况,提出了人体内存在23天周期的体力循环和28天周期的情绪循环。20年后,奥地利因斯布鲁大学的泰尔其尔教授,通过对学生考试成绩的分析,又提出了33天周期的智力循环。这样就形成了三个对人体影响最大的"生物节律",其周期是体力23天,情绪28天,智力33天,如图4-4所示。

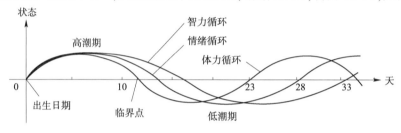

图4-4 体力、情绪、智力状态周期曲线

生物节律理论研究者认为,这些循环从人出生时开始以相同的速率变化,首先进入高潮期,然后经过临界点变换为低潮期;反过来,又从低潮期变换为高潮期。这样持续重复地变化,一直到生命结束时为止。如当三个循环都处于高潮期时,人们处于最佳状态,体力旺盛,情绪饱满,智力开阔,反应敏捷,传递信息反馈快,工作效率高;在低潮期恰好相反,人处于较差状态,体力衰弱,耐力下降,情绪低落,智力抑制;当循环处于高潮期与低潮期之间(临界期),前两期之间临界点附近一、二天,人体功能处于不稳定、不协调状态,适应性差,容易出现差错行为。当有两个以上的节律都在同一天达到临界期时,影响就会更明显。

## 三、生物节律的计算方法

以公历为准,算出周岁总天数(365×周岁数)、闰年比平年多的天数(四年一闰,闰年二月份多一天,因此闰年天数为:周岁数÷4取整)和周岁生日距计算日的天数,取三者之和,再分别除以三个周期(体力周期、情绪周期和智力周期)天数,其余数分别是各周期中的节律位置。

例如,一个驾驶员1960年9月13日出生,试计算他1987年3月20日的生物节律状态。

(1)算出周岁天数为
$$365 \times 26 = 9490(天)$$
(2)算出闰年比平年多的天数(周岁数为26)为
$$26 \div 4 = 6.5(天),取6(天)$$
(3)算出1986年9月13日(即26周岁生日那天)至1987年3月20日期间的天数为
$$17 + 3130 + 31 + 31 + 28 + 20 = 188(天)$$

(4) 算出自 1960 年 9 月 13 日至 1987 年 3 月 20 日的总天数

$$9490 + 6 + 188 = 9684(天)$$

(5) 计算在各周期中所处的节律位置为

体力：$9684 \div 23 = 421 \cdots\cdots$ 余 1，临界期

情绪：$9684 \div 28 = 345 \cdots\cdots$ 余 24，低潮期

智力：$9684 \div 33 = 293 \cdots\cdots$ 余 15，高潮期

### 四、生物节律与交通安全

生物节律理论提出人的行为受循环变化的影响。研究人员自然联想它与交通事故相联系，并开始进行各种实验研究。其结果是，人们对于"交通事故的发生与生物节律是否有内在联系"这个问题，目前仍然持不同的态度。

持赞成态度者认为，生物节律理论是正确的，并且列举了一些实例作为依据。

1939 年瑞士联邦工学院斯恩对 700 起交通事故作了生物节律的关联分析，发现有 53.7% 的交通事故发生在驾驶员的临界期。

日本警察厅在他们调查的交通事故中，发现有 82% 发生在驾驶员的临界期。

美国密苏里州立南方大学威尔斯教授报告，在他调查的 100 起交通事故中有 55% 发生在驾驶员的临界期。

依据我国沈阳、浙江、重庆、上海及河北邢台等运输及管理部门统计数字，经统计检验证明，驾驶员在临界期发生的交通事故与生物节律具有更大的相关性。

为此也有人制作了速查尺、计算机软件系统等。有些人还呼吁所有交通运输业都应按驾驶员的生物节律来安排谁来驾驶车辆运行作业。一些实验结果表明，应用生物节律理论有助于预防交通事故。例如，日本一家出租汽车公司在驾驶员的临界期发给黄牌以示警告，使交通事故减少了 50%。

持否定态度者认为，生物节律理论的科学依据不足。他们认为，这种生物节律观点完全忽视了人的个体差异性，以及外界环境、事件的变化对人的影响。有人认为，既然有生物节律，则计算的基础日不应从出生日计算，而应从怀孕日起计算。同时认为，大力宣传这种生物节律只会使人在所谓"高潮期"时盲目乐观，而使人在"低潮期"，特别是"临界期"时情绪紧张，反而容易造成交通事故，并且有的统计数据也否定了这种生物节律理论。

wotctt 等对 4000 名飞行员的航空事故进行了大规模统计研究，未发现生物节律与航空事故之间存在显著的相关性。

palmer 分析了 112560 起交通事故，是迄今为止规模最大的统计研究，也未发现生物节律与交通事故之间的相互性。

在我国某所大学所做的数百例交通事故调查中，发现与生物节律不一致的占 60% 以上。某公交公司对本公司所发生的交通事故也进行了统计分析，未发现与生物节律存在显著的相关性。

由于生物节律理论中的生物节律在一个月中有一个高潮期，一个低潮期，还有个临界期，加之周期不一样，因而交叉变化。在一定的概率水平下，低潮期未必就是临界期，不管如何统计也会有一定比例。这也是生物节律被质疑的一个重要理由。

# 第五章　交通事故现场勘查

交通事故现场勘查是判断交通事故案件的性质,发现和提取有关证据,证实事故发生经过事实或查获肇事车辆的基础,是分析鉴定交通事故的主要依据。交通事故一旦发生,必然在事故现场引起物体的不同程度变化或留下痕迹。这种变化和痕迹常能反映事故的发生过程。因此,交通事故案件发生后,无论白天、黑夜、刮风下雨,还是事故现场有否变动和破坏,都必须及时赶赴事故现场,全面、深入、客观地进行勘查,详细地记录。客观地分析事故现场情况,是正确处理交通事故的起点和基础。

## 第一节　交通事故现场

### 一、交通事故现场的定义

交通事故现场,是指发生交通事故的路段和地点,以及与交通事故有关的车辆、人员、畜类以及其他事物、痕迹、物证所占有的空间和时间。任何交通事故都有现场存在。交通事故现场的客观存在,是分析交通事故过程的依据和判断交通事故原因的基础。

形成交通事故现场的基本因素为空间、时间、车、人(或物,或畜)以及与交通事故有关的痕迹、物证等。

空间因素是事故现场存在的首要因素。没有造成交通事故的空间,交通事故也就无从发生,现场也就无从谈起。车、人、畜及与交通事故有关的痕迹、物证等,都是在交通事故定义所限制的空间范围内。

形成交通事故的现场有时间性因素。任何一起交通事故都是在一定时间内发生的。尽管交通事故现场的存在具有客观性,但由于天气、环境和其他交通事件的影响,随着时间的推移,交通事故现场的痕迹、物证和参与事故的车辆、人员等会被移动位置或逐渐自然消失。交通事故现场对交通事故分析和处理具有十分重要的作用。因此,《中华人民共和国道路交通安全法》第七十条规定:在道路上发生交通事故,车辆驾驶员应当立即停车,保护现场;造成人身伤亡的,车辆驾驶员应当立即抢救受伤人员,并迅速报告执勤的交通警察或公安机关交通管理部门。因抢救受伤人员变动现场的,应当标明位置。在道路上发生交通事故,未造成人身伤亡,当事人对事实及成因无争议的,可以即行撤离现场,恢复交通,自行协商处理损害赔偿事宜;不即行撤离现场的,应当迅速报告执勤的交通警察或公安机关交通管理部门。《中华人民共和国道路交通安全法》第七十二条规定:公安机关交通管理部门接到交通事故报警后,应当立即派交通警察赶赴现场,先组织抢救受伤人员,并采取措施尽快恢复交通。

与交通事故有关的车辆、人员、畜类及其他事物也是形成交通事故现场的一个基本因素。交通事故参与者加上特定的空间和时间,即构成了千变万化的交通事故现场。弄清它们各自的特点和相互关系,可以为交通事故分析和再现提供唯一的客观条件和依据。

## 二、交通事故现场的特点

1. 现场存在的客观性和现场状态的可变性

任何交通事故,在客观上都存在交通事故现场。即使事故当事人为了逃避责任,改变或毁灭交通事故现场,也只能掩盖和改变事故现场的某些现象和状态。这是由交通事故现场存在的客观性所决定的。但是,交通事故现场的某些现象、状态,会随着时间而灭失。受人为原因或天气及其他自然条件的影响,事故现场会发生变化甚至消失,即事故现场状态具有可变性。

2. 事故现象的暴露性和因果联系的隐蔽性

交通事故在一定的时间和空间直接作用于客观事物,必然引起周围环境的一系列变化;或是人畜的伤亡,或是车辆的损坏,或是物体的变动。这些变化必然在交通事故现场留下痕迹、物证等。这些现象明显地显露于外,凭借认真勘查,完全可以被发现,这是现场现象的暴露性。但这些能看得见、感觉到的现象,只是事物的外部形态。个别现象只能反映事物的某个侧面,而不能反映事物的整体和本质。交通事故现象之间的因果联系,尤其是交通违法行为与交通事故后果的因果联系,却较为复杂又一时难以查明,构成了因果联系的隐蔽性。

3. 事故现场的整体性和形成过程的阶段性

交通事故现场是一系列过程演变后的静态表现形式,体现了整个交通事故演变过程的整体性。交通事故分析的过程必须由终结的静态表现倒推其演变过程,以便再现交通事故的发生和演变情况。

交通事故现场的形成过程一般分成3个阶段,即事故发生前的动态阶段、发生时的变化阶段和发生后的静态阶段。3个阶段在时间和空间上依次衔接,最后形成具有整体性的交通事故现场。交通事故的各个阶段性特点对交通事故现场的整体性产生重要影响。

4. 同类事故现象的共性和具体事故现象的特殊性

交通事故是千差万别的,具有复杂性和特殊性。由于交通事故现场的构成条件原因,又常表现许多相同的现象,如碰撞事故、碾压事故、翻车事故、坠车事故、刮擦事故等。这些相同的事故现象即为交通事故现场的共性。由于同类交通事故的客体相同,发生交通事故的方式相似,决定了同类交通事故在现场表现上形成许多相同现象。这样,交通事故处理人员就可将一类事故现场区别于另一类事故现场。但是,每一起具体的交通事故现场,绝对没有完全雷同的可能性。由于交通事故当事人自身条件的不同,时空条件的差异,决定了同类事故中每起具体交通事故现场的差异,构成了其特殊性。具体交通事故的特殊性,是交通事故处理人员对具体情况具体处理、正确认定的条件和依据。

## 三、交通事故现场的分类

根据交通事故现场的实际情况,通常现场被分为三大类,即原始现场、变动现场和再现现场。

1. 原始现场

原始现场,是指交通事故发生以后,在现场上的相关车辆和伤亡人员以及有关遗留物、痕迹均保持原始状态,没有被变动和破坏的现场。原始现场可为分析事故原因和鉴定事故提供客观依据。

2. 变动现场

变动现场,是指事故发生后,由于人为或自然的原因,事故现场原始状态的部分或全部状态发生了改变的现场。变动现场根据现场变动原因又可分成正常变动现场、伪造现场和逃逸现场。

正常变动现场的变动原因通常有以下几种:

(1)为了抢救伤员,变动了现场上的车辆和有关物体的位置。

(2)由于现场保护不善,现场痕迹被过往车辆碾压或行人抚摸而模糊或消失。

(3)因下雨、下雪、刮风、冰雪融化等自然因素的影响,造成现场或物体上遗留的痕迹模糊不清或完全消失。

(4)因执行特殊任务的车辆或首长、外宾乘坐的车辆发生事故后,急需继续执行任务和为了首长、外宾的安全而使车辆离开了事发现场。

(5)主要交通干道或城区繁华地段发生道路交通事故,造成交通严重拥挤甚至堵塞,需立即排除,因而移动了车辆及其他物体。

(6)其他原因。如车辆发生事故后,当事人没有发觉,而离开了现场。

伪造现场是指当事人为了逃避事故责任、毁灭证据或达到嫁祸于人的目的,而故意变动或布置的现场。这类现场的特征是,现场表现不符合交通事故发生的客观规律,物体的位置与痕迹形成的方向存在明显的矛盾。

逃逸现场是指当事人明知发生了交通事故,为了逃避责任,在事故发生后,驾车潜逃而导致现场变动。

3. 再现现场

再现现场,是指办案人员根据有关证据材料重新布置的现场,表现为恢复现场和布置现场。

恢复现场是根据现场勘查记录等材料,重新恢复现场,供交通事故分析或案件复查使用。

布置现场是根据目击证人或当事人的指定,对由于各种原因,已经不存在的原始现场进行重新布置的现场。布置现场仅被用来再现现场情况,不具有勘查的价值。

## 第二节　交通事故现场勘查

### 一、交通事故现场勘查

1. 定义

交通事故现场勘查,是指为了正确判明交通事故案件的性质,发现和提取有关证据,证实事故发生的经过,事故处理人员运用科学的方法和现代技术手段,对交通事故现场进行实地调查,以及当场对当事人和有关人员进行调查访问,并将得到的结果客观、完整、准确地记录下来的工作。事故现场勘查是处理交通事故的基础,是客观、准确、公正地查明交通事故真相的途径。交通事故能否被正确处理,与现场勘查的质量有很大关系。

2. 目的

办案人员通过现场勘查达到了解交通事故主要情节、发现和提取证据以及判断肇事车辆特点的目的。

1) 了解主要情节

通过现场勘查,了解交通事故发生的主要情节,为进一步分析、研究和掌握交通事故发生的全部过程提供依据。

2) 发现和提取证据

通过现场勘查,发现、提取、收集可判定交通事故发生的原因、责任以及确定交通肇事罪与非罪界限的痕迹、物证。

3) 判断肇事车辆的特点

通过现场勘查,能根据了解的情况和收集的痕迹、物证等证据,判断肇事逃逸车辆的种类、特征和逃逸方向,确定侦查方向和范围,为侦查破案提供线索和证据。

3. 内容

现场勘查一般包括实地勘查、现场访问和临场分析3个方面。

(1) 实地勘查。实地勘查的主要目的,是查明事故经过,发现和采集痕迹、物证。对交通事故现场进行的一系列实地观察、研究、勘验、检查、摄影(摄像)、测量、制图、记录等调查活动。

(2) 现场访问。现场访问是以查明发生交通事故的基本情况及查找线索来源为目的的调查工作。现场访问也是了解逃逸事故有关情况、果断地采取紧急措施的重要手段。

(3) 现场分析。现场分析,是在事故现场勘查基本结束后,对现场勘查的全部材料进行全面、综合性分析研究,作出符合实际的推理判断,从而揭示事故现场上各种现象的本质及其内在联系,判定事故性质,为处理交通事故提供线索与证据,并在此基础上复核现场的重要工作。

为了达到事故现场勘查目的,交通事故勘查一般包括以下内容。

(1) 时间调查。就是确定交通事故发生的时间及与交通事故有关方的时间。

(2) 空间调查。调查交通事故发生的地点、场所,以及车辆、物体、人体、尸体、动物、痕迹、散落物和道路设施等的位置及相互关系,以确定与交通事故当事各方的相互运动速度、方向和路径、冲突点和部位等。

(3) 生理和心理调查。调查事故当事人的心理和生理背景及其对交通事故的成因的影响。有时,这些工作容易被忽视或遗漏,而延误对当事人、证人、目击证人的询问的工作。

(4) 环境条件调查。调查车辆技术状况、道路状况和自然条件对交通事故成因的影响。

(5) 直接后果调查。调查交通事故中人、动物的伤亡情况及原因,车辆和物品的损坏情况,以及其他直接经济损失。

(6) 其他调查。调查交通事故的其他有关内容,如交通环境、社会风俗与习惯等。

4. 要求

为了达到事故现场勘查的目的,查明交通事故案件的性质,找到交通事故发生的原因,对事故现场勘查有以下要求。

1）及时迅速

交通事故现场随着时间的延续，极易受到人为因素和自然条件的破坏。同时，交通事故的知情人或目击证人可能会离开事故现场，还会堵塞交通，影响道路通行。因此，事故现场勘查的时间性很强。它要求公安机关交通管理部门在接到事故报告后，必须立即派员赶赴事故现场。这样可尽量减少事故现场的变动，有利事故现场的勘查，同时目击证人等知情人尚在事故现场，也便于寻访和询问。

2）全面细致

无论什么类型的事故现场，都要把与事故现场有关的一切痕迹、情况尽可能毫无遗漏地发现、收集、记录下来。只有全面占有证据材料，才能对交通事故发生的原因和过程进行系统的分析与再现。这就要求事故现场勘查必须做到全面、细致、有序，为分析交通事故发生的真实情况，正确认定事故打好客观基础。

3）真实客观

交通事故现场勘查应实事求是。对事故现场勘查中所发现的痕迹、物证，要客观、缜密地研究它们与交通事故的关系，如实记录，切勿主观臆断，偏听偏信。对变动或伪造的现场，要分析了解变动情况，有根据地甄别其反常和矛盾的所在，并得到合理的解释和有说服力的鉴定。

4）依法办案

事故勘查人员应具有强烈的法律意识。在现场勘查中提取痕迹、物证、检验尸体、讯问当事人、询问见证人都应严格按照法律规定的程序办事。应尊重被讯问人和被询问人的权利，尊重当地社会风俗习惯，保护国家和私人财产，注意社会影响。对于故意破坏现场，无理取闹者，应依法予以处置。同时，不得随意动用被扣留的车辆、物证及其他物品。若勘查人员与交通事故案件有关或因为其他关系可能影响公正处理交通事故时，应主动回避。

## 二、交通事故现场勘查的方法、步骤和程序

1. 方法

对交通事故发生地点痕迹清楚，参与事故车辆行驶路线确定的事故现场，可以沿着车辆行驶路线勘查。

对伤亡人员及各种痕迹比较集中、范围不大的现场，可以以肇事车辆或尸体接触方位为中心，由内向外，由中心向外围进行勘查。从中心向外勘查的方法适用于现场范围不大，痕迹、物体集中，中心明确的现场。

对伤亡人员及各种痕迹比较分散、范围大的现场，为防止远处痕迹被破坏，可以从周围向中心，由外向内进行勘查。这种方法适用于范围大、痕迹分散的现场。

对于较分散的重大伤亡现场，可从交通事故发生起点向终点进行分段调查或从容易被破坏的位置开始进行勘查。这种方法适用于范围大或潜逃、伪造的现场。

具体勘查应视现场情况而定，有时可以结合几种方法进行。

2. 步骤

现场勘查的重点是发现、搜集和提取能判明交通事故原因的痕迹和物证。现场勘查的基本步骤包括静态勘查、动态勘查、现场复核和现场实验。

1）静态勘查

静态勘查是交通事故现场的初步调查。按勘查人员到达现场时的状态，不触及物体和改变物体位置进行现场测量并绘制现场草图，对痕迹、血痕、散落物、车辆状态、尸体等进行拍照（录像）和记录。尤其是对事故受害人的位置、姿势以及血痕分布情况，应详细观察和记录。

2）动态勘查

动态勘查也称为详细勘查。事故处理人员要运用各种技术和方法对有关物体进行逐一仔细检查，发现、固定和提取有关痕迹及物证，如皮肤、血迹、毛发、印痕等，并在提取物证前进行细目或比例拍照。

静态勘查和动态勘查是现场勘查过程中两个连续的工作程序，并不是要求毫无区别地将事故现场进行两次重复的勘查，而是对事故现场中的每个物体进行初步的勘查，记录并拍摄其原有的形态、位置以及确定它们之间的相对位置关系，对事故现场获得初步概念后，再对事故现场仔细进行勘查。静态勘查是动态勘查的准备，动态勘查是静态勘查的继续。

3）现场复核

现场复核是在现场勘查和临场分析的基础上，对现场测量、记录、现场图绘制、现场摄影、道路鉴定等作业进行全面、系统的复查核对，以确保交通事故现场勘查的准确与完整。

4）现场实验

现场实验是根据现场勘查的实际需要而进行的。现场实验有两个目的。第一，确定与交通事故有关的某个现象，在一定条件下是否可能发生；第二，确定当事人陈述及目击人证言是否可信。

3．程序

事故现场勘查的程序是：接到事故报告（报案），做好报告记录；组织相应人员，立即赶赴事故现场；采取紧急措施，进行现场急救；维护现场秩序，开展调查访问；详细勘查现场；测量、记录、绘图、摄影同步进行；必要时进行现场实验，合理进行临场分析；确认事故性质，填写《交通事故立案登记表》，认真复核现场，补充有关物证；妥善撤除现场，安全恢复交通。

1）事故报告记录

公安机关交通管理部门接到交通事故报案后，必须做好报案记录。

交通事故报案一般有口头、书面或电话报案3种形式。报案人一般是当事人及其委托人，或者是事故或事故现场的目击者。报案人一般对发生的事故有一定的了解，因此交通事故报案记录应记录清楚报案的时间、报案人的自然情况（包括姓名、年龄、职务、工作单位或联系地址、电话等）、情况来源（是亲眼看到的、听说的、还是别人委托报告的）、报案内容以及发生事故的时间、地点、情况（车型、号牌、事态、后果、现场情况）。在交通事故报案记录中，交通事故发生地点和情况尤为重要，必须确切记录，以便于组织勘查人员，采取援救措施，尽快赶赴现场。

属于重大、特大交通事故，应当及时向上级公安机关交通管理部门或者有关部门报告。

2）组织人员赶赴现场

道路交通事故处理程序规定，公安机关接到交通事故报案后，应立即派员赶赴事故现场，抢救伤者和财产，勘查现场，收集证据，采取措施尽快恢复交通。

事故处理人员及时赶赴现场的作用如下：

（1）减少事故现场变动。

（2）可以及早撤除事故现场。

（3）减少交通拥挤或拥堵时间，避免扩大不良交通影响。

赶赴事故现场的人员一般包括现场指挥人员、现场勘查人员、现场保护人员、调查访问人员、检验鉴定人员、现场图测绘人员和摄影（录像）人员。根据交通事故的实际情况，合理组织和调度现场处理人员。

现场勘查是一项复杂而细致的工作，技术性和法律性很强。特别是重大、特大或逃逸交通事故现场的勘查工作量大、涉及面广，参加勘查人员多，勘查时间长，且经常遇到紧急情况，需要及时、果断处理。

搞好事故现场勘查工作，必须统一领导、统一指挥、统一行动，有组织、有纪律、有秩序地进行。发生重大、特大交通事故，省（自治区、直辖市）公安机关交通管理部门认为有必要的，应派员到事故现场指导勘查。发生重大、特大、涉外交通事故，地区（市）公安机关交通管理部门应派员到现场指导勘查，必要时请检察院派员到现场。管辖地公安机关交通管理部门必须派员维护现场秩序。一般事故现场勘查，视情而定。专职事故处理人员人数不得少于二人。必要时还应按刑事诉讼法的要求，邀请现场勘查见证人共同参加勘查。交通事故发生地管辖不明的，由最先发现或最先接到报案的公安机关交通管理部门领导指挥现场勘查。如有关部门的交通警察同时到达事故现场，由职务（警衔）最高的领导指挥现场勘查。现场指挥员的责任如下：

（1）必须迅速全面了解交通事故现场情况，亲自察看事故现场状况，划定事故勘查范围，确定事故勘查重点，部署事故勘查人员。

（2）根据情况需要，果断采取紧急措施。

（3）突出重点，做到统筹兼顾。

（4）组织临场分析、现场复核和善后处理工作。

发生重大、特大交通事故的现场，涉及范围大，情况复杂，可调集警力和抽调有关人员，分配成现场保护、调查访问、勘查痕迹、提取物证、测绘现场图、摄影（录像）等若干个小组，各项工作同步进行。一般以下交通事故的现场，或涉及范围较小的现场，则可视情精简人员，合并进行。

现场保护人员可由交通警察、专职或兼职的安全人员、现场指定的驾驶员或其他人员担任。职责是负责现场危重伤员的急救、运送，一般伤员的守护；维护现场秩序，指挥来往车辆，警戒现场，以创造良好的秩序，保障现场勘查工作顺利进行。

调查访问人员以事故处理人员为主，可吸收其他交通警察参加。职责是负责调查交通事故发现、发生的经过，寻找、发现交通事故的知情人和见证人，收集证人证词，监护当事人。

勘查检验人员由现场痕迹勘查技术人员组成。必要时，可聘请有专门知识的人员（专家）参加。

现场图测绘人员由事故处理专业人员担任。

摄影（录像）人员由事故处理专业人员担任。工作任务是负责事故现场的摄影（录像）。要求按全貌、中心、细目全面细致地拍照；录像则要求流畅、连贯地反映事故现场全面情况和特征,以及事故现场处理的有关情况。

3) 现场封闭与认定

现场勘查人员赶到现场后,如果伤者还在事故现场,首先要抢救伤者,征用过往车辆,迅速将伤者送往附近医院,进行抢救或治疗。同时,了解事故现场保护情况,劝导无关人员退出事故现场。然后,视察事故现场周围情况,确定事故现场的范围,判别事故现场的类别,根据事故现场位置及事故后果进行事故现场空间封闭。

现场封闭可分为局部封闭和全部封闭两种。现场封闭必须指定专人看护,并在事故现场公路两端设置警示标志,除事故现场勘查人员外,禁止一切车辆和行人进入事故现场,同时要指挥交通,疏导交通,维护交通秩序,保证事故现场勘查安全,防止发生连锁交通事故。

勘查人员封闭现场后,要对事故现场进行认定。判别事故现场类型、故事接触点与方位、事故性质,并确定是碰撞、碾压、刮擦、挤撞,还是翻覆、失火、坠车、落水等。

4) 现场勘查

在完成抢救伤员、保护现场和预防连锁事故等紧急措施后,应立即开始事故现场勘查作业。现场勘查作业的内容很多,具有很强的时间性、技术性特点。现场勘查指挥人员应根据事故现场的具体情况,合理地调度人员和勘查装备,实现事故现场勘查作业的有秩序、高效率、高质量。

现场勘查作业的主要内容包括证据材料发现、搜集、摄影、测量、绘图、车辆检查、道路鉴定、尸体检验、当事人确定、询问和监护,证人询问,还有交通事故发生时间、后果及其他调查和现场复核。

事故现场勘查基本上可分为静态勘查和动态勘查。

静态勘查是事故现场的初步调查,必须达到以下要求:

(1) 确定现场方位。

(2) 确定现场中人、车、物以及与事故有关的痕迹、散落物的方位和相互之间的联系。

(3) 遇到变动现场时,查明被变动物原来的位置与状态,确定其与变动后位置的关系。

(4) 确定事故接触点的位置,包括车与车、车与物、车与人接触时的部位和各自在道路上的方位。特别是在有多个接触部位时,要确定第一接触点所处于道路上的方位。

(5) 确定事故车辆挡位、气压、装载、点火开关位置,雨天刮水器效能,转向盘游隙,夜间灯光照明情况,追尾事故前车制动灯性能等。

动态勘查一般应在不破坏痕迹、物品原有形态的前提下,进行翻转或移动(如尸体、车辆等)位置。

动态勘查有以下 3 点要求:

(1) 发现和搜集在静态勘查中未能发现的痕迹和物证。

(2) 用简单的实验方法(如痕迹形状,位置的对比、血迹鉴别等)分析物体特征与痕迹原因。

(3) 根据车辆或行人运动的规律,分析现场中各种现象的产生和变化的原因。

在现场勘查作业中要确定以下 5 个基本点:

(1) 发现对方地点。

(2) 感到危险地点。

(3)采取紧急措施地点。
(4)接触地点。
(5)停止地点。

前2个点由当事人陈述,具有当事人的主观性特点;后3个点是客观存在的,可由现场勘查确定。

发现对方地点,用以判断当事人的疏忽程度,用以确认当事人的判断是否正确。对于存在危险现象而当事人未感到危险,就是当事人判断的错误。

接触地点,是形成交通事故的焦点,又是判定事故责任的重要证据。接触点的确定是事故现场勘查乃至事故处理的关键。

碰撞接触部位是多种多样的,要经过全面、细致地分析,在确认无误的情况下,才能进行勘测。

确定事故的接触点包括两个方面的内容:
(1)接触点的空间位置,就是双方在什么部位最先接触的,即确定接触的部位。
(2)接触点的平面位置,就是把接触部位恢复到开始接触时的空间位置,然后俯视投影到路面上的点,即为接触点。

判定接触点的主要依据如下:
(1)事故现场的物理现象(力和运动),事故双方损坏的部位及受力分布。
(2)事故现场的各种散落物,如从车上脱落的泥垢、车身损坏的碎片、玻璃碎片等。
(3)轮胎的地面痕迹,如车辆轮胎的压印、制动印迹、挫擦印迹、侧滑印迹。
(4)运动学和动力学的理论(运动轨迹和碰撞损坏情况)。

交通事故复杂多变,应对事故现场进行科学、全面的勘查和分析,并作出明确的、符合事实的解释,才能确定出真实的接触点。

5)现场实验

利用事故现场条件,通过可实施的实物实验,确定有关的道路参数(如道路附着系数、滚动阻力系数)和车辆制动性能(如车轮制动器的效能等),研究某些现象的成因,鉴别一些情况的真伪。为了保证实验结果的准确性和可靠性,常需要在与发生交通事故相同的客观条件下,重复进行数次实验。

现场实验必须注意的问题如下:
(1)明确需要查明的问题是否可以通过实验得到解答,并且实验要由专业技术人员主持进行。
(2)在多个相同条件(道路、车辆、气候等)或少数相近条件(如果事故车辆损坏无法行驶,则可以使用同一类型、性能尽可能相近的车辆)进行,按当事人、证人陈述情况进行实验。并用被碰撞或碾压的物体进行对比验证,以便确定某个痕迹的形成是否符合事故发生的实际情况。
(3)实验应反复地进行多次,亦可按不同的推断,以不同的方式进行反复实验,以求得到较准确的结论。
(4)注意安全,不做冒险的实验和不人道的实验(如重新碾压尸体等),并做好现场实验情况和结论意见的文字记录,由主持人和被邀请参加的当事者、证人签字。

现场实验的内容一般是确定肇事车辆的车速与制动距离,验证事故车辆的技术性能,确定车身、路面、衣着痕迹的形成原因,确定车辆接触部位和方位。

6)现场复核

现场复核是为了避免事故现场勘查过程中可能产生的遗漏和差错,是完善事故现场勘查资料的有效手段。现场复核是由现场勘查人员和见证人共同进行的。现场复核的主要工作如下:

(1)听取各方面勘查情况的汇报,审核现场图和有关调查材料有无漏洞。

(2)核查现场勘查组成部分之间的衔接是否有误,痕迹调查人员、现场摄影人员的工作是否完成,各种数据是否一致。

(3)检查主要痕迹和物证提取的手段、件数及现场拍照的种类和数量。

(4)组织全体现场勘查人员检查事故现场勘查作业是否全面、周密、细致,如有不足之处,确定补救措施,并组织落实。

(5)研究现场有质疑的问题和确定尚需补充调查的问题和方式。

7)解除现场

现场勘查结束后,经现场勘查组织者确定现场无须继续保护时,应清除现场障碍,移走事故现场路面上的车辆、尸体及散落物,最后撤除警戒线。交通管理人员应负责疏导被阻车辆,恢复原来的交通状态。

对需要继续保存以备检查、鉴定的车辆和有关物品的名称、型号、数量以及必须检查鉴定的内容进行详细登记。经现场勘查负责人批准后,由专人予以收存,并及时组织检查鉴定。负责保管的人员,不得擅自动用保管的车辆及其他物品,更不得遗失。

除个别情节严重、性质恶劣的肇事人员经公安机关批准拘留外,大部分事故的肇事驾驶员在给予扣留驾驶证后,暂由其所属单位带回,听候公安机关交通管理部门传讯处理。

尸体不需要保留时,由死者家属或者事故车辆所属单位协助死者家属给予火化或安葬处理。如需等候外地直系亲属探视或者死者身份尚未查明,应将尸体妥善保管。

### 三、事故现场勘查的项目

现场勘查必须从现场的实际状况出发,根据事故的类型特点,合理地确定勘查对象与勘查内容。常见的勘查项目有以下几项。

1. 痕迹检验

交通事故痕迹,是指事故发生后留在事故现场的各种印迹和印痕。根据痕迹的形态和分布情况、痕迹间的相互关系,可以判断事故现场的真伪,分析交通事故的成因和经过。交通事故的痕迹主要分为路面痕迹、车体痕迹、衣着痕迹。

1)路面痕迹

路面痕迹是指道路表面的破损和变形,以及遗留在路面上的各种附着物、分泌物和散落物。路面痕迹主要有制动印迹、撞击痕迹、刮擦痕迹、挫压印迹和散落物。其中最重要的是由橡胶微粒等构成的制动印迹和挫压印迹。

(1)制动印迹。

汽车制动时,由于轮胎与路面之间的强烈摩擦作用,使轮胎表面的橡胶微粒黏附于路面上,形成黑色的条状印迹,这就是制动印迹。

在汽车制动初期轮胎只有滚动;在制动前期轮胎有滚动和滑动两种运动,使路面印迹中的胎面花纹在车辆行驶方向上被拉长,此时的印迹称为制动压印。在制动后期车轮抱死后,产生纯滑动时,路面上的花纹已无法辨认,成为一条连续的实心印迹,称为制动拖印。在汽车制动过程中,由于前轴负荷增加,前轮轮胎压缩量增加,使得胎面向内弯曲,前轮印迹变宽,甚至由胎肩形成双线拖印;后轮因负荷减小,胎面向外弯曲,使轮胎印迹变窄。大强度制动时,轿车后轮印迹变淡,甚至浅淡得无法用肉眼辨认。制动时轮胎印迹识别有时需要充分利用光线的作用,从一定的位置和角度仔细观察。

轿车制动拖印不一定都是连续的,有时也会出现断续现象,其原因一方面可能是由于车轴上下振动使车轮与路面断续接触,或者由于制动鼓失圆(或制动盘变形)使制动状态不一致形成断续减速,另一方面可能是由于驾驶员有意识地交替踩放制动踏板,以避免车轮抱死使其处于最佳制动状态。

装有防抱死制动系统(ABS)的汽车直线行驶制动时,有时出现制动斑块状拖印,有时无明显胎印,有时印迹较淡。这种汽车低速(例如初速度低于15km/h)大强度制动时,路面上会出现连续的制动拖印。

当车辆轮胎发生严重侧滑时,侧滑车轮的印迹产生折变,且在印迹折变前后的印迹稍宽,不显示胎面花纹。有的载货汽车后轮先于前轮制动,先出现的制动印迹多为后轮印迹,故现场制动印迹的长度也多从后轮与地面的接触点,量测到印迹的起点。在确定制动印迹起点的位置时,应站在汽车后方,与制动印迹成一直线,且离印迹有一段距离的低角度外,进行仔细观察。在这种情况下,需要两个人配合完成起点位置的确定。根据制动印迹可以判断车辆的行驶路线、方向和车速以及驾驶员采取的措施等。

(2)挫压印迹。

挫压印迹是受到一定压力的刮擦痕迹。交通事故发生时,车辆的轮胎或行人的鞋底常会在路面上留下各种挫压痕迹。汽车轮胎的挫压印较一般正常的制动印迹宽,其方向有时严重偏离车辆的原来行驶方向。自行车的挫压印一般呈水纹状。鞋底挫压印迹的重挫端指向车辆驶来方向。根据挫压印迹的起点和车身、人体上的碰撞痕迹的位置,可以判定碰撞时的接触点。

(3)撞击痕迹。

撞击痕迹是交通事故中车辆上金属零部件或车载硬物脱落撞击地面形成的坑槽。撞击物通常就遗留在痕迹附近,可以进行对照勘查。显然,交通事故的接触点一般在撞击痕迹之前。

(4)刮擦痕迹。

刮擦痕迹是车辆零部件或货物虽然脱落,但没有与车辆分离,随车辆一起运动并和路面接触时在路面上留下的刮擦痕迹。被撞倒的自行车或其他物体在路面上滑动也会留下刮擦痕迹。刮擦痕迹一般是深浅、宽窄及颜色不一的条状,其痕迹反映了车辆或滑动物体的运动情况。

(5)散落物。

事故现场常会遗留各种散落物。常见的有玻璃碎片、塑料片、车辆零部件、车辆上附着的泥垢、冷却液、润滑油、装载物、血迹等。散落物是判断接触点、推算碰撞速度的重要依据,应认真勘查并记录其形态和位置。

2）车身痕迹

车辆与其他物体发生碰撞、刮擦或碾压时，由于受外力作用，常会在车身上留下各种类型的痕迹。对车身进行勘查的主要目的，就是寻找这些痕迹，以确定接触部位和接触状况。事故现场勘查时，一般应以与对方第一次接触的面为主要勘查对象，结合碰撞对象的高度，在车身上进行核对。车身痕迹一般可分为碰撞痕迹、刮擦痕迹、碾压和其他痕迹。碰撞造成的痕迹大多呈凹陷状、断裂状或分离状，应记录其形态、面积、所在部位、痕迹中心距地面的高度和距离车身一侧的距离。刮擦形成的痕迹多为长条状，除了可能具有凹陷和破损的特征外，还可能是车身灰尘、泥土、污垢被刮落，记录时应注意其宽度和长度，以及端点在空间的坐标。碾压造成的痕迹多留在汽车下边缘或底盘下面。其他痕迹主要是指断裂和爆裂痕迹。如横拉杆和转向节等的断裂痕迹，制动软管、轮胎等的爆裂口。

人与车辆接触时，车辆的接触部位可能粘有被害人的血迹、表皮、毛发等人体组织及衣着纤维等。车与车、车与物接触后，各自的接触部位都可能留下对方的漆层、纤维或者其他物质。必要时，应提取上述附着物，送有关机构进行检验鉴定。

3）衣着痕迹

车辆和行人发生交通事故时，车辆与人的接触首先会造成衣着损伤，在接触部位形成勾挂、撕裂、开缝、穿孔、脱扣、皱褶、污块或亮斑等痕迹，并往往留有肇事车辆的油漆和其他车身物质。现场勘查时，应记录痕迹和附着物的位置、形状与特征，以及造成痕迹的作用力方向。车辆碾压行人时，行人外衣上一般会遗留肇事车辆轮胎花纹印痕，且在人体接触地面的一侧，衣服将向车辆驶来方向发生皱褶。机动车撞击人体后，行人衣服表面的受力部位会发生摩擦起毛现象，并显现有撞擦相对方向。车辆凸起部位碰撞、挂擦行人时，行人衣服可能发生撕裂，纤维断口可反映受力方向。车辆的轮胎碾压人体时，从行人衣服上附着的泥土、铁锈、油垢、油漆片等物质可推断人体与车辆接触的部位。汽车撞擦行人瞬间，直立行人向前急速运动时，在行人鞋底面上，常形成沿着运动方向的挫擦划痕。

2．车辆检验

交通事故的形成离不开车辆。车辆的结构、技术性能和使用状况等又与交通事故的形成有着密切联系，因此应在交通事故发生后对事故车辆进行技术检验及有关技术条件的调查。

车辆检验可分为常规检验和针对分析事故的需要进行特定项目的检验。前者应由专门技术人员进行，后者由现场勘查人员进行。主要检查项目包括：车辆有无损坏及其程度，可疑碰撞部位有无附着物，尤其是否附着有人体组织、血迹、毛发、服饰纤维等。

车辆检验项目主要有载货和乘员情况、操纵机构运用情况、安全装置技术状况、车辆结构特征、车辆使用性能、车辆破损情况等。

1）载货和乘员情况

重点检查乘员人数、乘坐位置，货物种类、质量、外形尺寸、安放位置、捆绑固定情况等。车辆的装载量和方式常使整车的质心位移，成为诱发事故的潜在因素，必要时应对车辆重心进行测定。

2）操纵机构运用情况

主要检查变速器的挡位、驻车制动器操纵手柄的位置、转向盘自由转角、转向灯开关及其他电器开关的位置、转向轮胎偏转角、转向机构的磨损松旷情况、气压表的指示值等。

3) 安全装置技术状况

重点检查车辆的制动、转向、悬架、轮胎、喇叭、灯光、刮水器、后视镜、防护栏、保险链及其他附属安全设备是否齐全有效,是否合乎国家标准《机动车运行安全技术条件》(GB 7258—2017),对交通事故的形成有无影响。

4) 车辆结构特征

根据案情分析的需要,有时需记录汽车铭牌上的技术规格或汽车车后部的型号。若这些缺损,则需记录车辆的外廓尺寸、轮距、轴距、轮胎型号、胎面花纹、最小转弯半径等参数。

5) 车辆使用性能

车辆的加、减速性能可通过现场实验确定。汽车通过弯道而不产生侧滑或侧翻的最高行驶速度,应根据车重和重心位置推算。

6) 车辆破损情况

记录破损部位的名称、位置、形态、程度、表面附着物及破损原因等情况。在检查转向拉杆等金属构件断裂时,应注意分析是断裂诱发事故,还是事故造成断裂,并保护好断裂面,以便请专家鉴定。对非金属构件,应注意是自然破裂还是人为破裂。人为的破裂一般会在断裂口处留下锐器切割痕迹。检查车辆灯泡破损情况,应用仔细观察灯丝的颜色或断口特征;必要时要用光学显微镜或扫描电子显微镜检查,从灯丝的颜色或(和)断口特征判断车灯被撞破时刻是否正常点亮。

3. 道路检验

道路检验就是对交通事故地点的道路情况进行全面的察看和检测,确定道路情况,及其对交通事故的形成有无影响。道路具体检验内容包括道路几何参数、路面状况、路面障碍、交通管理设施。

1) 道路几何参数

道路几何参数主要有路面宽度、车道数与车道宽度、纵向坡度与横向坡度(路拱)、弯道半径与超高、路面加宽、停车视距、路肩宽度,以及在路段内路面宽度变化情况,如弯道加宽、路肩崩塌、隆起等。另外,路侧几何参数主要有路缘石、边坡、边沟、行道树等几何参数。

2) 路面状况

路面状况包括道路面层材料(混凝土、沥青、渣油、砂石等)、条件(干燥、潮湿、光滑、粗糙等)以及平整度。路面状况决定路面附着系数的大小,直接影响车辆制动效果和车辆行驶稳定性。不同的汽车轮胎在不同路面状况下的平均附着系数见表5-1。

不同路面的平均附着系数　　　　　　表5-1

| 路面 | | 轮胎类型 | | |
|---|---|---|---|---|
| 类型 | 状态 | 高压轮胎 | 低压轮胎 | 越野轮胎 |
| 沥青或混凝土路面 | 干燥 | 0.50~0.70 | 0.70~0.80 | 0.70~0.80 |
| | 潮湿 | 0.35~0.45 | 0.45~0.5 | 0.50~0.60 |
| | 污染 | 0.25~0.45 | 0.25~0.40 | 0.25~0.45 |

续上表

| 路面 | | 轮胎类型 | | |
|---|---|---|---|---|
| 类型 | 状态 | 高压轮胎 | 低压轮胎 | 越野轮胎 |
| 渣油路面 | 干燥 | 0.50~0.60 | 0.60~0.70 | 0.60~0.70 |
| | 潮湿 | 0.20~0.30 | 0.30~0.40 | 0.45~0.55 |
| 碎石路面 | 干燥 | 0.50~0.60 | 0.60~0.70 | 0.60~0.70 |
| | 潮湿 | 0.30~0.40 | 0.40~0.50 | 0.40~0.55 |
| 土路 | 干燥 | 0.40~0.50 | 0.50~0.60 | 0.50~0.60 |
| | 潮湿 | 0.20~0.40 | 0.30~0.45 | 0.35~0.55 |
| | 泥浆 | 0.15~0.25 | 0.15~0.25 | 0.20~0.30 |
| 积雪路面 | 松软 | 0.20~0.30 | 0.20~0.40 | 0.20~0.40 |
| | 压实 | 0.15~0.20 | 0.20~0.25 | 0.30~0.40 |
| 结冰路面 | | 0.08~0.15 | 0.10~0.20 | 0.05~0.10 |
| 卵石路面 | 干燥 | 0.40~0.50 | 0.50~0.55 | 0.60~0.70 |

3) 路面障碍

路面障碍包括路面上较大的凹坑、石块、堆积物、施工作业占道、摊点、停放车辆等。检查路面堆积物,应具体说明堆积物的长、宽、高和侵占路面尺寸以及对视距的影响等。对于道路施工作业的范围,应说明有无设置明显标志及是否按规定设置标志。并检查路面障碍使车辆绕行或失控的可能性。

4) 交通管理设施

主要调查事故现场及其附近的路面标志与标线、交通标志、隔离带、防护栅、防护栏等交通管理设施的情况。

4. 身体状况检查

受害者如果已经死亡,应检查死者的随身遗物(应有两人以上共同检查),登记清楚,装入专用袋并签封。较大或贵重的物品更应妥善保管,由处理机关待后移交给有关单位或死者家属,将收条一并存档。

对在场的伤者,要详细检查并记录伤害的部位、数目,最好同时拍摄照片为证。根据对伤者的伤害形状,推断与车辆的接触位置、接触角度与状态。根据伤害的部位、程度等,估计是否危及生命或伤愈后影响健康、残废等的情况。

饮酒会影响人的中枢神经系统,导致感觉模糊、判断失误、反应迟缓、工作能力下降,从而危及行车安全,诱发恶性交通事故。因此,检查驾驶员呼出的气体中是否含有乙醇,便可确定其是否饮过酒。目前,常用燃料电池式饮酒检测器进行这种检查,也可采集血样等进行饮酒确认检测。

驾驶疲劳,是指驾驶员在长时间连续行车后,产生生理机能和心理机能的失调,而在客观上出现驾驶技能下降的现象。当驾驶员中枢神经发生疲劳时,会导致其注意功能和感觉功能失调,思维能力、自制能力和操作能力的降低,并出现无力、困倦和瞌睡现象,容易诱发交通事故。过度疲劳,是指驾驶员每天驾车时间过长或者从事其他劳动体力消耗过大或睡眠不足,以致行车中困倦、瞌睡、四肢无力,注意力不集中,判断能力下降,甚至精神恍惚或瞬间记忆消失,动作迟误或过早,操作停顿或修正时间不当等不安全因素,极易发生道路交通事故。因此,疲劳后严禁驾驶车辆。不能及时发现和准确处理路面交通危险情况。过度疲劳一般是通过观察、询问、检查行车记录等来确认的。《中华人民共和国道路交通安全法实施条例》第六十二条明确规定:连续驾驶机动车超过4h应停车休息,停车休息时间不少于20min。

### 四、交通事故现场勘查记录

现场勘查记录是现场勘查工作的重要组成部分。现场勘查记录就是将现场勘查过程中发现和收集的与交通事故有关的所有客观情况、现象,运用各种记录手段将其全面、完整地反映出来。交通事故现场记录主要是现场图、现场影像资料和现场勘查笔录。现场摄影和现场图将在第四节和第五节进行详细介绍。

在交通事故现场勘查的过程中,要认真做好事故勘查笔录。

交通事故现场勘查笔录主要包括下述内容:

(1)接到报案时的时间,交通事故发生和发现的时间、地点,当时的气候,报案人与当事人的姓名、电话、职业、工作单位、住址,以及他们所叙述关于事故发生、发现的经过情况。

(2)现场保护人员的姓名、电话、职业、工作单位、到达现场的时间和采取的保护措施及保护过程中发现的情况。

(3)现场勘查的起止时间,当时的气候条件和能见度情况。

(4)现场所在地点的位置及周围环境情况。

(5)记录现场所属种类,特别记明现场变动情况、变动原因或现场上所见的反常现象。

(6)受害人的抢救情况。

(7)记录现场测量情况,伤、亡、车辆和其他物资损失情况,痕迹的详细情况,提取的痕迹、物证的名称与数量。

(8)现场摄影或录像的内容。

(9)说明绘制现场图的情况。

(10)现场技术鉴定材料情况,包括车辆技术鉴定、道路鉴定、尸体检验情况。

(11)对以上记录进行复核。

(12)现场勘查的领导人和工作人员、法医签字。

## 第三节 交通事故现场勘查重点

交通事故一般可以分为车辆与行人事故、车辆与车辆事故和车辆自身事故。各类交通事故的现场既有共性又有其特殊性。在现场勘查时,既要注意做好时间、空间、心理和后果方面的同性特征调查,又要根据不同类型交通事故现场的特点进行细致的勘查。这样才能使勘查工作有的放矢,达到迅速、准确、全面的要求。

## 一、车辆与行人的交通事故现场勘查重点

1. 事故特点

车辆与行人的事故,最普遍的是行人横穿道路或儿童突然跑上道路被过往的车辆碰撞或碾压。此外,还有汽车驶向路边碰撞行人、汽车碰撞在道路上玩耍或停留的人、汽车碰撞赶乘公共汽车或刚下车的人、公共汽车在车站碰撞人、倒车时碰撞人、在交叉路口转弯时碰撞行人等形态。在此类事故中,由于行人质量比汽车小得多,被车辆碰撞或碾压时,车辆的运动状态几乎不受影响,而且留下的碰撞痕迹也较少。在此类事故中,往往由于抢救伤者而移动车辆位置和行人的位置,使现场变动,给现场勘查工作增加困难。也有因车辆机件失灵而碰撞同方向正常行走的行人的事故。

2. 现场勘查重点

交通事故勘查的重点内容如下:

(1) 搞清现场变动情况,确定现场原始状态和变动后状态的位置关系。

(2) 检查、鉴别轮胎印迹,测量制动拖拉印的始点、终点、长度及其至基准线距离。明确轮胎印迹位置和形状,以及与车辆停止处的方位关系(用来判断车辆行驶路线、速度和制动措施)。

(3) 查清现场人体或血迹位置及其与车辆、有关痕迹、物证的距离及方位关系(用来判断接触点和车辆的速度)。

(4) 询问目击者,确定行人横穿前所在位置、横穿路线及与接触点或人体、血迹处的距离(可以计算穿过这段距离所需时间和在相等时间内车辆所在位置)。

(5) 检查机动车上有无毛发、肌肤、组织、衣服纤维、血迹、手印、碰撞印痕等,并明确其所在部位。

(6) 对行人横穿道路事故,应查询行人横穿道路的原因。

(7) 查询驾驶员发现行人的地点,感到危险的地点,以及采取紧急措施的地点。

(8) 检查车辆的转向性能和制动性能,调查光线、风向等自然情况,检查行人和衣服上的痕迹,对行人心理和生理对事故的影响因素进行调查。

## 二、机动车与自行车的事故

1. 事故特点

自行车与机动车的事故多发生在各种道口。一般是因自行车驾驭人交通违法引起的。例如,争道抢行、突然猛拐、盲目横穿、骑车不稳、骑车带人或者机动车驾驶员措施不及,造成碾压。有时因为道路狭窄,交通拥挤,机动车超越自行车或与自行车交会时,没有保持一定的安全间距,撞倒自行车,或由于路面不平的影响,骑车者紧张,自行车摇晃,跌倒后被碾压。一般有汽车从后面碰撞自行车、汽车碰撞横穿道路的自行车、汽车转弯时碰撞自行车、自行车碰撞汽车车门等多种形态。

机动车碰撞自行车所形成痕迹的部位,一般多发生在车辆前保险杠、翼子板或车厢前角。痕迹一般为片状擦痕,损伤程度较轻。倒地后的自行车车把、脚蹬等也可能在路面上留下刮擦痕迹。

刮擦自行车多发生在车辆一侧,痕迹为条状擦痕。有时车身的浮土被擦掉,或在痕迹表面附着毛发、肌肤等物质。碾压自行车多发生在车辆底盘和车裙下沿,为条状擦痕,同时在轮胎面和胎壁上有被坚硬物质硌垫的痕迹,有时附有衣服纤维、血痕等。

2. 现场勘查重点

交通事故现场勘查的重点如下:

(1) 确定机动车、自行车位置和骑车者躺卧位置、状态及三者在路面上的位置和相互关系。

(2) 勘查路面上机动车与自行车的轮胎印迹,沟槽、刮擦痕迹的位置,以及相互间关系,用于判断车辆速度、方向和安全间距。

(3) 检查机动车车身上的痕迹、形状、所在部位及距离车前端距离和离地高度用于判断接触位置。

(4) 自行车受力变形的部位、方向、形状,离地高度,以便于判断自行车碰撞部位和方向。

(5) 自行车载物质量、宽度、高度、碰撞后物体散落位置,可用于判断自行车的稳定性,对交通事故发生的影响。

(6) 查询相互发现对方时刻的距离和位置,以及所采取的措施。

(7) 调查道路环境、视线及路面情况。

(8) 检查机动车和自行车的转向和制动性能。

### 三、机动车与机动车的事故

1. 事故特点

机动车与机动车事故多为碰撞、刮擦。碰撞有正面碰撞、追尾碰撞、侧面碰撞、倒车碰撞等多种碰撞形态。刮擦一般是同向刮擦、相向行驶刮擦。交通事故必然导致车身不同程度的破损和车辆运动状态的改变,在路面上留有轮胎印迹和印迹突变的现象,往往造成人员伤亡事件。

这类事故在平直道路、交叉路口、弯道等道路的任何位置都有可能发生。导致交通事故原因,客观上有道路条件、光照度、视距、交通环境等因素;主观上,有驾驶员的反应、判断、操作失误或不遵守交通法规等因素。

2. 现场勘查重点

这类交通事故勘查的重点如下:

(1) 确定车辆停止位置和状态、车辆与车辆之间的位置关系,用于判断冲突角度。

(2) 检查路面上轮胎印迹和印迹突变的位置、形态、印迹与车辆的关系,以判断行驶路线和接触点。

(3) 检查散落物(含从车内甩出的人)的位置、分布,抛出的高度、距离、角度和方向。

(4) 观察并记录车身第一次碰撞破损痕迹所在部位和损坏程度。

(5) 对车内外伤亡人员分别记录、绘图、拍照其位置及与周围物体的关系。

(6) 查询驾驶员发现对方时刻车辆的位置、距离,感到危险的位置及采取的措施。

(7) 调查道路及其环境情况,检查气候对事故发生原因的影响。

(8) 检查车辆的转向、制动和灯光设备等性能。

### 四、机动车翻车事故

1. 事故特点

车辆因自身原因造成翻车的事故可分为驶出路外翻车和路内翻车,其原因亦有所差别。驶出路外翻车,一般是受外因影响或操作失误,如转弯时速度过快、制动时严重跑偏、侧滑,或者前轮胎爆裂或损坏、转向节折断、转向机构故障等。路内翻车多数因车辆侧滑时车轮受阻,在汽车质量惯性力作用下而引起。机动车翻车可能造成重大伤亡,尤其是大型客车翻车。

2. 现场勘查重点

现场勘查的重点如下:

(1) 检查并鉴别路面上遗留的轮胎印迹,检查有无突变现象,突变的位置和突变的原因,用于判断分析自然环境条件、行驶路线、速度和翻车的原因。

(2) 勘查路面刮擦痕迹、方向和大小。

(3) 勘查抛出物的散落位置、形态和抛出距离,用于判断车速。

(4) 调查车辆装载情况及其对车辆质心位置的影响。

### 五、自杀性交通事件

1. 案件特点

利用交通工具自杀,属于治安事件。这类事件发生的一般规律是,大型汽车驶过时,自杀者突然横穿道路冲入或俯冲在汽车下而被碾压致死;也有的自杀手段和情节非常恶劣,驾车高速行驶与对面汽车或大型障碍物相撞致死。

2. 自杀性事故的勘查重点

(1) 检查汽车上的痕迹。在检查汽车时,常见轮胎面上附着死者头部血迹或衣服上的纤维纹印。仔细检查汽车前部和有关侧面有无刮擦痕迹。测量汽车有关侧面前、后轮之间空隙的距离或车裙沿距地面的高度。

(2) 详细勘查自杀者倒卧的位置和姿态,衣服上的轮胎花纹印和尸体损伤情况。

(3) 检查自杀者所携带的物品和文字材料。如能反映其自杀原因的物品和文字材料,应当场拍照、收集,妥善保存。

(4) 访问驾驶员和目击者。全面了解自杀经过情况,特别要详细了解自杀者在事件现场的走向、位置、动态,以及驾驶员事前是否发现自杀者的情况和有无措施。

(5) 如自杀者当场未死,应及时抢救。可通过抢救人和医务人员了解自杀者的言论和表现,并及时问清自杀的原因。

### 六、他杀性交通事件

他杀性交通事件一般有伪造交通事故和蓄谋驾车杀人两种情况。

伪造交通事故,一般是凶犯通过扼颈、投毒、击打等手段将人杀害后,为了逃避打击,将尸体移至道路上,有意让来往车辆碾压,伪造交通肇事,企图蒙混过关。这种情况一般发生在夜间或较为偏僻的路段。遇此情况,首先解决致伤因素,然后分析有无交通车辆所致损伤以外的其他损伤(如勒、扼痕和钝、锐器所致损伤)。特别应注意出血量,创伤处有无生理反应,胃内容物等有无毒物。现场勘查时要注意矛盾现象以判断事件是否交通事故,如尸体上有极为严重的开放性损伤,而现场很少有血迹等。访问中要详细了解死者的活动情况、社会关系及死者有否可能及必要到肇事地段去等,以利综合分析、判定。

驾车蓄谋杀人是罪犯驾驶车辆进行蓄谋杀人的行为。驾车杀人案是意外事故,还是蓄谋杀人,要综合分析判断。预谋驾车杀人,一般是将汽车开到被害人必定经过的道路附近进行守候,等被害人经过时突然驾驶汽车追上撞压。通过目睹者和路访,查清杀人汽车停留的地点、时间以及驾驶汽车人的体形和衣着特征。通过杀人时现场的目击者,了解撞轧前后驾车人当时的表现,如探头张望、故意将汽车驶向慢车道上等,从中研判是否为蓄意杀人。

## 第四节　交通事故现场摄影

现场摄影的图像能够直观、真实、形象地反映事故现场情况,记录交通事故现场的客观事实,是采集事故物证的重要手段。用摄影方法能够把事故现场的情况、痕迹、物品等准确直观地反映出来,并与笔录、绘图相互印证、相互补充。现场摄影的图像可以使没有到达事故现场的人,通过现场照片或录像能够较清楚地了解现场情况,因此现场照片或录像是研究、分析事故的有力证据。

### 一、交通事故现场摄影的特点、要求和内容

1. 现场摄影的主要特点

现场摄影的主要特点如下:

(1)能够完整、客观地反映交通事故现场的环境及状况。

(2)能够形象地表现交通事故现场中具体事物的形态,以及它们之间的相互关系,如车辆类型、停车位置、制动印迹、尸体姿势、损伤情况、视距条件、人车距离、各种痕迹物证的大小与特征等。

(3)可弥补现场勘查笔录和绘图难以准确表示的景物。

(4)能够快速记录现场情况,可以提高交通事故现场的勘查速度,有些痕迹、物证会受到自然条件和人为条件的影响而消失,交通事故现场摄影照片可以忠实记录现场状况。

(5)对事故现场较大物体的痕迹和易遭破坏物体上痕迹,不能或难以提取保存的,可以用摄影的办法达到取证目的。

(6)根据透视原理,可用事故现场照片对交通事故现场空间位置的尺寸关系进行估算。

(7)根据计算机视觉原理,在一定的条件下,可以用现场摄影图像对事故现场进行复原和测量。

2. 现场摄影的内容及要求

现场摄影是通过拍摄一系列照片,来反映整个事故现场及有关环境的情况,以及现场遗留的物体、痕迹、物证和它们之间的联系和特征。因此,现场摄影要求全面、系统、连贯、重点突出、主次分明。应使没有到达现场的人,看了现场照片后,也能对现场有比较清楚的了解。

摄影人员到达现场后,首先要与其他现场勘查人员一起了解、观察现场情况,如事故发生和发现的地点、现场周围环境以及现场变动情况;拟定拍摄计划,并和其他现场勘查人员协调配合,对现场环境、车辆、物体、痕迹状况、位置、相互关系进行有序拍摄。

现场摄影的拍摄顺序,一般情况下是由外向内逐步深入拍摄,即先拍方位照,再拍中心照,然后拍摄重点部位,最后拍摄细目照。但在具体拍摄时,根据现场情况,往往需要交叉拍摄。为使现场少遭受或不遭受人为或自然因素的影响和破坏,现场摄影一般应遵循的原则:先拍原始,后拍变动;先拍重点,后拍一般;先拍容易的,后拍困难的;先拍容易消失和破坏的,后拍不容易消失和被破坏的。

现场摄影要严格按照法律程序进行,拍摄的照片要符合证据要求。拍摄对象和方法要记入笔录。现场笔录和现场照片的内容应当一致。

## 二、交通事故现场摄影分类

按照摄影的表现目的不同,现场摄影又可分为方位摄影、概览摄影、中心摄影、细目摄影、宣传摄影、量测摄影。

1. 方位摄影

方位摄影的目的是表现事故现场所处的地理位置。方位摄影拍摄的对象是以事故车辆为前景的整个事故现场及其周边的场景。为表明事故现场所处的地点,照片应反映出事故现场的地形、地物、地貌、路况、肇事车辆和其他物体的实际情况及相互关系。为确切表明事故现场的方位,应同时拍摄到参照物,如作为测量基准的物体以及路标、里程碑、标志牌等物体,如图5-1所示。

2. 概览摄影

概览摄影是以事故现场中心为拍摄主题表现事故后果的现场。概览摄影的取景范围为交通事故现场的车物,其拍摄对象包括事故车辆、倒卧尸体、路面痕迹等及与事故相关的物体。概览摄影要从不同角度表明现场车物之间的位置关系,如图5-2所示。

图5-1 方位摄影

图5-2 概览摄影

3. 中心摄影

中心摄影是以现场各主要部分作为画面主题的摄影。中心摄影的拍摄对象主要是整体的车辆、尸体、车轮印迹等。中心摄影要从不同位置拍摄同一物体,以完整反映物体的情态,如图5-3所示。

图 5-3 中心摄影

4. 细目摄影

细目摄影是为了表现物体局部状况,如图 5-4 所示。细目摄影的拍摄对象主要是那些不能在概览摄影和中心摄影上看清楚地物体细节,如车辆的接触痕迹、人体伤痕等。细目摄影时,为了在照片上能分辨出拍摄对象的大小,有时最好将有刻度的不干胶标尺放在拍摄对象一侧,并同时摄入图像。细目摄影一般要达到目的:

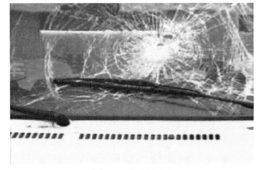

图 5-4 细目摄影

(1) 反映事故所属于的事故形态。

(2) 反映事故的伤亡和损失情况。

(3) 反映事故车辆的号牌、前轮转角等情况。

(4) 反映车辆机械损伤情况。

5. 宣传摄影

宣传摄影是为了制作交通安全宣传拍摄的照片。宣传摄影的拍摄方式和方法比较灵活,可以充分运用摄影技巧,以达到一定艺术感染力,增强交通安全宣传教育的效果。为了交通安全宣传的需要,可以拍摄伤者或肇事者,也可以反映某一侧面。

6. 量测摄影

量测摄影是以测量事故现场物体之间相对位置为目的的摄影。量测摄影可以采用专门的立体照相机在确定位置进行拍摄,然后从所得到的两张照片中分析和计算出测量结果。

最近,已经开发出利用普通数码照相机拍照进行测量的技术。利用普通数码照相机配以特定标定物进行拍摄,然后用一张或两张照片进行分析、计算并测量出结果。

### 三、交通事故现场摄影方法

根据交通事故现场的情况,可以使用不同的方法对事故现场进行拍摄。常用的事故现场摄影方法有分段摄影和比例摄影两种摄影方法。

1. 分段摄影法

在交通事故现场摄影中,由于照相机取景范围或现场条件的限制,一方面,即便使用广角镜头也无法反映全部景物,或在较远位置拍摄景物全貌会使主体成像太小,影响观察效果时;另一方面,由于现场景物互相遮挡,一次拍摄不能反映场景各个方位的情况。为了解决这些问题,可以使用分段摄影方法对事故现场进行拍摄。对第一种情况,可以使用直线分段法和回转分段法;对第二种情况,可以使用相向拍摄法和十字交叉拍摄法来完成。

1) 直线分段法

直线分段照相法是沿着平行于被拍客体前沿的直线,移动照相机的位置,逐段拍摄。这种方法适用于拍摄狭长的事故现场或平面物体,如图5-5所示。

2) 回转分段拍摄法

回转分段拍摄法就是把照相机固定在三脚架上,只转动照相机的角度,不改变拍摄位置,使拍照范围横向扩大。这种方法容易使被拍摄物影像变形,只宜用来拍摄大范围现场的方位照片和概览照片,如图5-6所示。

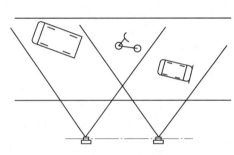

图5-5 直线分段拍摄法

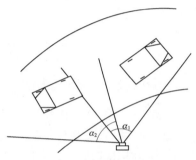

图5-6 回转分段拍摄法

3) 相向拍摄法

相向拍摄法是从两个相对的方向对现场中心部分进行拍摄,即把现场的中心部分和相对的情况拍入两张照片中,如图5-7所示。

4) 十字交叉拍摄法

十字交叉拍摄法是从4个不同的地点向现场的中心部分交叉进行拍摄,即把现场中心部分和前后左右的情况拍入四张照片中,如图5-8所示。

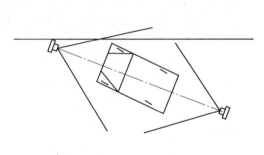

图5-7 相向拍摄法

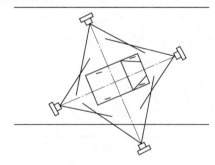

图5-8 十字交叉拍摄法

2. 比例摄影法

比例照相用于根据照片来测定某些较小客体(物体和痕迹)的大小或它们之间的距离。方法可以把标尺(例如板尺、卷尺)放在被损物体旁边进行拍照。如图5-9所示,比例摄影常常在拍摄痕迹、物证以及碎片、微小物等情况下采用,以便根据照片确定拍摄物体的实际大小和尺寸。比例摄影必须注意以下几点：

(1) 紧靠被拍摄的物体，而且必须与该物体在同一平面上，放置一条或几条比例尺和卷尺。

(2) 拍照时镜头平面应与被拍摄物体的平面平行。

(3) 镜头的光轴应当正对着被拍摄物体的中心。

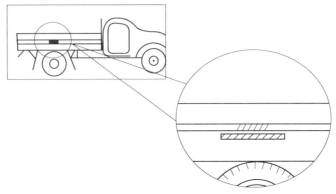

图 5-9　比例摄影法

### 四、摄影测量技术在交通事故现场测量中的应用

摄影技术自 20 世纪 40 年代开始应用于交通事故分析以来，已得到了广泛使用。但长期以来，对交通事故现场照片的应用多局限于进行简单的定性分析。随着计算机技术和图像处理技术的发展，使利用摄影照片对交通事故进行定量分析成为可能。近年来，国内外对摄影技术在交通事故再现中的应用进行了广泛的研究。研究的应用范围主要集中于以下 3 个方面：利用摄影照片测量事故现场，利用摄影照片测量车辆变形和利用摄影照片进行智能识别。

由于摄影照片能够迅速而完整地记录事故现场的各种信息，若能利用摄影照片来定量测量事故现场，则可提高现场勘测速度，减少占道时间，提高道路通行能力。因此，国内外对利用摄影照片测量事故现场的研究较多。

事故现场图是事故再现分析的最主要信息来源之一。在当前的实际应用中，交通事故现场测量在多数情况下还是使用人工测量的方法。这样得到的事故现场图，由于测量误差或遗漏等原因，不能给交通事故再现分析人员提供足够的信息。虽然摄影技术已经被广泛使用，但由于交通事故现场照片是利用二维方法平面记录三维信息，不能从二维照片平面直接提取所需的三维信息，使得事故现场照片中隐含的大量信息得不到充分使用。近年来，许多学者对利用事故现场照片的现场测量进行了研究，目前研究从照片中提取信息的方法有二维方法和三维方法两类。

**1. 二维方法**

1971 年，以理想摄像机模型（针孔模型）为基础，产生了一套称为直接线性变换的方程。如果已知照片中 6 个点在图像上的坐标及其对应的实际坐标，利用这种变换方程就可确定实际坐标系和图像坐标系之间的对应关系，并可求出摄像机在实际坐标系中的位置及摄像机的内部参数。但用直接线性变换得到的变换关系，可以根据某点的实际坐标唯一地确定其在图像上的坐标，却不能根据图像上点的坐标唯一确定其在实际空间中对应的坐标。

如果假设图像上对应的点在实际坐标系空间中对应的点都在同一个平面上，则可以根据直接线性变换关系,推出从实际坐标平面到图像平面的对应关系;并能由4个已知其在实际空间平面上的位置和图像平面上的位置的点,求出实际空间平面的点和其在图像平面上对应点之间的对应关系。这就是现场照片(图像)的二维重建方法。使用二维方法,可以从照片(图像)上点的位置计算出其对应的实际空间平面上点的位置。

其基本原理如图5-10所示,设三维空间坐标系中任意点$(X,Y,Z)$和它在二维图像平面坐标系上的坐标为$(x,y)$。如果空间点都在同一个平面上,即$Z$为常数,则空间点和图像点的坐标对应关系为

$$X = \frac{C_1 x + C_2 y + C_3}{C_7 x + C_8 y + 1} \tag{5-1}$$

$$Y = \frac{C_4 x + C_5 y + C_6}{C_7 x + C_8 y + 1} \tag{5-2}$$

式(5-1)和式(5-2)两式中有8个系数需要确定。如果已知4个以上标定参考点的空间位置及其在图像上对应点的位置,可以用最小二乘法确定8个未知系数,从而确定空间平面和图像平面的坐标变换关系。

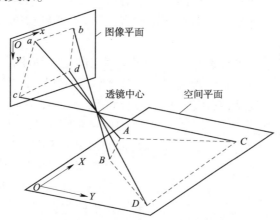

图5-10 平面到平面的变换

在道路交通事故再现中,特别是在交通事故现场的测量中,许多需要的信息点都位于路面上(如路面破损痕迹、路面标线、轮胎痕迹、油迹、撒落物等)。而且在道路环境下,便于设置标定点。即使在没有放置标定物的情况下,根据已知的道路情况(如标线、车道线、路缘、车辆固定尺寸)也容易找出4个以上的标定参考点。这就可以使用二维方法对其进行重建,以便进行事故现场的分析以及现场图绘制。

二维重建的理论前提是图像上所有兴趣点对应的空间实际点都位于一个空间平面上。由于路面拱度、车辆高度等因素的影响,在实际空间中与参考点不在同一个平面上的点经二维重建后会有较大的误差。因此,研究一种适当的方法减小误差或对误差进行控制,并尽可能地消除高度的影响具有重要应用价值。

2. 三维方法

三维方法可分为单目照片法和多目照片法。

1) 单目照片法

单目照片法实际上是反投影法。这种方法以重现现场中原照片的视点和方位为基础。

在传统的摄像机反投影法中,要求根据照片(幻灯片),回到原现场,用适当的观察设备(如摄像机)找出原照片在现场中的视点和方位,从而在交通事故现场达到三维再现的目的。有人经试验证明,用传统的摄像机反投影法进行交通事故的再现,可获得较理想的效果。此外,还可通过利用照片上已知实际坐标位置的离散点,使用计算机反投影法,根据直接线性变换求出摄像机的视点和方位,实现事故现场的再现。

用计算机反投影法可以不依赖于事故现场,但很难完全确定照片中需要知道的点的三维坐标;而用传统的摄像机反投影法又必须回到事故现场进行调查,调查中需要花费大量的时间、物力,而且影响被调查现场的交通。另外,事故现场可能已经改变,无法提供进行摄像机反投影法所需的条件。为克服计算机反投影法和传统摄像机投影法的不足,就出现了一种摄像机反投影的比例模型法。这种方法通过建立交通事故现场道路和有关车辆等物体的比例模型,根据原事故照片,利用一定的观测设备,在比例模型中确定摄像机的视点和方位并在模型中进行事故现场再现,之后根据比例模型再现结果,绘制事故现场图。

2) 多目照片法

如果有两张以上从不同方位拍摄的照片上有同一点,可根据该点在两张照片上的位置求出它在实际空间中的三维坐标位置。在这种方法中,仍需要根据已知坐标的参考点分别求出各照片的变换关系。

如果能对照片中的每一个像素点求出其在实际空间坐标系中的三维坐标位置,则可对整个事故现场进行完整的数字三维再现。这对交通事故的分析无疑是十分有用的。

由于事故照片中景物复杂,利用多目照片进行三维重建存在着不同照片中表示同一物体的像素之间的匹配困难,难于识别表示同一物体的像素在不同照片中的位置。

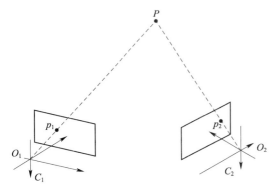

图 5-11 两幅摄影图像重建空间点

计算机双目视觉法测量交通事故现场空间点的原理如图 5-11 所示。假设空间任意点 $P$ 在从不同位置 $C_1$ 和 $C_2$ 拍摄的两幅图像上的图像点 $p_1$ 和 $p_2$ 已经从两幅图像中分别找出,即已知 $p_1$ 和 $p_2$ 为空间同一点 $P$ 的对应点。且假设拍摄两幅照片时照相机已经标定,它们的投影变换矩阵分别为 $M_1$ 和 $M_2$。则根据照相机成像的线性理论得到,即

$$Z_{c1}\begin{bmatrix}u_1\\v_1\\1\end{bmatrix}=\begin{bmatrix}m^1_{11}&m^1_{12}&m^1_{13}&m^1_{14}\\m^1_{21}&m^1_{22}&m^1_{23}&m^1_{24}\\m^1_{31}&m^1_{32}&m^1_{33}&m^1_{34}\end{bmatrix}\begin{bmatrix}X\\Y\\Z\\1\end{bmatrix} \quad (5-3)$$

$$Z_{c2}\begin{bmatrix}u_2\\v_2\\1\end{bmatrix}=\begin{bmatrix}m^2_{11}&m^2_{12}&m^2_{13}&m^2_{14}\\m^2_{21}&m^2_{22}&m^2_{23}&m^2_{24}\\m^2_{31}&m^2_{32}&m^2_{33}&m^2_{34}\end{bmatrix}\begin{bmatrix}X\\Y\\Z\\1\end{bmatrix} \quad (5-4)$$

在式(5-3)和式(5-4)两式中,$(u_1,v_1,1)$ 与 $(u_2,v_2,1)$ 分别为 $p_1$ 与 $p_2$ 点在各自图像中的

图像齐次坐标;$(X,Y,Z,1)$ 为 $P$ 点在事故现场空间实际坐标系中的齐次坐标;$m_{ij}^k(k=1,2;i=1,\cdots,3;j=1,\cdots,4)$ 分别为 $M_k$ 的第 $i$ 行第 $j$ 列元素。在式(5.3)和式(5.4)中消去 $Z_{c1}$ 或 $Z_{c2}$,得到关于 $X$、$Y$、$Z$ 的 4 个线性方程

$$\begin{cases}(u_1m_{31}^1-m_{11}^1)X+(u_1m_{32}^1-m_{12}^1)Y+(u_1m_{33}^1-m_{13}^1)Z=m_{14}^1-u_1m_{34}^1\\(v_1m_{31}^1-m_{21}^1)X+(v_1m_{32}^1-m_{22}^1)Y+(v_1m_{33}^1-m_{23}^1)Z=m_{24}^1-v_1m_{34}^1\end{cases} \quad (5-5)$$

$$\begin{cases}(u_2m_{31}^2-m_{11}^2)X+(u_2m_{32}^2-m_{12}^2)Y+(u_2m_{33}^2-m_{13}^2)Z=m_{14}^2-u_2m_{34}^2\\(v_2m_{31}^2-m_{21}^2)X+(v_2m_{32}^2-m_{22}^2)Y+(v_2m_{33}^2-m_{23}^2)Z=m_{24}^2-v_2m_{34}^2\end{cases} \quad (5-6)$$

由解析几何知,三维空间的平面方程为线性方程;两个平面方程的联立为空间直线方程(该直线为两个平面的交线),式(5-5)或式(5-6)的几何意义是过 $O_1p_1$ 或 $O_2p_2$ 的直线,如图 5-11 所示。

由于空间点 $P$ 是 $O_1p_1$ 与 $O_2p_2$ 的交点,它同时满足式(5-5)和式(5-6)。因此,可将式(5-5)和式(5-6)联立,求出 $P$ 点的空间坐标 $(X,Y,Z)$。事实上,式(5-5)和式(5-6)为包含 $(X,Y,Z)$ 三个变量的 4 个线性方程。在这 4 个方程中,只要 3 个独立方程,就可解出 $(X,Y,Z)$。这是因为已经假设 $p_1$ 点与 $p_2$ 点是空间同一点 $P$ 的对应点,因此已经假设了直线 $O_1p_1$ 与直线 $O_2p_2$ 一定相交,或者说,4 个方程必定有解,而且解是唯一的。在实际应用中,由于数据总是带有噪声(随机误差),所以可用最小二乘法求出 $X$、$Y$、$Z$。

## 第五节 交通事故现场图

现场图是将交通事故现场各种交通因素、遗留痕迹、散落物体、道路设施、地形与地物等按一定比例的图例和线形绘制成的图形。它和现场照片及其他调查记录一样,是分析交通事故原因、认定事故的重要依据。必要时可以利用现场图恢复现场原貌。

### 一、交通事故现场图的分类

根据现场图的成图情况和适用要求,交通事故现场图可分为现场草图、现场工作图和现场比例图。

1. 现场草图

在交通事故现场勘查过程中需当场绘出现场草图。为了使现场图能够明确地表现交通事故现场,绘制前应首先对事故现场进行全面观察。对现场中的车、人、物品、痕迹、道路状况、地形和地物、基础设施等有一个总的概念,然后判断哪些要素是与交通事故直接有关的,哪些是关键的要素。并根据图纸大小和观察结果,选用合适的比例,进行绘制事故现场图。绘图时应根据现场具体条件,选择基准点,应用定位法为现场肇事车辆及主要痕迹进行定位。事故现场图可根据需要采用立面图、剖面图或局部放大图。现场草图以迅速记录事故现场情况、正确表现现场环境为主,并不要求图线十分工整,但内容必须完整,标注的尺寸数字要准确无误,物体的形状要尽量接近原形,大小要基本符合比例。

2. 现场工作图

现场勘查结束后,在不改变现场草图任何数据的情况下,按现场实际合理布局,按标准

图例,工整地绘制出近似于比例图的工作图。其特点为
(1)基本满足明了、准确的要求,可以满足交通事故分析、处理的需要。
(2)和现场草图一起,可以成为办案的证据。
(3)节省许多比例图需要详细测量、绘制过程的警力和时间。
(4)可以根据实际需要,将事故的中心复杂场面以及特殊情况等分解绘制成一个或几个"子"图加以简明辅助说明。

3. 现场比例图

现场比例图是根据现场草图按选定的比例,工整地绘制出来的标准图。现场比例图要求规格高,一般在特殊的交通事故中作为分析、鉴定的依据。

在现场草图的基础上,一般用绘图仪器或计算机绘图软件采用规定图形符号和按比例绘制的平面图称为现场图。

## 二、现场图的制图规范

交通事故现场图是事故分析的重要依据,因此现场图不仅要绘制者自己能看懂,更重要的是要使别人能看懂;使没有到过事故现场的人,也能借助于制图规则,看出它所反映的事故现场情况。为此,必须注意使现场图的绘制规范化。交通事故现场图绘制的主要依据是中华人民共和国公共安全标准《道路交通事故现场图绘制》(GA 49—2014)。

1. 图线规格

交通事故现场图是由各种不同粗细的线条所构成。这些不同粗细的线条称为图线。每种图线都有其自己的名称、宽度及适用范围。

交通事故现场图绘制常用的图线有粗实线、细实线、波浪线、虚线和点划线。粗实线主要用作可见轮廓线和图例图形线,如勾划道路、车辆、建筑等物的轮廓等。细实线主要用作尺寸线、尺寸界线、剖面线、引出线、说明示意线、范围线、辅助线和较小图例的图形线。波浪线主要用作断裂处和变形处的边界线。双折线主要用作断裂处的边界线。虚线主要用于延长线和不可见的轮廓线。点划线主要用作测量基线、对称中心线、轨道线和分界线。

2. 尺寸标注

交通事故现场图除了绘出现场的地形、车辆等元素外,还须准确、完整、清晰地标注出有关的尺寸数据。交通事故现场数据以图上标注的尺寸数值和文字说明为准。尺寸的标注方法应参照《总图制图标准》(GB/T 50103—2010)的有关规定。交通事故现场图中的坡度用百分数表示,以前进方向为基准,上坡为正数,下坡为负数。

3. 图形符号

在绘制现场图时,经常不能照实物描绘,而通常采用图形符号来代替实物的投影。图形符号应符合《道路交通事故现场图形符号》(GB/T 11797—2005)的规定。对国家标准没有规定符号的现场事物,又确需反映在现场图上时,可使用自定符号。自定符号是由现场绘图人员,在多年积累的经验和沿袭做法的基础上,自己受规定符号的启迪,派生出来的与规定符号相和谐的符号。自定符号要求简单易画,认读明确,没有歧义,并应在现场图中做图例说明。

在现场图中,凡外形尺寸与事故有关的物体,其图形符号应按比例绘制,如道路、车辆、动态痕迹的长度等;而形状大小与事故无直接关系的物体,则无须考虑其比例,只要用图形

符号标明其所在位置即可,如树木、交通标志等。

4. 绘图比例

目前,对交通事故现场图纸的规格尚无统一的规定。一般情况下,用与案卷纸张相同的16开纸或A4纸绘制。特别复杂的现场图也可采用8开或更大些的图纸。根据现场的面积和图纸大小确定用何种比例,如1∶50、1∶100、1∶200、1∶300和1∶500等。

### 三、现场图的测绘

1. 现场图的定位方法

现场图的定位包含两个方面,一是事故现场的定位,二是车辆、物体、痕迹等实体在现场中的定位。

1)事故现场的定位方法

交通事故现场的定位是指交通事故在确定时间坐标后,应将交通事故现场确定在一个固定的空间位置,通常称为现场定位。

交通事故现场图必须标明现场的地理位置和现场道路的走向。确定道路走向,原则上是按照交通事故发生地点道路中心线或中心线的切线与指北线的夹角来表示。道路走向是说明事故中自然条件,如季节的风向、太阳光照射的角度对交通环境和当事人的心理因素的重要资料。现场的地理位置通常以文字表明,要求以路名加里程数(如××国道××km加××m)来表示。

2)交通事故现场物体的定位方法

现场图必须记录车辆、物体、痕迹等实体在现场的确切位置。实体在现场上的位置不但具有直观地了解现场状况的效果,而且可作为现场再现的依据。现场图上所表现的物体原则上是该物体在地面上的正投影,因此物体在现场图上成平面图形。对于平面图形的物体而言,如果该物体是一个刚体,只要确定该物体平面图形上的两个位置,这个物体在平面图上的位置就可以完全确定。所以,确定物体在平面图上的位置,实际上确定点在的平面上的位置,即解决点的定位问题。在交通事故现场图上,点的定位方法有直角坐标法、两点定位法和极坐标定位法三种。

(1)直角坐标法。

通常利用道路上一般不变的路缘、标线或物点构成假想的平面直角坐标系。通过确定到两坐标轴线的垂直距离确定可以确定点在现场图中的位置。如图5-12所示。

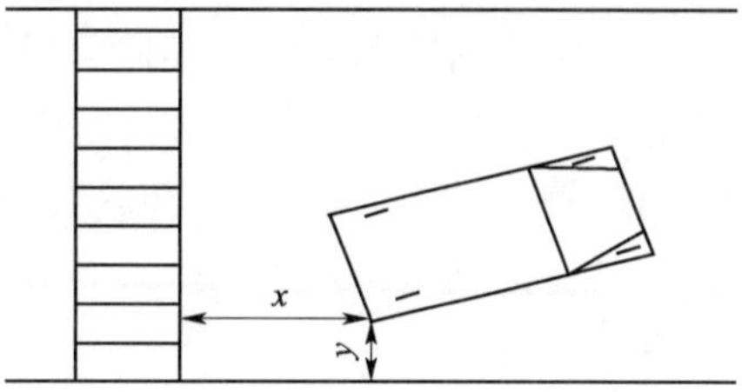

(2)三角定位法。

如图5-13所示,选取两个基准点,分别做出这两个基准点与现场被测物体上的测量点之间连线的长度,用交会法即可确定测量点的位置。

图5-12 直角坐标定位

(3)极坐标定位法。

如图5-14所示,以某一取定的物点作为极坐标的原点,以过该点的指北线或其他直线做基线,测量由原点到定位点的距离(极半径)以及极半径与基线(水平或垂直线)构成的夹角(极角)来确定点在平面上的位置。

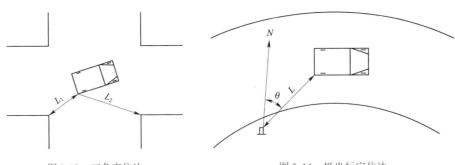

图 5-13　三角定位法　　　　　图 5-14　极坐标定位法

**2．测量点的确定**

1）定位基准的选择

在交通事故现场图上为确定物体上定位点的位置而设定的参照点或线称为定位基准。直角坐标或极坐标定位法所用的原点和三角定位法所用的两个点称为基准点；坐标的轴线则称为基准线。现场图上用来确定物体位置的基准点和基准线必须选择现场中固定不变物体的点、线。应尽可能利用现场的固定设施或固定物体作基准。交通事故现场的基准通常由以下的物体点、线组成：

(1) 固定物体在地面上正投影的中心点，如灯柱、标志杆、里程碑的投影中心。

(2) 物体结构线及其交点，如路缘线、建筑物的墙线及两路缘或两墙线的交点。

(3) 路面标线及其延长线的交点，如道路中心线、分道线、停车线等，以及这些线及其延长线的交点。

2）交通事故现场元素的测量点

交通事故现场元素不可能仅是一个点，对事故现场的测量就是对点的定位。因此确定交通事故现场元素的测量点是现场测量工作的关键。如果不对测量点的选取加以规范，就会因人而异，而引发人为的误差，导致现场图不规范，甚至还可能对现场本身的认识出现分歧，影响事故分析和事故认定的准确性和可信性。交通事故现场元素主要指车辆、物体、痕迹、人、畜等。目前，我国对交通事故现场车辆和痕迹及遗留物等位置测量点尚无统一规定。具体测量时可参考以下几点。

(1) 机动车位置的测量点。

一般分别取车辆前后轴同侧轴心到地面垂线的轮胎接地点为测量点，或者是位于同侧的前、后轴端点为测量点。如果车辆变形导致前后轴的轴距发生变化，还应测量出前后轴之间的距离。对于翻车事故，可选择车体的接地点为测量点，并在图上注明。

对拖挂汽车，一般测量 3 个点进行定位。主车在前、后轴端取两点，挂车取一个轴的端点。

(2) 自行车位置的测量点。

一般取自行车前、后轴心作为测量点，也可以取两轮接地点（或两轮轴对地面的投影点）作为测量点。如果自行车被撞变形，还应测量出前后轴心点间的距离。

(3) 制动印迹的测量点。

直线印迹取印迹的起点和终点为测量点，折变印迹应在折变部位再取测量点。

(4)刮擦痕迹的测量点。

刮擦痕迹形状不同,选择的测量点也不同。直条状的刮擦痕迹,取其长轴两端为测量点,两端形状不规则的,取其中点为测量点。弧状的和不规则条状的刮擦痕迹,均匀分成若干部分,一般不少于4份,取各份中点为测量点,不规则条状取其折点为测量点。块状的刮擦痕迹,取其中心为测量点。

(5)血迹、油迹和散落碎物的测量点。

如散布均匀可在其散布圆中心取一个点,如为不规则散布则选取两个以上的点进行测量,并用长×宽表示其分布区。

(6)小物体的测量点。

小物体在路面上的投影面积很小,一般取其中心点作为测量点。

(7)分道线和隔离带的测量点。

分道线取其中心为测量点,隔离带取两条线的中心为测量点。

(8)人体位置的测量点。

可取头顶、颈、髋、膝、脚跟5个测量点,也可根据现场具体情况选定其中几个为测量点。

交通事故现场元素很多,遇到其他情况,可以参照上述原则选取测量点,并在现场图上注明。

3. 交通事故现场图的绘制步骤

交通事故现场图的绘制步骤包括构思图面、选择比例、确定中心、确定道路走向、画出道路、画出现场上物体、测量尺寸并标注、测绘有参照价值的地物、核对、审定签字。

(1)构思图面,选择比例。绘制交通事故现场图前,先观察现场的车辆、人体、物品及痕迹的散布情况,并观察道路、地形地物、基础设施等现场环境,判断交通事故所涉及范围。根据上述情况构思现场图画面并按图纸大小选取恰当比例。

(2)确定中心。确定中心包括绘图纸的中心点和现场的中心点。确定图纸的中心是为了绘图时便于安排画面。确定现场中心,是为了绘图时突出重点。绘图时一般要将现场中心放在突出部位。

(3)确定道路走向并画出道路。用指北针确定道路走向,按比例宽度画出道路边线,标注路宽并画出道路中心线。在图线右上方画出指北标,标注道路中心线与指北线夹角。

(4)画出现场物体。用图形符号画出交通事故现场物体在现场中的实际位置。一般是先画事故车辆,再以车辆为核心绘制人体、物件、痕迹等,最后画出地形地物。

(5)测量并标注尺寸。在所有需要标注尺寸的位置都画上尺寸界线和尺寸线。根据确定的尺寸线,测量每个尺寸,并将尺寸标注在尺寸线上。图上采用的尺寸单位(m或cm)要统一。测量时,读尺、记录应准确无误。

(6)根据需要绘制现场副图,如立面图、剖面图或局部放大图。

(7)测绘现场有参照价值的地物。在图上用文字进行必要的说明。

(8)核对初稿、保证无误。如初稿是铅笔所绘,这时可用墨笔描图。描图可以用透明描图纸覆盖在铅笔图上,固定起来,用墨笔将图描绘出来,也可以在原图上直接用墨线描绘。目前,一般用计算机绘图软件绘制现场图。

(9)现场负责人审定、签字。

现场绘制的现场图及其比例图如图 5-15 所示。

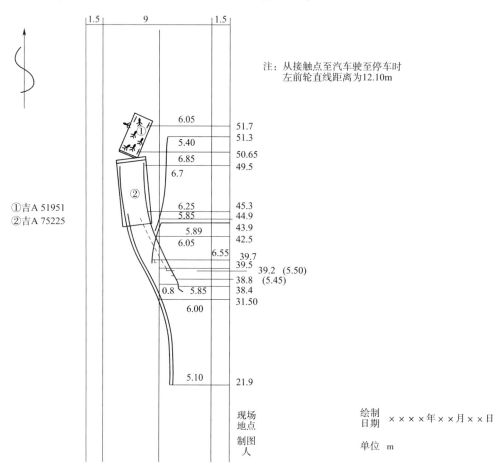

图 5-15 现场绘制的现场图及其比例图

# 第六章 交通事故技术分析

## 第一节 车辆运动速度

速度是形成各种交通现象的必要条件。分析交通事故发生的原因,速度是关键性的因素,因为汽车超速行驶有时会造成交通事故。根据现场遗留的车辆轮胎痕迹、人体被撞击抛出的距离等现场资料,来推断交通事故车辆碰撞前的瞬时速度,是分析交通事故原因和交通事故处理中经常遇到,也是必须解决的实际问题。由于交通事故发生过程十分短暂,而且变化又十分复杂,仅以事故现场的资料来准确地计算车辆行驶速度值是很困难的,有时甚至是不可能的。但是,如果应用汽车运动力学理论,用分析和试验的方法推算出近似的速度,一般可满足交通事故分析再现的需要。

### 一、以制动拖印长度推断与计算事故车速度

汽车驾驶员在驾驶汽车过程中突然遇到潜在危险时,在大多数情况下会采取紧急制动措施,在事故现场遗留下轮胎制动印迹。拖印距离是车辆制动过程中的持续制动时间内车轮所驶过的距离,所以拖印距离又常称为持续制动距离。持续制动距离与车辆行驶速度的平方成正比。车速为原来的2倍时,持续制动距离变为原来的4倍。

汽车制动时,轮胎在地面上要遗留下印迹,汽车制动开始前的绝大部分动能将消耗在轮胎对地面所做的摩擦功(包括车轮制动器摩擦副之间的摩擦功)。根据功能守恒定律,汽车制动时摩擦阻力所做的功($Fs_3$)恒等于汽车制动减速过程中所消耗的动能$1/2(mv_0^2)$,即

$$\frac{1}{2}mv_0^2 = Fs_3 \tag{6-1}$$

式中:$m$——汽车质量,kg;
$v_0$——汽车出现拖印时的初速度,m/s;
$F$——汽车制动时的地面制动力,$F = (\varphi \pm i)mg$;
$\varphi$——道路附着系数;
$i$——坡度(%),上坡为正,下坡为负;
$g$——重力加速度,9.81 m/s²;
$s_3$——汽车制动时拖印距离(即持续制动距离),m。

将 $F = (\varphi \pm i)mg$ 代入式(6-1),得

$$s_3 = \frac{v_0^2}{2g(\varphi \pm i)} \quad (\text{m}) \tag{6-2}$$

由此,通过现场勘测制动拖印,如果制动所做的功是作用在全部车轮上(所有车轮制动都有效),附着质量被充分利用时,就可测算出事故车辆出现拖印时的初速度,即

$$v_0 = \sqrt{2g(\varphi \pm i)s_3} \quad (\text{m/s}) \tag{6-3}$$

或者
$$v_0 = \sqrt{2g(\varphi \pm i)s_3} \quad (\text{km/h}) \tag{6-4}$$

若制动不是作用在全部车轮上,则事故车辆在各种制动方式下出现拖印时的初速度推算公式列于表6-1。

汽车在各种制动条件下初速度计算公式　　　表6-1

| 水平道路 | 上坡 | 下坡 |
|---|---|---|
| 车轮全部完全制动 | | |
| $v_0 = \sqrt{2s_3 g \varphi}$ | $v_0 = \sqrt{2s_3 g(\varphi + i)}$ | $v_0 = \sqrt{2s_3 g(\varphi - i)}$ |
| 只有一个前轮和一个后轮完全制动,其他车轮无制动力,忽略制动跑偏 | | |
| $v_0 = \sqrt{s_3 g \varphi}$ | $v_0 = \sqrt{s_3 g(\varphi + 2i)}$ | $v_0 = \sqrt{s_3 g(\varphi - 2i)}$ |
| 只有前轮完全制动,后轮无制动力,忽略跑偏 | | |
| $v_0 = \sqrt{2s_3 g \left( \dfrac{\varphi L_2}{L - \varphi h_g} \right)}$ | $v_0 = \sqrt{2s_3 g \left( \dfrac{\varphi L_2}{L - \varphi h_g} + i \right)}$ | $v_0 = \sqrt{2s_3 g \left( \dfrac{\varphi L_2}{L - \varphi h_g} - i \right)}$ |
| 只有一个前轮完全制动,其他车轮完全无制动力,忽略跑偏 | | |
| $v_0 = \sqrt{\varphi g s_3 \dfrac{L_2}{L}}$ | $v_0 = \sqrt{g s_3 \left( \varphi \dfrac{L_2}{L} + 2i \right)}$ | $v_0 = \sqrt{g s_3 \left( \varphi \dfrac{L_2}{L} - 2i \right)}$ |
| 只有一个后轮完全制动,其他车轮完全无制动,忽略跑偏 | | |
| $v_0 = \sqrt{\varphi g s_3 \dfrac{L_1}{L}}$ | $v_0 = \sqrt{g s_3 \left( \varphi \dfrac{L_1}{L} + 2i \right)}$ | $v_0 = \sqrt{g s_3 \left( \varphi \dfrac{L_1}{L} - 2i \right)}$ |
| 只有后轮完全制动,前轮无制动力 | | |
| $v_0 = \sqrt{\dfrac{2s_3 g \varphi L_1}{L + \varphi h_g}}$ | $v_0 = \sqrt{2s_3 g \left( \dfrac{\varphi L_1}{L + \varphi h_g} + i \right)}$ | $v_0 = \sqrt{2s_3 g \left( \dfrac{\varphi L_1}{L + \varphi h_g} - i \right)}$ |
| 前轮完全制动,后轮部分制动 | | |
| $v_0 = \sqrt{\dfrac{2gs_3(\varphi L_2 + \mu L_1)}{L - (\varphi - \mu)h_g}}$ | $v_0 = \sqrt{2gs_3 \left[ \dfrac{\varphi L_2 + \mu L_1}{L - (\varphi - \mu)h_g} + i \right]}$ | $v_0 = \sqrt{2gs_3 \left[ \dfrac{\varphi L_2 + \mu L_1}{L - (\varphi - \mu)h_g} - i \right]}$ |
| 前轮部分制动,后轮完全制动 | | |
| $v_0 = \sqrt{\dfrac{2gs_3(\mu L_2 + \varphi L_1)}{L + (\varphi - \mu)h_g}}$ | $v_0 = \sqrt{2gs_3 \left[ \dfrac{\mu L_2 + \varphi L_1}{L + (\varphi - \mu)h_g} + i \right]}$ | $v_0 = \sqrt{2gs_3 \left[ \dfrac{\mu L_2 + \varphi L_1}{L + (\varphi - \mu)h_g} - i \right]}$ |
| 空挡滑行 | | |
| $v_0 = \sqrt{2s_3 g f}$ | $v_0 = \sqrt{2s_3 g(f + i)}$ | $v_0 = \sqrt{2s_3 g(f - i)}$ |

注:$s_3$-制动拖印长度,m;$\varphi$-道路附着系数;$v_0$-初速度,m/s;$i$-坡度,%;$h_g$-重心高度,m;$L$-轴距,m;$L_1$-质心到前轴的距离,m;$L_2$-质心到后轴的距离,m;$g$-重力加速度,$9.81\text{m/s}^2$;$\mu$-制动力系数;$f$-滚动阻力系数。

**算例:**

利用制动拖印推算相撞时车速。

在 T 形交叉路口上,一辆左转弯汽车与迎面驶来的汽车刚好接触,两车损坏轻微。迎面来车紧急制动在路面上留有拖印 32.5m 长。汽车为液压式制动系统,路面为平直干燥的沥青路面。试利用制动印迹推算两车接触时的车速。

汽车开始制动时的初速度 $v_a$ 等于汽车制动出现拖印时的初速度 $v_0$ 与出现拖印前的速度降低量 $\Delta v_0$ 之和。

解题过程如下:

汽车出现制动拖印时的初速度 $v_0$ 计算式为

$$v_0 = \sqrt{254\varphi s_3} \quad (\text{km/h}) \qquad (6\text{-}5)$$

轮胎与路面间的附着系数 $\varphi$,可通过现场试验确定。具体方法是,利用事故车辆或与相似的车辆在事故地点的路面上以一定车速(40km/h)行驶,紧急制动测量拖印长度,连续几次取平均值,即

$$\varphi = \frac{v^2}{2gs_3} \qquad (6\text{-}6)$$

如汽车以 40km/h 车速行驶,紧急制动,测量拖印长度 5 次,取平均值为 $s_3 = 10.3\text{m}$,则

$$\varphi = \frac{v_0^2}{254 s_3} = \frac{40^2}{254 \times 10.3} = 0.61$$

出现拖印以前的车速降低量 $\Delta v_0$ 是指汽车开始减速到出现制动印迹以前这段时间的速度降低量,在平直道路上 $\Delta v_0$ 计算式为

$$\Delta v_0 = k\varphi \qquad (6\text{-}7)$$

$$k = 3.6 \times \frac{gt_2^2}{2} \qquad (6\text{-}8)$$

对于液压式制动系统,$t_2 = 0.2\text{s}$,$k = 3.53$,由此计算事故车辆行驶速度为

$$v_a = v_0 + \Delta v_0 = \sqrt{254\varphi s_3} + k\varphi = \sqrt{254 \times 0.61 \times 32.5} = 73.1 (\text{km/h})$$

计算结果表明,迎面来车的车辆在 T 形交叉路口处车速太快,是事故主要责任者。

## 二、通过现场试验推算车速

对于汽车碰撞自行车、行人等交通事故。事故汽车几乎没有损坏,仍能照常行驶。因此,可以利用事故车辆进行现场试验,以局部模拟事故的过程,来推算汽车原来的最低速度。

现场模拟试验的方法,就是利用事故车辆以一定车速在现场路面上进行制动试验。把试验用的车速和制动得到的拖印长度,与事故现场遗留下的制动拖印长度进行比较,从而推算出车辆事故前的最低车速。

设 $s_1$ 为事故现场遗留下的制动拖印长度,$s_2$ 为现场试验得到的制动拖印长度,$v_1$ 为事故前的速度,$v_2$ 为模拟试验的车速。由于

$$s_1 = \frac{v_1^2}{2g\varphi} \quad s_2 = \frac{v_2^2}{2g\varphi} \quad \frac{s_1}{s_2} = \frac{v_1^2}{v_2^2}$$

则有

$$v_1 = v_2 \sqrt{\frac{s_1}{s_2}} \tag{6-9}$$

**算例：**

利用现场模拟试验推算车速。

一辆载货汽车在道路上行驶，突然有一辆自行车横过道路。汽车紧急制动，留下制动拖印长度为 19.4m，将自行车撞倒致骑车者死亡。试用现场模拟试验方法推算载货汽车的车速。

解：经 5 次模拟试验，初速度为 40km/h 紧急制动时，测得现场遗留下制动拖印平均长度为 16.2m，则可推算事故汽车保守车速为

$$v_1 = v_2\sqrt{\frac{s_1}{s_2}} = 40 \times \sqrt{\frac{19.4}{16.2}} = 43.8(\text{km/h})$$

### 三、利用侧滑印迹推算车速

当汽车驶入弯道时，由于离心惯性力的作用，使汽车的前外轮受力较大。在侧滑的地点，前外轮胎的外缘在弯道上遗留下一条较窄的印迹，约 6cm 的细线条痕。当车辆进入侧滑甚至旋转时，这条较窄胎痕可增加到轮胎与路面接触的宽度。这条由轮胎受力较重而产生侧滑的印迹成为计算车速的重要因素。

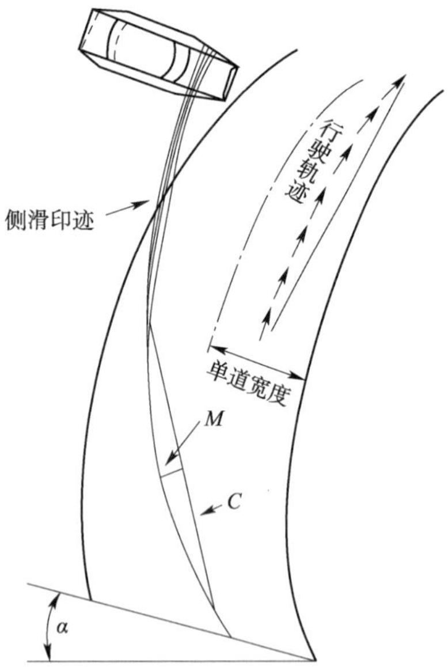

有两种计算速度的方法，其一为汽车行驶于弯道滑离路面时的速度；另一为当汽车行驶至弯道时滑离所在行车道以外的速度。

计算汽车驶于弯道滑离路面时的速度时，利用侧滑印迹来计算弯道半径。计算汽车驶至弯道时滑离单行车道以外的速度时，利用车行道中心（行驶中心）作为周边。

汽车侧滑时的初速度计算式为

$$v = \sqrt{\frac{254(\varphi \pm e)R}{2}} \tag{6-10}$$

式中：$v$——汽车侧滑时的初速度，km/h；

$\varphi$——道路附着系数；

$e$——路拱；

$R$——弯道半径，m。

图 6-1 绘制车辆侧滑印迹和行驶路线的弦线 $C$ 和垂直平分线 $M$ 的方法

绘制车辆的侧滑印迹和行驶路线 $C$ 和垂直平分线 $M$ 的方法，如图 6-1 所示。图中 $M$ 为垂直平分线。

**算例：**

利用侧滑印迹推算车速。

一辆汽车以高速驶入弯道并产生侧滑，在弯道上遗留下一条长 61.4m 长的侧滑印迹，现

利用侧滑印迹长度的第一个 1/3 段(20.47m)作为周边测得弦长为 15.35m,垂直平分线段长为 0.614m,路拱为 0.05,道路附着系数为 0.7。

(1)计算侧滑印迹的半径 $R$ 计算式为

$$R = \frac{C^2}{8M} + \frac{M}{2}$$

式中:$R$——弯道半径,m;
　　$C$——弦长,m;
　　$M$——垂直平分线段长,m。

$$R = \frac{15.35^2}{8 \times 0.614} + \frac{0.614}{2} = 48.28(\text{m})$$

(2)计算汽车侧滑时的初速度为

$$v_1 = \sqrt{\frac{254(\varphi \pm e)R}{2}}$$

$$= \sqrt{\frac{254 \times (0.7+0.05) \times 48.28}{2}}$$

$$= 67.81(\text{km/h})$$

算式 $v_1 = \sqrt{254(\varphi \pm e)R/2}$ 不适用于车辆使用了制动而偏离其弯道的情况,也不适用于重型车辆的计算。

## 四、起步后行驶速度和距离的推算

为了保证车辆顺利的起步,车辆驱动力 $F$ 必须大于行驶阻力。在小于或等于附着力时,轮胎无滑转。当驱动力大于附着力时,地面施加于汽车的驱动力仅等于附着力,而剩余的力通过轮胎与地面之间的滑转摩擦所消耗掉。故可列出等式为

$$F = ma = \mu_f w_r = \mu_f kw = \mu_f kmg \tag{6-11}$$

式中:$m$——汽车质量,kg;
　　$a$——汽车加速度,m/s$^2$;
　　$\mu_f$——滚动阻力系数;
　　$w_r$——驱动轴荷重,N;
　　$w$——车辆总重,N;
　　$k$——驱动轴占总轴数比(后轴驱动时 $k \approx 0.5$,全轮驱动时 $k=1$)。

其中:

$$a = \mu_f g \tag{6-12}$$

$$v = at = \mu_f kgt \quad (\text{m/s}) \tag{6-13}$$

行驶距离 $x$ 为

$$x = 0.5at^2 = 0.5\mu_f kgt^2 \tag{6-14}$$

从式(6-13)和式(6-14)中消除 $t$,则

$$v = \sqrt{2\mu_f kgx} \tag{6-15}$$

$$x = \frac{v^2}{2\mu_f kg} \tag{6-16}$$

将式(6-13)代入式(6-16),得

$$t = \sqrt{\frac{2x}{\mu_f kg}} \tag{6-17}$$

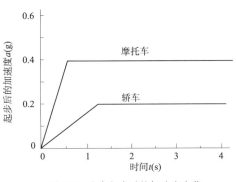

图 6-2 汽车起步后的加速度变化

根据式(6-15)可求出起步后,车辆行驶至不同位置的车速。而按式(6-17)又可求出车辆到达不同位置时所经历的时间。但是,应用这些公式时,滚动阻力系数 $\mu_f$ 很难确定。因为在起步时车轮存在滑移,故这时的实际滚动阻力系数比自由轮状态大得多。为了计算的方便,可把起步后的加速度变化,简化为图 6-2 的形式。

根据实验曲线图 6-2 的关系,加速度可按如下的方法计算。

1. 轿车

起步后 $0 \sim 1.2\text{s}; a = 1.63t, \text{m/s}^2; 1.2\text{s}$ 以后,$a = 1.96\text{m/s}^2$。

2. 摩托车

起步后 $0 \sim 0.6\text{s}; a = 6.53t, \text{m/s}^2; 0.6\text{s}$ 以后,$a = 3.92\text{m/s}^2$。

从上述关系可导出轿车起步 $t_1$ 时刻后的速度 $v$ 和距离 $x$ 分别为

$$v = \int_0^{t_1} a\mathrm{d}t = 0.815 \times (1.2^2 - 0) + 1.96 \times (t_1 - 1.2)$$

$$x = \int_0^{t_1} v\mathrm{d}t = 1.63/6 \times (1.2^3 - 0) + 1.96/2 \times (t_1^2 - 1.2^2)$$

整理得

$$v = 1.96t_1 - 1.18 \tag{6-18}$$

$$x = 0.96t_1^2 - 0.94 \tag{6-19}$$

联立式(6-18)和式(6-19),消除 $t_1$,得

$$x = 0.26v^2 + 0.60v - 0.59 \tag{6-20}$$

同理,摩托车的 $x$ 为

$$x = 0.13v^2 + 0.30v - 0.29 \tag{6-21}$$

这样可以把起步后行驶距离 $x$ 和速度 $v$ 的关系,绘成图 6-3 的曲线。

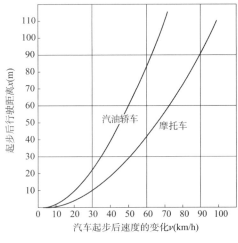

图 6-3 汽车起步后加速距离和速度的关系

**算例:**

在无信号控制的交叉口,汽车碰撞正在过人行横道的行人,道路的宽度为 6m,根据推算汽车撞人时的速度为 28km/h,在交叉口前有暂时停车的标志。汽车驾驶员陈述:"在暂时停

车线前停车,因为视线差,不能清楚地看清交叉口的情况,主观认为没有什么问题,而驶进交叉口"。试问其陈述是否可信?

从图 6-3 可知,碰撞时的速度是 28km/h,若汽车起步后全力加速要走 20m;这个距离已超过碰撞点到停车线的距离,故证明驾驶员在停车线前根本没有停车,从而可知其陈述是虚假的。

## 第二节 车辆运动轨迹

### 一、汽车碰撞前后的运动形式

与其本身动量相差悬殊的物体,如行人或自行车时,双方的质量和速度相差悬殊,碰撞不会导致汽车运动速度和运动方向发生明显变化。因此,汽车运动轨迹在碰撞点处不会有突变。

汽车与汽车相撞时,两者碰撞冲量较为接近,碰撞后车辆的运动轨迹及状态均将发生显著变化。

整个碰撞过程实际上可认为是由两个阶段组成。第一阶段是能量交换阶段,两车接触持续时间为 0.1~0.2s;第二阶段是碰撞后的运动阶段,参与碰撞的两车相互分开,分别以不同的轨迹运动直到最终停止。在其数秒的持续时间里,驾驶员若未受伤会有能力和时间进行踏踩制动踏板或转动转向盘等操作,从而影响车辆碰撞后的运动轨迹。

汽车正面相撞时,由于两车质心在同一直线上运动,碰撞中不产生互相作用的回转力矩,所以碰撞后两车的停止位置一般和原先的行驶方向偏离不大,但由于两车动能(动量)的不同将使动能小的车从碰撞位置后移。在正面碰撞过程中,车辆的变形量与碰撞前两车的相对速度成正比,且本车的变形量与对方车的质量成正比,本车在碰撞中吸收的能量与对方车质量的平方成正比。

汽车追尾相撞,由于动量的交换,后车促使前车加速,两车都沿原行驶方向运动。

在侧面碰撞中,不论是正交或斜交相撞,都会使碰撞双方不同程度地偏离碰撞前行驶方向,做边平移边回转的运动。车辆运动的轨迹取决于碰撞冲量、撞击部位、车辆结构及质量分布、操纵系状态(车轮制动情况,转向轮偏转角)、附着系数等。由于汽车的损坏一般仅限于碰撞接触部位,故此时可按刚体运动规律,来分析汽车碰撞后的运动轨迹。

碰撞后阶段(Post-crash phase),是指汽车碰撞后从碰撞车体分开直到汽车运动停止的过程。

汽车碰撞前的状态和碰撞性质直接影响汽车碰撞后的运动,因此,分析汽车碰撞后的运动应考虑碰撞前汽车运动状态。表 6-2 为轿车和轻型客货车碰撞前运动状态。

**轿车和轻型客货车碰撞前运动状态** 表6-2

| 碰撞前运动状态 | 轿车比率(%) | | | 轻型客货车比率(%) | |
|---|---|---|---|---|---|
| | 单车事故 | 车与车碰撞 | 合计 | 单车事故 | 车与车碰撞 |
| 直行 | 40.0 | 47.5 | 46.3 | 41.2 | 44 |
| 失去控制 | 49.5 | 11.7 | 18.2 | 52.3 | 9.2 |
| 左转弯 | 2.5 | 11.3 | 9.8 | | 12.2 |

续上表

| 碰撞前运动状态 | 轿车比率(%) | | | 轻型客货车比率(%) | |
|---|---|---|---|---|---|
| | 单车事故 | 车与车碰撞 | 合计 | 单车事故 | 车与车碰撞 |
| 交通信号处制动 | | 9.8 | 8.1 | | 13.1 |
| 停车 | | 5.1 | 4.2 | | 8.0 |
| 路上起步 | | 4.5 | 3.7 | | 3.3 |
| 低速行驶 | | 4.1 | 3.4 | | 4.0 |
| 移线行驶或超车 | 4.8 | 3.3 | 3.1 | | 3.5 |
| 右转弯 | 2.5 | 1.4 | 1.6 | | 0.9 |
| 其余 | 3.7 | 1.3 | 1.6 | 6.4 | 1.8 |
| 合计 | 100 | 100 | 100 | 100 | 100 |
| 合计百分数 | 17.5 | 82.5 | 100 | | |

注：1. 直行状态：意味着驾驶员有操纵的选择但却没有采取任何相应的紧急避免措施，属于人—车—环境闭环系统中的人这一环节失调。其原因，一般是由于酒后驾车、疲倦或视野不良等。

2. 失去控制：意味着驾驶员失去控制的可能。具体说，就是制动中由于车轮抱死导致的前滑、侧滑或回转(掉头或甩尾)，其原因是由于车轮抱死后，驾驶员不再能(或者来不及)对汽车进行操纵而发生的撞车事故。

从表6-2可出，碰撞前，制动抱死的汽车占47.9%，同时制动抱死且紧急转向的汽车为11.4%。根据汽车碰撞前驾驶员可能采取的措施，汽车碰撞后会出现的状态包括车轮制动抱死(伴有右转向、未转向、左转向)和未制动抱死(伴有右转向、未转向、左转向)两种状态。

汽车行驶过程中，车轮受到侧向力的作用。因车轮胎体是弹性体，根据车轮侧偏特性，车轮会出现侧偏现象。车轮侧偏会影响汽车行驶的方向。车轮受较大侧偏力作用时，车轮在接地区域发生部分侧滑；当侧向力达到侧向附着极限时，整个车轮发生侧滑。分析汽车碰撞后的运动，应考虑车轮侧偏特性。

综合以上分析，可认为汽车碰撞后的运动受汽车制动情况、转向情况以及车轮侧偏特性的影响。

根据试验分析和理论总结，汽车碰撞后运动过程模型有两种。当汽车处于制动状态时，汽车碰撞后运动不随转向轮转角变化，车轮摩擦力的方向与该车轮速度方向相反，摩擦力的大小与该车轮负荷成正比。当汽车处于未制动状态时，汽车碰撞后运动过程可分为两阶段。

第一阶段是汽车侧滑运动阶段。碰撞刚结束后，当车轮平面与车轮滑移速度间夹角较大，车轮不能自由转动，通常只产生滑移运动；随着运动过程的继续，该夹角减小；车轮侧向力(侧偏力、摩擦力、附着力)作用方向与车轮平面垂直，侧向力方向与该车轮侧滑速度方向相反。

第二阶段是汽车滚动运动阶段。在汽车侧滑运动阶段，当车轮平面与其滑移速度间的夹角减小到一定程度时，汽车从侧滑运动阶段过渡到滚动运动(包括直线运动)阶段。汽车车轮滚动运动遵循阿克曼角运动规律和车轮侧偏理论。

为便于对汽车碰撞后的过程进行分析、建模、计算，假设如下：

(1)汽车碰撞后作二维平面运动。

(2)汽车被视为刚体。

(3)忽略汽车弹性悬架的影响。
(4)汽车车轮滑动摩擦系数为常数(附着系数)。
(5)汽车碰撞前、后基本结构参数一致,即质量分布、几何参数不变,车轮定位参数、转向角不变。
(6)汽车碰撞后汽车车轮只受平面力(侧向力和切向力)作用,不考虑风阻的影响。
(7)汽车简化为单轮辙汽车模型(自行车模型)。
(8)以汽车的转向、汽车的制动情况和碰撞结束时汽车运动状态为输入量。

## 二、汽车全制动时的运动模型

当汽车全轮制动时,车轮失去旋转自由度,只能相对路面作滑移运动。根据车轮力学模型,制动抱死的车轮只受与其滑移速度方向相反的地面摩擦力作用,与车轮运动平面无关,摩擦力大小与车轮轴荷成正比。根据车轮力学模型,对抱死的车轮进行动力学分析。图 6-4 所示为汽车全轮制动时单轮辙汽车模型的受力分析图。

图 6-4 中 $v_x$、$v_y$、$v_{vx}$、$v_{vy}$、$v_{hx}$ 和 $v_{hy}$ 依次为汽车质心、前轮、后轮在 $x$ 轴、$y$ 轴方向的分速度;$v_v$ 和 $v_h$ 分别为前轮、后轮的合速度;$\psi$ 为汽车纵轴与 $x$ 轴的夹角;$\dot{\psi}$ 为汽车横摆角速度;$l_v$ 和 $l_h$ 为汽车质心到前、后轴的距离;$m_g$ 为汽车总质量;$\mu_G$ 为滑动摩擦系数;$v_c$ 为汽车质心速度。

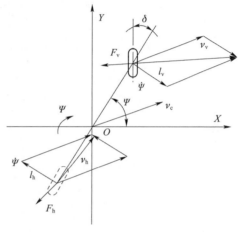

图 6-4 汽车全轮制动时单轮辙汽车模型受力图

依据平面运动速度合成原理,汽车前轮的滑移速度为

$$v_{vx} = v_x - \dot{\psi} l_v \sin\psi \qquad (6\text{-}22)$$

$$v_{vy} = v_y - \dot{\psi} l_v \cos\psi \qquad (6\text{-}23)$$

合并式(6-22)和式(6-23),得到汽车前轮的滑移合速度为

$$v_v = \sqrt{v_{vx}^2 + v_{vy}^2} = \sqrt{(v_x - \dot{\psi} l_v \sin\psi)^2 + (v_y - \dot{\psi} l_v \cos\psi)^2} \qquad (6\text{-}24)$$

同理,汽车后轮的滑移速度为

$$v_{hx} = v_x + \dot{\psi} l_h \sin\psi \qquad (6\text{-}25)$$

$$v_{hy} = v_y + \dot{\psi} l_h \cos\psi \qquad (6\text{-}26)$$

合并式(6-24)和式(6-25),汽车后轮的滑移合速度为

$$v_h = \sqrt{v_{hx}^2 + v_{hy}^2} = \sqrt{(v_x + \dot{\psi} l_h \sin\psi)^2 + (v_y + \dot{\psi} l_h \cos\psi)^2} \qquad (6\text{-}27)$$

因为车轮摩擦力方向与该车轮滑移速度相反,汽车前轮在 $x$ 轴、$y$ 轴方向所受摩擦力分

别为

$x$ 轴方向摩擦力——$F_{Bv}\dfrac{\nu_{vx}}{x_v}$，$y$ 轴方向的摩擦力——$F_{Bv}\dfrac{\nu_{vy}}{x_v}$。

同理，后轮在 $x$ 轴、$y$ 轴方向所受摩擦力分别为

$x$ 轴方向摩擦力——$F_{Bh}\dfrac{\nu_{hx}}{x_h}$，$y$ 轴方向的摩擦力——$F_{Bh}\dfrac{\nu_{hy}}{x_h}$。

其中，前轮所受合摩擦力为

$$F_{Bv} = \frac{l_h}{l_v + l_h} m_g g \mu_G \tag{6-28}$$

后轮所受合摩擦力为

$$F_{Bh} = \frac{l_v}{l_v + l_h} m_g g \mu_G \tag{6-29}$$

根据牛顿第二定理 $\sum F_x = ma_x$，$\sum F_y = ma_y$，汽车在 $x$ 轴方向所受摩擦力为

$$-F_{Bv}\frac{\nu_{vx}}{\nu_v} - F_{Bh}\frac{\nu_{vy}}{\nu_h} = m_g a_x \tag{6-30}$$

同理，汽车在 $y$ 轴方向所受摩擦力为

$$-F_{Bv}\frac{\nu_{vy}}{\nu_v} - F_{Bh}\frac{\nu_{vy}}{\nu_h} = m_g a_y \tag{6-31}$$

联立式(6-28)~式(6-31)，得到汽车在 $x$ 轴、$y$ 轴方向的加速度为

$$a_x = -\frac{g\mu_G}{l}\left(\frac{l_h \nu_{vx}}{\nu_v} + \frac{l_v \nu_{hx}}{\nu_h}\right) \tag{6-32}$$

$$a_y = -\frac{g\mu_G}{l}\left(\frac{l_h \nu_{vy}}{\nu_v} + \frac{l_v \nu_{hy}}{\nu_h}\right) \tag{6-33}$$

根据动量矩定理 $\sum M = J_c \varepsilon$，$F_{Bv}$、$F_{Bh}$ 对汽车质心取矩，得

$$\sum M = F_{Bv}\frac{\nu_{vx}}{\nu_v}l_v \sin\psi - F_{Bv}\frac{\nu_{vy}}{\nu_v}l_v \cos\psi - F_{Bh}\frac{\nu_{vx}}{\nu_h}l_h \sin\psi + F_{Bh}\frac{\nu_{vy}}{\nu_h}l_h \cos\psi$$

代入式(6-28)和式(6-29)，得到汽车的旋转角加速度为

$$\ddot{\psi} = \frac{m_g g l_v l_h \mu_G}{l J_g}\left(\frac{\nu_{vx}}{\nu_v}\sin\psi - \frac{\nu_{vy}}{\nu_v}\cos\psi - \frac{\nu_{vx}}{\nu_h}\sin\psi + \frac{\nu_{vy}}{\nu_h}\cos\psi\right) \tag{6-34}$$

若已知 $i$ 时刻的 $\nu_{x,i}$、$\nu_{y,i}$、$\psi_i$ 和 $\dot{\psi}_i$，经过 $\Delta t$ 后的下一时刻，即 $i+1$ 时刻的 $x$ 轴方向汽车速度 $\nu_{x,i+1}$、$y$ 轴方向汽车速度 $\nu_{y,i+1}$、车体角加速度 $\dot{\psi}_{i+1}$、汽车角位移 $\psi_{i+1}$ 分别为

$$\nu_{x,i+1} = \nu_{x,i} + a_{x,i}\Delta t \tag{6-35}$$

$$\nu_{y,i+1} = \nu_{y,i} + a_{y,i}\Delta t \tag{6-36}$$

$$\dot{\psi}_{i+1} = \dot{\psi}_i + \ddot{\psi}_i \Delta t \tag{6-37}$$

$$\psi_{i+1} = \psi_i + \dot{\psi}_i \Delta t \tag{6-38}$$

其中：$i = 0,1,2,\cdots,n$。

边界条件为当 $i=0$（碰撞阶段结束时），当坐标系 $x$-$y$ 与坐标系 $n$-$t$ 一致时，对汽车1有 $\nu_{x,0} = \nu_{1t}$，$\nu_{y,0} = \nu_{1n}$，$\dot{\psi}_0 = \omega_1$；对汽车2有 $\nu_{x,0} = \nu_{2t}$，$\nu_{y,0} = \nu_{2n}$，$\dot{\psi}_0 = w_2$。

另外，$i=n$ 时的边界条件：$v_{x,n}=0, v_{y,n}=0, \dot{\psi}_n=0, v_{x,n}=0, v_{y,n}=0, \dot{\psi}_n=0$。

当坐标系 $x$-$y$ 与坐标系 $n$-$t$ 不一致时，可利用坐标变换原理，将坐标系 $n$-$t$ 中的变量转换到坐标系 $x$-$y$ 后，再利用上述边界条件。

### 三、未制动汽车运动模型

当汽车未处于制动状态时，车轮可横向滑移或沿车轮平面自由旋转。车轮滑移引起车轮与路面间的滑动摩擦，车轮滚动引起滚动摩擦力。通常，滑动摩擦系数比滚动摩擦系数至少大一个数量级。车轮横向滑移时，车轮受到的滑动摩擦力垂直于车轮平面，滑动摩擦力的大小与车轮载荷成正比，滑动摩擦力方向与车轮滑移速度方向相反。碰撞刚结束后，当车轮平面与车轮滑移速度间夹角较大，车轮自由转动分量很小，通常车轮只产生横向滑移运动。随着汽车运动过程的继续，这个夹角不断变化；当该夹角减小到小于车轮的最大的侧偏角且汽车无横向滑移时，汽车可进入圆周滚动运动阶段，即未制动状态下汽车碰撞后运动的第二个阶段。

1. 汽车从滑移阶段过渡到滚动阶段的条件

未制动的汽车碰撞后，汽车从滑移阶段过渡到滚动阶段的临界条件为：

(1) 车轮滑移速度与车轮平面之间夹角小于车轮的最大的侧偏角。

(2) 汽车无横向滑移运动，即横向摩擦力小于最大横向附着力。

2. 汽车平动阶段

汽车车轮未制动抱死，汽车处于平面滑移运动。图 6-5 是汽车未制动时单轮辙汽车模型的受力分析图。图中 $v_x$、$v_y$、$v_{vx}$、$v_{vy}$、$v_{hx}$ 和 $v_{hy}$ 依次为汽车质心、前轮、后轮在 $x$ 轴和 $y$ 轴方向的速度；$v_v$ 和 $v_h$ 分别为汽车前轮、后轮的合速度；$\psi$ 为汽车纵轴线与 $x$ 轴的夹角；$\dot{\psi}$ 为汽车横摆角速度；$l_v$ 和 $l_h$ 为汽车质心到前、后轴的距离；$m_g$ 为汽车总质量；$\mu_G$ 为滑动摩擦系数；$\delta$ 为汽车转向角。

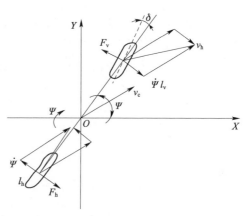

图 6-5 汽车未制动时单轮辙汽车模型受力图

据平面运动速度合成原理，汽车前轮在 $x$ 方向的滑移速度 $v_{vx}$ 和 $y$ 方向的滑移速度 $v_{vy}$ 分别为

$$v_{vx} = v_x - \dot{\psi} l_v \sin\psi \tag{6-39}$$

$$v_{vy} = v_y - \dot{\psi} l_v \cos\psi \tag{6-40}$$

合并式(6-39)和式(6-40)，得到汽车前轮滑移合速度 $v_v$ 为

$$v_v = \sqrt{v_{vx}^2 + v_{vy}^2} = \sqrt{(v_x - \dot{\psi} l_v \sin\psi)^2 + (v_y - \dot{\psi} l_v \cos\psi)^2} \tag{6-41}$$

同理，汽车后轮 $x$ 方向滑移速度 $v_{hx}$ 和 $y$ 方向滑移速度 $v_{hy}$ 分别为

$$v_{hx} = v_x + \dot{\psi} l_h \sin\psi \tag{6-42}$$

$$v_{hy} = v_y + \dot{\psi} l_h \cos\psi \tag{6-43}$$

合并式(6-42)和式(6-43),得到汽车后轮的滑移合速度 $\nu_h$ 为

$$\nu_h = \sqrt{\nu_{hx}^2 + \nu_{hy}^2} = \sqrt{(\nu_x + \dot{\psi} l_h \sin\psi)^2 + (\nu_y + \dot{\psi} l_h \cos\psi)^2} \quad (6\text{-}44)$$

已知 $\nu_{vx}$、$\nu_{vy}$、$\nu_{hx}$ 和 $\nu_{hy}$,可得到汽车前、后轮滑移速度 $\nu_v$ 和 $\nu_h$ 的方向。

当 $\nu_{vx} > 0$ 时,汽车前轮速度 $\nu_v$ 的方向为

$$\delta_v = \arctan\left(\frac{\nu_{vy}}{\nu_{vx}}\right)$$

当 $\nu_{vx} < 0$ 时,汽车前轮速度 $\nu_v$ 的方向为

$$\delta_v = \pi + \arctan\left(\frac{\nu_{vy}}{\nu_{vx}}\right)$$

当 $\nu_{hx} > 0$ 时,汽车后轮速度 $\nu_h$ 的方向为

$$\delta_h = \arctan\left(\frac{\nu_{hy}}{\nu_{hx}}\right)$$

当 $\nu_{hx} < 0$ 时,汽车后轮速度 $\nu_h$ 的方向为

$$\delta_h = \pi + \arctan\left(\frac{\nu_{hy}}{\nu_{hx}}\right)$$

因车轮滑动摩擦力的方向与该车轮滑移速度的方向相反,与车轮平面垂直,可得到汽车前、后轮摩擦力的方向 $\beta_v$ 和 $\beta_h$。

当 $\psi + \pi - \delta > \delta_v > \psi - \delta$ 时,汽车前轮摩擦力的方向为

$$\beta_v = \psi - \delta - \frac{\pi}{2} \quad (6\text{-}45)$$

当 $\psi + 2\pi - \delta > \delta_v > \psi - \delta + \pi$ 时,后轮摩擦力的方向为

$$\beta_v = \psi - \delta + \frac{\pi}{2} \quad (6\text{-}46)$$

当 $\psi + \pi > \delta_h > \psi$ 时,汽车后轮摩擦力的方向为

$$\beta_h = \psi + \frac{3}{2}\pi \quad (6\text{-}47)$$

当 $\psi + 2\pi > \delta_h > \psi + \pi$ 时,汽车后轮摩擦力的方向为

$$\beta_h = \psi + \frac{\pi}{2} \quad (6\text{-}48)$$

根据式(6-28)、式(6-29)、式(6-45)~式(6-48),求得汽车车轮在 $x$ 轴、$y$ 轴方向所受摩擦力。

汽车前轮 $x$ 轴和 $y$ 轴方向的摩擦力 $F_{xv}$ 和 $F_{yv}$ 分别为

$$F_{xv} = F_{Bv}\cos\beta_v$$
$$F_{yv} = F_{Bv}\sin\beta_v$$

汽车后轮 $x$ 轴和 $y$ 轴方向的摩擦力 $F_{xh}$ 和 $F_{yh}$ 分别为

$$F_{xh} = F_{Bh}\cos\beta_h$$
$$F_{yh} = F_{Bh}\sin\beta_h$$

根据牛顿第二定律，$\sum F_x = ma_x$，$\sum F_y = ma_y$，$x$ 轴方向和 $y$ 轴方向力方程分别为

$$F_{Bv}\cos\beta_v + F_{Bh}\cos\beta_h = m_g a_x \tag{6-49}$$

$$F_{Bv}\sin\beta_v + F_{Bh}\sin\beta_h = m_g a_y \tag{6-50}$$

将式(6-49)改写为

$$a_x = \frac{g\mu_G}{l}(l_h\cos\beta_v + l_v\cos\beta_h) \tag{6-51}$$

将式(6-50)改写为

$$a_y = \frac{g\mu_G}{l}(l_h\sin\beta_v + l_v\sin\beta_h) \tag{6-52}$$

据动量矩定理，$\sum M = J_c\varepsilon$，将 $F_{Bv}$、$F_{Bh}$ 对汽车质心取矩，得

$$\sum M = F_{Bv}l_v\sin\beta_v\cos\psi - F_{Bv}l_v\cos\beta_v\sin\psi + F_{Bh}l_h\cos\beta_h\sin\psi - F_{Bh}l_h\sin\beta_h\cos\psi \tag{6-53}$$

即

$$J_g\ddot\psi = \frac{m_g l_v l_h g\mu_G}{l}(\sin\beta_v\cos\psi - \cos\beta_v\sin\psi + \cos\beta_h\sin\psi - \sin\beta_h\cos\psi)$$

并得到车体旋转角加速度为

$$\ddot\psi = \frac{m_g l_v l_h g\mu_G}{l J_g}(\sin\beta_v\cos\psi - \cos\beta_v\sin\psi + \cos\beta_h\sin\psi - \sin\beta_h\cos\psi) \tag{6-54}$$

已知 $i$ 时刻的 $v_{x,i}$、$v_{y,i}$、$\dot\psi_i$ 和 $\psi_i$，经过 $\Delta t$ 后下一时刻即 $i+1$ 时刻的 $x$ 方向速度 $v_{x,i+1}$、$y$ 方向速度 $v_{y,i+1}$、汽车角加速度 $v_{x,i+1}$、汽车角位移 $v_{y,i+1}$ 分别为

$$v_{x,i+1} = v_{x,i} + a_{x,i}\Delta t \tag{6-55}$$

$$v_{y,i+1} = v_{y,i} + a_{y,i}\Delta t \tag{6-56}$$

$$\dot\psi_{i+1} = \dot\psi_i + \ddot\psi_i\Delta t \tag{6-57}$$

$$\psi_{i+1} = \psi_i + \dot\psi_i\Delta t \tag{6-58}$$

其中：$i = 0, 1, 2, \cdots, n$。

边界条件为当 $i = 0$（碰撞阶段结束时刻）时，当坐标系 $x$-$y$ 与坐标系 $n$-$t$ 一致时，对汽车 1 有 $v_{x,0} = v_{1t}$，$v_{y,0} = v_{1n}$，$\dot\psi_0 = \varpi_1$；对汽车 2 有 $v_{x,0} = v_{2t}$，$v_{y,0} = v_{2n}$，$\dot\psi_0 = \varpi_2$。另外，$i = n$ 时的边界条件为 $v_{x,n} = 0$，$v_{y,n} = 0$，$\dot\psi_n = 0$，$v_{x,n} = 0$，$v_{y,n} = 0$。$\dot\psi_n = 0$ 却不一定成立。

当坐标系 $x$-$y$ 与坐标系 $n$-$t$ 不一致时，利用坐标系变换原理，将坐标系 $n$-$t$ 中的变量转换到坐标系 $x$-$y$ 后，再利用上述边界条件。

3.汽车滚动运动阶段

1）圆周滚动阶段车轮阻力

汽车曲线行驶时，车轮阻力主要有滚动阻力、前束阻力、曲线（侧偏）阻力等。此时由于车速较低且车速方向变化，风阻方向不定，可不考虑风阻。

（1）滚动阻力。

车轮在硬路面滚动时，轮胎内部变形、摩擦产生弹性迟滞损失，变形能不能全部放出，造成汽车动能损失，降低汽车行驶速度。由于轮胎印迹面的压力分布不对称，使垂直合力 $F_n$

作用在印迹中心前 $e$ 处。对无加速度的滚动车轮。图 6-6 是汽车滚动阻力图。据力矩平衡有

$$-F_x r_{dyn} = F_n e \quad (6-59)$$

式中：$r_{dyn}$——车轮动力半径。

$$-F_x = F_R \quad (6-60)$$

联立式(6-59)和式(6-60)，得

$$F_R = \frac{e}{r_{dyn}} F_n \quad (6-61)$$

令 $f_R = \dfrac{e}{r_{dyn}}$

则滚动阻力可表示为

$$F_R = f_R F_n \quad (6-62)$$

式中：$F_n$——车轮的垂直负荷，$F_n = m_g g$；

$f_R$——滚动阻力系数，与轮胎气压、垂直载荷、轮胎材料、车速等有关。

（2）曲线阻力。

曲线行驶时，车轮受侧向力作用，会产生附加的行驶阻力。图 6-7 是汽车圆周运动的曲线阻力计算图。曲线阻力由与运动方向相反的前、后轴侧向力的分量组成。在汽车圆周运动时，轴的侧向力不大于维持汽车圆周运动所需要的向心力。根据图 6-7 可计算汽车圆周行驶时的曲线阻力。

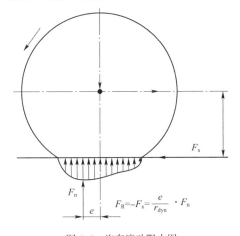

图 6-6　汽车滚动阻力图

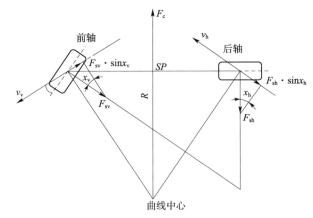

图 6-7　汽车圆周运动的曲线阻力计算图

前轴侧向力为

$$F_{sv} = m_g \frac{v^2}{R} \frac{l_h}{l\cos\delta} \quad (6-63)$$

后轴侧向力为

$$F_{sh} = m_g \frac{v^2}{R} \frac{l_v}{l} \quad (6-64)$$

合并式(6-63)和式(6-64)，得到汽车曲线行驶时的曲线阻力为

$$F_{RK} = m_g \frac{v^2}{R}\left(\frac{l_h}{l\cos\delta}\sin\alpha_v + \frac{l_v}{l}\sin\alpha_h\right) \tag{6-65}$$

曲线阻力系数为

$$k_{RK} = \frac{F_{RK}}{m_g g} = \frac{v^2}{Rg}\left(\frac{l_h}{l\cos\delta}\sin\alpha_v + \frac{l_v}{l}\sin\alpha_h\right) \tag{6-66}$$

式中,$k_{RK}$ 与汽车横向加速度有关。

汽车曲线行驶的阻力可表示为

$$F_{RK} = k_{RK} F_n \tag{6-67}$$

(3) 前束阻力。

汽车直线行驶时,由于车轮的前束角,致使运动的车轮产生变形,造成的阻力,称之为前束阻力。图6-8是汽车直线行驶时前束阻力。根据图6-8,得

$$F_V = 2F_{SV}\sin\delta_{v0} \tag{6-68}$$

式中:$\delta_{v0}$——汽车前轮的前束角。

前束角较小时,侧向力正比侧偏角,即

$$F_{SV} = C_R \delta_{v0} \tag{6-69}$$

联立式(6-68)和式(6-69),前束阻力为

$$F_V = 2C_R \delta_{v0}\sin\delta_{v0} \tag{6-70}$$

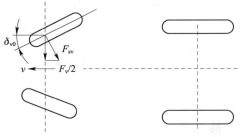

图6-8 汽车直线行驶时前束阻力

(4) 其他阻力。

车轮滚动行驶过程中,传动系的旋转、轴承的摩擦以及发动机熄火后汽车反拖传动系和发动机旋转等也消耗汽车动能,起到阻力的作用。这些阻力的大小与汽车的润滑状况、挡位等有关。这部分阻力复杂且在汽车碰撞事故中不易计算,通常不考虑,作定性分析时考虑。

2) 汽车转向角非零时的曲线运动模型

当汽车未制动,转向角非零时,汽车进入滚动阶段。根据汽车车轮滚动行驶时的受力情况,汽车受到的车轮阻力有滚动阻力和曲线阻力。忽略风阻和其他阻力,汽车受到的阻力为

$$\sum F = F_R + F_{RK} \tag{6-71}$$

即

$$\sum F = f_R F_n + m_g \frac{v^2}{R}\left(\frac{l_h}{l\cos\delta}\sin\alpha_v + \frac{l_v}{l}\sin\sigma_h\right) \tag{6-72}$$

据文献[2]得到汽车高速行驶时的质心转动半径为

$$R = l_h \frac{\sin(90° - \alpha_h)}{\sin(\alpha_h + \beta)} = \frac{\cos\alpha_h}{\sin(\alpha_h + \beta)} l_h$$

式中:$\alpha_h$——后车轮侧偏角;

$\beta$——汽车航向角。

由此可知某瞬时 $i$ 时刻汽车质心圆周行驶半径 $R_i$。当 $i$ 时刻与 $i+1$ 时刻的时间间隔 $\Delta t$ 很小时,$i$ 时刻到 $i+1$ 时刻车体的角位移变化 $\Delta \psi_i$ 很小,即

$$\Delta\psi_i = \psi_{i+1} - \psi_i \quad (i = n, n+1, n+2, \cdots, N) \tag{6-73}$$

因 $\Delta\psi_i$ 很小,$\Delta\psi_i = \sin\Delta\psi_i$。$\Delta t$ 时间段内汽车线位移变化为

$$\Delta S_i = \sin\Delta\psi_i R_1 = \Delta\psi_i R_1 \tag{6-74}$$

据式(6-72)得到 $i$ 时刻汽车圆周运动的切向线加速度为

$$a_i = \sum \frac{F}{m_g} = f_R g + \frac{v_i^2}{R_i}\left(\frac{l_h}{l\cos\delta}\sin\alpha_{v,i} + \frac{l_v}{l}\sin\alpha_{h,i}\right) \tag{6-75}$$

式中：$i = n, n+1, \ldots, N$；

$v_i$——$i$ 时刻汽车的圆周运动速度；

$\alpha_{v,i}$——$i$ 时刻前轮车轮侧偏角；

$\alpha_{h,i}$——$i$ 时刻后轮车轮侧偏角。

$i+1$ 时刻汽车质心圆周运动速度为

$$v_{i+1} = v_i + a_i\Delta t \tag{6-76}$$

$i+1$ 时刻车体线位移为

$$S_{i+1} = S_i + \Delta S_i \tag{6-77}$$

且

$$\Delta S_i = (v_{i+1} + v_i)\frac{\Delta t}{2} \tag{6-78}$$

联立式(6-74)和式(6-78)，得到在 $\Delta t$ 内汽车的角位移变化为

$$\Delta\psi_i = \frac{\Delta S_1}{R_i} = \frac{(v_{i+1} + v_i)\Delta t}{2R_i} \tag{6-79}$$

联立式(6-78)和式(6-79)，得到 $i+1$ 时刻的汽车角位移为

$$\psi_i = \psi_{i-1} + \Delta\psi_{i-1} \tag{6-80}$$

边界条件为 $i = n$，即汽车未制动状态下平移运动阶段结束时刻，那么汽车的各个运动变量值为该时刻运动变量值；当 $i = N$ 时，$v_N = 0, a_N = 0$。

3) 汽车转向角为零时的直线运动模型

当汽车未制动，转向角为零时，汽车进入直线滚动运动后，车轮所受的阻力有滚动阻力和前束阻力。忽略风阻和其他阻力。汽车受到的阻力为

$$\sum F = F_R + F_V \tag{6-81}$$

即

$$\sum F = f_R F_n + 2F_{sv}\sin\delta_{v0} \tag{6-82}$$

联立式(6-70)和式(6-82)，得到 $i$ 时刻的汽车直线运动加速度为

$$a_i = \sum \frac{F}{m_g} = f_R g + 2\frac{C_R\delta_{v0}}{m_g}\sin\delta_{v0} \tag{6-83}$$

式中：$i = n, n+1, \cdots, N$。

当 $\Delta t$ 很小时，已知 $i$ 时刻时汽车的运动变量，可得到 $i+1$ 时刻的运动变量。

汽车直线运动速度为

$$v_{i+1} = v_i + a_i\Delta t \tag{6-84}$$

汽车线位移为

$$S_{i+1} = S_i + \Delta S_i \tag{6-85}$$

且有

$$\Delta S_i = (v_{i+1} + v_i)\frac{\Delta t}{2} \tag{6-86}$$

当 $i=n$,即汽车未制动状态下平移运动阶段结束时刻,汽车的运动变量值为该时刻运动变量值;当 $i=N$ 时,$v_N=0,a_N=0$。因汽车做直线运动,故汽车角位移为常量。

## 第三节 驾驶员措施行为

根据事故现场的制动印迹,可以确定驾驶员临危时采取的应急措施。对无防抱死装置和制动效能良好的车辆,若在现场留下制动拖印,就表明驾驶员作了紧急制动,无制动拖印则反映驾驶员采取的措施尚不够有力。现场上若有制动印迹存在,就证明驾驶员采取了制动措施。如果车辆不存在制动跑偏等异常现象,而现场上留下的制动印迹却走向一边,则说明驾驶员有偏驾方向的行为。

要弄清驾驶员采取措施是否及时,必须先根据现场的道路条件和事故时的交通环境状况,确定可能发现危险点至事故接触点之间的距离,然后根据制动印迹的长度和反应时间内车辆走过的路程,算出实际采取措施点至事故接触点之间的距离。将上述两个距离加以比较,如二者相近,就说明驾驶员采取措施及时;如前者明显大于后者,则说明驾驶员反应迟缓,有疏忽大意的可能。

**案例**

1. 事故的自然情况

事故发生时间:××××年3月2日18时。

现场情况:事故发生在某高速公路上,道路平直,路面有积雪,夜间无路灯照明。

天气:晴。

当事人:第一当事人,解放牌大型货车驾驶员(28岁);第二当事人,解放牌大型货车一名乘车人(42岁)。

人员伤亡情况:重伤一人。

车物损坏情况:解放牌大型货车一般损坏。

2. 事故概况

第一当事人驾驶某大型货车,以 85km/h 的时速在有积雪的下坡路上行驶,欲超越前方一辆大型货车,刚好这辆大型货车也驶入超车道,第一当事人采取尾随想强行超车。由于前车发生紧急情况,第一当事人立即实施紧急制动,但由于积雪路滑,车辆侧滑失去控制撞上中央分隔带后侧翻(图6-9),造成第一当事人重伤的重大交通事故。

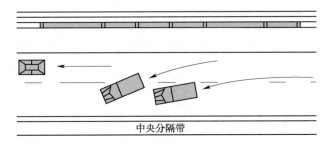

图6-9 汽车运动姿态示意图

3.事故原因分析

第一当事人方面的原因：在冰雪路面上超速行驶,而违法超越前车。第一当事人处置不当。

第二当事人方面的原因：无。

车辆方面的原因：无。

道路方面的原因：积雪。

4.防范措施

在路面结冰时,汽车必须减速行驶。冰雪、雨、雾、霾天气对公路行车安全威胁极大,稍有疏忽就可能发生交通事故。为了安全超越前车,驾驶员应首先观察和判断前车是否也有超车的趋向,其次要保持适当车间距。超车事故多是因为驾驶员对交通状态的观察不仔细,判断错误或违反法规所造成的。

# 第七章 交通事故再现理论基础

## 第一节 事故再现的目的

交通事故再现的目的大致分为交通安全和交通事故调查。在交通安全上,又可分为预防交通事故和减轻交通事故后果。交通事故再现的基本目的在于研究一个具体交通事故的特殊性,从空间和时间上确定交通事故每个阶段的过程,并对其进行评价。

在交通事故预防领域,对加强交通管理和在交通法规中予以体现,通过交通事故再现可获得广泛的信息和依据。一般来说,以交通事故发生相关联的交通环境、驾驶员行为和车辆为中心,限定在交通事故发生现场附近,对交通事故过程进行再现。

在减轻人员伤害方面,为揭示车辆乘员发生交通伤害的机理,对交通事故进行再现是非常必要的。研究车辆乘员的伤害部位和程度、车辆的施害部位、安全设施的作用和影响程度,以及事故前、后人员的避害措施等,对减轻伤害的效果是十分有益的。

交通警察调查事故的目的主要是依据交通法规追究事故当事人的责任。交通警察的交通事故调查结果也适用于判断交通事故重点的一般安全问题和某些事故的因果关系。例如,对于判断车辆是否违反最高限速,正确再现车辆行驶速度是关键。对特殊交通事故的调查,绝大多数交通事故专家以交通事故的专门勘查结果为依据,然后进一步进行医学、心理学、工程技术以及法律问题的分析。

## 第二节 交通事故力学分析

### 一、事故力学基础

1. 刚体运动学

汽车碰撞前和碰撞后两个阶段的运动可简化成刚体的平面运动。刚体的位置可通过刚体上两个不同点的坐标或者固连于刚体上一个坐标和角度(极坐标)来描述。

一个刚体的运动轨迹由其随时间依次运动的质心的位置形成,如图7-1所示。

2. 公共极点 $M$ 的确定

刚体转动中心 $M$ 是由欧拉(Euler)定理定义的。平面运动刚体位置的任何变化都可以用围绕一个定轴的转动来实现;该轴垂直于运动平面,则该定轴与运动平面的交点被

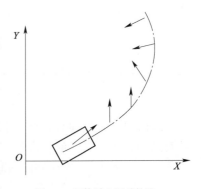

图7-1 刚体质心运动轨迹

称为公共极点 $M$。

一个刚体上两个任意的，但必须是不同的两个点 $A$ 和 $B$ 或者其连线 $AB$，就足以描述一个刚体的平面运动，如图 7-2 所示。

如果存在公共极点 $M$，则它在 $\Delta t$ 间隔位移连线 $A_1 A_2$ 的垂线上。同理，$M$ 必定在线段 $B_1 B_2$ 的垂线上，因此 $M$ 点是在线段 $A_1 A_2$ 和 $B_1 B_2$ 两条中垂线的交点上。

$M$ 点在 $B_1 B_2$ 和 $A_1 A_2$ 垂线的交点上，也位于 $A$、$B$ 两点运动轨迹的法线上。在某时刻 $t_i$，$A$、$B$ 两点运动轨迹法线的交点亦被称为瞬时极点 $M_{pi}$，如图 7-3 所示。

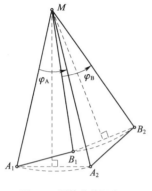 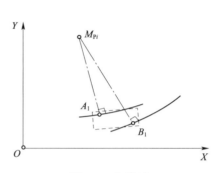

图 7-2  刚体公共极点 $M$　　　　　图 7-3  瞬时极点

$M_{pi}$ 在交通事故再现中的意义为：在交通事故的碰撞前或后的一个时刻 $t_i$，车辆上至少有两个轮胎 $A$ 和 $B$ 的印迹。这样一来，轮胎在点 $A_i$ 和 $B_i$ 两点的法线的交点，即为汽车的瞬时极点 $M_{pi}$。

在固定平面上（比如平坦路面）瞬时极点随时间变化的轨迹定义为驻点轨迹，与刚体固连的平面（例如车辆）的瞬时极点称为运动极点轨迹。

根据定义，这两条曲线在 $t_i$ 时刻都在 $M_{pi}$ 点。也就是说，运动极点 $M_{pi}$ 的轨迹是沿着驻点轨迹滚动移动的。它们的接触点依次对应于 $M_{pi}$、$M_{pi+1}$、$M_{pi+2}$，…，即任何平面运动都可视为由一条曲线（运动极点轨迹）在同一条固定曲线驻点轨迹移动形成的。

### 3. 刚体运动

刚体的运动一般由其转动和平动描述，如图 7-4 所示。在刚体上任意点 $P$ 的无限小移动为

$$\mathrm{d}\bar{r} = \mathrm{d}\bar{r}_0 + \mathrm{d}\bar{\varphi} \times \bar{r} \tag{7-1}$$

对式(7-1)求导，得

$$\bar{v} = \bar{v}_0 + \bar{\omega} \times \bar{r} \tag{7-2}$$

式(7-2)说明，刚体的运动状态可完全由 $v_0$ 和 $\omega$ 描述。角速度 $\omega$ 与参考点的选取无关，平面运动是刚体运动的特例。

如图 7-5 所示，当取刚体质心为参考点时，有

$$\bar{v} = \bar{v}_S + \bar{\omega} \times \bar{r} \tag{7-3}$$

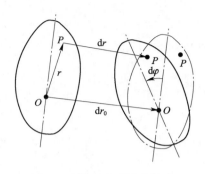
图 7-4　刚体运动（平移和转动）

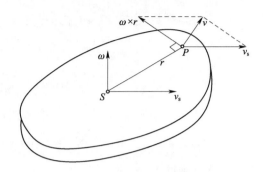
图 7-5　刚体平面运动速度

## 二、碰撞力

1. 力的分类

内力通过隔离原理确定。内力对系统内的单一部分起作用，并且成对出现，除此之外均为外力，如图 7-6 所示。

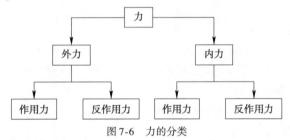
图 7-6　力的分类

所有仅通过约束系统运动自由度而引起的力都是反作用力，其他力均为作用力。后者取决于物理常数，例如依赖于重力加速度 $g$ 或者摩擦系数 $\mu$，如图 7-7 所示。

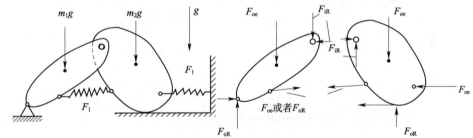
图 7-7　作用力与反作用力

图 7-7 中，$F_{oe}$ 是外作用力，例如重力、外弹簧的弹簧力以及外摩擦力；$F_{oR}$ 是外反作用力（在系统和外部环境之间起作用），如附着力、约束力、导向力；$F_{ie}$ 是作用力（在系统内不同部位之间起作用）。

在建立运动方程和碰撞方程时，作用力应按照其作用方向在其前面加上正号或负号，而反作用力的符号则可以任意假定。如果选择的作用方向不对时，计算结果为负值。

2. 质心定理

如果考虑质量元素 $\mathrm{d}m$，可由牛顿第二定律得出，即

$$\int \mathrm{d}m \frac{\mathrm{d}^2}{\mathrm{d}t^2} \bar{r}(t) = \int \mathrm{d}\bar{F} \tag{7-4}$$

假设 d$m$ 是时间常数,由式(7-4)左边可导出

$$\int dm \frac{d^2}{dt^2}\bar{r}(t) = \frac{d^2}{dt^2}\int \bar{r}(t)dm \quad (7\text{-}5)$$

$$\frac{d}{dt}(\int \bar{r}dm) = \frac{d}{dt}(r_s m) \quad (7\text{-}6)$$

$$m\bar{a}_s = \bar{F}(0) \quad (7\text{-}7)$$

$$\int d\bar{F} = \bar{F}(0) \quad (\text{合外力}) \quad (7\text{-}8)$$

引入总动量 $\bar{I}$,则

$$\bar{I} = \int \bar{v}dm \quad (7\text{-}9)$$

下面将其以常用的冲量形式描述,即

$$\frac{d}{dt}(\int \bar{v}dm) = \frac{d\bar{I}}{dt} = \bar{F}(0) \quad (7\text{-}10)$$

$\bar{r}_s$ 是质心的向量,则有质心定理为

$$\frac{d^2}{dt^2}(\bar{r}_s m) = \frac{d}{dt}(m\bar{v}_s) = m\bar{a}_s = \bar{F}(0) \quad (7\text{-}11)$$

式(7-1)说明,一个物体的质心是如此运动的,就如同全部外力(作用力和反作用力)作用在其质心上。所以,一个物体的运动可通过其质心的运动当作质点描述。

**3. 角动量定理(动量矩定理)**

如图 7-8 所示,将式(7-10)乘以外力臂长 $\bar{r} = \bar{r}(t)$,就可得出对整个物体的积分为

$$\frac{d}{dt}\int \bar{r} \times dm\bar{v} = \int \bar{r} \times d\bar{F} \quad (7\text{-}12)$$

忽略剪切应力可以得到物体的角动量之和 $\bar{T}$ 和作用在物体上合力矩向量 $\bar{M}(0)$ 分别为

$$\int \bar{r} \times dm\bar{v} = \bar{T}$$

$$\int \bar{r} \times d\bar{F} = \bar{M}(0)$$

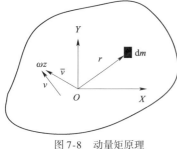

图 7-8 动量矩原理

由这两个方程式可以得到角动量或角动量矩定理方程为

$$\bar{M}(0) = \frac{d}{dt}\bar{T} \quad (7\text{-}13)$$

作用在物体上的全部外力矩等于角动量对时间的导数。角动量等于惯量与角速度向量的乘积。

角动量定理即动量矩定理既适用于参考点固定的情况,也适用于任选运动质心作为参考点。

**4. 平面平移运动方程**

$$\begin{cases} mX''_s = \sum F_{Xi} & (X \text{ 方向外力}) \\ mY''_s = \sum F_{Yi} & (Y \text{ 方向外力}) \\ J_s \kappa''_s = \sum M_{Si} & (\text{相对 } S \text{ 点的力}) \end{cases} \quad (7\text{-}14)$$

## 三、碰撞理论

### 1. 动量定理

如果一个质点在极短时间间隔内速度发生急剧变化,而其位置几乎保持不变,则该质点 $m$ 就受到一个碰撞。

假设碰撞期间,参与碰撞的物体质量不变,则由牛顿定律对时间间隔 $\Delta t$ 进行积分,则

$$\overline{I}' = m\overline{v}_S \quad \text{(碰撞后质点的动量)}$$

$$\overline{I} = m\overline{v}_S \quad \text{(碰撞前质点的动量)}$$

$$\overline{P} = \int_0^{t'} \overline{F} \mathrm{d}t \quad \text{(质点的冲量)}$$

由此可得,动量的变化等于冲量,即

$$\overline{I}' - \overline{I} = \overline{P} \tag{7-15}$$

角动量矩定理为

$$\frac{\mathrm{d}}{\mathrm{d}t}\overline{T}_S = \sum \overline{M}_{Si} = \overline{M}_S \tag{7-16}$$

对 $t$ 进行积分,并令

$$\overline{T}_S = J_S \overline{\omega} \tag{7-17}$$

则有

$$\overline{T}'_S - \overline{T}_S = \sum (\overline{M}_{Si} \Delta t_i) = \int_t^{t'} \overline{M}_S \mathrm{d}t \tag{7-18}$$

$$J_S \overline{\omega}' - J_S \overline{\omega} = \int_t^{t'} \overline{M}_S \mathrm{d}t \tag{7-19}$$

因为作用在刚体上的外力矩就是作用在物体质心上的冲量产生的力矩(图7-9),则

$$\int_t^{t'} \overline{M}_S \mathrm{d}t = \int_t^{t'} (\overline{r} \times \overline{F}) \mathrm{d}t = \overline{r} \times \overline{P} \tag{7-20}$$

则有

$$J_S \overline{\omega}' - J_S \overline{\omega} = \overline{r} \times \overline{P} \tag{7-21}$$

式中,$\overline{r} \times \overline{P}$ 称为角冲量矩向量。就是说角动量的变化等于所有作用在刚体上外冲量矩之和。

### 2. 平面刚体的碰撞方程

在交通事故力学中,要经常处理两维碰撞问题。平面运动的动量定理为

$$\begin{cases} m(\overline{v}'_S - \overline{v}_S) = \overline{P} \\ m(v'_{SX} - v_{SX}) = -P_X \\ m(v'_{SY} - v_{SY}) = -P_Y \end{cases}$$

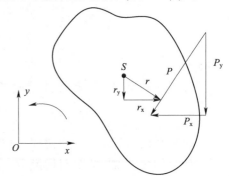

图7-9 平面上的冲量与冲量矩

$$r_Y < 1, r_X > 1 \tag{7-22}$$

平面运动的角动量定理为

$$\begin{cases} \overline{T}'_S - \overline{T}_S = \overline{r} \times \overline{P} \\ J_{SZ}\omega' - J_{SZ}\omega = -P_X r_Y - P_Y r_X \end{cases} \tag{7-23}$$

1）平面刚体的对心碰撞

在图 7-10 中，已知量有 $\nu_1$、$\nu_2$、$m_1$ 和 $m_2$ 以及它们的质心位置。

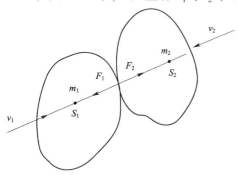

图 7-10 两个平面刚体的对心碰撞

对质心碰撞，作用在两个质心的作用力大小相等、方向相反，即作用力与反作用力大小相等，动量原理为

$$\overline{I}'_1 - \overline{I}_1 = \overline{I}'_2 - \overline{I}_2 \tag{7-24}$$

即两个质点碰撞时，它们的总动量保持不变。如果仅考虑动量的 $X$ 分量，则

$$\begin{cases} m_1(\nu'_1 - \nu_1) = \int F_X dt = -P_X \\ m_2(\nu'_2 - \nu_2) = \int F_X dt = P_X \end{cases} \tag{7-25}$$

即两个方程式中，存在三个待求的未知变量 $\nu'_1$、$\nu'_2$ 和 $P_X$。在交通事故再现的实践中，却与此相反，碰撞后速度（分离速度）$\nu'_1$、$\nu'_2$ 可较精确地得到，而 $\nu_1$、$\nu_2$ 以及 $P_X$ 为未知的待求变量。

$$m_1(\nu'_1 - \nu_1) = m_2(\nu'_2 - \nu_2)$$
$$V' = \lambda_1(\nu'_2 - \nu_2) + \nu_1$$

其中，
$$\lambda_1 = \frac{m_2}{m_1}$$

上面所提的第三个方程提供碰撞质点的弹塑性特性。它可由碰撞数 $\lambda$ 表述为

$$\lambda = \frac{P_{\text{rest}}}{P_{\text{coll}}} = \frac{\int_{t_u}^{t'} F dt}{\int_t^{t_u} F dt} \tag{7-26}$$

在运用动量守恒定理时，$\lambda$ 表达式为

$$\lambda = \frac{\nu'_1 - \nu'_2}{\nu_1 - \nu_2}$$

碰撞数是参与碰撞质点碰撞后和碰撞前相对速度之比。如果碰撞后质点的 $\lambda$ 已知，碰撞后质点的速度就可以通过碰撞数 $\lambda$ 和碰撞后的速度表述为

$$P_X = \frac{m_2 m_1}{m_1 + m_2}(1 + \lambda)(\nu_1 - \nu_2) \tag{7-27}$$

$$\nu'_1 = \nu_1 - \frac{m_2}{m_1 + m_2}(1 + \lambda)(\nu_1 - \nu_2) \tag{7-28}$$

$$\nu'_2 = \nu_2 - \frac{m_1}{m_1 + m_2}(1 + \lambda)(\nu_2 - \nu_1) \tag{7-29}$$

$$\Delta v_1 = -\frac{m_2}{m_1 + m_2}(1+\lambda)(v_1 - v_2) \tag{7-30}$$

$$\Delta v_2 = -\frac{m_1}{m_1 + m_2}(1+\lambda)(v_2 - v_1) \tag{7-31}$$

由此可知,速度增量随下述变量的增加而变化为:

(1) 相对速度 $v_{rel} = v_1 - v_2$ 的增加,速度增量增加。

(2) 弹性变形部分 $\lambda$ 增加,速度变化量 $\Delta v$ 也增加。

(3) 速度变化量 $\Delta v$ 与碰撞对方的质量成正比,即 $\Delta v_1 \propto m_2$,$\Delta v_2 \propto m_1$。

2) 两个平面刚体的非对心斜碰撞

两个平面刚体的非对心斜碰撞如图 7-11 所示。

假设已知刚体的质量、速度大小和方向。在这种情况下,取质心的动量方程组为

$$\begin{cases} m_1(\overline{v}'_1 - \overline{v}_1) = -\overline{P} \\ m_2(\overline{v}'_2 - \overline{v}_2) = \overline{P} \\ J_{S1}(\overline{\omega}'_1 - \overline{\omega}_1) = \overline{r}_{1B} \times (-\overline{P}) \\ J_{S2}(\overline{\omega}'_2 - \overline{\omega}_2) = \overline{r}_{2B} \times \overline{P} \end{cases} \tag{7-32}$$

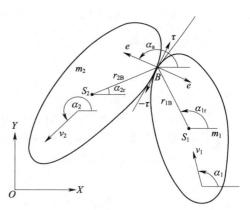

图 7-11 两个平面刚体的非对心斜碰撞

在向量方程组(7-32)中共有 6 分量方程,8 个待求的未知量:

$$v_{1X}, v_{1Y}, v_{2X}, v_{2Y}, \omega'_1, \omega'_2, P_X, P_Y$$

其中,$J$ 为转动惯量。下标 $x, y$ 也可用接触平面的切线和法线($\tau, n$)表示。

缺少的两个方程可以从"碰撞假设的改进"的假设中选择。例如,牛顿碰撞假想作为第 7 个方程,即

$$\lambda = \frac{v'_{B2n} - v'_{B1n}}{v_{1Bn} - v_{2Bn}} \tag{7-33}$$

式中:$n$——法向方向。

选择粘着假设公式作为第 8 个方程式,则

当 $P_\tau \leq \mu_{max} P_n$,则 $\mu \leq \mu_{max}$ 满足时,有

$$v'_{B2\tau} = v'_{B1\tau} \tag{7-34}$$

式中:$\tau$——切向方向。

或者滑动碰撞假想方程

$$P_\tau = \mu_{max} P_n$$

式中,摩擦系数 $\mu$ 的确定是切向力 $F_\tau$(或切向冲量 $P_\tau$)的难点;Boehm 和 Hörtz 给出的 $\mu$ 变化范围为

$$0.6 \leq \mu \leq 1.4$$

或者从方向假设(碰撞方向不变)方程

$$P \parallel v_{rels} \text{ 以及 } P \parallel v_{relB}$$

式中：s——质心；
   B——碰撞接点。

从粘着假设可补充第7和第8个方程为

$$\nu_{B2} = \nu_{B1}$$

写成分量形式为

$$\nu'_{B1X} = \nu'_{B2X}$$
$$\nu'_{B1Y} = \nu'_{B2Y}$$

非对心碰撞方程组计算较复杂，特别在 $P_\tau = \mu_{max} P_\tau$ 方程中存在由 $P_\tau$ 引起的力矩，从而导致解方程组的工作量增加。此时适当地选择定坐标，可以减少推导工作量。由于方程组求解比较复杂，因此适合在计算机上进行求解。

## 四、功能原理

### 1. 刚体平面运动所做的功

1）功的一般表述

刚体由外力或者外力矩从始点 $B$ 至终点 $E$ 所做的功等于刚体在此时间内动能的改变。为了使功能原理能够用于事故再现的实践中，还必须将其从 $B$ 点到 $E$ 点的运动路程的变形功考虑进去。功能原理方程式为

$$W\big|_B^E = E_B - E_E - W_i\big|_B^E \tag{7-35}$$

式中：$W\big|_B^E$——从 $B$ 点到 $E$ 点，外力经过路程所做的功；
   $E_E$——在考虑的终点处，物体所具有的动能；
   $E_B$——在考虑的始点处，物体所具有的动能；
   $W_i\big|_B^E$——从 $B$ 点到 $E$ 点，由内力引起物体变形所做的功。

2）平移运动的功能原理

$$\overline{F} = m\frac{d\overline{\nu}_s}{dt}$$

经坐标变换 $d\overline{r}_s = \overline{\nu}_s dt$，则

$$\overline{F}d\overline{r}_s = m\frac{d\overline{\nu}_s}{dt}\overline{\nu}_s dt = m\overline{\nu}_s d\overline{\nu}_s \tag{7-36}$$

$$dW = d\left|\frac{\overline{m\nu_s^2}}{2}\right| \tag{7-37}$$

方程左侧为功的微分值，表示在时间 $dt$ 内，合外力经臂长 $dr_s$ 所做的功；方程右侧是质心平移运动动能的变动量。其积分为

$$\int_B^E F dr_s = \frac{1}{2}m(\nu_B^2 - \nu_E^2)_S = (E_B - E_E)_{TRANS} = \Delta E_{TRANS} \tag{7-38}$$

3）旋转平面刚体的功能原理

旋转平面刚体的功能原理为

$$\overline{M} = \frac{d}{dt}(J\overline{\omega}) = J\frac{d^2\varphi}{dt^2} \tag{7-39}$$

$$\mathrm{d}\varphi = \overline{\omega}\mathrm{d}t \tag{7-40}$$

$$\overline{M}\mathrm{d}\varphi = \frac{\mathrm{d}}{\mathrm{d}t}(J\overline{\omega})\overline{\omega}\mathrm{d}t = J\omega\mathrm{d}\omega \tag{7-41}$$

$$W_{\text{ROT}} = \mathrm{d}\left|\frac{J\overline{\omega}^2}{2}\right| \tag{7-42}$$

方程的左边表示外力矩所做功的微分,方程的右边表示平面刚体环绕其质心 $S$ 转动的动能变化量。

对方程(7-42)进行积分,则有

$$\int_B^E \overline{M}\mathrm{d}\varphi = \frac{1}{2}J(\omega_B^2 - \omega_E^2)_{\text{ROT}} = \Delta E_{\text{ROT}} \tag{7-43}$$

2. 变形功

变形功可用类似平移运动功那样,用碰撞"对方"的功能改变来描述,即

$$(\Delta E_{\text{kin}} + \Delta E_{\text{Rot}} + \Delta E_{\text{Pos}} + \Delta E_{\text{in}})_{\text{Sys}} = 0$$

若 $\Delta E_{\text{Rot}} = 0$,则为平移运动;$\Delta E_{\text{Pos}} = 0$,则为平面运动;如果 $\Delta E_{\text{in}} = \Delta E_{\text{Def}}$,前提条件是碰撞时摩擦功很小,且可忽略不计,而仅有变形功。

在碰撞时间内能量的损失为 $-\Delta E_{\text{Kin}}$。

$$\begin{cases} \Delta E_{\text{in}} = \Delta E_{\text{Def}} = -\frac{1}{2}[(m_1 v_1'^2 + m_2 v_2'^2) - (m_1 v_1^2 + m_2 v_2^2)] \\ v_1' = v_1 - \frac{m_2}{m_1 + m_2}(1 + \lambda)(v_1 - v_2) \\ v_2' = v_2 - \frac{m_1}{m_1 + m_2}(1 + \lambda)(v_2 - v_1) \end{cases}$$

将 $v_1'$ 和 $v_2'$ 用 $v_1$ 和 $v_2$ 替代,则得出对心碰撞变形能为

$$\Delta E_{\text{Def}} = -\frac{1}{2}(1 - \lambda^2)\frac{m_1}{m_1 + m_2}(v_1 - v_2)^2 = W\Big|_B^E$$

$$\Delta D_{\text{Def}} = W\Big|_B^E \tag{7-44}$$

对于非对心碰撞,碰撞对方不仅产生平移速度变化,而且也将发生角速度的变化。同样用 $v'$ 和 $\omega'$ 可将碰撞过程能量损失求出,即

$$\Delta E = -\frac{1}{2}[(m_1 v_1'^2 + m_2 v_2'^2 + J_1 \omega_1'^2 + J_2 \omega_2'^2) - (m_1 v_1^2 + m_2 v_2^2 + J_1 \omega_1^2 + J_2 \omega_2^2)] \tag{7-45}$$

式(7-45)为 $\omega'$ 的计算提供了一种可行途径。

## 第三节 汽车的正面碰撞

### 一、碰撞基本概念

1. 恢复系数

汽车碰撞事故是一种碰撞现象。碰撞有 3 种形式,即弹性碰撞、非弹性碰撞和塑性碰撞。碰撞形式可用恢复系数 $e$ 表示,即

$$e = \frac{v_2 - v_1}{v_{10} - v_{20}} \tag{7-46}$$

式中：$v_{10}$、$v_{20}$——碰撞物体 $A$、$B$，在碰撞前瞬间的速度（正碰时 $v_{20}$ 为负值）；

$v_1$、$v_2$——碰撞物体 $A$、$B$，在碰撞后瞬间的速度。

两橡皮球用 3m/s 和 3m/s 速度的正面碰撞，当变形到速度为零后，又分别以 3m/s 的速度分开，则碰撞后的相对速度 $v_2 - v_1 = 3 - (-3) = 6$ m/s，故恢复系数 $e$ 为

$$e = \frac{v_2 - v_1}{v_{10} - v_{20}} = \frac{6}{6} = 1$$

如果同样的两黏土球，碰撞的能量全部由永久变形而吸收，故碰撞后的相对速度为零，$e = 0$。

所以，弹性碰撞 $e = 1$，塑性碰撞 $e = 0$，非弹性碰撞 $0 < e < 1$。

2. 碰撞基本规律

虽然汽车是具有一定尺寸的物体，但是如果在碰撞过程中两个汽车的总体形状对质量分布影响不大，就可将它们简化为两个只有质量大小的质点，从而使用质点的动量原理和能量守恒定理求解。

由于恢复系数 $e$ 等于两个碰撞物体离去动量与接近动量之比，所以汽车正面碰撞时，若忽略其外力的影响，根据动量守恒的原理，有

$$m_1 v_{10} + m_2 v_{20} = m_1 v_1 + m_2 v_2$$
$$m_1 v_1 = m_1 v_{10} - m_2 v_2 + m_2 v_{20} \tag{7-47}$$

由于 $e = \frac{v_2 - v_1}{v_{10} - v_{20}}$，则有

$$v_2 = v_1 + e(v_{10} - v_{20}) \tag{7-48}$$

把式(7-48)代入式(7-47)，有

$$m_1 v_1 = m_1 v_{10} + m_2 v_{20} - m_2 v_1 - m_2 e(v_{10} - v_{20})$$
$$(m_1 + m_2) v_1 = m_1 v_{10} + m_2 v_{20} - m_2 v_{10} + m_2 v_{10} - m_2 e(v_{10} - v_{20})$$
$$= (m_1 + m_2) v_{10} - m_2 (1 + e)(v_{10} - v_{20})$$

则

$$v_1 = v_{10} - \frac{m_2}{m_1 + m_2}(1 + e)(v_{10} - v_{20}) \tag{7-49}$$

同理，由式(7-47)得

$$m_2 v_2 = m_1 v_{10} + m_2 v_{20} - m_1 v_1$$
$$v_1 = v_2 - e(v_{10} - v_{20}) \tag{7-50}$$
$$m_2 v_2 = m_1 v_{10} + m_2 v_{20} - m_1 v_2 + m_1 e(v_{10} - v_{20})$$

$$(m_1+m_2)v_2 = m_1v_{10} + m_1v_{20} - m_1v_{20} + m_2v_{20} + m_1e(v_{10}-v_{20})$$
$$= (m_1+m_2)v_{20} + m_1(v_{10}-v_{20}) + m_1e(v_{10}-v_{20})$$

$$v_2 = v_{20} + \frac{m_1}{m_1+m_2}(1+e)(v_{10}-v_{20}) \tag{7-51}$$

在非弹性碰撞中,碰撞前两车具有的总动能为

$$E_{k0} = \frac{1}{2}m_1v_{10}^2 + \frac{1}{2}m_2v_{20}^2 \tag{7-52}$$

碰撞后的总动能为

$$E_k = \frac{1}{2}m_1v_1^2 + \frac{1}{2}m_2v_2^2 \tag{7-53}$$

碰撞中的能量损失 $\Delta E$,应是碰撞前后总动能之差:

$$\Delta E = \left(\frac{1}{2}m_1v_{10}^2 + \frac{1}{2}m_2v_{20}^2\right) - \left(\frac{1}{2}m_1v_1^2 + \frac{1}{2}m_2v_2^2\right)$$

$$= \frac{1}{2}m_1v_{10}^2 + \frac{1}{2}m_2v_{20}^2 - \frac{1}{2}m_1\left[v_{10} - \frac{m_2}{m_1+m_2}(1+e)(v_{10}-v_{20})\right]^2 -$$

$$\frac{1}{2}m_2\left[v_{20} - \frac{m_1}{m_1+m_2}(1+e)(v_{10}-v_{20})\right]^2$$

$$= \frac{1}{2}m_1v_{10}^2 + \frac{1}{2}m_2v_{20}^2 - \frac{1}{2}m_1v_{10}^2 + \frac{1}{2}m_1 2v_{10}\frac{m_2}{m_1+m_2}(1+e)(v_{10}-v_{20}) -$$

$$\frac{1}{2}m_1\left[\frac{m_2}{m_1+m_2}(1+e)(v_{10}-v_{20})\right]^2 - \frac{1}{2}m_2v_{20}^2 - \frac{1}{2}m_2 2v_{20}$$

$$= \frac{m_1}{m_1+m_2}(1+e)(v_{10}-v_{20}) - \frac{1}{2}m_2\left[\frac{m_1}{m_1+m_2}(1+e)(v_{10}-v_{20})\right]^2$$

$$= \frac{m_1m_2}{m_1+m_2}(1+e)(v_{10}-v_{20})^2 - \frac{1}{2}\left[\frac{m_1m_2}{m_1+m_2}(1+e)(v_{10}-v_{20})\right]^2\left(\frac{1}{m_1}+\frac{1}{m_2}\right)$$

$$= \frac{m_1m_2}{m_1+m_2}(1+e)(v_{10}-v_{20})^2 - \frac{1}{2}\left(\frac{m_1m_2}{m_1+m_2}\right)^2\frac{m_1+m_2}{m_1m_2}(1+e)^2(v_{10}-v_{20})^2$$

$$= \frac{m_1m_2}{m_1+m_2}(v_{10}-v_{20})^2\left[(1+e) - \frac{1}{2}(1+e)^2\right]$$

$$= \frac{1}{2}\frac{m_1m_2}{m_1+m_2}(1+e)^2(v_{10}-v_{20})^2$$

## 二、汽车正面碰撞的有效速度模型

设正面碰撞中的两车是同型车,即质量 $m_1=m_2$。若以 60km/h 正面碰撞,与用同样速度向墙壁碰撞相比较,前者碰撞激烈,相对速度达120km/h,后者只有 60km/h。但是两车的运动和变形却是相同的,两车在对称面的接触处(图7-12),各点的运动均为零,这样就可将接触面完全等效为刚性墙壁。

图 7-12 汽车正面碰撞示意图

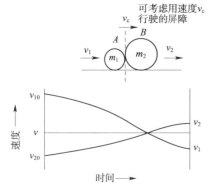

图 7-13 有效碰撞速度的概念

如果两车不是同型车,即 $m_1 \neq m_2$。$A$ 车和 $B$ 车碰撞时速度分别为 $v_{10}$ 和 $v_{20}$,在冲突后,两车必然某一时刻变为相同速度为 $v_c$,如图 7-13 所示。

此时,根据动量守恒定律,有

$$m_1 v_{10} + m_2 v_{20} = (m_1 + m_2) v_c \tag{7-54}$$

$$v_c = \frac{m_1 v_{10} + m_2 v_{20}}{m_1 + m_2}$$

式中:$m_1$、$m_2$——$A$、$B$ 两车的质量,kg;
$v_{10}$、$v_{20}$——$A$、$B$ 的速度,m/s;
$v_c$——$A$、$B$ 两车同速时的速度,m/s。

因此,$A$ 车的速度变化为

$$v_{e1} = v_{10} - v_c = \frac{m_2}{m_1 + m_2}(v_{10} - v_{20}) \tag{7-55}$$

$B$ 车的速度变化为

$$v_{e2} = v_{20} - v_c = \frac{m_1}{m_1 + m_2}(v_{20} - v_{10}) \tag{7-56}$$

此时,可认为两车是向以速度 $v_c$ 移动的固定壁冲撞。$v_{e1}$ 和 $v_{e2}$ 被称为有效碰撞速度。

### 三、正面碰撞前后速度

汽车正面碰撞时,相互作用的时间极短,而冲击力却极大。根据动量守恒定律,可得

$$m_1 v_{10} + m_2 v_{20} = m_1 v_1 + m_2 v_2 \tag{7-57}$$

汽车内乘员和载荷质量也包括在 $m_1$、$m_2$ 中。根据式(7-46)和式(7-57),可以求得碰撞后的速度为

$$v_1 = v_{10} - \frac{m_2}{m_1 + m_2}(1 + e)(v_{10} - v_{20}) \tag{7-58}$$

$$v_2 = v_{20} - \frac{m_1}{m_1 + m_2}(1 + e)(v_{10} - v_{20}) \tag{7-59}$$

这说明碰撞后的速度取决于两碰撞车的相对速度 $v_{10} - v_{20}$、两车的质量比及恢复系数。
当 $e = 0$ 时,$A$、$B$ 两车的速度变化为

$$\Delta v_1 = v_{10} - v_1 = \frac{m_2}{m_1 + m_2}(v_{10} - v_{20}) \tag{7-60}$$

$$\Delta v_2 = v_{20} - v_2 = \frac{-m_1}{m_1 + m_2}(v_{10} - v_{20}) \tag{7-61}$$

当 $m_1/m_2 = 0$、$1/2$、$1$、$2$ 时,$A$ 车速度变化如图 7-14 所示。

摩托车、自行车和行人等与载货汽车碰撞时,由于载货汽车的质量相对很大,即 $m_1/m_2 \approx 0$,故速度的变化为 $\Delta v_1 = v_{10} - v_{20}$。

若两车为同型车,即 $m_1 = m_2$,则速度变化为 $\Delta v_1 = (v_{10} - v_{20})/2$。

若碰撞车是对方车质量的 2 倍,即 $m_1/m_2 = 2$,则速度变化为 $\Delta v_1 = (v_{10} - v_{20})/3$。

图 7-15 是轿车正面碰撞时,恢复系数 $e$ 与有效碰撞速度的实验结果。

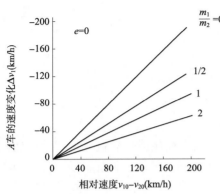
图 7-14 塑性碰撞后速度的变化($A$ 车)

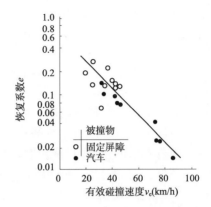
图 7-15 轿车有效碰撞速度与恢复系数的关系

把实验结果用公式表示为

$$e = 0.574\exp(-0.0396\nu_e) \tag{7-62}$$

式中：$\nu_e$——有效碰撞速度，km/h。

有效碰撞速度越高，恢复系数越小，碰撞越激烈，越接近塑性变形。在有乘员伤亡的事故中，一般可按塑性变形($e \approx 0.1$)处理。

在汽车正面碰撞的事故中，因伴随有人身的伤亡和车体的塑性变形，为此，必须了解车身变形与碰撞速度的关系。根据轿车正面碰撞实验，车身塑性变形量 $x$（凹损部下陷的深度）与有效碰撞速度的关系如图 7-16 所示。

若用方程式表示，则

$$\begin{aligned} x &= 0.0095\nu_e \\ \nu_e &= 105.3x \end{aligned} \tag{7-63}$$

式中：$x$——塑性变形量，m；

$\nu_e$——有效碰撞速度，km/h。

塑性变形量的确定方法，如图 7-17 所示。

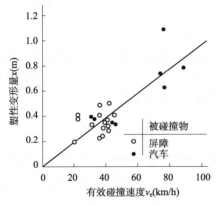
图 7-16 轿车有效碰撞速度与车体塑性变形量的关系

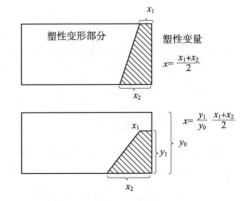
图 7-17 塑性变形量的计算方法

碰撞后汽车的剩余动能，要由轮胎和路面的摩擦做功来消耗，其表达式为

$$\frac{m_1 \nu_1^2}{2} = \varphi_1 m_1 g L_1 k_1$$

$$v_1 = \sqrt{2\varphi_1 g L_1 k_1} \tag{7-64}$$

同理

$$v_2 = \sqrt{2\varphi_2 g L_2 k_2} \tag{7-65}$$

式中：$m_1$——A 车的质量，kg；

$\varphi_1$、$\varphi_2$——A 车和 B 车滑移时的纵滑附着系数；

$L_1$、$L_2$——A 车和 B 车碰撞后的滑移距离，m；

$k_1$、$k_2$——附着系数的修正值，全轮制动时 $k=1$，只有前轮或后轮制动时，$k$ 的取值视汽车类型而定。对于发动机前置前驱动的轿车在良好路面制动，$k_1 = 0.6 \sim 0.7$，$k_2 = 0.2 \sim 0.3$。

由式(7-64)和式(7-65)可求得 $v_1$ 和 $v_2$，再由式(7-63)求出有效碰撞速度。并把所得的结果代入式(7-55)~式(7-57)，解联立方程，可求出碰撞前的速度 $v_{10}$ 和 $v_{20}$。图 7-18 是推算正面碰撞前速度的流程图。

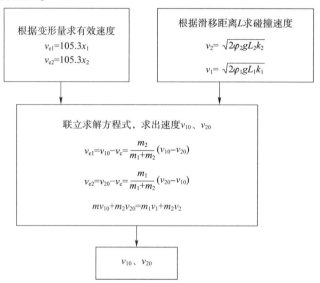

图 7-18 推算正面碰撞前速度的流程

这样，在汽车正面碰撞的事故现场，只要能准确测量出汽车变性量和碰撞后汽车滑移距离，即可迅速地计算出碰撞前 A 车和 B 车的速度。这种计算方法也基本适用于计算前置式发动机的轻型载货汽车的碰撞速度。另外，要注意式(7-63)的适用条件。

## 四、碰撞中的能量损失

在实际交通事故中，汽车质量越轻碰撞损坏就越严重，乘员的伤亡也越大。其原因是碰撞能量的吸收与质量的平方成反比。如果质量分别为 $m_1$、$m_2$ 的汽车，碰撞时吸收的能量分别为 $E_1$、$E_2$，其变形量分别为 $x_1$、$x_2$，则

$$\frac{E_1}{E_2} = \left(\frac{m_1}{m_2}\right)^2 \tag{7-66}$$

$$\frac{x_1}{x_2} = \frac{m_2}{m_1} \tag{7-67}$$

碰撞时对方车重若是自车重的2倍时,自车碰撞时吸收的能量为对方车的4倍,自车的变形量是对方车的2倍。

图7-19是自车对墙壁正面碰撞的力学模型,在模型中$m$是汽车的质量,$k$是与质量无关的弹簧刚度系数。

根据胡克定律,物体受弹簧弹性力$F$的作用和弹簧的伸长或物体以平衡位置为起点位移$x$的关系为

$$F = -kx \tag{7-68}$$

对静止状态的弹簧刚度系数$k$,可同时测定加到弹簧上的外力$F$和弹簧的变形$x$求得。式(7-68)中的负号表示力$F$与位移$x$的方向相反。根据牛顿第二定律,其加速度$a$为

$$\omega^2 = \frac{k}{m} \tag{7-69}$$

$$a = -\omega^2 x \tag{7-70}$$

汽车与汽车正面碰撞,可以等价为对墙壁的碰撞,其力学模型如图7-20所示。

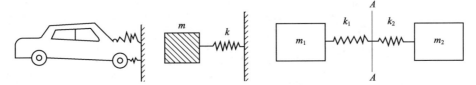

图7-19 汽车对墙壁正面碰撞的力学模型　　图7-20 汽车正面碰撞的力学模型

由此模型可知,2个弹簧系数$k_1$、$k_2$是串联的,故有效的弹簧刚度系数为

$$k = \frac{k_1 k_2}{k_1 + k_2} \tag{7-71}$$

因为,$\omega^2 = k/m$、$k_1 = m_1 \omega^2$、$k_2 = m_2 \omega^2$,若令$c = \omega^2$,则

$$k = c \frac{m_1 m_2}{m_1 + m_2} \tag{7-72}$$

式中:$c$——汽车每单位质量车体前部的弹簧刚度系数,它几乎是与车种无关的固定值,约为41.0g/m。

故碰撞时由于塑性变形而损失的能量为

$$\int_0^s F \mathrm{d}_x = \int_0^s kx \mathrm{d}_x = 0.5ks^2 = 0.5c \frac{m_1 m_2}{m_1 + m_2} s^2 \tag{7-73}$$

式中:$s$——$m_1$和$m_2$的移动距离差,即两车变形量之代数和,$s = x_1 - x_2$。

此外,在非弹性碰撞中,碰撞前两车具有的总动能为

$$E_{k0} = 0.5(m_1 v_{10}^2 + m_2 v_{20}^2) \tag{7-74}$$

碰撞后的总动能为

$$E_k = 0.5(m_1 v_1^2 + m_2 v_2^2) \tag{7-75}$$

则碰撞中的能量损失$E$为

$$E = E_{k0} - E_k = \left(\frac{1}{2}m_1 v_{10}^2 + \frac{1}{2}m_2 v_{20}^2\right) - \left(\frac{1}{2}m_1 v_1^2 + \frac{1}{2}m_2 v_2^2\right)$$

$$= \frac{1}{2} \frac{m_1 m_2}{m_1 + m_2}(1 - e^2)(v_{10} - v_{20})^2 \tag{7-76}$$

在有人身伤亡的交通事故中，车辆碰撞可以被认为是完全的塑性碰撞，即 $e \approx 0$。故根据式(7-46)、式(7-47)得

$$\frac{1}{2} c \frac{m_1 m_2}{m_1 + m_2} S^2 = \frac{1}{2} \frac{m_1 m_2}{m_1 + m_2} (v_{10} - v_{20})^2 \tag{7-77}$$

$$S = \frac{v_{10} - v_{20}}{\sqrt{c}}$$

$A$ 车和 $B$ 车的变形量分别为

$$|x_1| = \frac{m_2}{m_1 + m_2} \frac{v_{10} - v_{20}}{\sqrt{c}} \quad (A \text{ 车}) \tag{7-78}$$

$$|x_2| = \frac{m_1}{m_1 + m_2} \frac{v_{10} - v_{20}}{\sqrt{c}} \quad (B \text{ 车}) \tag{7-79}$$

轿车(1390kg)对墙壁碰撞时的变形量与碰撞力的关系如图 7-21 所示。

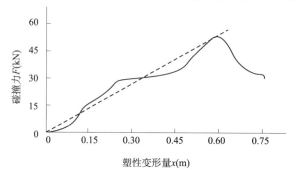

图 7-21　轿车(1390kg)对墙壁碰撞时的变形量与碰撞力的关系

按图中虚线可近似地把塑性变形量 $x$ (单位为 m)与碰撞力 $F$ (单位为 kN)看成直线关系，则表达式为

$$F = 98100x \tag{7-80}$$

因此，按塑性变形吸收的能量为

$$E_1 = \int_0^{x_1} F dX = 49050 x_1^2 = 49050 \frac{(v_{10} - v_{20})^2}{c} \left(\frac{m_2}{m_1 + m_2}\right)^2 \tag{7-81}$$

$$E_2 = \int_0^{x_2} F dX = 49050 x_2^2 = 49050 \frac{(v_{10} - v_{20})^2}{c} \left(\frac{m_1}{m_1 + m_2}\right)^2 \tag{7-82}$$

两车正面碰撞时，其变形量与车重成反比，吸收的冲击能量和车重的平方成反比。因此，在碰撞事故中车重轻者这方，损失的严重，伤亡也大。另外，要注意式(7-80)的适用条件。

## 第四节　汽车的追尾碰撞

### 一、汽车尾撞的特点

尾撞又称追尾碰撞。它同正面碰撞一样，也是一维碰撞。因此，正面碰撞方程式也适用于尾撞。但尾撞有如下特点：

（1）被碰撞车认知的时间很晚，很少采取回避的措施。因此，追尾碰撞中斜碰撞少，碰撞现象与正面碰撞相比比较单纯。

（2）恢复系数比正面碰撞少得多。因为汽车前部装有发动机刚度高，而车身后部（指轿车）是空腔，刚度低。尾撞变形主要是被碰撞车的后部，故恢复系数比正面碰撞小得多。

当有效碰撞速度达到20km/h以上时，恢复系数近似为零，如图7-22所示。碰撞车停止后，有时被碰撞车还会继续向前滚动一段距离。

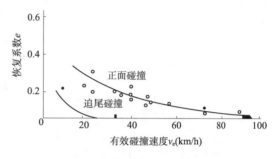

图7-22 尾撞碰撞速度和恢复系数的关系

## 二、追尾碰撞速度推算

追尾碰撞的力学关系，除两碰撞车的速度方向相同外，其他的和正面碰撞相同。由图7-22可知，尾撞碰撞速度超过20km/h时，恢复系数接近于零，故碰撞是相当激烈的。在这种情况下，碰撞后两车成一体（粘着碰撞）运动。另外，碰撞车驾驶员在发现有追尾碰撞发生的可能时，必定要采取紧急制动措施，而在路面上留下明显的制动印迹（非 ABS 汽车）。被冲突车因为没有采取制动，碰撞后两车的运动能量，几乎由碰撞车的轮胎和地面的摩擦来消耗，其计算式为

$$\frac{1}{2}(m_1+m_2)v_c^2 = \varphi_1 m_1 g L_1 k_1 \tag{7-83}$$

式中：$m_1$、$m_2$——碰撞车和被碰撞车质量，kg；

$\varphi_1$——碰撞车的轮胎与路面的纵滑附着系数；

$L_1$——碰撞车碰撞后的滑移距离，m；

$k_1$——附着系数的修正值（按各轴、各轮的实际阻力确定）；

$v_c$——碰撞后两车的速度，m/s，因为$e=0$，两车的速度相等：

$$v_c = \frac{m_1 v_{10} + m_2 v_{20}}{m_1 + m_2} \tag{7-84}$$

由式（7-83）得

$$v_c = \sqrt{\frac{2\varphi_1 m_1 g L_1 k_1}{m_1 + m_2}} \tag{7-85}$$

如果考虑碰撞车停止后，被碰撞车与碰撞车分开，继续向前滚动也会消耗一部分能量，则得

$$\frac{1}{2}(m_1+m_2)v_c^2 = \varphi_1 m_1 g L_1 k_1 + f_2 m_2 g L_2 \tag{7-86}$$

式中：$f_2$——被碰撞车的滚动阻力系数；

$L_2$——与碰撞车分开后，被碰撞车的滚动滑行距离，m。

由式（7-86）得

$$v_c = \sqrt{\frac{2g(\varphi_1 m_1 L_1 k_1 + f_2 m_2 g L_2)}{m_1 + m_2}} \tag{7-87}$$

在尾撞事故中,如果是同型车,则碰撞车的减速度等于被碰撞车的加速度;如果不是同型车,则与质量成反比。碰撞车前部变形很小,而被碰撞车的后部有较大的变形,故尾撞事故中的机械损失应等于被碰撞车后部的变形能。根据式(7-76)得

$$\frac{1}{2}\frac{m_1 m_2}{m_1+m_2}(\nu_{10}-\nu_{20})^2(1-e^2) = m_2 a_2 x_2 \tag{7-88}$$

式中:$a_2$——被碰撞车的加速度,m/s$^2$;
　　$x_2$——被碰撞车的车体最大变形量,m;
　　$m_2 a_2$——塑性变形时的反作用力,其值取决于变形速度(即有效碰撞速度)。

在塑性碰撞中 $e=0$,则由式(7-88)得

$$\frac{1}{2}\frac{m_1 m_2}{m_1+m_2}(\nu_{10}-\nu_{20})^2 = m_2 a_2 x_2 \tag{7-89}$$

被碰撞车的有效碰撞速度,由式(7-89)得

$$\nu_{e2} = \frac{m_1}{m_1+m_2}(\nu_{10}-\nu_{20}) \tag{7-90}$$

故式(7-89)可改写成

$$\frac{1}{2}\left(\frac{m_1}{m_1+m_2}\right)^2(\nu_{10}-\nu_{20})^2\frac{m_1+m_2}{m_1}m_2 = m_2 a_2 x_2$$

$$\frac{1}{2}\nu_{e2}^2\frac{m_1+m_2}{m_1} = a_2 x_2$$

$$\nu_{e2}^2 = \frac{2m_1}{m_1+m_2}a_2 x_2 \tag{7-91}$$

对于同型车 $m_1 = m_2$,则

$$\nu_{e2}^2 = a_2 x_2 \tag{7-92}$$

在同型车尾撞碰撞中,$\nu_{e2}^2$(被碰撞车的有效碰撞速度)和 $x_2$(被碰撞车的变形量)的关系如图7-23所示。该图是在碰撞实验中,用高速摄影直接记录和用加速度计测量计算的结果是一致的。

当有效碰撞速度 $\nu_{e2}^2 < 32$km/h 时,表达式为

$$\nu_{e2}^2 = 17.9 x_2 + 4.6 \tag{7-93}$$

当速度较高时,因车尾后部空腔已被压扁,变形触及到刚性很强的后轴部分,故随有效碰撞速度的增加,变形并没有多大的增加,如图7-23中的虚线所示。

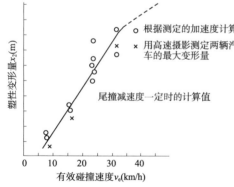

图7-23 尾撞碰撞的有效速度和塑性变形量

若两辆车的质量不同,由式(7-91)和式(7-92)可知,采用等价变形量 $2m_1/(m_1+m_2)x_1$ 代替式(7-93)中的 $x_2$ 即可。图7-24是追尾碰撞速度推算的流程图。

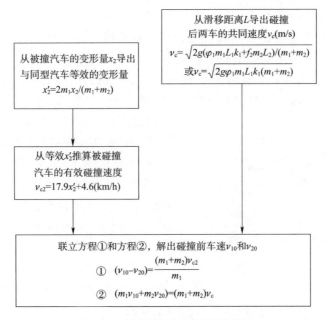

图 7-24 尾撞碰撞速度推算的流程图

这些分析适用于轿车之间的追尾碰撞。对于轿车与载货汽车之间的追尾碰撞,由于结构的巨大差异而有所不同,往往发生钻碰现象。

## 第五节 汽车的侧面碰撞

### 一、直角侧面碰撞

侧面碰撞包括迎头侧面碰撞、右转侧面碰撞和左转侧面碰撞。一般迎头侧面碰撞较多,而右转时的碰撞较少,其比例为迎头侧面:左转:右转 = 5:3:1。

迎头侧面碰撞是直角侧面碰撞,而在右转和左转碰撞一般是斜碰撞。

由于被碰撞车多数是在行驶状态,因而相互碰撞的车辆除受碰撞力的力矩作用外,还受摩擦力矩的作用。

### 二、直角侧面碰撞运动学的分析

在直角侧面碰撞中,相互碰撞的两车碰撞后不仅要做平移运动,而且还有回转运动,故为二维碰撞。甚至有的时候还可能成为三维碰撞,所以碰撞后的运动是相当复杂的。

图 7-25 是直角侧面碰撞的 3 种形式:碰撞车向被碰撞车的前部、中部和后部碰撞。对发动机前置前驱动的轿车,车辆质心相当车长的前 1/3~2/5 处,即前排座的中间。

设被碰撞车处于停止状态。前部碰撞时,冲

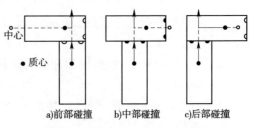

图 7-25 直角侧面碰撞的型式(被碰撞车停止)

击力作用在被碰撞车质心的前边,被碰撞车以左侧的某点为瞬心回转,这个瞬心称为击心。因为冲击力距离被碰撞车质心的距离较短,所以,被碰撞车的回转半径较大。此时,若把被碰撞车的运动分解为平移运动和质心回转运动,则回转运动少而平移运动较大。

中部碰撞时,冲击力作用在被碰撞车质心的后侧,被碰撞车以右侧的击心为中心,向右回转。后部碰撞与中部碰撞一样,但后部碰撞的冲击力作用点与被碰撞车质心相距很远,故击心靠近质心,回转运动较大。

图 7-26 是实验结果。实验车是 1.5t 轿车,侧面碰撞速度约 50km/h。

在前部碰撞情况下,被碰撞车约左转 80°,碰撞车由于受被碰撞车的作用稍向右有些偏驶。在中部碰撞中,被碰撞车约右转 120°与前部碰撞比较偏心距离变长,故回转运动加强。但在后部碰撞中,被碰撞车的回转运动非常激烈,被碰撞车又猛烈的冲击碰撞车的右侧面,迫使碰撞车向左偏驶。

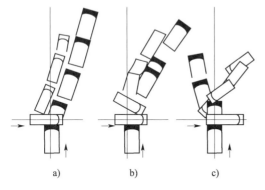

图 7-26 向停止车的直角侧面碰撞

图 7-27 所示为被碰撞车在行驶状态。由于被碰撞车是行驶的,所以,碰撞发生后,在被碰撞的冲击表面要产生一个向左的摩擦力,其值等于冲击力乘上摩擦系数。

冲击力和摩擦系数时刻都在变化。摩擦系数最初是零,随时间的增加可达到 0.5~1.0。

前部碰撞时,冲击力产生的力矩和摩擦力产生的力矩,相互抵消而削弱,故回转运动较弱。而在中部碰撞和后部碰撞时,这两个力矩方向相同,使回转运动加强。

其次,被碰撞车停止时和行驶时,碰撞车所受的荷重完全不同。碰撞发生后,被碰撞车给碰撞车一个冲击反力,由于被碰撞车是行驶的,故碰撞车还要受到使其本身向可回转的摩擦力,如图 7-28 所示。

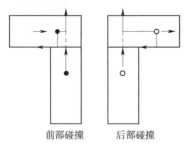
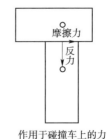

图 7-27 直角侧面碰撞两车在行驶状态(1)　　图 7-28 直角侧面碰撞两车在行驶状态(2)

作用到被碰撞车上的偏心距离短时,冲击力大,冲击的反力也大,摩擦力也大,使碰撞车的回转运动加强。

两车在行驶状态,直角侧面碰撞的结果,如图 7-29 所示。两实验车质量约 1.5t,碰撞速度约为 50km/h。

图 7-29a)所示是前部碰撞,冲击力产生的向左的回转力矩和由摩擦产生的向右回转力矩,相互抵消,没有引起碰撞车的回转运动。碰撞车在摩擦力矩的作用下,一边向右平移,一边向右转过 90°

图 7-29b) 也是前部碰撞,但冲击点略向后移。这时加在被碰撞车上的摩擦力矩超过冲击力矩,使被碰撞车一边向右平移,一边向右回转。碰撞车也是一边向右平移,一边向右回转一定的角度。

图 7-29c) 和图 7-29d) 是中部碰撞,图 7-29e) 和图 7-29f) 是后部碰撞,有类似的运动,但最终的回转角度却不相同。

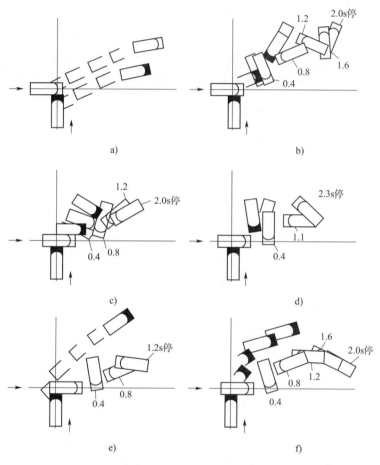

图 7-29 两车行驶时的直角侧面碰撞
a)、b) 前部碰撞;c)、d) 中部碰撞;e)、f) 后部碰撞

### 三、直角侧面碰撞的碰撞速度推算

在直角侧面碰撞中,被碰撞车在碰撞方向上的速度分量是零。故碰撞时,碰撞车的速度就是有效碰撞速度。

图 7-30 被碰撞车是静止的或在行驶状态时,用相同的速度碰撞时的测定结果,实验车采用 1.0~1.5t 的轿车。

计算时不仅使用损坏的长度(损坏部分深度),而且还用损坏面积(损坏部分的水平投影面积)及损坏体积来表示变形量。实验结果表明:相对被碰撞车质心,碰撞点偏心距离短的前部碰撞,变形量最大;被碰撞车在行驶状态比静止状态的变形量大。

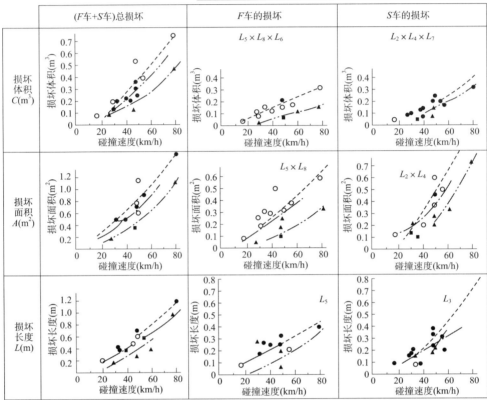

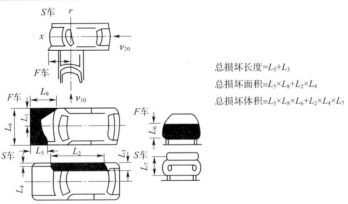

图 7-30 直角侧面碰撞中碰撞速度和变形量的关系

下面把前、中、后部碰撞的实验结果,用一个近似方程式表示。

1. 两车行驶时的直角侧面碰撞速度(km/h)

利用总损坏长度 $L(m)$,推算碰撞速度为

$$v_1 = 30(\sqrt{10L+1} - 1) \tag{7-94}$$

利用总损坏面积 $A(m^2)$,推算碰撞速度为

$$v_1 = 49.7(\sqrt{3.9A+1} - 1) \tag{7-95}$$

利用总损坏体积 $C(\text{m}^3)$,推算碰撞速度为

$$v_1 = 16.9(\sqrt{40C+1} - 1) \tag{7-96}$$

2. 向停止车直角侧面碰撞的碰撞速度推算(km/h)

利用总损坏长度 $L(\text{m})$,推算碰撞速度为

$$v_1 = 7.12(\sqrt{93.6L+1} - 1) \tag{7-97}$$

利用总损坏面积 $A(\text{m}^2)$,推算碰撞速度为

$$v_1 = 10(\sqrt{75A+1} - 1) \tag{7-98}$$

利用总损坏体积 $C(\text{m}^3)$,推算碰撞速度为

$$v_1 = 15(\sqrt{80C+1} - 1) \tag{7-99}$$

两车用大体相同的速度行驶发生碰撞时,使用式(7-94)~式(7-96);被碰撞车停止或缓慢行驶时,使用式(7-97)~式(7-99)。

碰撞车和被碰撞车发生直角侧面碰撞时,碰撞车前部受摩擦力的作用,会出现弯鼻式变形,如图7-31所示。

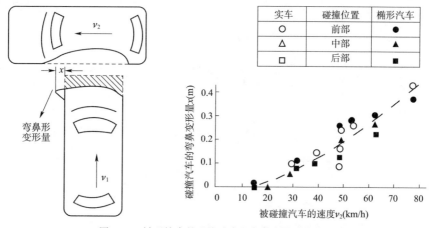

图7-31 被碰撞车的碰撞速度和弯鼻变形量的关系

弯鼻变形量和被碰撞车的速度 $v_2(\text{km/h})$ 之间的关系式为

$$v_2 = 17.8(\sqrt{70.3x+1} - 1) \tag{7-100}$$

注意,式(7-94)~式(7-100)适用于轿车和轿车之间碰撞的计算。

## 第六节 汽车的斜碰撞

正面碰撞和追尾碰撞用按一维碰撞描述。直角侧面碰撞也有一定量的实验数据。在实际交通事故中,较多的碰撞并非是一维碰撞和直角侧面碰撞,而是斜碰撞。为此,深入研究斜碰撞就更有现实意义。斜碰撞的形成有下列3种情况:

(1)在正面碰撞中,碰撞车在超越中心线或返回本车道的过程中,多形成斜碰撞。

(2)在直角侧面碰撞中,碰撞车的驾驶员总是力图避免事故的发生而急剧地打转向盘,而形成斜碰撞。

(3)在左转和右转碰撞中,多数也形成斜碰撞,但在这种情况被碰撞车多数是处于停止或近似停止的缓慢行驶。

斜碰撞也是二维碰撞,汽车的运动是平面运动,即运动的方向不是确定的。在碰撞中,除冲击力外尚存摩擦力。这两种力均要产生力矩,故碰撞车和被碰撞车除有平移运动外,尚有回转运动。且碰撞点也是固定不变的,碰撞后的作用点将随车辆的损坏而变化。这些均使碰撞后汽车的运动变得更为复杂。

### 一、斜碰撞中的受力关系

如图7-32所示,$A$车和$B$车发生正面斜碰撞。$A$车作用于$B$车的冲击力$p_1$,方向与$A$车的行驶方向相同。根据牛顿第二定律,$B$车给$A$车一个反作用力$p_1'$,两者大小相等方向相反。同理,$B$车作用于$A$车的冲击力$p_2$,方向与$B$车的行驶方向相同,$A$车给$B$车的反作用力$p_2'$,两者大小相等方向相反。因此,$A$车受到的力$p_2$和$p_1'$的矢量和$p_3$的作用;$B$车受到的力是$p_1$和$p_2'$和矢量和$p_4$。两者也是大小相等方向相反。

此外,在碰撞车和被碰撞车的接触表面上,还有受摩擦力的作用。作用到$A$车的摩擦力$F_1$等于摩擦系数$\mu$和$p_3$法向力$p_3'$的乘积;作用到$B$车的摩擦力$F_2$等于摩擦系数$\mu$和$P_4$法向力$P_4'$的乘积,则

$$F_1 = \mu P_3' \tag{7-101}$$

$$F_2 = \mu P_4' \tag{7-102}$$

作用力的方向如图7-33所示。$p_3'$和$P_4'$、$F_1$和$F_2$都是大小相等方向相反的力。

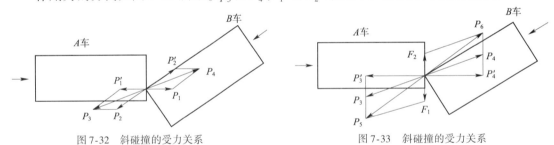

图7-32 斜碰撞的受力关系　　图7-33 斜碰撞的受力关系

结果作用在$A$车上的力是$p_3$和$F_1$的矢量和$P_5$,作用在$B$车上的力是$P_4$和$F_2$的矢量和$P_6$。

把$P_5$分解为作用到$A$车质心的分力$P_5'$和使$A$车回转的力矩$P_5''L_1$,$L_1$是$A$车质心到接触点的距离。

把$P_6$分解为作用到$B$车质心的分力$P_6'$和使$B$车回转的力矩$P_6''L_2$,$L_2$是$B$车质心到接触点的距离,如图7-34所示。

碰撞后,$A$车和$B$车都围绕各自的质心正时针回转,$A$车车尾向左上方,$B$车车尾向右下方移动,故不会引起二次碰撞。

图7-35是轿车和载货汽车的斜碰撞,若载货汽车向着轿车的质心冲击时,也不一定不引起回转。

载货汽车的冲击力$P_1$和轿车冲击力$p_2$的

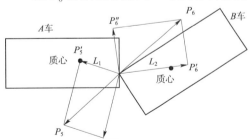

图7-34 斜碰撞的受力关系

反力 $p_2'$ 合成 $P_4$，$P_4$ 再和摩擦力 $F_2$ 合成 $P_6$。把 $P_6$ 再分解为使轿车向右移动的 $P_6'$ 和使轿车回转的力矩 $P_6''L_2$。故此时的轿车一边向右移动，一边向右回转。如果 $P_6$ 指向轿车的质心，则轿车只有平移运动而无回转，如图7-36所示。此外，合力 $P_6$ 作用在质心的左侧轿车向右回转，作用在轿车质心的右侧，则向左回转。

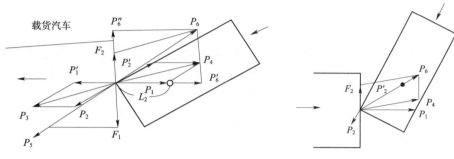

图7-35 斜碰撞的受力关系　　　　　图7-36 斜碰撞的受力关系

## 二、斜碰撞的速度推算

斜碰撞的车，一般在碰撞后有纵滑、横滑和回转的复杂二维运动以及俯仰、侧倾的三维运动。运动中轮胎与路面摩擦，耗尽其运动能量后才最终停止。这些运动又是重叠进行的，为此给事故分析带来一定的困难。但不管怎样，在做定量分析之前，应首先进行充分的定性分析，对碰撞车的运动有一个概括性的了解。

图7-37是直线行驶的 $A$ 车与 $B$ 车发生斜正面碰撞的实例。

$B$ 车对 $A$ 车用 $\theta_2$ 的碰撞角进行斜正面碰撞。其结果是 $A$ 车向右上方以 $\theta_1$ 角滑移 $L_1$ 的距离，并向左转 $\theta_3$ 度才停止。$B$ 车右转180°，滑移 $L_2$ 距离停止。

由图7-37可知，$B$ 车对 $A$ 车碰撞的冲量大致经过 $A$ 车的质心，故 $A$ 车的回转运动少，前轮的滑移距离长，后轮的滑移距离短，平均滑移距离约为 $L_1$。

图7-38是根据碰撞形式和最后停止的位置，而推测出 $A$ 车碰撞后的运动轨迹。图7-39是 $B$ 车碰撞后的运动轨迹，而实际 $B$ 车的回转速度逐渐下降。

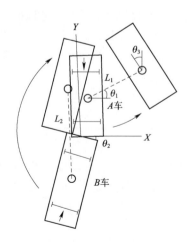 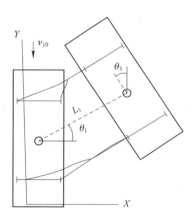 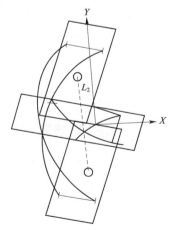

图7-37 斜正面碰撞实例　　　图7-38 $A$ 车碰撞后的运动　　　图7-39 $B$ 车碰撞后的运动

A 车碰撞后的速度为

$$v_1 = \sqrt{2g\varphi L_1} \tag{7-103}$$

$v_1$ 在 $x$ 轴上的分量为

$$v_{x1} = v_1 \cos\theta_1 \tag{7-104}$$

$v_1$ 在 $y$ 轴上的分量为

$$v_{y1} = v_1 \sin\theta_1 \tag{7-105}$$

$v_{y1}$ 使 A 车的碰撞速度 $v_{10}$ 下降（两者方向相反）同时以 $v_{x1}$ 速度横向滑移。A 车在 $y$ 轴上的动量为 $(v_{y1} + v_{10})m_1$，在 $x$ 轴上的动量是 $m_1 v_{x1}$。A 车的冲击力是作用在 B 车质心的右侧，故 B 车一边向右回转，一边滑移。因为，伴随有回转运动，描绘出复杂的运动轨迹。碰撞后 B 车的质心是沿 $y$ 轴移动的，B 车的动量 $m_2 v_{20}$ 在 $x$ 轴上的成分是 $m_2 v_{20} \sin\theta_2$ 与 A 车在 $x$ 轴上的动量 $m_1 v_{x1}$ 等价。

$$m_2 v_{20} \sin\theta_2 = m_1 v_1 \cos\theta_1$$

$$v_{20} = \frac{m_1 v_1 \cos\theta_1}{m_2 \sin\theta_2} \tag{7-106}$$

B 车的动量 $m_2 v_{20}$ 在 $y$ 轴上的分量是 $m_2 v_{20} \cos\theta_2$，其中一部分作用到 A 车上，其值是 $(v_{y1} + v_{10})m_1$，剩余部分消耗在 B 车滑移 $L_2$，并向右回转 180°。

假设，碰撞后 B 车没有引起回转，B 车碰撞后沿 $y$ 轴的速度为

$$v_{y2} = \sqrt{2g\varphi L_2} \tag{7-107}$$

则

$$m_2 v_{20} \cos\theta_2 = m_1 (v_{y1} + v_{10}) + m_1 v'_{y2} \tag{7-108}$$

由式（7-105）、式（7-106）和式（7-108）得

$$v_{10} = v_1 \left( \frac{\cos\theta_1}{\tan\theta_2 - \sin\theta_1} \right) - \left( \frac{m_2}{m_1} \right) v'_{y2} \tag{7-109}$$

这种情况是忽视了 B 车的回转运动。如果要考虑到 B 车的回转运动，$v_{10}$ 应为比式（7-109）计算值小的数值。

现在考虑 B 车一边滑移，一边回转。设四个轮胎的印迹总长是 $4L_2$ 的 1.3 倍，这时把 $1.3L_2$ 代替式（7-107）中的 $L_2$ 进行计算，则

$$v_{y2} = \sqrt{2g\varphi \times 1.3 L_2} \tag{7-110}$$

把式（7-110）代入式（7-109）计算即可。

斜碰撞不像一维碰撞那样有固定的解法，要根据具体事故确定。

### 三、斜碰撞研究中的问题

正面碰撞和尾撞碰撞可按对心的直线碰撞处理，理论上尚能解决。直角侧面碰撞也有一定的实验数据，可以做某种类推分析。然而，斜碰撞实验数据很少，理论与实际的验证也极不充分。为了不出现更大的误差，应予特别注意两个问题。

**1. 碰撞点问题**

斜碰撞如图 7-40 所示，完全是按长方形积木碰撞研究和分析。这时，以图中"×"处为

碰撞点,因为碰撞时表面软弱部分要发生变形,在触及到车体内部强硬处之前,几乎没有进行能量交换,这时按图 7-40 中标注的 $a_1$、$b_1$、$a_2$、$b_2$ 实际已发生变化。故 $a_1$、$b_1$、$a_2$、$b_2$ 的选取对计算的结果影响很大,这一点在实际鉴定中应特别予以注意。故当事故发生后,要充分的对证现场,并做定性分析,再进行必要的计算。

2. 载货汽车和轿车碰撞的钻碰问题

载货汽车和轿车碰撞的钻碰时,应属于车高差异很大的碰撞,情况也应有所不同。当轿车与货车的轮胎等部位碰撞时,可看成对刚性屏壁的碰撞,与货车的其他部位碰撞一般要发生所谓的钻碰,即汽车楔入货车的底部。这种碰撞对轿车乘员的安全非常不利,是当今交通安全需要解决的难题之一。

总之,斜碰撞尚有很多问题没有搞清楚,有待今后进一步努力。

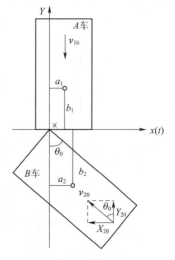

图 7-40　斜碰撞模型

# 第八章　汽车与两轮车、行人交通事故

## 第一节　汽车与两轮车事故

### 一、自行车交通事故的成因

从自行车交通事故成因的分析可发现,导致自行车交通事故的主要原因是多方面的。

1. 道路类型与交通流状况

城区道路的自行车交通事故伤亡率要比郊区道路高;但重大伤亡交通事故郊区道路要比城区道路高。干道上发生的自行车交通事故因速度高,事故后果较城区事故的后果严重;自行车交通事故主要出现在机动车交通量大和交叉路口多的道路上。在交通管理不严或管理失控的城郊出入口处,车流量大,也容易发生自行车交通事故。在机动车速度高的道路上和在孩子常骑自行车多、玩耍频繁的道路上,自行车交通事故也较多。

2. 交通参与者的行为

自行车交通事故的主要原因是交通违法骑车,如带人载货、双手撒把、单手撑伞、扶肩并行、攀扶车辆、截头猛拐、抢道行驶以及强行超车等交通违法骑行行为。当然,自行车发生交通事故与机动车驾驶员的行为有关。

3. 骑车人的性别、年龄等的影响

自行车交通事故与骑车人的性别、年龄等有关。男性比女性骑车人的事故率高,特别是青少年好骑快车,随意超车抢道、截头猛拐,容易造成交通事故;一般女性比较谨小慎微,骑车速度慢,遇突发险情慌张,容易摔倒;儿童少年骑车人不懂交通安全常识和交通法规,刚学会骑车就在道路上或街上到处骑快车乱跑。由此可见,青少年骑自行车所造成的交通事故要占骑自行车所造成的交通事故中的很大比例。还有青少年骑自行车者对可能发生的危险状况的预见性和对自行车车身的维护太差,均是造成交通事故的原因。

4. 交通环境对自行车交通事故的影响

交通环境,即天气与时间对骑车人有影响。通常,夜间比白天发生的自行车交通事故要多。由于自行车夜间行车一般没有照明装置,车辆与其交会前不易发现目标。骑车人在雨、雪天气条件下骑行,因穿着雨衣、棉帽影响了骑车人的视线或听觉,或骑车人遇有阵雨怕淋湿衣服,就急速行驶而易造成碰撞事故。刮风天气时,骑车人借助风力骑快车。寒冷天气骑车人四肢笨拙,行动不利落。冰雪路面附着系数低,使车辆易发生侧滑,滑入机动车道等。这些均易造成交通事故。另外,有的自行车安全设施差,机件老化、失修,也易造成被机动车碾压的交通事故。

## 二、碰撞速度的计算方法

自行车的主要事故碰撞方是汽车,并且主要碰撞类型是自行车由汽车的前部卷入事故。自行车与汽车相撞的运动过程一般可分为接触、自由飞行和滑移三个阶段,如图8-1所示。自行车开始接触汽车,吸收汽车的碰撞能量,身体上部迅速倾倒向汽车发动机罩,下肢及自行车向上抛起;然后自行车和骑车人先后被抛向汽车前方;落地后,自行车和骑车人分别以滑动和(或)滚动的形式向前运动至最终静止位置。对于碰撞点高于自行车—骑车人系统质心高度的情形,接触过程可以视为瞬间完成的,即整个运动过程仅由自由飞行和滑移两个运动阶段组成。自行车的这种运动过程是在碰撞过程中汽车处于制动状态才能形成的。

图 8-1 自行车被汽车碰撞的运动过程

从碰撞开始至自行车和骑车人最后静止位置的距离分别被定义为自行车抛距和骑车人抛距。以碰撞事故开始时汽车的速度方向为基准,自行车和骑车人的抛距又分为纵向、横向和合抛距。其他定义与行人抛距相同。

1. 自行车和骑车人的抛距与汽车碰撞速度

1979 年 Rau 博士对汽车—两轮车碰撞进行了试验研究,试验对象(自行车/骑车人)保持直立不动状态,根据统计结果选取碰撞类型、自行车质量和碰撞速度为试验参数,最高汽车碰撞速度取 45km/h。

Glatz 选择的试验速度增加至 80km/h,拓展了 Rau 博士所做的碰撞试验。

Huijbers 等进行了汽车与自行车直角碰撞试验,自行车选择为静止和运动两种状态,汽车碰撞速度选取 20km/h、30km/h 和 40km/h 3 种速度。

Grabhoepher 总结了 101 起自行车交通事故,给出了 100 起事故的骑车人抛距和 101 起自行车抛距与汽车碰撞速度的关系。

Burg 根据 37 例试验结果,给出了骑车人平均抛距和汽车碰撞速度的经验关系式为

$$S_{ZF} = 0.033 v_C^{1.59} \tag{8-1}$$

自行车平均抛距和汽车碰撞速度的经验关系式为

$$S_Z = 0.044 v_C^{1.57} \tag{8-2}$$

式中:$S_{ZF}$、$S_Z$——骑车人和自行车的平均抛距。

再现汽车与自行车以及汽车与行人碰撞事故实际中,Böhnke 求汽车碰撞速度 $v_C$ 为

$$v_C = \sqrt{37 A_v S + 0.1 A_v^4} - 0.33 A_v^2 \tag{8-3}$$

式中:$A_v$——事故汽车平均减速度;

$S$——骑车人或行人的抛距。

Otte 引用 Kühnel 实验数据提出了用汽车与行人碰撞事故行人平均抛距的拟合公式来计算骑车人平均抛距，即

$$S_{ZF} = (1.78A_v + 2.71v_C^2/A_v) \times 10^{-2} \quad (8\text{-}4)$$

式(8-4)中的 $A_v$ 是事故汽车的平均减速度，并认为计算行人平均抛距的公式对计算骑车人的平均抛距也同样适用。某种意义上，这意味着从碰撞至静止骑车人的运动过程与行人相似。

式(8-4)中有减速度等两个变量，而这两个变量不是相互独立的变量。一般减速度是由制动强度(拖印、压印等)确定的。如果有可信的制动拖印可供使用，就容易确定汽车碰撞速度。

2. 骑车人抛距

骑车人的抛距一般为已知数据。因为自行车交通事故现场勘测图通常要记载骑车人从碰撞点至最终静止点的距离，至少有文字叙述。

图8-2给出了骑车人抛距与碰撞速度的依赖关系。借助图8-2中的骑车人抛距无法确定碰撞方的准确速度，而只能限定其速度范围。分布带的上界可用于确定最小碰撞速度或完全正面碰撞的碰撞速度。碰撞的种类，特别是自行车的卷入度(off set，即自行车在汽车正投影面上被撞尺寸与在该投影面上总长度之比的百分数)影响骑车人的抛距大小。在相同的碰撞速度下，卷入度大的碰撞对应较大的抛距。

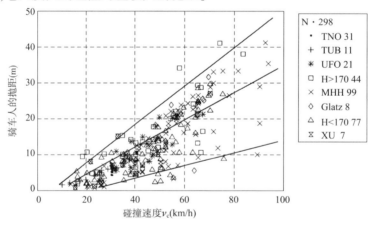

图8-2 骑车人的抛距与碰撞速度的关系

3. 自行车抛距

汽车—自行车事故中，自行车的抛出机理比骑车人要复杂得多，但自行车的抛距比骑车人的要容易获取。除了骑车人当场死亡的以外，在大多数情况下，骑车人在警察到达之前，已自行离开碰撞地点，或出于救护的目的而被移走。在这种情况下，交通警察只能根据现场痕迹或者通过询问当事人、目击人，确定骑车人在碰撞事故后的静止位置。此时，用自行车的抛距推算碰撞速度有不可替代的优点。图8-3描述了自行车的抛距与碰撞速度的关系。自行车抛距的偏差随碰撞速度的增加而增加。借助自行车抛距的上界可限制最小碰撞速度的边界值。自行车抛距的上、下界限分别对应于大卷入度(如100%)和小卷入度，例如刮擦事故卷入度为零。图8-3中趋势直线可视为平均碰撞速度的期望值，或卷入度大小不明时的碰撞速度。

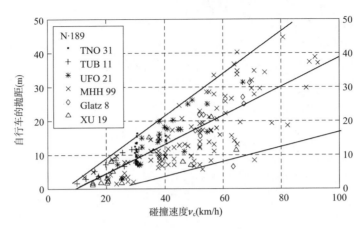

图 8-3　自行车的抛距与碰撞速度的关系

**4. 骑车人当量抛距**

如果在事故再现时自行车和其乘坐人的抛距均为已知,由两个抛距作为输入参数,会得出两个不同的碰撞速度。在自行车事故中,自行车和其乘坐人在碰撞接触阶段是互相影响的。为了引入自行车对其乘坐人的作用,这里引进骑车人当量抛距 $S_{eq}$ 的定义为

$$S_{eq} = f_R S_{ZR} + f_F S_F \tag{8-5}$$

$$f_R = \frac{m_R}{m_R + m_F} \tag{8-6}$$

$$f_F = \frac{m_F}{m_R + m_F} \tag{8-7}$$

式中:$S_{ZR}$、$S_F$——骑车人和自行车的抛距;

　　　$f_R$、$f_F$——质量系数。

图 8-4 所示为骑车人当量抛距与汽车碰撞速度的关系。统计分析表明,等效人抛距的分布带比自行车和其乘坐人的明显要窄;与后两者一样,骑车人当量抛距的偏差范围随汽车碰撞速度增加。

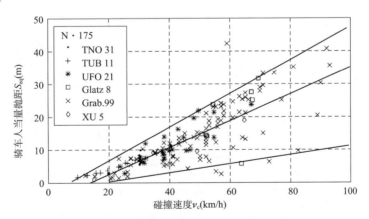

图 8-4　骑车人当量抛距与碰撞速度的关系

**5. 事故后骑车人与汽车之间的距离**

图 8-5 给出了交通事故后,骑车人距汽车前端的距离与碰撞速度的关系。从模拟试验

结果得出的指数近似计算式为

$$D_{SR} = A_{R1}\exp(A_{R2}v_C^2) \tag{8-8}$$

式中：$D_{SR}$——事故后骑车人与碰撞车辆间的最终静止距离；

$A_{R1}$、$A_{R2}$——常系数。

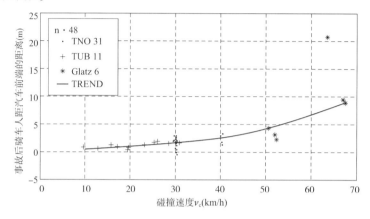

图 8-5　事故后骑车人距汽车前端的距离与碰撞速度的关系

在碰撞速度低于 30km/h 的较低速度时，两个碰撞方之间的距离几乎不变。超过这个速度界限，它们之间的距离随碰撞速度而增加。它们之间的距离受汽车制动强度的影响。在没有其他数据可用时，它也不失其作为推算汽车碰撞速度辅助信息的作用。

6. 事故后自行车与汽车之间的距离

图 8-6 给出了事故后自行车至汽车前端的距离与碰撞速度的关系。显然，在试验速度下，碰撞后双方之间的距离都有较大的偏差带。这种较大的偏差带除了受汽车制动强度影响外，也受到自行车被碰撞后第一次落地时姿态的影响。作为推算汽车碰撞速度的辅助手段，图 8-6 示出了碰撞双方在碰撞结束后的距离与平均碰撞速度趋势的指数函数曲线，经验计算式为

$$D_{SF} = A_{F1}\exp(A_{F2}v_C^2) \tag{8-9}$$

式中：$D_{SF}$——事故后自行车与碰撞双方之间的最终静止距离；

$A_{F1}$、$A_{F2}$——常系数。

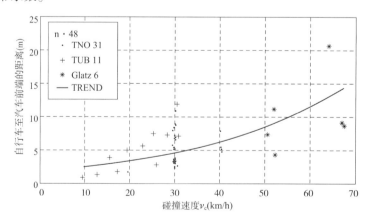

图 8-6　自行车至汽车前端的距离与碰撞速度的关系

借助式(8-9)可计算可能的碰撞速度。

### 7. 自行车与骑车人抛距值间的相关性

由于在碰撞事故中自行车和骑车人之间存在着互相作用,因此在它们的抛距值间也会存在某种相关关系。根据荷兰 TNO 和德国柏林工业大学的试验结果,自行车的抛距通常比骑车人的要大,如图 8-7 所示;仅在较低的碰撞速度下,骑车人的抛距才比自行车的大。

图 8-8 给出了自行车抛距和骑车人抛距之间的互相关系。它们的分布区处于两条平行线之间。从图 8-8 可知,多数自行车的抛距大于骑车人的抛距。取自自行车事故现场的数据表明,两者之间没有显著的差异。这是因为真实事故中包含了不同事故碰撞形态,并且碰撞前瞬间和碰撞结束后骑车人不可能像模拟试验中的模拟假人那样毫无反应地被撞,可能会对碰撞做出某种反应动作,所以才会有这样的统计结果。

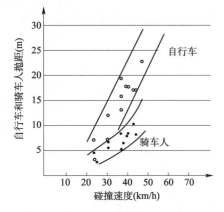

图 8-7　自行车和骑车人抛距与碰撞速度的关系

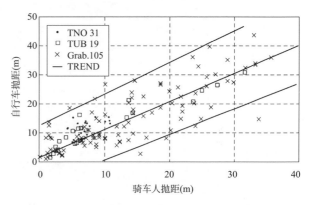

图 8-8　自行车抛距与骑车人抛距之间的互相关系

### 8. 自行车滑移路程与碰撞速度

图 8-9 所示为被碰撞自行车滑移距离与碰撞速度的关系。一些试验结果表明,碰撞后自行车滑移运动路程长度的上限基本相互吻合,而下限在碰撞速度为 40～70km/h 范围内有较大的差别。在 GLATZ 的试验结果中,自行车滑移运动的距离偏低,主要原因是,在其试验中自行车滑移运动经过了水泥和草地两种类型路面。在后一种路面上自行车的某些尖锐部位会划入泥土中,从而增大了滑动运动的阻力。用滑移距离推算碰撞速度可能会在 10km/h 的误差内变化。

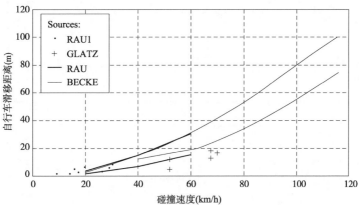

图 8-9　自行车滑移距离与碰撞速度的关系

### 9. 骑车人滑移路程与碰撞速度

在碰撞后骑车人首先被抛落到地面上，然后滑移至静止位置。在滑移过程骑车人的运动状态同普通行人的一样。图 8-10 给出了骑车人滑移距离与碰撞速度的关系。图 8-10 中"·"标记和"+"标记分别代表行人和骑车人，实线是试验数据的多项式回归曲线。人的滑移距离与碰撞对方速度、外廓形状以及它们相撞时的相对位置状态有关。其中上限是成年人与公共汽车等平头汽车或小孩与轿车相撞，下限为成年人与楔形轿车相撞，平均值或趋势曲线为成年人与普通轿车相撞时的情形。

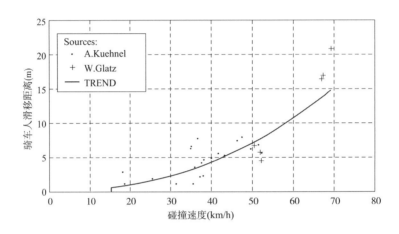

图 8-10 骑车人滑移距离与碰撞速度的关系

### 10. 自行车滑移运动减速度与碰撞速度

图 8-11 所示为被碰撞自行车滑移运动减速度与碰撞速度的关系。显然，在草地上，由于自行车对地面的"戳作用"的有无，造成减速度很大的偏差范围。因此，在这种情况下，利用自行车滑移的减速度、距离以及抛距推算碰撞速度受到了限制。与其他道路相比，在石块道路条件下，滑移运动减速度的偏差明显小。除了草地以外，无论是潮湿或干燥的混凝土或者沥青路面，滑移运动减速度基本保持不变，而上限值却随着碰撞速度增加而下降。

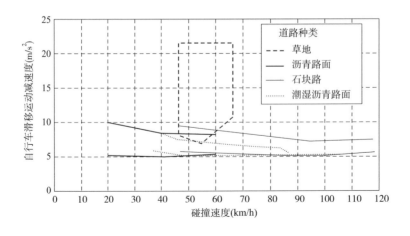

图 8-11 自行车滑移运动减速度与碰撞速度的关系

**11. 骑车人滑移运动减速度与碰撞速度**

图 8-12 上的散点表示了骑车人滑移运动减速度与碰撞速度的关系。与自行车不同,人体表面不像自行车那样坚硬复杂,因此其运动规律也相对较稳定。在图 8-12 中所示范围内,其减速度平均值约为 $6.48\ m/s^2$,其减速度的标准差约为 $2.23\ m/s^2$。图中曲线是这些数据的多项式回归曲线。骑车人滑移运动减速度随碰撞速度的增加而增加。

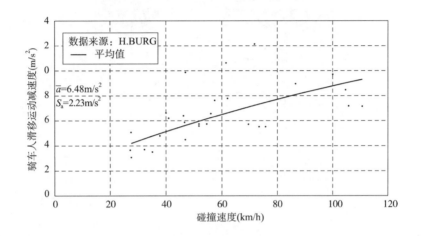

图 8-12　骑车人滑移运动减速度与碰撞速度的关系

**12. 事故的其他痕迹与碰撞速度**

伴随碰撞交通事故的发生,骑车人的衣帽、鞋、拎兜、手杖、眼镜,以及汽车或自行车上的污垢和小零部件等物品也会遗留在交通事故现场。当汽车碰撞速度不大于 60km/h 时,骑/坐车人的帽子抛距小于 4m。手杖等携带物的抛距与碰撞速度有近似关系式

$$S = \frac{v_c}{10} \tag{8-10}$$

式中:$S$——抛距,m;
　　　$v_c$——碰撞速度,km/h。

**13. 自行车/摩托车碰撞速度与其纵向变形**

自行车与墙、大树或者汽车侧面相碰撞,自行车(或摩托车)的纵向长度缩短。使用模拟假人和自愿受试者的试验表明(图 8-13),在 10~20km/h 的自行车碰撞速度范围内,自行车中轴至后轴的长度尺寸基本不变。

碰撞速度为 10km/h,以模拟假人为试验对象碰撞刚性墙壁时,28 型女车前后轴距缩短 8cm;在对壁以 18km/h 碰撞速度的条件下,测试对象为模拟假人时,26 型男车前后轴距缩短 11.8cm。在对壁以 20km/h 碰撞速度的条件下,受试对象为自愿受试者时,前后轴距缩短 19.3cm;后者的车把轴线顶点至后轴距缩短 2.5cm,而前者的没有变化。

自愿受试者骑 28 型男车,速度为 13km/h 碰撞墙壁时,前后轴距和车把轴线顶点至后轴距分别缩短 11.5cm 和 5.1cm。

| 两轮车类型 | 碰撞速度 | 碰撞目标 | 尺寸（cm） | | | | |
|---|---|---|---|---|---|---|---|
| | | | OA | OB | OC | OD | OE |
| 本田 CL-90 摩托车 | 碰撞前 | | 150 | 144 | 120 | 96 | 56 |
| | 48km/h | 汽车 | 107 | 107 | 96.5 | 93 | 56 |
| 本田 CB–350 摩托车 | 碰撞前 | | 164 | 156 | 132 | 104 | 70 |
| | 48km/h | 汽车 | 126 | 126 | 110 | 104 | 70 |
| | 32km/h | 汽车 | 152 | 144 | 120 | 104 | 70 |
| | 48 km/h | 汽车 | 121 | 121 | 108 | 104 | 70 |
| | 48km/h | 汽车 | 140 | 132 | 108 | 104 | 70 |
| | 64km/h | 汽车 | 110 | 110 | 99 | 101 | 68 |
| 本田 CB–750 摩托车 | 碰撞前 | | 178 | 171 | 145 | 116 | 80 |
| | 48km/h | 汽车 | 136 | 136 | 122 | 116 | 80 |
| 宝马 R45 摩托车 | 碰撞前 | | | | | | |
| | 49.6km/h | 汽车翼子板 | | | 122.5 | | |
| | 50.2km/h | 汽车翼子板 | | | 124.5 | | |
| | 50km/h | 汽车尾部 | | | 128 | | |
| 男式 28 型自行车 | 碰撞前 | | | | 115.5 | 90.5 | 49 |
| | 10km/h | 墙壁（模拟假人） | | | 105.4 | 90.5 | 49 |
| | 18km/h | 汽车（模拟假人） | | | 97 | 90 | 49 |
| | 18km/h | 汽车（"自愿受试者"） | | | 95 | 88 | 49 |
| 男式 26 型自行车 | 碰撞前 | | | | 103.8 | 85.5 | 45 |
| | 18km/h | 墙壁（模拟假人） | | | 92 | 85.5 | 45 |
| | 20km/h | 汽车（"自愿受试者"） | | | 84.5 | 83.5 | 45 |
| 男式 28 型自行车 | 碰撞前 | | | | 115 | 93.5 | 50 |
| | 13km/h | 汽车（"自愿受试者"） | | | 103.5 | 88.4 | 50 |

图 8-13　两轮车碰撞速度与纵向变形的关系

## 三、汽车－自行车碰撞速度的计算

由于摩托车与自行车的相似性,上面讨论的汽车－自行车碰撞速度的算法,对摩托车也基本适用。

自行车的交通事故形态多种多样,概括起来可分为如下3种:

(1)在交叉口,自行车(或摩托车)迎头碰撞汽车的侧面,使自行车(摩托车)的前叉向后弯曲位移,然后前轮受前后方向的压缩而变成椭圆形。这种事故称为"迎面碰撞型"事故。因为在交叉口自行车的行驶速度很低,故这种"碰撞型"事故,自行车很少,主要是摩托车。

(2)汽车追尾碰撞自行车的后部,称为"尾撞型"事故。摩托车发生这种事故的少,主要是自行车,因为摩托车的行驶速度与普通汽车相近。

(3)汽车碰撞摩托车或自行车的侧面,称为侧面碰撞型事故。

1)迎面碰撞型事故

这类事故的特征是自行车(摩托车)迎面碰撞汽车时,首先是前轮接触汽车(主要是轿车),使自行车(摩托车)的前叉向后位移;当前叉向后位移被车架(摩托车的发动机)顶住时,前轮受前后挤压作用开始由圆形变为椭圆。20世纪70年代模拟试验给出的两轮车碰撞速度与纵向变形的关系如图8-13所示。

如图8-14所示,如果用轴距减少量表示前叉位移的大小与碰撞速度的关系,其表达式为

$$D = 0.67v - 8$$
$$v = 1.5D + 12 \tag{8-11}$$

式中:$D$——轴距减少量,cm;

$v$——碰撞速度,km/h。

在此应当注意,摩托车质量在90~218kg范围内变化时,其变形均在同一直线上。

但在实际交通事故中,骑自行车人一般不只是一种行为举动。随碰撞速度的提高将从滑移型向碰撞型和跳跃型转化。当摩托车骑手被车把拉住时,则以此为轴,向前跃转,骑手的面部冲向轿车的外部车厢,形成拉住型。

如果摩托车碰撞载货汽车侧面时,骑车人的面部冲向载货汽车的侧面后,会部分反弹后跌落。

当摩托车对静止的轿车侧面碰撞时,被碰撞轿车侧面要留有凹形的纵条状沟痕。如果被碰撞轿车当时处于行驶状态,被碰撞轿车的侧面不仅有凹形的纵条状沟痕,且附加有拉伤痕。这种碰撞情况下,摩托车还会有回转运动。

摩托车碰撞汽车侧面时,汽车的压陷深度和摩托车轴距的缩短之和,取决于摩托车碰撞汽车时刻摩托车具有的动能(碰撞能)。

"迎面碰撞型"的交通事故中,若摩托车总质量(包括乘员体重)在150~300kg,向质量1t以上的轿车呈直角碰撞时,如图8-15所示。

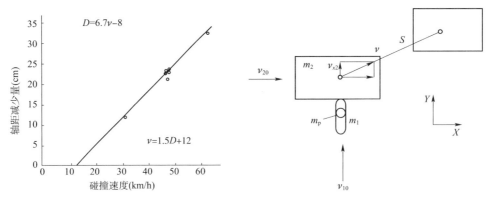

图 8-14 本田摩托车撞普利茅斯轿车侧面轴距量的减少与碰撞速度的关系

图 8-15 摩托车碰撞轿车(交叉直角)

这时会有两种情况发生：

(1)质量大的轿车碰撞后的速度在 $x$ 轴上的分量为 $v_{x2}$。假设摩托车和轿车的碰撞为非粘着碰撞,可以认为碰撞后的轿车速度 $v_{x2}$ 等于碰撞前轿车的速度 $v_{20}$,即

$$v_{20} = v_{x2} \tag{8-12}$$

(2)假设由于两车之间存在摩擦力的作用,碰撞后轿车和摩托车完全成为一体(粘着碰撞),质量为 $m_1 + m_2$,则

$$\begin{cases} m_2 v_{20} = (m_1 + m_2) v_{x2} \\ v_{20} = \left(1 + \dfrac{m_1}{m_2}\right) v_{x2} \end{cases} \tag{8-13}$$

式中：$v_{20}$——碰撞前汽车速度,m/s;

$v_{x2}$——碰撞后汽车速度在 $x$ 轴上的分量,m/s;

$m_1$——摩托车的质量,kg;

$m_2$——汽车的质量,kg。

一般来说,多数碰撞为非粘着碰撞,故可认为 $v_{20} = v_{x2}$。

摩托车在碰撞前后的速度也分两种情况讨论：第一种情况是摩托车和骑车人一起向汽车冲击后返弹回；另一种情况是摩托车向汽车撞击后,骑车人离开摩托车跳跃到汽车的顶盖上。这两种情况是有区别的,但无论是哪种,骑车人和摩托车的恢复系数均可视为零。

对于第一种情况有

$$\begin{cases} (m_1 + m_p) v_{10} = (m_1 + m_p + m_2) v_{y2} \\ v_{10} = \left(1 + \dfrac{m_2}{m_1 + m_p}\right) v_{y2} \end{cases} \tag{8-14}$$

式中：$v_{y2}$——碰撞后汽车速度的 $y$ 轴分量,m/s;

$m_p$——摩托车骑车人的质量。

对于第二种情况有

$$\begin{cases} m_1 v_{10} = (m_1 + m_2) v_{y2} \\ v_{10} = \left(1 + \dfrac{m_2}{m_1}\right) v_{y2} \end{cases} \tag{8-15}$$

若碰撞后汽车的滑移距离为 $S$,则碰撞后的汽车速度 $v_2$ 为

$$\nu_2 = \sqrt{2g\varphi S} \tag{8-16}$$

该速度在 $x$ 轴的分量为

$$\nu_{x2} = \nu_2 \cos\theta \tag{8-17}$$

该速度在 $y$ 轴的分量为

$$\nu_{y2} = \nu_2 \sin\theta \tag{8-18}$$

式中：$\varphi$——轮胎与路面的纵滑附着系数；
　　　$S$——碰撞后汽车的滑移距离，m；
　　　$\theta$——碰撞后汽车的滑移偏向角。

根据上述分析，可按下面的步骤求碰撞前汽车速度 $\nu_{20}$ 和摩托车速度 $\nu_{10}$。

碰撞后的汽车速度为

$$\nu_2 = \sqrt{2g\varphi S}$$
$$\nu_{x2} = \nu_2 \cos\theta$$
$$\nu_{y2} = \nu_2 \sin\theta$$

汽车碰撞前的速度为

$$\nu_{20} = \nu_{x2}$$

骑摩托车人落在被碰撞车前时的速度为

$$\nu_{10} = \left(1 + \frac{m_2}{m_1 + m_p}\right)\nu_{y2}$$

骑车人越过被碰撞车顶盖时的速度为

$$\nu_{10} = \left(1 + \frac{m_2}{m_1}\right)\nu_{y2}$$

由此得出结果 $\nu_{20}$ 和 $\nu_{10}$。

这种方法不适用被摩托车碰撞后汽车没有偏转方向的情况。例如，被碰撞车是大型载货汽车，质量很大，碰撞根本没有引起汽车的偏向。

2）侧面碰撞型事故

轿车向自行车（或摩托车）侧面碰撞的事故基本形态主要有图 8-16 所示的 3 种形式。

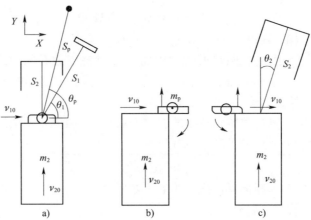

图 8-16　二轮车的侧面碰撞
a) A 型；b) B 型；c) C 型

A 型是轿车向二轮车（包括骑车人）的质心碰撞。

B 型是向质心的后侧碰撞。

C 型是向质心的前侧碰撞。

对于 A 型的情况,二轮车和骑车人,被轿车冲向右前方,二轮车翻倒在路面滑移(包括弹跳),骑车人则飞出某一距离后,跌落路面滑移(包括弹跳)。轿车一般因采取紧急制动滑移某一段距离后停止。

设:$m_1$、$m_p$、$m_2$ 分别为二轮车、骑车人、轿车的质量,kg;$v_{10}$、$v_{20}$ 分别为二轮车、轿车碰撞前的速度,m/s;$S_1$、$S_p$、$S_2$ 分别二轮车、骑车人、轿车碰撞后的移动距离,m;$\theta_1$、$\theta_p$ 分别为二轮车、骑车人跳出的角度;$\varphi_1$、$\varphi_p$、$\varphi_2$ 分布为翻倒的二轮车、翻倒的骑车人及轿车轮胎和路面的附着系数;$h$ 为碰撞时骑车人的质心高度,m。

二轮车碰撞后的速度为

$$v_1 = \sqrt{2g\varphi_1 S_1} \tag{8-19}$$

骑车人碰撞后的速度为

$$v_p = \sqrt{2g}\varphi\left[\sqrt{h + \frac{S_p}{\varphi_p}} - \sqrt{h}\right] \tag{8-20}$$

轿车碰撞后的速度为

$$v_2 = \sqrt{2g\varphi_2 S'_2} \tag{8-21}$$

$S'_2 = S_2$,扣除反应距离,通常根据制动印迹推算。

按动量平衡原理有

$$m_2 v_{20} = m_1 v_1 \sin\theta_1 + m_p v_p \sin\theta_p + m_2 v_2$$

$$v_{20} = \frac{m_1 v_1 \sin\theta_1 + m_p v_p \sin\theta_p + m_2 v_2}{m_2} \tag{8-22}$$

而 $v_{10}(m_1 + m_p) = m_1 v_1 \cos\theta_1 + m_p v_p \cos\theta_p$

式中二轮车、骑车人作用于轿车的动量可略之。

$$v_{10} = \frac{m_1 v_1 \cos\theta_1 + m_p v_p \cos\theta_p}{m_1 + m_p} \tag{8-23}$$

此时可从二轮车、骑车人、轿车的滑移距离中导出 $v_1$、$v_p$、$v_2$,则应用式(8-22)和式(8-23)可以导出二轮车碰撞时的速度 $v_{10}$ 和轿车碰撞速度 $v_{20}$。

B 型碰撞:二轮车受到向右回转力的作用而右转与轿车的右侧面进行二次碰撞。这时二轮车一边向右旋转,一边向右前方滑移。而车上骑车人,不论二轮车如何运动,由于惯性的作用而持续按原来的方向运动,并与二轮车脱离。

C 型的情况:二轮车向左回转和轿车的左侧面碰撞,运动量几乎全部传递给轿车。

碰撞后轿车若制动停车,则冲突后的速度为

$$v_2 = \sqrt{2g\varphi_2 S'_2} \tag{8-24}$$

式中:$\varphi_2$——轿车的轮胎和路面间的纵滑附着系数;

$S'_2$——轿车的滑移距离,m。

则轿车的碰撞速度为

$$v_{20} = v_2 \cos\theta_2 \tag{8-25}$$

式中:$\theta_2$——轿车的偏向角。

二轮车的碰撞速度为

$$v_{10} = v_2 \sin\theta_2 \tag{8-26}$$

3）追尾型事故

如图8-17，自行车以 $v_{20}$ 的速度行驶，汽车以 $v_{10}$ 的速度向自行车尾撞，自行车和骑车人分开，弹跳到前方。

根据碰撞前后动量不变的原则，有

$$m_1 v_{10} + (m_2 + m_p) v_{20} = m_1 v_1 + m_2 v_2 + m_p v_p$$

$$v_{10} = v_1 + \frac{m_2}{m_1} v_2 + \frac{m_p}{m_1} v_p - \frac{m_2 + m_p}{m_1} v_{20} \tag{8-27}$$

式中：$v_1$——碰撞后的汽车速度，m/s；
$v_2$——碰撞后自行车的速度，m/s；
$v_p$——碰撞后骑车人被弹出的速度，m/s；
$v_{10}$——碰撞前汽车的速度，m/s；
$v_{20}$——碰撞前自行车的速度，m/s；
$m_1$——汽车的质量，kg；
$m_2$——自行车的质量，kg。

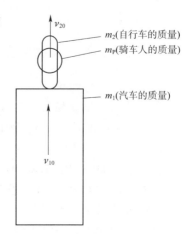

图8-17 自行车被追尾碰撞

汽车驾驶员在碰撞时一般会踏下制动踏板实施紧急制动，而在路上留下轮胎印痕，印痕长度为 $L_1$(m)（$\varphi_1$ 是碰撞车轮胎路面附着系数），则碰撞后汽车的速度为

$$v_1 = \sqrt{2g\varphi_1 L_1} \tag{8-28}$$

自行车的滑移距离，取决于被尾撞的状态。如果碰撞时自行车立即翻倒在路上滑移 $L_2$(m)，从滑移的距离可以近似推算出自行车被尾撞后的速度 $v_2$（$\varphi_2$ 是自行车翻倒后在路面上的滑移附着系数），则

$$v_2 = \sqrt{2g\varphi_2 L_2} \tag{8-29}$$

骑车人首先被撞，倒向发动机罩上。由于汽车的紧急制动，在较大的减速度下，骑车人又被向前抛出。

$$v_p = \sqrt{2g}\varphi_p \left[ \sqrt{h + \frac{x}{\varphi_p}} - \sqrt{h} \right] \tag{8-30}$$

式中：$\varphi_p$——人倒在路上滑移时的附着系数；
$x$——骑车人的滑移距离，m；
$h$——发动机罩的高度，m；
$g$——重力加速度，9.81 m/s$^2$。

自行车碰撞前的速度 $v_{20}$，大体可以选择为20km/h，然而 $(m_2 + m_p)/m_1$ 通常小于0.1，故 $(m_2 + m_p)/m_1 v_{20}$ 影响不大，可略去之。另外，由于人体的恢复系数几乎为零（塑性），故可以认为 $v_p = v_1$。自行车与人相比较恢复系数不等于零，$v_2$ 比 $v_1$ 略大些。但在这种情况下，$m_2/m_1$ 约为1/30很小，也可近似的认为 $v_2 = v_1$，误差也不大。这样，可得

$$v_{10} = \frac{m_1 + m_2 + m_p}{m_1} v_1 \tag{8-31}$$

由式(8-31)可推算出汽车碰撞前速度。

## 第二节　汽车与行人事故

### 一、汽车与行人碰撞事故的再现

1. 行人交通的特点

所谓行人事故是指有行人参与的交通事故，例如轿车—行人事故、摩托车—行人事故、货车—行人事故等，但不包括行人本身或行人间的事故。

步行是以个人体力为动力的一种"柔性交通"。它可灵活选择步行的方向、路线，不像机动车交通需要一定的车道，不能随便改变行车路线。

对于不同对象的人群，有其各自的交通特点。

1）儿童行人的交通特点

少年儿童天真、活泼、好动、反应敏捷、动作迅速、但缺乏生活经验，不懂交通法规，缺少交通安全常识；不太了解机动车和非机动车的性能及机动车对人的危险性；对复杂的交通环境应变、适应能力差。故少年儿童常会在道路上玩耍、打闹、追逐、玩滑轮车、玩滑板、学骑自行车，甚至在上坡时爬车、吊车。少年儿童玩耍遇车临近身旁时，有时会一阵乱跑，顾前不顾后；为了抢拾玩具，有时"奋不顾身"地冲上有其他交通的道路上。

少年儿童在交通事故中伤亡，主要原因不是横穿道路，而是突然跳出，跑到道路上，其次是在汽车前后突然穿越。

2）青壮年行人交通的特点

青壮年处于生命力旺盛时期，精力充沛，感知敏锐，应变、适应能力强。对交通法规比较熟悉，有法律意识和安全意识，有生活经验。他们担负社会工作和家务劳动较重，出行时间多，行走距离较远，在客观上增加了发生交通事故的机会。但是，由于他们好胜心强，不甘示弱，有人故意不遵守交通法规，在车辆临近时，敢于"以身试法"地勇敢横穿；有的在道路上并排行走，听见车辆发动机的轰鸣声和喇叭声也满不在乎。甚至公共汽车刚进站，就蜂拥而上，人紧贴车身；有的一跃抓住车门，吊在车上。因此，青壮年行人发生交通事故多数是在横穿道路和拥挤的情况下，尤其，在强行拉车、强行搭车、强扒车辆时发生了交通事故。

3）老年行人交通的特点

老年人视力差，听觉不灵，动作迟缓，反应迟钝。老年人常不能正确地估计车速和自己横穿道路的速度，准备横穿时表现出犹豫不决，有时行至路中间见到有车开来又突然退回或折返。有的因年老体弱、眼花、耳聋而没能发现来车，不知避让，有的因腿脚不灵躲闪不及，而酿成交通事故。

老年人交通事故大多数发生在横穿道路过程中。据专家统计分析结果表明，60岁以上老人在人行横道上等待横穿道路的时间平均为29s，比13～19岁青少年的24s要长，且常因对自己和车辆的速度估计不正确，反而错过最有利的横穿道路时间。驾驶员如果把老年人当成青壮年人来看待，就容易因估计错误而发生事故。老年人在横穿中突然返回，常使驾驶员感到意外而措手不及，酿成交通事故。

4) 妇女行人交通的特点

妇女主要指中壮年妇女。她们一般比较小心谨慎地参与交通,同男性相比行动较迟缓。女性出行有时喜欢三五成群、拖儿带女。带着孩子上街的妇女更是小心谨慎,横穿街道的速度大为降低。等待横穿道路的时间,女性比男性平均长 4s 时间。横穿道路速度较男性的 1.58m/s 低 0.08m/s。女性成群行走时,嬉笑言谈妨碍了她们对行驶车辆的感知,在道路上听到汽车喇叭声或者轰鸣声后反应行为不一,出现胆大者向道路对面横穿,而胆小者就地躲让,也有的跑向对面后发现同伴未跟上,反而有跑回来的现象。这时,若驾驶员警惕性不高,判断错误,就容易发生碰撞行人的交通事故。

5) 乡村行人交通的特点

在行人中,城市人和乡村人有所不同。乡村人初进城里,对川流不息的车流常感觉茫然,不知所措;道路不熟、不熟悉交通法规、怕事物、横穿公路慌张;不知"先看左后看右"的交通常识;有时想走近路,越出人行横道斜向行走;对车速估计不准,有的人在车辆尚远时徘徊犹豫,不敢横穿,车辆临近时反而横穿道路;有的人行走时精神不集中,东张西望,对车辆的警惕性不高;肩负重担所占空间增加,横穿道路时,肩挑背负之物,有时会成为交通事故的诱因。

2. 行人事故再现特点

行人事故再现主要包括推算汽车的初始速度、汽车的碰撞速度、反应地点(时刻)、碰撞点、行人的行走速度和方向。行人事故再现的基础数据是从事故现场痕迹和证词中提取的。

像分析汽车等机动车碰撞事故一样,清晰地了解碰撞行人事故的碰撞或初始接触的过程是分析行人交通事故的重要一步。很遗憾,汽车碰撞行人事故的分析经常出现失误。原因是有关行人事故证据采集比其他事故的要难,而且不充分,从而为事故分析带来了一定的难度。在实际再现行人事故时,知道行人如何进入车道是较为复杂的问题。作为事故再现专业人员,必须仔细研究事故现场图和案卷,进行研究探讨的问题:行人从何处进入车道;汽车在何处碰撞行人;汽车行驶与行人运动方向之间的角度关系;行人在车的何处;如何倒向汽车以及抛出倒地;行人的行进速度也应在考虑之内。

事故前阶段也可划分为感知、反应和结果 3 个基本阶段。感知可具体分解如下:危险进入(此时为行人)驾驶员视野,驾驶员看见视野目标,危险被辨识,直接危险的"阈值"被确定。如果驾驶员看见一个似乎犹豫不决、停止或视线瞥向汽车方向,则可能作出行人不会穿越道路的判断。但是如果视线所到的是一个追随皮球冲向道路的儿童,则汽车驾驶员会看见和辨别到事件达到了一定的危险"阈值",作出采取相应动作的决策,改变速度或方向,或者两者兼有之。这需要一定分析、辨识和决策的时间,对行人的动向进行判断。

在再现行人事故时常提出一些不同于其他事故类型的问题,如事故的原因和事故是否可以避免等。前者的回答需要知道诸如汽车的初速度、碰撞速度、反应时刻、碰撞形态、行人行走时间、可辨认位置、行走方向以及由这些数据测算的速度变化历程。后者包括事故的空间和时间可避免潜力。

行人事故再现的可用数据包括事故汽车的终止位置、行人的终止位置、滑移物体的终止位置(如汽车附属物,玻璃碎片,行人的鞋、帽、拎包、钱包、眼镜)、制动印迹,道路附着系数,碰撞地点位置(通过行人鞋与地面的擦痕,目击者的证词等确定)、汽车车身的擦痕,汽车的损坏,道路位置和路况,视线的遮蔽情况,交通法规,行人受伤的种类和严重程度,衣服损坏与脏污以及当事人和目击者的陈述等。

行人事故再现的基础是事故现场的勘查(如痕迹、证据)。勘查的主要内容有工程方面的(汽车、行人、道路),医学的(受伤位置、伤势),天气方面的(道路状况、视野),心理学方面的(访问目击者,问询当事人)。在车对行人碰撞的交通事故中,被害者要急救且要尽快恢复交通,现场勘测有一定的难度。所以,交通管理人员应在现场的物证没有被破坏,见证人没有离开之前尽早地进行勘测。特别是应注意碰撞地点的确认,对行人事故这个问题尚是难于解决的问题。

行人事故再现使用的方法主要依据物理定律(制动、转向等)、勘查结果和特殊模拟试验。目前,行人事故再现的常用方法有位移 – 时间曲线图法、分布三角形法、区间约束法及回归数学模型法。

## 二、汽车 – 行人事故

1. 行人事故术语的定义

行人抛距 $S$ 是碰撞点至行人静止点之间的距离。行人抛距可分为纵抛距和横抛距。前者为其在汽车行驶方向的分量 $S_x$,后者为垂直行驶方向的分量 $S_y$。

行人横偏距 $Y_c$ 是指汽车与行人臀部的接触点至头部与发动机罩接触点之间的垂直于汽车纵轴的距离,如图 8-18a)所示。

上抛距 $X_c$ 是指在汽车上接触点至行人头部碰撞点之间的平行纵轴的水平距离,如图 8-18b)所示。

展距 $L_c$ 是指从地面到头部与汽车发动机罩接触点行人身体包容汽车外廓的展开长度,可分为静展距和动展距。前者为行人围绕汽车外廓展开时,从地面开始至头部与汽车的接触部位的展距,如图 8-18c)所示;后者为行人围绕汽车的外廓展开时,地面至头部与汽车接触点的展距。

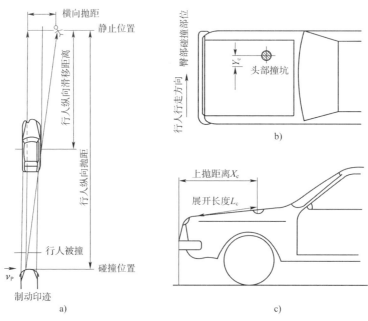

图 8-18 行人事故术语定义

## 2. 事故中行人运动状态

汽车与行人相碰事故碰撞后行人的运动状态与汽车的外形和尺寸、汽车的速度、行人的身材高矮(图8-19)、行人的速度大小和方向有关。碰撞点在行人质心以上(碰撞形式D),如大客车等平头车与成年人碰撞、轿车与儿童碰撞,碰撞可能直接作用在行人的胸部甚至头部。身体上部直接向远离汽车的方向抛向前方;如果汽车不采取制动,行人将被碾在车下。对于碰撞点作用在行人质心,行人整个身体几乎同时与汽车接触(碰撞形式C),行人的运动状态基本同D。在大多数情况,碰撞作用在行人质心下面(碰撞形式A和B),一般的船形轿车与成年人的碰撞事故均属于这种形式。汽车保险杠碰撞行人的小腿,随后大腿、臀部倒向汽车发动机罩前缘,然后身体躯干和头部与发动机罩的前部,甚至与风窗玻璃发生二次碰撞。图中 $h/H$ 之比越小,头部的碰撞速度越大。碰撞速度越高,汽车前端越低,行人身材越高,头部碰撞风窗玻璃的概率越大。研究表明,当碰撞速度小于15km/h,对于A和B两种形式的碰撞,行人被撞击后直接抛向前方。当汽车(轿车)速度很高,并且在碰撞时没有采取制动措施,可能会使行人从车顶飞出,直接摔跌在汽车后的路面上。

| | 类型A 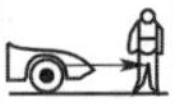 | 类型B  | 类型C 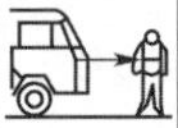 | 类型D 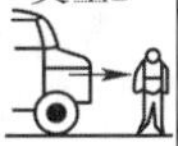 |
|---|---|---|---|---|
| 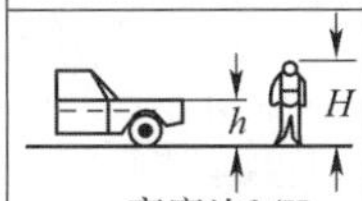 高度比 $h/H$ | $<\frac{1}{2}$ | $\approx\frac{1}{2}$ | $\geq 1$ | $>1$ |
| 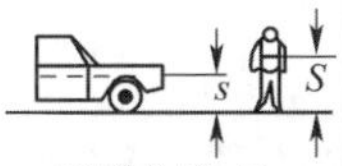 碰撞位置 $s/S$ | $<1$ | $\leq 1$ | $=1$ | $>1$ |
| 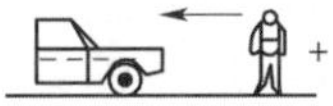 初始转动方向 | + | + | + | + |
|  二次转动方向 | + | + | +  - | - |
| $\dfrac{v_{头-车}}{v_{碰}}$ 头部碰撞速度 | 1.0~1.4 | 0.8~1.2 | 1 | 0~1 |
| $\dfrac{v_{分离}}{v_{碰}}=K$ 行人速度 | 0.6 | 0.75 | 0.8 | 1.0 |

图8-19 行人事故中身高与汽车外形的关系

对于船形轿车行人碰撞事故,行人运动过程如图8-20所示。其图8-20a)所示为汽车与行人的运动方向相同或者迎面碰撞时,行人的运动学规律;图8-20b)所示则是行人运动方向与汽车运动方向垂直碰撞时,行人运动学规律的抽象描述。

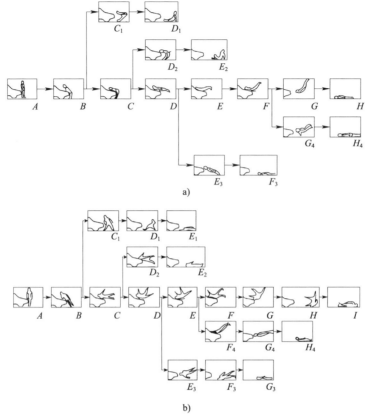

图 8-20 轿车碰撞行人的运动形式

图 8-21 是利用模拟假人身体不同部位在碰撞过程和其后的运动规律。对于行人与汽车的擦碰，其运动形式较为复杂，第二阶段不存在。

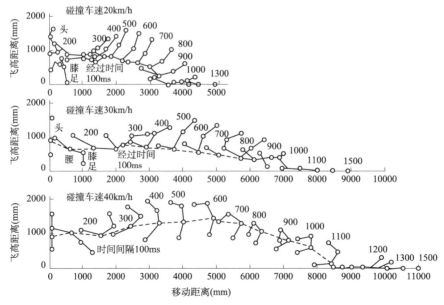

图 8-21 成年人（模拟假人）被船形轿车碰撞后的运动姿态

对接触阶段影响较大的因素有碰撞速度、制动强度和行人身高与汽车前端的几何尺寸比。飞行阶段是因行人先被汽车加速，然后汽车因制动，而被加速的行人继续向前运动，行人被抛向前方。如果汽车没有制动或者减速度极小，当速度超过某数值时，行人可能从车顶飞出，落在汽车后面的道路上。滑移阶段是从行人第一次落地到滑动（包括滚动及弹起）至静止的过程。一些试验研究表明，在这个过程行人亦可能离开地面弹起。影响接触阶段的因素对滑移（滚动）运动同样有影响，此外，行人落地时刻的水平和垂直速度、路面种类、行人着装等因素也有影响。

图8-22a)为常见的船形轿车与成年人碰撞时，行人的运动过程的划分。车人接触，行人身体被碰撞并加速，身体移向汽车发动机罩；从发动机罩上抛向地面；落地后继续向前运动至静止。即行人经历了接触、飞行和滑移3个阶段。

对于平头汽车碰撞成年人或船形轿车碰撞儿童行人，其运动过程如图8-22b)所示。儿童行人被直接抛向汽车的前方，滑移或滚动后停止。如果碰撞过程汽车没有采取制动措施，行人可能被汽车碾压。

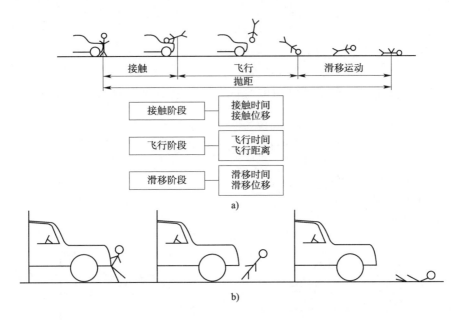

图8-22 汽车与行人碰撞运动过程

### 三、行人事故分析的约束方法

如前所述，目前对汽车行人事故的一般运动学规律相对了解较少。利用试验数据与所分析行人事故对比，较为容易接受。为此，下面将介绍有关试验结果和基于试验（及其经验公式）分析事故的约束方法。

1. 有关试验结果

图8-23中给出了一些试验结果，其中虚线表示行人事故的行人纵向抛距分布范围（RAU，KUHNEL 和 ELSHOLZ），而实线为在不同制动强度的条件下，行人纵向抛距与碰撞速度或制动减速度的关系以及抛距的分布范围。

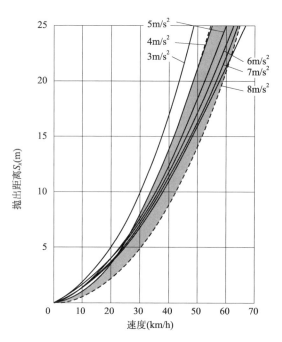

图 8-23　碰撞速度与抛距的关系(制动减速度不变)

图 8-24 所示为碰撞汽车制动减速度对行人纵向抛距的影响,对其回归得出的经验公式为

$$S_x = 0.0178 a v_c + 0.0271 \frac{v_c^2}{a} \tag{8-32}$$

式中:$S_x$——行人的纵向抛距;

　　　$a$——制动减速度;

　　　$v_c$——碰撞速度。

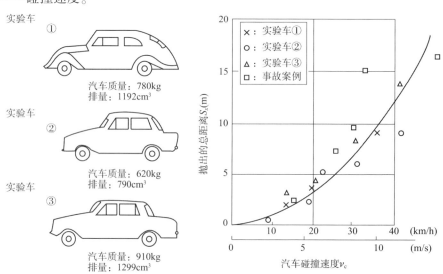

图 8-24　抛距与碰撞速度的关系

由图 8-24 可知,在碰撞速度相同的条件下,低发动机罩汽车碰撞时行人的抛距稍小于较高发动机罩汽车碰撞时行人抛距。

图 8-25 所示为行人横向抛距对碰撞速度的依赖关系。与纵向抛距不同,横向抛距极限距离与碰撞速度呈线性关系。

行人的上抛距也受碰撞速度的影响。图 8-26 表明行人上抛距 $X_c$ 也与行人体高度(成人或儿童)与汽车外形相对尺寸(VW-KAFER 为甲壳虫外形,OPEL 为普通船形轿车)有关。甲壳虫外形汽车的上抛距较大;这是因为这种汽车的发动机罩短,速度稍高模拟假人(50% 分位点男人)就与汽车 A 柱或风窗玻璃接触。C 也与行人身体高度(成人或儿童)与汽车外形相对尺寸(VW-KAFER 为甲壳虫外形,OPEL 为普通船形轿车)有关。甲壳虫外形汽车的上抛距较大;这是因为这种汽车的发动机罩短,速度稍高模拟假人(50% 分位点男人)就与汽车 A 柱或风窗玻璃接触。

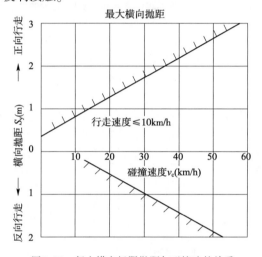

图 8-25 行人横向极限抛距与碰撞速的关系

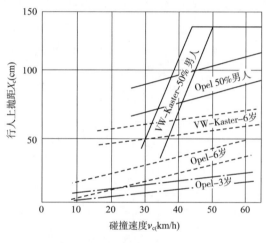

图 8-26 行人上抛离与碰撞速度的关系

汽车的碰撞速度越高,行人在车身上的横偏(移)距 $Y_c$ 越小,其变化分布范围如图 8-27 所示。车速增加,行人的横向偏移距缩小,但是分布宽增加。

汽车与行人碰撞的情况,一般会在碰撞接触处发生凹陷变形。变形深度通常与碰撞速度成比例关系,如图 8-28 所示。

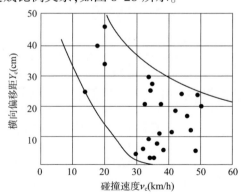

图 8-27 碰撞速度与行人在车上的横偏移距

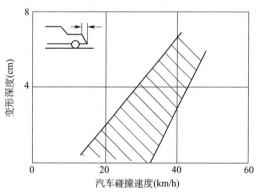

图 8-28 行人在车身上的压痕深度与碰撞速度

行人事故时行人有可能将前照灯或风窗玻璃击破,形成一定范围的碎块较均匀的玻璃片分布场(现在已经很少有玻璃前照灯及罩)。Schneider 取下缘离地高度 60cm,上缘离地高度 83cm 的汽车前照灯为试验对象,利用特制的打击头击打前照灯,记录以试验碰撞速度击碎的玻璃碎片的起点(最近抛距)和止点(最远抛距),如图 8-29 所示。

Kühnel 取四种有代表性的汽车为试验对象,不但记录玻璃碎片的起点和止点抛距(分布带宽),如图 8-30a)所示;而且还给出了主分布带宽与碰撞速度的关系,如图 8-30b)所示。

Braun 对汽车前照灯、平头汽车以及长头风窗玻璃进行了大量的试验,试验结果如图 8-31 所示。

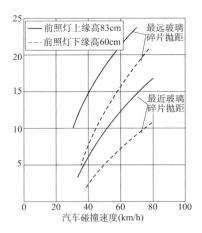

图 8-29 玻璃抛距与碰撞速度的关系

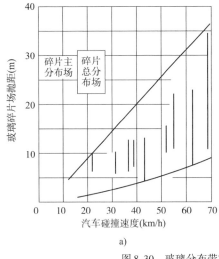

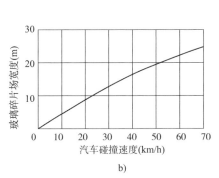

图 8-30 玻璃分布带宽与碰撞速度的关系

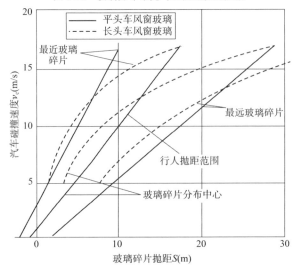

图 8-31 玻璃分布场与碰撞速度的关系

**2. 确定汽车-行人碰撞点的约束方法**

为了回答一个行人事故是否可以避免这个问题，首先必须确定事故碰撞点。一般来说，事故现场必然留下或多或少的痕迹，事故的碰撞点总是借助这些事故现场痕迹分析得到。对于行人事故有行人鞋底与路面的擦痕、行人携带物体（例如手推车、牵赶的牲畜及宠物等）位置或轨迹的不规则等。通常事故分析专业人员还要利用某些有规律，例如行人的抛距、制动和拖滑印迹、玻璃碎片、塑料块、金属碎块等固体物质的抛距，将它们的规律曲线画到速度—位移平面坐标上。如果存在单调的数学关系，则它们必定相交于一点，该点即为事故的碰撞点。

Slibar 分散三角方法就是基于这种考虑的。他将汽车制动路程、行人抛距及玻璃碎片抛距相对碰撞速度的关系曲线分别绘制在同一个速度-距离坐标系中，3 条曲线所包围的三角区域就是碰撞点的可能分布区（图 8-32），从而可得到碰撞速度的平均值。由于参数选择存在误差，有时 3 条曲线不能形成闭合三角形。

但在民法和刑法诉讼中，通常分析问题的出发点，是从对被告有利的情况下考虑问题。对此，Kühnel 对 Slibar 分散三角方法进行改进，提出了一种"约束方法"。比如，根据路面的状态和路面的种类，确定在最小减速度为 $a_1$、最大减速度 $a_2$ 下，得到制动位移与速度关系的下限和上限方程，如图 8-33 所示。

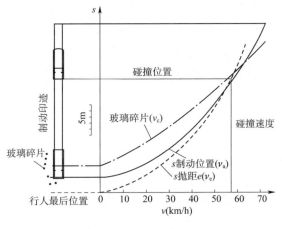

图 8-32　分散三角形

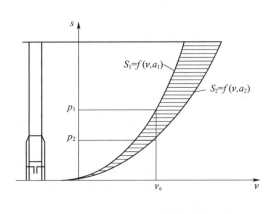

图 8-33　速度约束区

$$S_1 = f(v, a_1)$$

$$S_2 = f(v, a_2)$$

对于确定的碰撞速度 $v_c$，碰撞点的可能范围就限制在 $P_1$ 和 $P_2$ 之间，反之亦然。

然而，碰撞速度一般都是未知的，但其他痕迹以及某些规律可能已知。比如行人横偏移距 $Y_C$，就是头部与汽车的接触位置及汽车与行人的初始接触点是确定的。将行人横偏距 $Y_C$ 与试验数据比较，可得出碰撞速度的下限和上限分别为 $v_{c1}$ 和 $v_{c2}$。由 $S_1$、$S_2$、$v_{c1}$ 和 $v_{c2}$ 形成一个约束区域，见图 8-34 中的阴影部分。

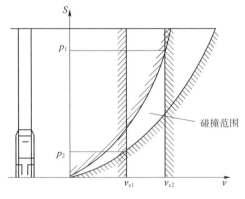

图 8-34 速度和制动减速度约束

为了提高结果精度,即把碰撞速度和碰撞点限制在更窄的区域,可把所有的当事人的陈述、目击者的证词以及服从物理规律的各种痕迹曲线全部绘制在速度-位移坐标系上。

存在 3 种不同的约束:碰撞地点约束、碰撞速度约束和速度-位移约束。这些约束意味着,约束值四周(以上、以下以及以左和以右)值可被排除。

碰撞地点约束一般是那些纯粹的地点陈述,如路边停止汽车之间的间隙、目击者证词、行人携带物体或牵领宠物位置。碰撞地点约束在速度-位移坐标系里以水平直线的形式出现。

碰撞速度约束从痕迹得出,即从痕迹推导出的最小和最大速度,例如行人横偏距(最大速度)、横抛距(最小速度)、上抛距(速度范围)。行人运动学特性也可得到碰撞速度推断,例如行人从汽车顶盖直接抛到车后。另外,碰撞后保险杠和发动机罩前端残留变形深度无疑也可作为碰撞速度约束。这些碰撞速度约束在速度-位移坐标系上用垂直直线表示。

第三种约束是速度-位移约束。它直接描述事故现场痕迹与碰撞速度以及运动方向的关系。除了制动位移以外,主要是行人抛距(有时使用行人落地后的滑移距离)、玻璃碎片的位置以及碰撞时从车上分离抛出的其他部分(零部件、破碎块片等)。这种约束主要用曲线图描述。这种速度—位移约束在坐标系中以痕迹的终止位置为坐标的原点,位移坐标取与汽车运动平行的方向。

约束分析方法的要点为:

(1)根据路面的种类和状态,测量汽车的制动减速度为 $7\sim8\ m/s^2$(即附着系数 $0.71\sim0.87$)。

(2)平行于碰撞时刻汽车运动方向画一条参考坐标,最好与制动拖痕方向相同。

(3)取汽车的停止位置(汽车最前端)为坐标原点,并画出 $a=7\ m/s^2$ 和 $a=8\ m/s^2$ 的速度-位移曲线。

(4)同理,行人抛距的可能分布从行人最后静止时的质心绘出的速度-位移曲线表示。

(5)曲线的交点 $S_1$ 的横坐标值提供了汽车的最小可能速度(50km/h)和最迟的碰撞位置(行人最终位置前 18m)。这对进行事故可避免性计算提供了基础,对事故研究也是有价值的,但还没有关于最大的可能碰撞速度的说明。

(6)前照灯玻璃碎片场的起始距离对本问题分析没有提供约束点,但是前照灯玻璃碎片集中分布场的终止距离曲线与行人抛距曲线存在交点 $S_2$,和 $a=7\ m/s^2$ 制动曲线存在交点 $S_3$。碰撞点和碰撞速度可借助这三点形成的三角形得到约束边界。

(7)行人横抛距 1.74m 时汽车的最小碰撞速度不低于 54km/h,这时可将碰撞点限制在 $S_2—S_3—S_4—S_5—S_2$ 所包围的区域内。

(8) 由于本例事故行人第一抛到地面的位置和最终静止的地点已知,所以从行人滑移路程可得到最大、最小碰撞速度约束值,进一步将碰撞点的范围约束在 $S_2$—$S_6$—$S_7$—$S_4$—$S_5$—$S_2$ 的区域内。

(9) 其他参变量,如前照灯玻璃碎片场的终止距离、行人的抛上高度以及横向滑移距离对碰撞地点范围约束没有进一步的作用,因此在图8-34中没有画出。

### 四、行人事故的可避免潜力分析

行人事故中常涉及行人的速度和方向;汽车的运动状态,如等速、加速、制动减速等;除此之外还有关于驾驶员视线障碍,如路旁停放的汽车、弯道或交叉路口的交通设施、绿化植被(树木)等。由此可把普通行人事故视为有至少两个参与者的交通事故。另外,同汽车相比行人的行走(或奔跑)速度一般较小,行走速度通常取平均值,因此其运动线是很陡的直线。

**1. 行人的行进速度**

确定行人的行进速度是交通事故再现工作中一项比较棘手的问题。1977年Eberhardt和Himbert做了大量的行人行走速度的观察试验,力图确定行人运动的平均速度与年龄、性别及运动的特点,如行走、跑步和赛跑的关系。事故调查时会遇到目击者这样说:"这个行人走得特别快。"不同的人对"特别快"可能赋予不同的速度。就是说,行人速度的判定取决于观察者、被观察者以及被观察者所处的环境。表8-1列出了行人速度的平均值。

**行人在不同运动状态下的平均速度**(单位:m)　　　　表8-1

| 年龄(岁) | | 6~14 | 14~15 | 20~30 | 30~50 | 50~60 | 70~80 |
|---|---|---|---|---|---|---|---|
| 性别 | | 男/女 | 男/女 | 男/女 | 男/女 | 男/女 | 男/女 |
| 运动状态 | 行走 | 1.5/1.5 | 1.7/1.6 | 1.2/1.4 | 1.5/1.3 | 1.4/1.4 | 1.0/1.1 |
| | 快走 | 2.0/2.0 | 2.2/1.9 | 2.2/2.2 | 2.0/2.0 | 2.0/2.0 | 1.4/1.3 |
| | 跑动 | 3.4/2.8 | 4.0/3.0 | 4.0/3.0 | 3.6/3.6 | 3.5/3.3 | 2.0/1.7 |
| | 赛跑 | 4.2/4.0 | 5.4/4.8 | 7.4/6.1 | 6.5/5.5 | 5.3/4.6 | 3.0/2.3 |

**2. 事故可避免性计算**

事故汽车保持允许速度(譬如50km/h),就要检验从时间或空间上该起交通事故是否可避免。这在行人交通事故调解和法庭裁决时起着决定性的作用。

虽然某起行人事故是不可避免的,但保持允许速度行驶仍然可使碰撞速度降低,从而降低事故后果。

下面使用时间-位移图法举例加以阐述。

行人从汽车行驶方向的右侧横穿道路时,被汽车右侧所撞。初始变形位置位于汽车发动机罩右前角0.7m处。事故时在路右侧有另一辆停放的汽车,从该停放车前端至碰撞点距离为2.8m。汽车前轮制动拖印长为19m。制动试验表明,汽车的减速度至少为7 m/s$^2$。从制动痕迹起点至碰撞点距离为6m。事故地点允许最高速度为50km/h,如图8-35所示。

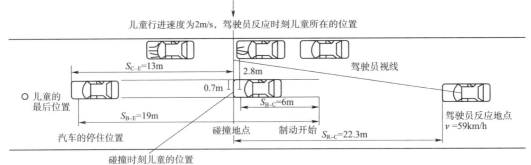

图 8-35 事故现场草图(考虑反应时间)

碰撞速度计算为

$$v_c = \sqrt{2S_{C-E}a} \tag{8-33}$$

因为最小制动减速度为 $a = 7 \text{m/s}^2$，碰撞点至汽车停止点的距离为 $S_{C-E} = 13\text{m}$，所以

$$v_c = \sqrt{2 \times 13 \times 7} = 13.5(\text{m/s}) = 48.5(\text{km/h})$$

初始速度计算为

$$v_0 = \sqrt{2S_{B-E}a} \tag{8-34}$$

因为汽车前轮制动拖印长度为 $S_{B-E} = 19\text{m}$，所以

$$v_0 = \sqrt{2 \times 19 \times 7} = 16.3(\text{m/s}) = 58.7(\text{km/h})$$

初始速度大于允许速度，驾驶员违反交通法规，应该对事故负主要责任。

假设总的反应损失时间为 1s 时，期间经过的路程则为 16.3m，则反应时刻至碰撞点之距离为 22.3m，反应时刻到碰撞经历的时间为

$$t_{R-C} = t_f + t_{B-C} \tag{8-35}$$

式中：$t_f$——总反应损失时间；

$t_{B-C}$——制动起点至碰撞点经过的时间。

$$t_{R-C} = \frac{v_0 - v_C}{a} = 0.4(\text{s}) \tag{8-36}$$

$$t_{B-C} = 1.0 + 0.4 = 1.4(\text{s})$$

在这种情况下，是否及时反应，或者当行人在停放车辆之间出现时刻及时反应，与行人的行进速度有很大关系，如图 8-36 所示。

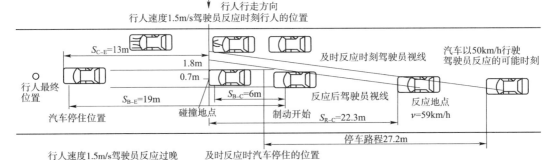

图 8-36 驾驶员反应过晚

## 五、位移－时间图分析方法

将事故现场图重新按一定比例尺（通常为 1∶200,1∶100 或 1∶50），并在其下绘出位移－时间坐标及以一定时间间隔（如 1s）做一系列直线平行时间坐标。

取碰撞点作为位移坐标的原点，事故汽车停止点至制动起点的运动线（行驶线）的减速度为 $7m/s^2$，制动开始和反应时刻也作为特征点在图中标出。从图 8-35 给出的碰撞点出发，取行人（假设行人是儿童，速度为 $2m/s$）画上行人运动线。从反应点出发，作水平线与行人运动线相交于 $P_1$，由此读取行人从反应至碰撞经过的距离 $S_{P1}$，并将其转换到交通事故现场图上。

首先假定汽车驾驶员反应及时。对于速度 50km/h 事故的可避免性，可过反应时刻 $t_R$ 作速度 50km/h 汽车在驾驶员反应时间内的位移－时间直线（虚线）。由于损失时间相同，所以可在时间－位移曲线上汽车经过一段距离后注上制动点。从制动点开始画出至汽车停住的时间－位移曲线。即汽车的行驶线是由直线和抛物线两段组成的。在此期间，行人经过的路程为 $S_{P1}+S'_P$，两条时间－位移线正好相交，因此事故空间不可避免，如图 8-37 所示。

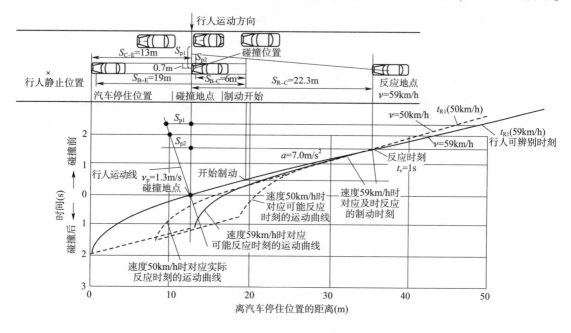

图 8-37 事故空间不可避免

最后还必须注意，行人的行进速度对交通事故分析有哪些明显的影响？汽车的减速度和时间损失是在一定范围内变化的。对于每一事故案例必须认真检查，哪些假设对被告（例如司法诉讼）有利。在民事诉讼中，必须估算速度或反应分布区域，而分布区域由不同的假设得出。应该避免给出精确速度，例如 49.5km/h 作为实际速度，而不指出速度分布及其可避免的距离。

行人碰撞分析研究进展较慢，由于交通事故的数据间的相互矛盾，并且提取数据较难。目前可用的有说服力的数据主要是一些用模拟假人的模拟试验结果，因此交通事故分析的信息源常限于数学模型或者根据理论原理的假设。自1971年以来,一些研究者开始尝试根据行人质量的运动,定量分析汽车的碰撞速度。下面将总结这些数学计算式。

1. 施密特 – 纳格耳方法

1971年施密特和纳格耳(SCHMIT-NAGEL)总结实验室试验结果,提出经验公式为

$$v_X = -\sqrt{\mu^2 h_P + 2\mu g d_t} - \mu h_P \tag{8-37}$$

式中:$\mu$——摩擦系数;
$\quad g$——重力加速度;
$\quad d_t$——行人的抛出距离;
$\quad h_P$——行人质心的抛出高度(只有使用高速摄像机,同时采用网格背景墙才能测量到该数据)。

实际上,整个事故过程很短,观察者(如目击者)无法准确地确定行人质心的抛出高度,例如目击者可能说,行人被撞,抛起比车稍微高一点。但这即不是准确高度,也无法通过事故勘测得到证实。

该公式考虑了碰撞时行人的质心高度和碰撞后其质心的最大抛出高度的差别。该公式虽然提出最早,但至今无人采用。此后,人们根据两阶段模型的假设,提出了一些公式,即假设碰撞后行人的运动由两个阶段组成:碰撞抛物运动和落地后滑移运动至静止。

2. 谢巴切夫方法

1975年谢巴切夫(STCHERBATCHEFF)等研究了以10~40km/h的速度碰撞模拟假人(儿童和成人)试验结果,研究结论是行人的抛出距离与汽车的碰撞速度和制动减速度有关,并提出相应的经验公式为

$$d_t = \frac{v_c^2}{2a} + (0.03 a v_c) \tag{8-38}$$

式中:$v_c$——碰撞速度,km/h;
$\quad a$——平均减速度,为4~7 m/s²。

3. 寇林斯方法

1975年寇林斯(COLLINS)利用已知的碰撞速度和行人的质心高度,推算行人的抛出距离为

$$d_t = \frac{v_c \sqrt{h}}{7.97} + \frac{v_c^2}{254\mu} \tag{8-39}$$

式中:$h$——行人质心高度,m。

实际上,一般事故的行人的抛出距离为已知或者掌握某些信息,而求算碰撞速度,此以反函数的形式给出计算公式为

$$v_c = \frac{-B \pm \sqrt{B^2 - 4AC}}{2A} \tag{8-40}$$

其中:

$$A = \frac{1}{254\mu} \quad B = \frac{\sqrt{h}}{7.97} \quad C = -d_t \mu = 0.8$$

4. 席勒方法

1983年席勒(SEARLE)注意到确定汽车碰撞行人及骑自行车人的速度存在的问题,提

出3个公式计算碰撞速度(km/h),即

$$v_c = \frac{\sqrt{2\mu g d_t}}{\cos\varphi + \mu\sin\varphi} \quad (8-41)$$

$$v_{c\,min} = \frac{\sqrt{2\mu g d_t}}{1 + \mu^2} \quad (8-42)$$

$$v_{c\,max} = \sqrt{2\mu g d_t} \quad (\mu = 0.66 \sim 1.2) \quad (8-43)$$

**5. 落体和滑移平方根法**

1985年柏英科(BANK)博士等对行人的抛物运动方程进行了研究,研究的出发点是从解广义的落体和滑移运动平方根,主要针对平头车(例如,面包车)和重型货车与行人的碰撞。提出的方程式为

$$v_c = \frac{-B \pm \sqrt{B^2 - 4AC}}{2A} \quad (8-44)$$

其中:

$$A = \frac{1}{2a} \quad B = \frac{\sqrt{2h}}{g} \quad C = -d_t$$

该方程式仅适用与碰撞后行人直接抛向前方的碰撞速度。

**6. 乌德方法**

乌德(WOOD,1986)的原公式是从已知碰撞速度推算抛出距离为

$$d_t = \frac{v_c^2 M_C^2}{2\mu g (M_C + M_P)^2} + \mu d_0 \quad (8-45)$$

则有

$$v_c = \frac{\sqrt{(d_t - \mu - d_0) \times 2\mu g (M_C + M_P)^2}}{M_C^2} \quad (8-46)$$

式中: $M_C$——汽车的质量,kg;

　　　$M_P$——行人的质量,kg。

该公式利用一些文献提供的试验数据确定摩擦系数,所用的27组试验均采用成年或儿童模拟假人,试验速度范围为4.47~17.89m/s。行人摩擦系数计算公式为

$$\mu = 0.772 - 0.0019 v_c \quad (8-47)$$

**7. 李姆泼特方法**

李姆泼特1989年提出一个根据已知行人抛出距离求碰撞速度的公式为

$$v_c = 10.6\sqrt{8.4\mu^2 + 0.3\mu d_t} - 12.4\mu^2 \quad (8-48)$$

式中: $\mu = 0.7 \sim 1.2$。

**8. 费克方法**

1989年美国西北大学费克(FICKE)提出了一个计算重型货车与行人的碰撞速度公式为

$$d_t = 2\mu h - 2h\sqrt{\mu^2 - \frac{\mu d_t}{h}} \quad (8-49)$$

$$d_s = d_t - d_f \quad (8-50)$$

$$\nu_f = d_f \sqrt{\frac{0.5g}{h}} \tag{8-51}$$

$$\nu_s = \sqrt{2ad_s} \tag{8-52}$$

$$\mu = 0.45 \sim 0.60$$

式中：下标 f 和 s 分别表示落体运动和滑移运动。对碰撞汽车的上边缘高于行人质心的事故，利用公式计算的碰撞速度比较准确。

9. 巴泽利方法

1991 年巴泽利（BARZELEY）等提出了一个公式，计算碰撞前没有采取制动的汽车碰撞行人事故的碰撞速度，即

$$\nu_c = \sqrt{2.6 + 3.5d_t} - 4.7 \tag{8-53}$$

使用这个公式首先需要碰撞点到碰撞后至静止的距离，包括落体和滑移距离。

10. 加利方法

在 1990 年提出了一个经验公式，用于推算有制动滑移的汽车—行人碰撞速度，即

$$f_e = f_a - f_h \tag{8-54}$$

$$C = \left(1 - \frac{f_h}{f_b}\right)\frac{\sqrt{L}}{f_e} + \sqrt{H_h} \tag{8-55}$$

$$B = 4 \times T_r + C \tag{8-56}$$

$$E = \left(C + \sqrt{H_h}\right)f_h\frac{\sqrt{L}}{f_e} + D_t \tag{8-57}$$

$$\nu_c = 5.466f_b\sqrt{B^2 + \frac{E}{f_b}} - B \tag{8-58}$$

式中：$f_e$——有效摩擦系数；

$f_a$——汽车轮胎与地面的摩擦系数；

$f_h$——行人与发动机罩之间的摩擦系数；

$f_b$——行人身体与地面之间的摩擦系数；

$L$——行人身体在发动机罩上的滑移距离。

11. 尤伯英科斯方法

尤伯英科斯（EUBANKS）在落体和滑移方程根方法的基础上提出的推算汽车—行人碰撞事故速度的一种方法。该方法将碰撞和碰撞后行人的运动分为 3 个阶段：汽车对行人的运输过程、行人在空气中的飞行过程和行人在路面上的滑移过程。计算式为

$$\nu_c = \frac{-B \pm \sqrt{B^2 - 4AC}}{2A} \tag{8-59}$$

其中：

$$A = \frac{1}{64.4\mu} \qquad B = \frac{d}{\nu_p \sin\varphi} + \frac{\sqrt{h}}{16.1} \qquad C = -d_t$$

式中：$d$——行人在发动机罩上的横向滑移距离；

$h$——行人在发动机罩上移动期间的离地最大高度。

## 六、行人交通事故分析案例

### 1. 事故概况

某年 12 月某日 6 时 50 分许,杨某驾驶吉 AE625× 捷达 jetta ci 出租车,沿磐石路由东向西行驶,于工大西南角小门南,与由北向南横过道路的年老行人董某某相撞,导致董某某死亡,汽车部分损坏。事故现场附近道路平直,但行车道的路面轻微损坏不平,道路中心有残余冰雪,路右侧有残余冰雪,行车道上有少量冰雪斑块。

### 2. 事故分析

1) 事故分析依据

事故现场勘查案卷(含事故现场草图、照片、询问笔录);事故现场(恢复现场)补充勘查,主要是事故现场环境,包括道路状况、道路环境、行人血迹的现场定位等;在停车场勘测事故汽车与行人接触痕迹及损坏情况;捷达 jetta ci 汽车技术参数;汽车检测站关于制动性能的检测结果;汽车道路制动试验结果。

2) 事故基本数据

事故现场附近道路平直,但行车道的路面轻微损坏不平,道路中心有残余冰雪,路右侧有残余冰雪;行车通道为干燥沥青路面(铺装多年),但有少量冰雪斑块。

汽车制动拖印长 17.50m,汽车左前抢中心,距离行人血迹 4.90m。

汽车以 30km/h 在事故现场制动试验,制动距离为 6m。

检测站制动测试汽车前轴制动力系数为 56%。

汽车尺寸 = 4385×1674×1415mm,轴距 2471mm,汽车整备质量 1060kg,两名乘员 2×60kg=120kg。

行人与汽车发动机罩前端接触变形,纵向×横向×深度 = 200mm×220mm×6mm,中心距车标 Ⓥ 中心 160mm,距地面高度 850mm。在风窗玻璃在转向盘上方,行人与风窗玻璃接触破碎的中心距发动机罩接触变形中心纵向距离 1300mm,横向偏移 150mm,距风窗玻璃下缘 380mm。

由事故现场比例图和汽车技术规格数据,可知行人抛距为

$$l = 4.90 + 4.385 - 0.80 + 5.70 = 14.2(\text{m})$$

3) 汽车速度分析计算

(1) 根据道路制动试验计算。

$$\varphi = \frac{v_{试验}^2}{2gs_{试验}} = \left(\frac{30}{3.6}\right)^2 \frac{1}{2 \times 9.81 \times 6} \approx 0.6$$

考虑碰撞过程的动能损失以及试验误差,取 $\varphi = 0.6 \sim 0.65$,则

$$v_0 = \sqrt{2g\varphi s} = \sqrt{2 \times 9.81 \times (0.6 \sim 0.65) \times 17.5} = 14.4 \sim 14.9(\text{m/s}) = 52 \sim 54(\text{km/h})$$

从事故环境分析和事故现场比例图可确定碰撞前制动距离为

$$s = 17.5 - 8.7 = 8.8(\text{m})$$

(2) 据 Dietmar Otte 的结论,若行人头部与汽车相撞击,则类似捷达轿车形状的轿车碰

撞行人时刻的速度大于 45km/h,对于身高 1.70m,轿车碰撞行人时刻的速度为

$$v_c = 45 \sim 55 (\text{km/h})$$

$$v_0 = \sqrt{2g\varphi l + \left(\frac{v_c}{3.6}\right)^2} = \sqrt{2 \times 9.81 \times (0.6 \sim 0.65) \times 8.8 + \left(\frac{45 \sim 50}{36}\right)^2} = 16.1 \sim 17.5$$
$$= 58 \sim 63(\text{km/h})$$

(3)根据 Helgo Schneider 的试验结果,轿车碰撞行人时刻的速度为 40~45km/h。行车速度为

$$v_0 = \sqrt{2g\varphi l + \left(\frac{v_c}{3.6}\right)^2} = \sqrt{2 \times 9.81 \times (0.6 \sim 0.65) \times 8.8 + \left(\frac{40 \sim 45}{3.6}\right)^2} = 15.5 \sim 16.1(\text{m/s})$$
$$= 54 \sim 58(\text{km/h})$$

(4)根据 John Searle 以及 Alfred Slibar 的结果,轿车碰撞行人时刻的速度为

$$v_c = 44\text{km/h}$$

$$v_0 = \sqrt{2g\varphi l + \left(\frac{v_c}{3.6}\right)^2} = \sqrt{2 \times 9.81 \times (0.6 \sim 0.65) \times 8.8 + \left(\frac{44}{3.6}\right)^2} = 15.9 \sim 16.2(\text{m/s})$$
$$= 57 \sim 58(\text{km/h})$$

(5)根据人体统计结果(Milan Covic),身高 1.70m 时,质心高度约为 1.01m。根据 H. Appel 的行人模型,求得轿车碰撞行人时刻的速度为

$$v_c = \sqrt{2g\mu}(\sqrt{l + h_s\mu} - \sqrt{h_s\mu}) = \sqrt{2 \times .81 \times (0.6 \sim 1.1)} [\sqrt{14.2 + 1.01 \times (0.6 \sim 1.1)} - \sqrt{1.01 \times (0.6 \sim 1.1)}] = 9.9 \sim 13(\text{m/s}) = 36 \sim 47(\text{km/h})$$

$$v_0 = \sqrt{2g\varphi l + \left(\frac{v_c}{3.6}\right)^2} = \sqrt{2 \times 9.81 \times (0.6 \sim 0.7) \times 8.8 + \left(\frac{36 \sim 47}{3.6}\right)^2} = 14.3 \sim 17.1(\text{m/s})$$
$$= 51 \sim 61(\text{km/h})$$

(6)根据 Jürgen Detting 试验得到经验公式,求得轿车碰撞行人时刻的速度为

$$l = 2.5 + 0.1068v_c + 0.00452v_c^2$$

其中,$l = 14.2\text{m}$

$$v_c = 47.47 \pm 4(\text{km/h}) = 33.5 \sim 41.5(\text{km/h})$$

$$v_0 = \sqrt{2g\varphi l + \left(\frac{v_c}{3.6}\right)^2} = \sqrt{2 \times 9.81 \times (0.6 \sim 0.65) \times 8.8 + \left(\frac{33.5 \sim 41.5}{3.6}\right)^2} = 13.8 \sim 15.7(\text{m/s})$$
$$= 50 \sim 56(\text{km/h})$$

汽车事故前制动时刻的车速范围为 50~63km/h,比较可信速度约为 56km/h。

3. 行人在碰撞时刻的运动状态

从行人与汽车两个明显的碰撞接触点的位置关系,即横向偏置150mm,表明行人在汽车碰撞瞬间处于正常行走状态,既不是处于停止站立状态,也不是处于奔跑状态。

4. 结论

根据分析和计算结果表明:事故发生前,汽车行车速度高于50km/h,约为56km/h,行人处于正常横过道路状态。

# 第九章　交通肇事逃逸案的侦破

## 第一节　概　　述

### 一、交通肇事逃逸及其危害

交通肇事逃逸,是指车辆(包括机动车和非机动车)驾驶员(含骑车人和驭手)在发生交通事故的同时,使交通事故所引起的民事、刑事、行政责任无法确定,其目的在于推卸、逃脱责任的行为。

1. 交通肇事逃逸的现状

近年来,随着交通事故的不断增加,交通肇事逃逸案件也时有发生。特别是交通事故造成重大人身伤亡后,驾车逃逸现象尤为突出。全国除一些特大城市、大城市的市中心地区发生的交通肇事逃逸案件较少外,一般大城市的郊区、干线公路和城乡道路上经常发生交通肇事逃逸案件。有的地区交通肇事逃逸事故竟然约占交通死亡事故的10%。例如,某县一年就发生了交通肇事逃逸事故16起(其中侦破了14起),造成了极坏的政治影响和社会影响。

2. 交通肇事逃逸的危害

1) 加重事故后果

交通肇事逃逸会扩大事故的后果。在交通事故中,受害人当场死亡的是少数,大部分是身体受了重伤;如果及时送医院抢救,受害人中有相当一部分是可以救治的,至少可以减轻伤亡后果。如交通肇事者逃逸,致受害人生死于不顾,则一部分不应当死亡的受害人就有可能死亡,还有一部分受害人有可能因耽误抢救时间而致残。在交通事故中,受伤本来已使受害人痛苦万分,因肇事者逃逸而得不到及时救治,无疑是雪上加霜,使受害人及其家属更加痛苦,危害后果更加严重。

2) 案件性质发生变化

肇事者逃逸会使交通案件性质发生变化。车辆交通事故除极个别人用车辆当行凶工具,蓄意作案者外,大都属于过失犯罪。肇事者在肇事后逃逸,则可能构成间接故意杀人罪或间接故意伤害罪。众所周知,故意犯罪与过失犯罪相比较,其性质的严重性和危害性要大得多。

3) 增加侦破难度

交通肇事逃逸案要耗费许多时间、警力和代价来侦破。肇事者驾驶车辆交通肇事后,如果立即停车等候处理,则办案人很容易勘查事故现场,分清事故责任,妥善处理事故的善后事宜。如果肇事者交通事故后逃逸,则现场非常可能遭到破坏,需要组织力量侦破案件,抓获肇事者。这不仅耗时、费力,而且会多花费许多差旅费和车辆使用费用。此外,交通肇事逃逸还可能破坏交通管理秩序,造成很坏的社会影响和政治影响,增加受害人及其亲属的痛苦和负担,使交通事故纠纷由简单变成复杂而难以处理。

如果交通肇事逃逸案件不能被侦破,对交通肇事逃逸者不严厉处理,无疑交通秩序和社会秩序就会遭受破坏,公安机关交通管理部门的威信和国家法规就要受到亵渎,受害人及其家属就会有抱怨和投诉,交通肇事者就会逍遥法外,更多的交通肇事者就会仿效,正常的交通管理工作就会受到极大影响。

因此,研究交通肇事逃逸案件的现状、特点和规律,介绍侦破交通肇事逃逸案件的经验、方法和注意事项,对于维护交通秩序和社会秩序,提高公安机关交通管理部门声誉、威信及破案能力,严肃法律,惩处犯罪分子等,都有重要的意义。

## 二、交通肇事逃逸案的特点

由于交通肇事案件不同于其他刑事案件,交通肇事逃逸者不同于其他刑事犯罪人员,所以交通肇事逃逸案件有许多明显的特点。

1. 地点

从案件发生地点来讲,交通肇事逃逸案件大多发生在城乡公路和大中城市郊区公路。在特大城市和大城市的繁华市区内则很少发生交通肇事逃逸案件。

2. 时间

从案件发生时间来讲,交通肇事逃逸案件大多发生在夜间,特别是晚10时至早5时之间发生的最多,白天很少发生。

3. 受害人

从受害人来讲,交通肇事逃逸案件中伤亡人员的多数是行人和骑车人。其中,青壮年居多,小孩和老人较少。这是老人和小孩夜间出行较少的原因。

4. 车型

从肇事车型上来讲,交通肇事逃避案件中的车辆大多数为机动车,如大型货车、大型客车、中型汽车、小型汽车、摩托车等,非机动车较少。

5. 证据

从物证上来讲,交通肇事逃逸案件中车辆碰撞痕迹一般较少,甚至没有。如果肇事车辆留有碰撞痕迹物证较多、较严重,交通肇事逃逸的一般较少。

6. 原因

从逃逸原因上来讲,交通肇事逃逸的驾驶员多数属于酒后驾驶、无照驾驶、私事用车,或者是偷开别人的车。正常驾车出行或营运汽车肇事后,驾驶员一般不会交通肇事后逃逸。

7. 内在条件

从内在条件上来讲,交通肇事逃逸案件驾驶员在肇事逃逸时,车上一般只有驾驶员一个人,至多只有2~3人,且还是知己或亲属。如果车上乘坐人数较多,并且关系一般,驾驶员在肇事后一般不会选择逃逸。

8. 外部条件

从外部条件来讲,交通肇事逃逸时,大都发生在车流小、行人少的时间和地点,甚至是夜间、下雨、下雪、雾霾天气。如果车辆多、行人多,又在光天化日之下,肇事者通常不敢或无法从肇事现场逃逸。

9. 后果

从肇事后果上来讲,交通肇事逃逸案件一般都是事故后果严重的,造成了人员重大伤亡。一般事故或者轻微事故,交通肇事者通常不会采取逃逸行为。

10. 逃逸者表现

从交通肇事者的表现上来讲,肇事者在交通肇事逃逸后,一般都要伪造第二轻微现场。例如,交通肇事者将肇事车辆及时送修理厂修复,很少按规定回本场、本队、本单位或住家。因为不进行伪装、清洗、修复,肇事者难以放心。

公安机关交通管理部门掌握交通肇事逃逸案件的特点后,既可及时破获交通肇事逃逸案件,抓获交通肇事者,依法进行惩处,以儆效尤;又可采取相应措施,主动预防交通肇事逃逸案件的发生,加强交通安全宣传教育,提高公民的交通安全防范意识,动员公民防范交通肇事逃逸者。只要公民懂法、守法、护法,交通肇事逃逸案件就能不发生或少发生,即使发生了一般也能及时查破。

# 第二节　交通肇事逃逸案侦查的任务与原则

交通肇事逃逸不同于一般的交通事故,是交通事故当事人为了逃避法律责任和民事责任,故意驾车或弃车潜逃的行为。对于故意驾车逃逸的,公安机关交通管理部门的调查具有侦破性质,可适用侦查技术和手段,及时侦破交通肇事逃逸案。

《中华人民共和国刑事诉讼法》第一百零六条第一项规定:"'侦查'是指公安机关、人民检察院在办理案件过程中,依照法律进行的专门调查工作和有关的强制性措施。"从这个概念中出发,侦查包括以下三层意思。

1. 侦查权

在我国侦查权属于公安机关和人民检察院。只有公安机关和人民检察院,才有权依法对交通肇事逃逸案件进行侦查。任何其他机关、团体或者公民个人擅自行使侦查权,私立专案,私设公堂,非法捕人、关人、搜查、扣押车辆、扣押物品等,都属违法行为,应当追究法律责任。

2. 侦查措施

侦查是专门调查工作和有关的强制性措施。根据刑事诉讼法的规定,专门调查工作主要包括勘验、检查、询问证人、侦查试验、暂扣押物证、书证、鉴定、通缉和询问肇事者等几个方面。

3. 侦查是一种诉讼活动

侦查是一种诉讼活动,必须严格执行《中华人民共和国刑法》《中华人民共和国刑事诉讼法》和其他法律的有关规定。

## 一、交通肇事逃逸案侦查的任务

交通肇事逃逸案侦查是公安机关和人民检察院的专门工作,是惩处交通肇事犯罪的重要工具。其基本任务是通过侦查破案,打击和遏制交通肇事犯罪活动,保护社会经济建设的顺利发展,保障公民生命财产的安全。

1. 证据

凡是能够证明案件真实情况的一切事实都是证据。重证据、重调查研究,不轻信口供,是我国刑事诉讼活动的一项重要原则。证据又是查明案件事实,揭露、证实和惩处交通肇事者犯罪的依据。

获取交通肇事的证据,是侦查交通肇事逃逸案件的一项重要任务,也是全部侦查活动的中心环节。各种策略手段、技术手段的运用,比如勘查现场、现场试验、询问证人、搜查、扣押车辆物证、辨认、鉴定以及询问肇事者等,其主要目的也都是为了获取肇事证据。证据的获取主要内容包括发现证据、固定和提取证据、检验证据。

1) 发现证据

交通肇事逃逸案件都是已发生的交通事件,而且这些事件又与许多其他事件同时发生、相互交错。能够证明肇事逃逸案件的事实,经常是零散的;有时淹没在许多其他事件之中,而且很容易遭到破坏;有时还会因人为的或自然的原因被销毁、掩盖,而不容易被发现。

因此,在交通肇事案件的侦查过程中,人们要采取各种有效的策略、方法和技术手段,及时而准确地找到能够证明交通肇事逃逸案件真实情况的一切事实,即发现证据。

2) 固定和提取证据

发现了证据是获取证据的第一步。为了使被发现的证据能够在交通肇事逃逸案件中真正起到证据的作用,还必须固定和提取这些事实材料;否则,尽管所发现的事实材料对于证明交通肇事案件的事实很有价值,也不能起到有效证据的作用。固定和提取证据的方法,通常有绘制现场图、现场照相、检验照相、制作各种笔录以及声像等,必要时可以提取具有证据意义的物品或书件。

3) 检验证据

各种证据必须经过查证属实,才能作为定案的根据。侦查过程中所发现和提取的每个证据都必须被严格检验。有些证据应送交技术鉴定机构(部门)进行鉴定。

办案人员对各种证据材料都必须认真地进行审查、判断,以鉴别其真假,查明各种证据材料之间的相互关系以及每个证据材料对证明案件事实的实际意义。最后,办案人员还应在综合分析和研究证据材料的基础上,对案件情况作出正确判断。

2. 查明案件事实

查明交通肇事逃逸案件事实,确定交通肇事者。所谓案件事实,就是指交通肇事者实施肇事逃逸犯罪行为的时间、地点、原因、目的、损害对象和造成的后果,以及交通肇事者有无责任能力等。

查明案件事实,是处理交通肇事逃逸案件的基础。只有查清楚交通肇事逃逸案件的事实,才能正确地使用案件所适用法律。真正做到定性准确、责任分明、量刑适当,使交通肇事逃逸者受到应得的惩处,使无罪者不受刑事追究。因此,全面查明案件事实,弄清案件全貌,准确地确定交通肇事逃逸者,是交通肇事逃逸案件侦查的一项最基本的任务。

为了查明案件事实,证实交通肇事逃逸者及其犯罪行为。在交通肇事逃逸案件的侦查过程中,应广泛地收集各种证据材料。

3. 防止交通肇事者逃避侦查的措施

采取必要措施,防止肇事者逃避侦查。交通肇事逃逸者的活动,大多是在诡秘的情况下进行的。有的交通肇事逃逸者又会千方百计地毁灭证据,伪造证据,制造假象,掩盖事实,或者逃逸、躲藏、串供、嫁祸于人。在案件侦查过程中,如果案情发展有变化,对原来采取的强制措施,也应根据新的情况,分别予以撤销或变更,以保证案件侦查活动的顺利进行。

### 二、交通肇事逃逸案侦查的原则

交通肇事逃逸案的侦查原则是侦查人员在整个侦查活动中必须遵循的基本准则。侦查作为诉讼活动的一个重要阶段,它的一切活动都必须严格遵守刑事诉讼法规定的基本原则:公安、检察院、法院分工负责、互相配合、相互制约,以事实为根据,以法律为准绳;每个公民在适用法律上一律平等;当事人有权获得辩护等。在交通肇事逃逸案件侦查活动中,这些基本原则都必须被严格遵守,此外还有几项也是必须遵守的。

1. 依靠社会

在侦查活动中实行公安机关交通管理部门专门工作与社会公众相结合,坚持实行群众路线。这是我国公安工作的优良传统,也是中国侦查工作区别一切其他国家侦查工作的根本标志。

交通肇事逃逸的行为直接危害着国家和人民群众的利益,为人民群众所深恶痛绝的,制止和打击交通肇事逃逸的工作,代表了群众的利益,反映了社会的要求,必然会得到社会公众的积极支持。

总之,实行群众路线,是公安侦查工作顺利进行的根本保证。每个侦查人员都必须树立依靠群众的观点,相信群众、依靠群众、自觉地贯彻群众路线。

2. 实事求是

实事求是,一切从实际出发,是逃逸案侦查活动的核心问题。交通肇事逃逸案的侦查工作的基本任务,是准确地查明案件的真实情况,使真正逃逸者受到惩处,使清白者不受追究。这是一项极其艰巨的任务,必须从客观实际出发,实事求是地进行调查研究。

案件侦查工作,要坚持实事求是,还必须做到全面细致。这就要求在侦查过程中,必须全面查清与案件有关的一切事实情况,发现和收集各种痕迹物证材料,并且注意鉴别其真伪。

3. 把握破案时机

抓住时机、积极侦破,就是要趁发案不久,逃逸现场遗留的痕迹、物证比较明显,证人记忆犹新的有利时机,以最快的速度赶赴现场,及时进行勘查和访问,尽快地作出分析判断,确定侦查方向和范围,制定侦查方案,迅速部署力量,开展侦查工作。

及时破案就是经过侦查,对于已查清、核实的主要事实,并且取得了确凿证据之后,应当立即破案,以防止逃逸者再次逃脱。

总之,依靠社会、抓住时机、积极侦查、及时破案,是我国公安工作行之有效的方针。它反映了公安机关交通管理部门同交通肇事逃逸行为斗争的特点,是多年来同肇事逃逸人员斗争的经验总结。

4. 依法办案

为了保证交通肇事逃逸案件侦查活动的正确进行,防止发生偏差和错误,公安机关交通管理部门要做到有法必依,执法必严。严格依法办案,就是要求在侦查破案的各个环节切实遵守《中华人民共和国刑法》《中华人民共和国刑事诉讼法》《中华人民共和国道路交通安全法》和其他有关法律、法规、法令和规定。

坚持依法办案,就是要求办案人员必须懂法,全面领会相关法规的基本内容和精神实质,厘清罪与非罪的界限,深刻认识加强法制的重要意义,从而进一步增强法制观念,养成依法办案的习惯。

## 第三节　交通肇事逃逸案件的查缉

案件查缉是公安机关对已确定立案的交通肇事逃逸案件所进行的一系列侦查活动。侦查人员应从每个交通肇事逃逸案的实际出发,有计划、有步骤地开展侦查工作。对一个具体案件的侦破,一般要经过立案、制定侦查预案、发现肇事嫌疑车和嫌疑人、认定肇事者和破案处理等主要步骤。这些步骤也是侦查破案的主要环节。

### 一、交通事故逃逸查缉步骤

1. 立案

公安机关交通管理部门接到报案、举报和自首材料后,经过审查而决定作为交通肇事逃逸案件进行侦查,这种活动就称作立案。

立案是进行交通肇事逃逸案处理的前提。《道路交通事故处理程序规定》第四十一条规定:"经过调查不属于公安机关交通管理部门管辖的,应将案件移送有关部门并书面通知当事人处理途径,或者告知当事人处理途径。""公安机关交通管理部门在调查过程中,发现当事人有涉嫌交通肇事、危险驾驶犯罪的,应当按照《中华人民共和国刑事诉讼法》《公安机关办理刑事案件程序规定》立案侦查。"

按照这个规定,公安机关交通管理部门应当接受由当事人、目击者或其他人报告的交通事故逃逸案件,然后按照管辖范围迅速审查。如果属于管辖范围的交通事故,应立即立案并展开调查;如不属管辖范围的,应告知当事人,并与有管辖权的交通管理部门联系移交事宜。

2. 制定查缉预案

侦查预案,是指针对发生的交通肇事逃逸案件进行侦破所制定的总体计划,是公安机关交通管理部门部署警力进行侦查交通肇事逃逸案件活动的依据。

侦查预案的内容通常包括:逃逸案情初步判断;开展侦查活动的方向;须查明的主要问题;所采取的措施;侦查力量的细致分工;完成侦查任务的期限和要求等。

公安机关交通管理部门应当根据管辖区域和道路情况,制定交通肇事逃逸案件查缉预案,并组织专门力量办理交通肇事逃逸案件。

3. 查缉组织与过程

发生交通肇事逃逸案件后,公安机关交通管理部门应立即启动查缉预案,布置警力堵截,并通过全国机动车缉查布控系统查缉。

案发地公安机关交通管理部门可通过发布协查通报、向社会公告等方式要求协查、举报交通肇事逃逸车辆或者侦破线索。发出协查通报或者向社会公告时,应提供交通肇事逃逸案件基本事实、交通肇事逃逸车辆情况、特征及逃逸方向等有关情况。

军队和武警车辆涉嫌交通肇事逃逸的,公安机关交通管理部门应当通报军队、武警的有关部门。

接到协查通报的公安机关交通管理部门,应立即布置堵截或者排查。发现交通肇事逃逸车辆或者嫌疑车辆的,应当予以扣留,依法传唤交通肇事逃逸人或者与协查通报相符的嫌疑人,并及时将有关情况通知案发地公安机关交通管理部门。案发地公安机关交通管理部门应立即派员前往办理移交。

4. 撤销案件布控

公安机关交通管理部门查获交通肇事逃逸车辆或者交通肇事逃逸嫌疑人后,应当按原范围撤销协查通报,并通过全国机动车缉查布控系统撤销布控。

5. 后续工作

公安机关交通管理部门侦办交通肇事逃逸案件期间,交通肇事逃逸案件的受害人及其家属向公安机关交通管理部门询问案件侦办情况的,除了依法不应公开的内容,公安机关交通管理部门应当告知并做好记录。

道路交通事故社会救助基金管理机构已经为受害人垫付抢救费用或者丧葬费用的,公安机关交通管理部门应当在交通肇事逃逸案件侦破后及时书面告知道路交通事故社会救助基金管理机构交通肇事逃逸驾驶员的有关情况。

## 二、发现嫌疑车辆

嫌疑车辆,是指发生交通事故后当事人为逃避事故责任驾车逃逸,处理交通事故的办案人员在追缉时,对未经证实,但与肇事车辆特征相仿,被怀疑可能是肇事逃逸的车辆。在公安机关交通管理部门追缉逃逸事故时,被列为嫌疑车的情况有以下几种:

(1) 公安机关交通管理部门根据当事人或见证人报案时所提供的不完整车号或不准确车号,需要检查的相关车号的车辆。

(2) 无人记下车号时,与当事人或有关人员提供的车辆特征相仿的车辆。

(3) 经公安机关交通管理部门勘查现场确定的车种、颜色和型号的车辆。

(4) 相邻地区公安机关交通管理部门在无确切线索,又十分紧急情况下堵截逃逸车辆时,由逃逸事故发生地驶来的车辆。

追查逃逸事故的肇事车辆是一项复杂的工作。只有先查出肇事车,才能抓获肇事逃逸者。由于同一种类、型号、颜色的机动车,可能在同一时间通过同一地点,加之社会上相似的车辆很多,有些车辆经过一定时间的使用,车辆的各部位均可能造成一些损坏,这些损坏可能与逃逸车辆的肇事痕迹相仿。有些肇事逃逸车上的痕迹被肇事者蓄意掩盖或修复,需要事故的办案人员、专业人员对损坏部位进行鉴别,对有关人员进行调查,必要时还需使用物理或化学检验手段对痕迹进行鉴定。由于这些工作还需要一个时间过程,公安机关交通管理部门不得不采取强制措施,暂扣与逃逸车辆相仿的嫌疑车,对嫌疑车辆进行逐个甄别。因此,在公安机关交通管理部门查缉交通事故逃逸车辆的紧急情况下,暂扣属于嫌疑的车辆时,车辆的所有人和驾驶员应服从公安机关交通管理部门人员的指挥,接受检查并主动配合检查人员的工作,不应抱有抵触情绪。这是公安机关交通管理部门为保护群众切身利益、合法权益和社会安定而采取的一项保护性临时措施,也是为了保护被嫌疑车辆的所有人和驾驶员的工作。在处理逃逸事故的实践中,常会出现因报案不准确、错记车号等,一些无辜的车辆被受害人家围困,向车主索要赔偿,殴打驾驶员的情况。只有公安机关交通管理部门查明真实情况,确定嫌疑车辆与逃逸事故无关,才能使嫌疑车的所有人和驾驶员的权益切实得到保护。

### 三、调查取证确定肇事车和肇事者

在逃逸事故的调查摸底过程中所发现的嫌疑车和嫌疑人有时还不止一个。嫌疑对象的嫌疑程度和根据各不相同,大体可分为一般嫌疑对象和重点嫌疑对象。侦查人员在发现嫌疑对象后,必须逐个审查嫌疑对象。在获得足够的确凿证据后,对于证实是肇事作案的对象,才能认定其应承担的责任,依法进行追究。对于证实没有作案条件的,应及时做出否定结论,解除嫌疑。

在重点嫌疑对象确定后,侦查目标就已经明确,任务比较具体。此时工作的关键就是收集有关证据,审查原来所取得的证据与重点嫌疑人有无关系。对于各种证据材料,应通过互相印证、互相比较,鉴别哪些是真实的,哪些是不真实的。从而找出事物的内部联系,抓住事物的本质,对嫌疑人是否是肇事者,得出符合客观实际的结论。

### 四、破案

破案是在主要事实已经查清,案情明了,取得了确凿证据之后所采取的一项侦查措施,是侦破过程中的一个重要环节。

在破案前,首先必须认真审查破案的条件:具有确凿的证据,案情已经查清或者主要事实清楚。只有具备了这两个基本条件,才能决定破案。破案后,应及时填写《破案报告表》,对重大交通肇事逃逸案还应写出破案总结报告。

## 第四节 交通肇事逃逸案件的调查

### 一、交通事故现场

交通事故现场是指发生交通事故后车辆、伤亡人员,以及与交通事故有关的物品、痕迹等所处的空间。每起交通事故都有一个现场,交通事故现场保留着大量的事故证据,因此,在事故原因分析、事故当事人责任认定等一系列程序上,都离不开现场资料。

根据现场与事故发生后的状态变动,交通事故现场可分为原始现场、变动现场、破坏现场和逃逸现场。事故逃逸现场是指肇事车辆的驾驶员,在事故发生后,为了逃避责任,有意隐瞒事故不报并将车辆驶离,从而造成变动和破坏的现场。

从事故现场勘查的需要出发,由于原始现场保持了交通事故发生后的本来面貌,因而比变动现场便于获得可靠资料。然而由于各种原因,保留原始现场的可能性非常小。所以,一般情况下只能做到使事故现场的变动尽可能小。这就要求在交通事故发生后,必须及时和有效地保护事故现场。

### 二、交通肇事逃逸案事故现场的保护

事故发生后,交通管理部门人员不一定能及时赶赴事故现场。事故现场的最初保护,主

要靠事故当事双方的驾驶员、乘员及其他人员自觉维护,并立即向交通警察或交通管理部门报告。

在接到交通事故报告后,由交通管理部门人员组织和负责的现场保护工作即可着手进行。现场保护工作主要包括:

(1)封闭现场。

(2)消除危险。

(3)保护痕迹和物品。

(4)维护交通秩序。

### 三、交通肇事逃逸的现场勘查

交通肇事后逃逸多发生在傍晚或晚上光线不好的时间段,或比较偏僻、过往车辆或行人较少的路段,以及受害者神志不清或死亡的情况下。因此,肇事逃逸现场勘查有一定的困难,必须进行认真细致勘查,从中找到追查逃逸车辆的重要依据。

1. 确定现场性质

道路上的伤亡事故不一定都是交通事故。在接到事故报案时,根据《道路交通事故处理程序规定》第十六条规定,要记录:报案方式、时间,报案人的姓名、联系方式;电话报警的,应记录报警电话号码,发生或者发现事故的时间、地点,人员伤亡情况、车辆类型、车辆号牌号码,是否载有危险物品及其种类,是否发生泄漏;涉嫌交通肇事逃逸的,还应当询问并记录肇事车辆的车型、颜色、特征及其逃逸方向、逃逸驾驶员的体貌特征等有关情况。公安机关交通管理部门勘查人员到达现场后,先向在场人员了解情况;根据现场遗留的痕迹、物证和人体的损伤部位及特征,鉴定是否属于交通事故。

2. 肇事时间的判断

肇事时间的判断主要包括如下:

(1)尸体的变化,如检验尸体冷却、僵硬程度,有无尸斑,出现的部位、程度,从而大致判断死亡时间。

(2)从受伤者的伤口变化情况判断。

(3)被刮树木损伤处或被碾压过土路肩杂草的颜色变化(用实验的方法比较)判断。

(4)从被害者的出行时间和活动范围判断。

(5)从轮胎花纹遗留沟槽痕迹表面的变化判断。

3. 车辆行驶方向的判断

车辆行驶方向的判断方法如下:

(1)车辆行驶时,由于轮胎滚动对路面的作用,常使轮胎两侧尘土、细砂等物质形成扇形,扇形展开面就是车辆行驶的后方。

(2)车辆如果压折树枝、草棍等物,这些东西的断端常常指向行驶后向。

(3)从车上滴下来的油滴、水滴的形状,及人体血滴的尖端,一般指向行驶的方向。

(4)车辆如果经过水沟或污泥,常会将泥水和污泥等带到干燥、清洁的路面上,留下泥水或泥土的痕迹,有这类痕迹路面的一方是车辆行驶的来向。

(5)畜力车还可根据蹄迹的分布位置、形态分析车辆行驶的方向和牲畜种类。

4. 寻找轮胎或其他遗留印迹、散落物

寻找轮胎印迹,不要局限在路面上,还应扩大至路肩甚至边坡、边沟。后者往往不易消失,而且痕迹清晰明显。现场发现印痕时要详细记录数量、花纹、宽度以及印迹间的距离,用以推断肇事车型。同时,从花纹的清晰度可推断轮胎的新旧程度。

除了轮胎印迹外,还必须注意寻找现场周围的其他刮擦痕迹。如行道树和电线杆上的刮痕等。从痕迹的高度、油漆的颜色等,大致判断被车身上哪一位置刮擦,也是推断车型的重要证据。

另外,散落的货物、漆片、玻璃碎片、塑料片等都是鉴定逃逸车辆的重要物证。

5. 访问调查

在现场勘查获得证据和推断的基础上,深入现场周围和车辆逃逸方向进行广泛的访问调查。调查道路沿线居民和田间作业的农民、餐饮服务人员、车辆修理厂的修理工、迎面而来的车辆驾驶员和行人等。请他们提供在判断的肇事时间段驶往某一方向的车辆特征。如车号牌特征(后栏板有无喷写放大号,印象最深的数字等)、车辆特征(大车、小车、货车、客车、新旧程度、颜色,以及有何装置等)、装载情况(装载何物、高度、乘员等)。

调查工作,在开始时范围要大些。随着调查工作的进展,逐步缩小范围。如发现可疑车辆,要反复查证,不可轻易肯定或否定,定案须在充分的证据基础上。

## 第五节 交通肇事逃逸案件现场图的绘制

交通肇事逃逸现场图是逃逸现场勘查记录的内容之一,是一种重要证据,必要时可利用现场图恢复现场原貌。由于逃逸事故案发生在道路上,所以逃逸现场不能长时间保留。在勘查工作结束后,需要迅速清除现场,恢复正常交通。同时,由于事故责任分析、认定和调解的需要,必须把肇事逃逸现场绘制成现场图。

交通事故逃逸现场图和其他各类事故一样,是根据正投影和中心透视的原理,借助于图例和线型按一定比例将现场地物、地貌、设施、交通元素、遗留痕迹、有关物体等绘制在图纸上的示意图。

其详细绘制方法、过程和步骤见第五章第五节。

## 第六节 侦破交通肇事逃逸案件的措施

### 一、询问证人

询问证人,是侦破交通肇事逃逸案件必须采用的一种重要的侦查措施,也是侦破工作走群众路线的一种重要的形式。证人,是指了解案件事实情况而被通知到案作证的人。证人就其所知道与案件有关的事实、情节所做的陈述,叫作证言。证人证言是查明案发真相的一种最普通的证据来源之一。

询问证人应由公安机关交通管理部门的办案人员负责,并且要严格依照法律规定的程序,采取正确的策略方法,使所取得的证言有法律效果。

1. 询问前的准备工作

认真做好询问前的准备工作,是保证询问工作顺利进行的前提。主要包括以下内容:

(1)确定被询问证人的范围。

(2)了解证人的身份信息、职业及与肇事者之间的关系,研究证人可能提供什么情况和能够证明什么问题等,以便正确地确定询问的方式方法。

(3)拟定简要询问提纲。

(4)研究确定询问证人的先后顺序,以及与证人联系确定询问的时间和地点等。

2. 询问证人的策略方法

询问证人能否达到预期的目的,同办案人员在询问中采用策略、方法是否正确有着密切关系。由于每个案件事实真相具体情况不同和各个证人的身份特点不同,询问的策略、方法不可能千篇一律。根据实践经验,在询问过程中,应注意以下问题:

(1)询问证人一般应征得证人的意见,是在单位或在其住所进行。必要时,也可以通知证人到公安机关交通管理部门提供证言。

(2)询问证人应当个别进行,不可将几个证人集中在一起进行询问。

(3)在询问中,办案人员对证人的态度应当和蔼耐心,使证人能够在没有拘束和没有顾虑的情况下,把自己所知道的有关案情全部讲出来。

(4)办案人员在询问证人时一定从实际出发,不可先入为主。

(5)在询问中,要针对证人的不同特点,采取不同的方式方法。

3. 制作询问笔录

询问证人必须认真做好询问笔录,把证人所提供的证词详细地记录下来。对每个证人都必须单独制作询问笔录,不得把几个人提供的证言写在一份询问笔录,更不准采用只制作某一个证人的询问笔录,而让其他证人在笔录上签名或者盖章的办法。

4. 证人证言的分析判断和核对

证人证言是一种重要的证据,直接关系到办案的质量。对证人的证言一定要持慎重态度,既要十分重视证言的作用,又不能盲目轻信。只有经过认真地审查核对的证言,才能作为诉讼证据使用。

## 二、追缉堵截

追缉堵截是一种侦查交通肇事逃逸案件的紧急措施。追缉,是指判明逃逸车辆的方向后,及时组织力量,顺着其可能逃逸的方向和地区进行寻找。堵截,是指发现肇事车辆已经逃逸后,通知有关单位出动警力或发动群众,在其可能途经的地点进行抓堵。

追缉堵截运用的范围通常是:交通肇事发案不久,逃离现场不远,尚在继续逃逸中;或者从现场遗留下的痕迹和物证发现了肇事车逃逸的方向;或者了解到肇事车特征及了解逃往的地区和单位,均应组织力量进行追缉堵截。

## 三、通缉和通报

1. 通缉

通缉是指侦查破案过程中为追缉抓获交通肇事逃逸嫌疑人而采取的一种侦查措施。通缉令必须由(县)市以上公安机关发出,其他任何机关不得自行发布通缉令。各级公安机关交通管理部门在自己管辖的地区以内,可以直接发布通缉令,超出自己管辖的地区,应当报请上级公安机关发布。全国范围内通缉应由公安部发布通缉令。对于交通肇事逃逸的肇事者是在一定地区通缉,还是在全国通缉,应根据案件的涉及面和具体情况而定。

2. 通报

通报是公安机关内部通力合作、协同侦破的一种有效方法。它一般都是发到有关地区的公安机关内部,不对外公开发布、张贴。这种方法适用的范围比通缉令广,除了用作查缉在逃的交通肇事嫌疑人外,还可用于查明无名尸体和物体等。

### 四、辨认

1. 辨认的概念和种类

在侦破交通肇事逃逸过程中,常需要由被害人、事主或知情人指认逃逸的嫌疑车辆和肇事嫌疑人,识别现场遗留物或无名尸体等。这些活动统称为辨认。辨认可以采取公开和秘密两种形式进行。

2. 辨认注意问题

(1)在辨认前,应详细询问辨认人,问清其所了解的被辨认人和车辆的突出特征。

(2)对人和车辆进行辨认,要坚持混杂辨认的原则,决不可将被辨认人或车辆单独提出来进行辨认。

(3)在辨认前,不能让辨认人看到嫌疑人和嫌疑车辆,防止先入为主的偏见,不要受到外界影响。

(4)有几个辨认人对同一个对象进行辨认时,应分别单独进行。

(5)在辨认过程中,办案人必须秉持客观的态度,不能以自己的语言或行动去影响、示意辨认人指认某人或某车。

### 五、鉴定

《中华人民共和国刑事诉讼法》第一百四十六条规定:"为了查明案情,需要解决案件中某些专门性问题的时候,应当指派、聘请有专门知识的人进行鉴定。"鉴定是一种侦查交通逃逸案件的手段。这项侦查手段与其他侦查手段不同,它是由办案人员指派、聘请鉴定人来进行的,其目的是为了解决案件中某些专门性问题。鉴定人运用自己的专门知识或技能对交通案件中某种专门性问题所做的鉴定意见是证据的来源之一。因此,正确地指定鉴定人和进行鉴定,是查明案情、揭露和证实交通肇事行为的一个重要环节。

办案人员在商请有关鉴定机构指定鉴定人时,既要考虑鉴定人对需要鉴定的问题是否有相应的鉴定能力,又要考虑其是否与本案有利害关系。凡是与本案有利害关系的人员,即使其具有相适应的鉴定能力,也不能充当本案的鉴定人。

为了保证鉴定意见的正确性,办案人员应向鉴定人明确提出通过鉴定所要解决的专门性问题;视鉴定的需要,应向鉴定人介绍有关案情,提供有关证据材料;鉴定人有权查阅交通逃逸案件的材料。

鉴定工作结束后,鉴定人应认真制作鉴定意见书,对送检部门提出的专门性问题作出明确的、有科学根据的解答,并出具鉴定意见书。

对于鉴定人的结论性意见,办案人员应仔细地审查和判断。如果发现鉴定结论与实际案情不符或者有错误,应及时提出意见,经过负责人批准后,可以进行补充鉴定或重新鉴定,直到彻底查清事实真相。

## 第七节 交通肇事逃逸案件的痕迹物证

### 一、交通肇事逃逸案件痕迹物证处理的基本规则

对于案件中发现的物品、物质、文书、痕迹,应当仔细辨别,判明是否和案件有关;一时难以识别的,先按物证处理。

对于有物证意义的物品、物质、文书、痕迹,应当先进行静态勘验,后进行动态勘验。

对于可能有物证意义的物品、物质、文书、痕迹,必须边观察、边记录;对它们的原始状态和自身特征,应当按既定规则进行拍照。

提取可能有物证意义的物品、物质、文书、痕迹,应尽量保持其原始状态。

遇到连同泥土提取某种检材或遇到其他类似场合时,应当同时提取相应的空白对照样品。

对于决定提取的物品、物质、文书、痕迹,应当选用合适的材料或容器,妥善加以包装,并贴上标签、编号加封。

### 二、侦查与确定交通肇事嫌疑者的痕迹物证及种类

交通肇事车辆逃逸案同一般交通事故案件比较,作为线索的材料一般极少,发现痕迹物证的困难很多。因此,从事故现场发现并提取的痕迹物证,关系到能否尽快查到肇事逃逸车辆及迅速破案的关键。

1. 根据现场的车辆轮胎痕迹侦查肇事逃逸车辆

车辆轮胎痕迹是指车辆肇事时由车轮所遗留的痕迹。利用现场肇事逃逸车辆遗留的轮胎痕迹,可以从多方面判断车辆的逃逸方向,从而为下一步肇事逃逸车辆的侦查工作奠定基础。

(1)从前后轮印迹关系可以推定车辆的行驶方向。如果车辆直行,其前后轮迹基本重叠;车辆转弯行驶时因受转向盘或车把的控制影响,前轮的左右向摆动要大于后轮。车辆转弯高速行驶时,前后轮轨迹呈两条弧状轮迹,其中外侧弧为后轮形成的痕迹,如图9-1所示。

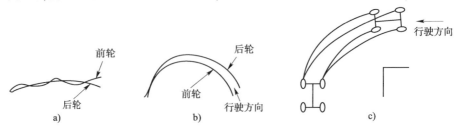

图9-1 转向行驶条件下前后轮印迹特征

(2)利用车辆行驶时因空气激流作用在轮胎痕迹两侧带动路面上的尘土、细沙等物质形

成扇形痕迹,判断车辆行驶方向。扇面展开的一端为车辆驶来方向。

(3)利用被车轮压断的小树枝、麦秸、草棍、衣服判断车辆行驶方向。小树枝等压断后张开的方向为车辆行驶方向;衣服被车轮碾压后形成皱褶,皱褶痕迹一般集中在车辆驶去方向;衣服与地面接触形成擦痕,擦痕集中在车辆驶来方向。

(4)利用黏附有泥土和雪的车轮驶上坚硬路面形成的锯齿痕迹,判断车辆行驶方向。锯齿痕迹的齿尖指向车来的方向。

(5)利用从车上滴落的油滴、水滴,判断车辆行驶方向。行驶中滴落的油滴、水滴呈叹号,其尖端指向车辆行驶方向。

(6)利用潮湿车辆在干燥路面上形成的痕迹判断车辆行驶方向。痕迹由湿而干,干的一端与车辆行驶方向一致;或者痕迹由浓重而变为浅淡,浅淡一端是车辆行驶方向。

(7)利用制动痕迹判断车辆行驶方向。痕迹浓重的一端为车辆行驶方向。

(8)利用车轮驶过较厚的平面物体时形成中断轮迹判断车辆行驶方向。由于驶过较厚的平面物体(如石板),在物体两头出现轮迹断痕,断痕较大的一端指向车辆行驶方向。

(9)利用车辆爬坡时形成的曲线形轮迹判断车辆行驶方向。重载车辆爬坡需加大驱动力,有时会使前轮左右摆动,形成弯曲线形轮迹;下坡行驶,前轮迹一般不会出现左右摆动现象,而呈直线形。

(10)根据刮擦痕迹侦查肇事逃逸车辆。

汽车与行人撞击时,撞击或接触的物体是坚硬物,就会在撞击或接触部位产生刮痕、擦印。在这些刮痕、擦印处都能找到对应处。

受害人身上或车辆上产生的刮痕、擦印是判断肇事车辆运动状态、肇事车辆的碰撞方向及被撞车辆部位损坏程度的证据。

行人衣服上的拉锁、纽扣、领带夹以及书包卡、雨伞、指甲钳等,在与汽车接触时,都会产生细条(擦划痕迹)。这些条纹用肉眼观察容易遗漏,最好用放大镜和显微镜观察,不要遗漏这些有价值的物证。如果双方条纹比对完全一致,则可证实肇事车辆。

所以,交通肇事逃逸案的受害人的服装、随身物品、被撞车辆及现场周围的桥栏、护栏、护墙、电线杆、隔离桩(墩)等与肇事车辆接触部位都要进行仔细勘查。如果发现痕迹,应提取并妥善保存,以便对比用。

**2. 根据现场遗留的油漆侦查肇事逃逸车辆**

交通肇事逃逸案的现场所遗留的肇事车辆油漆片是判断肇事车辆种类、品牌、车型的重要依据,同时也是证实肇事者犯罪事实的重要证据,所以应检查和收集现场上的漆片,并准确提取,妥善保管。

在现场勘验时,可以用显微镜检查现场遗留的油漆片,用于判明下述问题:油漆是汽车厂家喷涂的还是后来喷涂的,是修补的部分还是喷印标记的部分。如果是起初喷涂的油漆,可以与汽车鉴定用的油漆资料(从厂家收集来的)进行对比,找出颜色相同的油漆,或者通过对汽车厂家的调查,查出脱落有漆片的车辆品牌、车型。

**3. 根据玻璃侦查肇事逃逸车辆**

交通肇事逃逸车辆的前照灯、转向灯、车窗玻璃等玻璃或塑料碎片是侦查逃逸嫌疑车辆的物证之一,也是查明肇事汽车的品牌、车型的重要线索。

对交通肇事逃逸现场遗留的玻璃或塑料碎片进行研究,即使没有发现带有商标或符号部分的玻璃或塑料碎片,也能判断出车灯或车窗的类型、形状、大小、制造厂家等信息。只要知道了生产厂家,就可以通过对厂家及销售商进行调查,了解配用该种汽车配件的种类、品牌及其型号等信息,从而为逃逸嫌疑车的侦查工作提供一定的帮助。

4. 根据肇事汽车遗留的机件侦查肇事逃逸车辆

交通肇事逃逸现场有时遗留或脱落螺栓、散热器碎片、倒车镜、门把手、装饰条等汽车零部件。这些零部件、物体的种类、形状、颜色、大小等虽不尽一致,但是某些种物体所配用的车辆范围是有限的。所以,这些零部件都是确定侦查车辆品牌、车种、车型等的物证。

如果交通肇事逃逸的车辆已经过修理,则可以通过对修理时间、修理地点、修理厂家、损坏状况等来查明事实真相,还可以确认或排除嫌疑车辆。

5. 根据现场遗留的部分装载物侦查肇事逃逸车辆

在交通肇事逃逸现场往往会留下肇事车辆装载的货物或包装材料的一部分,也可能会遗留有车内装饰品。对遗留物品的种类、名称、形状、颜色、成分等进行研究判断,从中获得肇事车辆的线索。

发现嫌疑车辆时,对肇事逃逸车辆的装载物或装载物品的包装材料与现场遗留物作对比,进行同一性认定,从而确定或排除嫌疑车辆。所以,某些车辆物品、货物材料包装都是查找肇事车辆的物证。

6. 根据泥土检材和比对样品的检验侦查肇事逃逸车辆

在交通肇事逃逸现场,肇事逃逸车辆的挡泥板、车底部及其他部分附着的泥垢或车内装载的砂石泥土在发生碰撞时往往会脱落并散落到现场。通过遗留在肇事现场的这些砂石泥土可以判断出碰撞部位、逃逸方向、砂石泥土的来源地等,也可以通过这些物证侦查出嫌疑车辆。此外,发现交通肇事逃逸车辆时,还可以利用这些物证来确定或排除肇事嫌疑车辆。

因此,通过对现场遗留砂石泥土的检查,可以获得某些线索,从中推断出汽车的出发地点、经过地区、使用油类、车辆种类等。

7. 根据受害者着装的布纹、纤维侦查肇事逃逸车辆

在交通肇事逃逸车辆上有时会遗留受害者着装上的布纹和纤维等。如果肇事逃逸嫌疑车上发现的纤维和布纹与受害者着装的颜色、粗细、材料相同,则可认为该嫌疑车辆为肇事逃逸车辆。这种判断比较准确。

当肇事车辆碾压受害人时,在汽车的接触部位处还会留下布纹或纤维残留,甚至形成擦痕。若发现和这些纤维片和接触摩擦放热融化的合成树脂残留物后,也可以证实肇事逃逸的事实。

8. 通过交通监控视频发现肇事逃逸车辆

交通肇事逃逸现场及附近有时装备有交通监控视频设施,有可能记录了肇事车辆及肇事过程。通过调取案发地周边的交通监控卡点及加油站、修理厂、门市等的监控录像,初步确定肇事车辆的车型、形状、颜色、附件等特征,缩小肇事逃逸车辆的侦缉范围,通过布防、走访、调查,发现肇事逃逸嫌疑车辆,通过车辆痕迹物证比对,认定肇事逃逸车辆。

9. 通过移动通信缩小肇事逃逸车辆侦缉范围

交通肇事逃逸车辆驾驶员可能在使用手机中发生交通肇事,也可能交通肇事后使用手

机通话。办案人员可通过通信公司调取事发道路地点附近在事发时刻的通话手机号码,缩小肇事逃逸车辆侦缉范围,为交通肇事逃逸车辆的侦缉提供可能线索。

## 第八节　交通肇事逃逸的预防与对策

### 一、交通肇事逃逸案的预防

道路交通事故是伴随着汽车的出现而产生的,是现代社会对人类安全最广泛、最常见、最严重的一种灾难,而逃逸交通事故是各类交通事故案件中危害最大、影响最广、调查工作最复杂的一种案件。对于交通肇事逃逸案件,既要重视侦破,也要做好预防;只有这样,才能有效地遏制交通肇事逃逸案。

1. 加强驾驶员交通安全教育

驾驶员虽经培训、考试,取得了驾驶机动车的资格,但由于驾驶机动车的工作有其流动分散、不便管理的特点,再加上有很多驾驶员法纪观念不强、有规不依、有法不守、安全观念缺失,造成了交通事故不断发生。所以,加强对驾驶员的教育,发挥驾驶员自我教育和管理的作用,把交通事故隐患消灭在上路之前,是预防交通肇事逃逸案件发生的根本。

对驾驶员的安全教育,不仅要教育驾驶员遵纪守法,养成良好的道德,在行车中牢记"安全第一"的方针;还要教育驾驶员现场保护及抢救伤者、财产的知识;一旦发生交通事故,能积极抢救伤者和财产,依法承担责任。

2. 严格把好机动车驾驶员考试关

经过正规培训的学习驾驶员,必须通过交通法规及安全驾驶常识、机械常识、场内驾驶和道路驾驶的严格考试。在驾驶员考试过程中,任何一项不及格,下一科目不再进行,但及格科目成绩予以保留,并允许在有效期内补考一次,补考仍不及格的,考试终止,成绩不再保留。

学习驾驶员经公安机关交通管理部门考试合格取得实习驾驶证,即成为实习驾驶员。实习驾驶员可以按照学习车型在道路上单独驾驶车辆,经过一年时间的实习,既可转为正式驾驶员。这就是公安机关交通管理部门用把好驾驶员考试关来预防和减少交通事故的主要措施。

3. 面向社会的法制和交通安全宣传教育

通过各种新闻媒介向全社会进行经常性的法制和交通安全等宣传教育,不仅要教育驾驶员自觉遵守交通法规,注意交通安全,还要及时报道对交通肇事逃逸者的处罚情况,宣传交通肇事逃逸对受害人、对社会的危害,教育交通参与者遇到交通肇事案都要尽公民的义务,立即举报交通肇事逃逸者。

4. 预防交通肇事逃逸和保护肇事现场的常识教育

面向公民进行预防交通肇事逃逸和保护肇事现场的常识教育。如果遇到交通肇事逃逸,应注意以下几个方面问题。

1) 记下肇事车辆的特征

遇到肇事逃逸车辆,要立即看清其车号牌并及时记下,为防止忘记,应用石块或树枝等刻写在路面或路边土地上,再记到纸上或手机上。如果记不下来,就要看准车型、颜色、装载物等的特征,最好多找几个见证人。

2）保护好肇事现场的遗留痕迹

交通逃逸事故发生后，唯一可以直接证明肇事事实的就是现场遗留的痕迹物证。因此，保护好现场遗留的痕迹物证是非常重要的。首先是物体痕迹，如风窗玻璃碎片及照明灯、指示灯碎片，后视镜、散热器格栅、塑料装饰件等。另外，如果逃逸车辆在事故前有制动等情形，路面还会遗留下制动、侧滑、挫擦等印痕。

3）及时报案

如果能够找到其他车辆，也可以追赶逃逸车辆，但不要与之竞速；条件允许时可以超车拦阻；条件不允许时，应当记下车辆号牌，看清其特征；争取迅速向值勤交通警察报告或报警，使公安机关交通管理部门及早组织拦截、缉拿。

## 二、交通肇事逃逸案的对策

预防肇事逃逸案是提高机动车驾驶员法制观念和公民法制意识所必需的措施，而交通肇事逃逸案的对策是根据发案的特点、规律及肇事者惯用的手法而采取的某些具体措施。我国各级政府及交通安全主管部门一直重视道路交通安全管理工作，认为交通安全管理工作在社会经济中处于十分重要的地位，交通安全的好坏不仅影响和制约着社会经济的发展，而且也是反映国家行政管理水平的标志之一。以预防和减少交通事故为中心，落实"安全第一，预防为主"的方针，采取坚决措施，搞好交通安全，对交通肇事逃逸案的发生给出必要的措施。下面是一些行之有效的对策、建议。

1. 建立健全交通法规

道路交通法规，是国家维护交通秩序，保障交通安全、畅通，处理交通违法和交通事故的重要法律依据，也是人们参与交通的行为规范，公安机关交通管理部门在车辆管理、驾驶员管理、交通违法和交通事故处理的实践中，必须以此来调节人车路相互之间的关系。目前，交通管理立法仍需补充、修改和完善。

2. 强化交通安全管理

每一次交通违法不一定造成交通事故，但每次交通事故都是交通违法行为所造成的。处理交通违法是加强交通安全管理，预防和减少交通事故的重要手段。目前在我国很多地方交通违法现象极为普遍，许多人不认为交通违法是违法行为，对严格交通执法受到各方面的干扰，因此严格一贯的交通执法任务还相当艰巨。

3. 建立交通肇事逃逸案专门侦破机构

建立一个专门负责重大交通肇事逃逸案的侦破机构，其主要的任务有：

（1）制定和下达最佳侦破方案，汇集和传递情报信息，加强和协调省与省、市与市、区与区、县与县、大队和大队以及各业务部门之间和省市之间在侦破重大交通肇事逃逸案中的统一行动。

（2）接到报案后，迅速地赶赴肇事现场，勘查现场和确定侦破对象以及调查范围，并具体组织和追击堵截行动。

4. 建立技术鉴定机构

建立以法医、物证化验等有关专业人员组成的技术鉴定机构，其主要任务是通过技术验证对现场痕迹迅速作出定性和定量分析，使办案人员所掌握的证据、线索更加准确无误。现代科学技术的迅速发展,必将给公安机关交通管理部门侦破各类交通肇事案件创造了良好的条件。所以,只有认识和掌握现代科学技术手段,运用现代技术手段才能在迷惑不解、纷繁复杂的案件中破案,准确无误地打击交通肇事逃逸犯罪。

5. 建立完整的机动车资料储存库

首先,通过广集博采,逐步建立起各种机动车(包括国外的)品牌、车种、车型、颜色、油漆、玻璃以及轮胎花纹(照片、规格)的技术资料档案(数据库),为交通肇事逃逸案的侦破工作提供可靠的技术数据。

其次,通过对这些资料的分析,在认识和掌握的基础上,对于帮助侦查人员确定可疑车辆、缩小侦查范围,具有一定的指导作用。

# 第十章 交通事故责任认定与处理

## 第一节 交通事故认定

交通事故当事人的责任认定方法和认定原则的规定,对公安机关交通管理部门认定事故、处理事故,具有重要的意义。

### 一、事故当事人责任的原则

《中华人民共和国道路交通安全法》(以下简称《道路交通安全法》)第七十三条规定:"公安机关交通管理部门应根据交通事故现场勘验、检查、调查情况和有关的检验、鉴定结论,及时制作交通事故认定书,作为处理交通事故的证据。交通事故认定书应当载明交通事故的基本事实、成因和当事人的责任,并送达当事人。"就是说,交通管理部门应在交通事故认定书中,明确交通事故当事人的责任。

根据《道路交通安全法》第七十三条的规定,交通事故认定书属于处理交通事故的一种证据。

对于认定当事人责任的原则,《中华人民共和国道路交通安全法实施条例》(以下简称《道路交通安全法实施条例》)第九十一条规定:"公安机关交通管理部门应当根据交通事故当事人的行为对发生交通事故所起的作用以及过错的严重程度,确定当事人的责任。"

道路交通事故的性质是民事侵权行为的一种特殊类型。对这种特殊侵权行为的处理重点是,通过调解或者诉讼来赔偿受害人,合理分配事故损失。因此,对于当事人的过错大小以及损害赔偿责任的认定是人民法院的职责范围,公安机关交通管理部门处理交通事故的职责重点在于通过现场技术勘验以及检查、调查、鉴定等活动,厘清交通事故的事实、原因以及当事人有无违法行为或者其他主观过错等,公安机关交通管理部门发出的事故认定书,主要起着一个事实认定、事故成因分析的作用。对人民法院而言,事故认定书具有证据的效力,而不是进行损害赔偿的当然依据。

交通事故认定书的内容包括交通事故的基本事实、形成原因和当事人责任。

事故当事人的责任,实际上是指当事人的行为是否构成交通违法行为、是否构成过错,以及当事人行为对交通事故形成的影响力大小。

事故当事人的责任程度要根据配套法规规定的客观标准由人民法院进行标准化的量化。就像日本对汽车损害赔偿责任的确定那样,当事人的分摊责任比例可以0%~100%,而不再是目前《道路交通事故处理程序规定》的全部责任、主要责任、同等责任、次要责任以及无责任,这种粗略划分方式。交通事故认定书中载明的当事人的责任,主要是考虑到交通管理部门在处理道路交通事故纠纷方面有人力、有经验。由公安机关交通管理部门处理交通事故纠纷,有利于及时解决纠纷、方便群众和降低诉讼成本,同时减轻法院办理交通事故损害赔偿案件的压力。但是,交通事故认定书中载明的当事人责任,就和交通事故的事实和原因一样,仅具有证据的效力。当事人如果认为公安机关交通管理部门发出的交通事故认定书中载明的责任判断不符合实际,可以要求公安机关交通管理部门重新认定,或者要求人民法院进行司法审查裁定。

## 二、事故认定标准

根据《道路交通安全法实施条例》第九十一条的规定,认定交通事故当事人的责任,主要有两个标准。

1. 事故当事人行为对发生交通事故所起的作用

事故当事人行为对发生交通事故所起的作用,实际上是指民法上关于民事责任成立要件中的因果关系原则。

认定事故当事人的责任,首先要看行为人的行为和事故的发生和损害之间有没有因果关系。如果没有因果关系,即使行为人的行为属于严重违法行为,也不成立事故的民事损害赔偿责任。例如,无证驾驶车辆是一种严重的道路交通安全违法行为;但是,尽管当事人无证驾驶车辆,但在道路上严格遵守了通行规则,也没有任何驾驶错误。在这种情况下,对因后车追尾造成的事故损害,无证驾驶的前车当事人就没有责任(高速公路除外),而应当认定后车承担本起事故损坏的全部责任。

"事故当事人行为对发生交通事故所起的作用"除了包含因果关系原则外,还发挥着衡量当事人行为对事故形成的原因力的作用。"行为对事故形成的原因力",主要是指在当事人没有过错或者难以认定过错的场合,确定事故损害的一个标准。原因力的研究和运用,在我国目前交通事故损害赔偿的实践中涉及较少。《道路交通安全法实施条例》的上述规定,实际上为通过"原因力"来分配责任,提供了法律空间。

2. 当事人过错的程度

过错在民法上有两种形式。一种是客观上的过错,另一种是主观上的过错。客观过错,就是当事人的行为具有明显的违反法规的事实,而不管行为人的主观意识状态。只要行为人的行为违反了法律、行政法规和地方性法规以及规章的规定,就构成过错。主观过错,主要是指当事人的操作不当、疏忽大意等主观意识行为和状态。

在交通事故的因果关系确定后,对当事人责任比例的确定,主要取决于当事人过错的严重程度。在存在两方或者多方事故当事人过错的场合,例如,机动车超速行驶,而被撞的行人闯红灯,便面临一个对双方当事人的过错进行比较的问题。

比较过错又称为过失相抵,是民法尤其是侵权行为法上的一项重要的责任确定制度。我国《民法通则》和《道路交通安全法》第七十六条都明确了这种确定责任、分担损失的制度。但是,在对当事人的过错比例进行比较时,存在着技术上需要克服的障碍,主要表现为如何认定不同过错对促成事故作用力的大小,也就是当事人违法行为的"过错系数"问题。在日本汽车损害赔偿责任法的实践中,法院已经形成了一套系统的确定当事人行为"过错系数"的判例规则,比如赋予不同超速相应的"过错系数"。我国目前尚不具备这样的具体标准。但是,交通违法行为累积记分制度确定记分分值所依据的原则也是按照违法行为的严重程度,因此也具有一定的基础。

### 三、交通事故责任的分类

《道路交通安全法实施条例》第九十二条规定:发生交通事故后当事人逃逸的,逃逸的当事人承担全部责任。但是,有证据证明对方当事人也有过错的,可以减轻责任。当事人故意破坏、伪造现场、毁灭证据的,承担全部责任。

根据《道路交通事故处理程序规定》(以下简称《规定》)第六十条的规定,公安机关交通管理部门经过交通事故调查后,根据当事人的行为对发生交通事故所起的作用以及过错的严重程度,将交通事故当事人的责任分为全部责任、主要责任、同等责任、次要责任四类。

因一方当事人的过错导致交通事故的,承担全部责任。

因两方或者两方以上当事人的过错发生交通事故的,根据其行为对事故发生的作用以及过错的严重程度,分别承担主要责任、同等责任和次要责任。

事故当事人各方均无导致交通事故的过错,属于交通意外事故的,各方均无责任。

一方当事人故意造成交通事故的,他方无责任。

《规定》第六十一条规定:"当事人有下列情形之一的,承担全部责任:(一)发生道路交通事故后逃逸的;(二)故意破坏、伪造现场、毁灭证据的。为逃避法律责任追究,当事人弃车逃逸以及潜逃藏匿的,如有证据证明其他当事人也有过错,可以适当减轻责任,但同时有证据证明逃逸当事人有第一款第二项情形的,不予减轻。"

交通事故责任大小反映了当事人行为对在形成事故中所起的作用以及行为过错的严重程度。在处理道路交通事故案件时,交通管理部门将对负有交通事故责任者,依据其责任情况给予处罚。现行的处罚方式包括:构成刑事犯罪的,依法追究刑事责任;不够刑事处罚的,依照有关交通法规对其违法行为给予拘留或罚款、吊扣和吊销驾驶执照的处罚。

交通事故调解时,交通事故责任还具有确定当事人赔偿份额的作用。

### 四、交通事故责任的认定方法

1. 根据因果关系认定交通事故责任

在交通事故责任认定中,因果关系是指交通事故当事人造成事故损害后果与涉及违法的事故原因之间的直接关系,即事故的直接原因。在责任认定中,引起事故的其他因素(如道路、气候等),不应作为加重或减轻当事人责任的原因。

交通事故中的因果关系,是指交通事故中当事人的违法行为和交通事故发生及损害后果之间合乎规律的联系,其主要有独立、竞合和参与因果关系三种形式。

1) 独立因果关系

独立因果关系是指在一起交通事故中,只有一方当事人的违法行为是造成事故的原因,因此,全部责任均由一方当事人承担。这种因果关系有一因一果、多因一果的形式。一因一果是一个违法行为和交通事故的发生有因果关系;多因一果,是当事人有两个以上违法行为和交通事故的发生有因果关系。

2) 竞合因果关系

竞合因果关系是指在交通事故中双方(多方)当事人都有违法行为,而且这些违法行为和交通事故的发生都存在着因果关系。即事故是由双方当事人的过错共同造成的。这种因果关系又分为重复竞合和相互竞合两种。如果任何一方的违法行为都可以单独地造成该起交通事故,则称为重复的竞合关系;如果其中某方当事人的违法行为单独存在时,交通事故不一定发生,而在双方当事人的违法行为同时存在并相互作用下才能发生交通事故,则为相互竞合的因果关系。一般负主要、同等和次要责任的交通违法行为和交通事故的因果关系,都属相互竞合的因果关系。

3) 参与因果关系

参与因果关系是指在交通事故中一方当事人的交通违法行为情节严重,与交通事故的发生存在着直接、必然的因果关系,而其他方当事人的违法行为和交通事故的发生也存在着一定的联系,不过这种关系是间接的、偶然的,与其他因素发生关系后才起作用。这种因果关系就称之为参与因果关系。在责任认定中,承担次要责任的当事人的交通违法行为,基本上也属于参与因果关系。

2. 根据路权原则认定交通事故责任

路权是指交通参与者根据交通法规的规定在道路的一定空间范围和时间内使用道路进行交通活动的权利。路权包括通行权与先行权。"路权"规定充分体现了公民在道路交通活动中的权利、义务关系,是交通法规中重要原则之一,也是事故责任认定的重要依据。在事故责任认定工作中,必须根据不同的道路条件来确定交通事故当事人的路权。

1) 通行权与先行权的确定

(1) 通行权的确定。通行权是交通参与者根据交通法规的规定,在道路某一空间范围内进行交通活动的权利。交通参与者在自己通行的区域内享有通行权利的同时,不得侵犯其他享有通行权者的权利。

(2) 先行权的确定。先行权是指交通参与者根据交通法规所享有的优先使用道路进行交通活动的权利。先行权建立在通行权的基础之上。有通行权的交通参与者在实现自己的通行权利时可能会遇到时间顺序方面的障碍。这就涉及谁有优先使用道路进行交通活动的权利。有先行权的交通参与者在规定范围内允许优先通行,而其他交通参与者,应保证有先行权者的权利得到实现。

2) 根据路权认定责任大小

按照路权认定当事人的交通事故责任的大小,一般有以下几种情形:

(1) 交通事故一方当事人的交通违法行为是违反通行权的过错行为,另一方当事人的过错行为不是违反通行权的行为,则由违反通行权一方当事人负事故的主要责任;另一方当事人负相对应的责任。

(2) 双方当事人都有通行权时,则由违反先行权的一方当事人负事故的主要责任;另一方当事人负相对应的责任。

(3) 双方当事人都违反了通行权与先行权规定,如没有其他过错行为存在,则双方应负事故的同等责任。

(4) 双方都没有违反路权规定(或都有违反路权规定)以外的过错行为,应通过分析安全因素,再认定事故责任的大小。

3. 根据安全因素认定交通事故责任

《道路交通安全法》及相关法规中明确体现了交通活动要确保安全的原则。特别是根据因果关系和路权规定无法认定事故责任时,则应根据交通法规中有关"确保安全"的规定,区分事故当事人的过错行为与事故发生的因果关系及其程度,认定事故当事人的责任大小。因此,在当事人都违反路权规定时,一方当事人违反确保安全规定,另一方未违反,则前者的行为是事故发生的主要原因,后者的行为是次要原因。在当事人都违反路权规定和确保安全的规定时,一方违法情节严重,另一方情节相对较轻,则前者的行为是交通事故发生的主要原因,后者的行为则是次要原因。在无法区分情节轻重时,则说明双方的过错行为均是导致交通事故发生的等效原因。

4. 特别情况下认定交通事故责任

《道路交通安全法实施条例》第九十二条规定:发生交通事故后当事人逃逸的,逃逸的当事人承担全部责任。但是,有证据证明对方当事人也有过错的,可以减轻责任。当事人故意破坏、伪造现场、毁灭证据的,承担全部责任。

这些规定,是在特别情况下认定事故责任的原则规定。

事故逃逸是一种恶劣的行为,必须严格予以禁止和惩治。《中华人民共和国刑法》(以下简称《刑法》)和《道路交通安全法》对于事故逃逸行为规定了严厉的处罚。但是,《道路交通安全法》对于事故逃逸场合当事人民事责任的问题并未涉及。《道路交通安全法实施条例》第九十二条的规定是对《道路交通安全法》的必要补充。《道路交通安全法实施条例》第九十二条第一款的规定是对交通事故当事人逃逸场合,事故责任认定确立的原则。

根据上述规定,对于逃逸当事人的责任可以有以下几种认定结果:

(1)事故因当事人逃逸,而无法认定当事人责任场合,无论事故各方当事人的实际过错如何,均推定逃逸方负全部责任。

(2)事故一方当事人逃逸,而对于事故的认定结果是双方均无责任,即意外事故,也要由逃逸方承担全部责任。

(3)事故一方当事人逃逸,事故的认定结果是逃逸方有违法行为或者驾驶错误,他方没有过错,由逃逸方负全部责任。

(4)事故一方当事人逃逸,事故的认定结果是事故当事人均有过错,在确定过错比例的基础上适当减轻逃逸方的责任。

这里有这样一个问题:如果在事故处理的过程中,勘查、检验的结果是逃逸方对于交通事故的形成没有过错,但是当事人因担心负有责任而逃逸的,而其他当事人应当负全部责任却没有逃逸;这种情况是否仍然要逃逸方承担责任?对于这个问题,《道路交通安全法实施条例》并没有明确的规定。一般认为,只要逃逸行为对于事故的发生或者损害的扩大没有因果关系,而事故的原因和责任也没有因当事人逃逸而无法认定,就不应当让逃逸方承担民事责任。至于因逃逸而应承担的行政处罚责任,是另外一回事,与民事责任无涉。不过这种情况在实际中比较罕见。

《道路交通安全法实施条例》第九十二条第二款规定:"当事人故意破坏、伪造现场、毁灭证据的,承担全部责任。"对上述承担责任的原则的理解,也要分为以下几种情况:

(1)一方当事人故意破坏、伪装现场、毁灭证据,致使交通事故责任无法认定的,该当事人应当承担全部责任。

(2)故意破坏、伪造现场、毁灭证据是双方或者多方当事人共同行为的场合,应当由各方当事人均分责任。如果当事人的主观意图是为了图谋骗取保险等,则还必须因此承担相应的法律后果或者责任。

对于一方当事人虽然有故意破坏、伪装现场、毁灭证据的行为,但并没有影响事故责任认定的问题,《道路交通安全法实施条例》没有明确。目前,有两种不同的理解:一种观点认为,当事人故意破坏、伪装现场、毁灭证据的行为是属于有恶意的故意行为,即使对方当事人对事故的发生有过错,也应当让该方当事人承担责任;另外一种观点则认为,在这种情况下,如果对方当事人也有过错,应当加重该方当事人责任的比例,而不应当让该方当事人负全部责任。

根据以上认定交通事故责任的方法,可以归纳成以下几条认定交通事故责任的规则。

(1)当事人有过错行为,其过错行为与交通事故有因果关系的,应当负交通事故责任;当事人没有过错行为或者虽有过错行为,但过错行为与交通事故无因果关系的,不负交通事故责任。

(2)一方当事人的过错行为造成交通事故的,有过错行为的一方应负全部责任,另一方不负交通事故责任。

(3)两方当事人的过错行为共同造成交通事故的,过错行为在交通事故中作用大的一方负主要责任,另一方负次要责任;交通违法行为在交通事故中作用基本相当的,两方负同等责任。

(4)三方以上当事人的过错行为共同造成交通事故的,根据各自的过错行为在交通事故中的作用大小划分责任。

(5)当事人逃逸或者故意破坏、伪造现场、毁灭证据,使交通事故责任无法认定的,应当负全部责任。

但是,《道路交通安全法》第七十六条规定:机动车与非机动车驾驶员、行人之间发生交通事故的,由机动车一方承担赔偿责任。但是,有证据证明非机动车驾驶员、行人违反道路交通安全法律、法规,机动车驾驶员已经采取必要处置措施的,减轻机动车一方的责任。交通事故的损失是由非机动车驾驶员、行人故意造成的,机动车一方不承担责任。

## 第二节 交通事故刑事责任及其追究

根据《刑法》第一百三十三条规定,违反交通运输管理法规,造成重大事故,致人重伤、死亡或者使公私财产遭受重大损失的,即构成交通肇事罪,必须追究有关责任者的刑事责任。

### 一、交通肇事罪的构成

交通肇事罪的构成要件是由犯罪的客体、犯罪的客观方面、犯罪的主体和犯罪的主观方面四个基本要件构成。构成犯罪的四个要件,是认定交通肇事犯罪的法律基础。

1.犯罪的客体

犯罪的客体是指我国《刑法》所保护的被犯罪行为侵害的社会关系。犯罪客体分为一般客体、同类客体和直接客体。一般客体是指一切犯罪所共同侵害的客体,也就是社会关系的整体。同类客体是某一类犯罪所共同侵害的客体,例如公共安全、公民的人身权利与财产等,均属同类客体。直接客体是犯罪直接侵害的客体,例如在交通事故中伤亡的人、损坏的财物、损坏的车辆等。交通肇事所侵害的客体是交通运输的正常秩序和交通运输的安全。

2. 犯罪的客观方面

犯罪的客观方面是指构成犯罪时所必须具备的危害社会的行为、损害后果,以及行为与后果之间的因果关系。犯罪的客观方面主要包括以下几种。

1)危害行为

危害行为是指行为人在自己的意识和意志下支配实施的危害社会的行为。危害行为是认定是否犯罪的客观前提。

2)危害后果

危害后果是指危害行为给《刑法》所保护的社会关系造成的损害。危害后果是犯罪构成的必要条件,没有危害后果,犯罪就不能成立。

3)危害行为和危害后果之间的因果关系

《刑法》中的因果关系是指行为人所实施的危害社会的行为和危害后果之间内在的、必然的联系。这种因果关系是不以人们的意志为转移的客观的、合乎规律的关系。

4)犯罪的时间、地点和手段

犯罪的时间、地点和手段,一般是犯罪构成的选择要件。只有在法律有明文规定的情况下,才属于犯罪构成的必要要件。

交通肇事罪的客观要件是:从事交通运输的人员或非交通运输人员,违反道路交通规章制度,发生重大事故,致人重伤、死亡或者使公私财产遭受重大损失。

3. 犯罪主体

1)犯罪主体

犯罪主体是指实施犯罪行为,并应依法对自己犯罪行为负责的人。没有犯罪主体就没有犯罪,不符合犯罪主体的人,即使其行为造成了危害后果,也不负刑事责任。

2)犯罪主体必须具备的条件

(1)犯罪主体必须是自然人。如果法人触犯了刑律,也只能由其直接责任人员承担刑事责任。

(2)犯罪主体必须是达到刑事责任年龄的人。我国《刑法》规定的刑事责任年龄是16周岁。已满14岁不满16岁的人,只对杀人、重伤、抢劫、放火、惯窃罪或其他严重破坏社会秩序的犯罪负刑事责任。未满14岁的人不负刑事责任。

(3)犯罪主体必须是具有刑事责任能力的人。刑事责任能力,是指能够辨别和控制自己的行为,并具有对自己行为负刑事责任的能力。精神病患者在发病期间,是无刑事责任能力的;醉酒的人,不属于无责任能力的人;聋哑人和盲人,在没有丧失辨别和控制自己行为的能力时,也不属于无责任能力的人,但可以减轻或免予处罚。

(4)犯罪主体必须是实施了犯罪行为的人。

3)犯罪的特殊主体

犯罪的特殊主体是指除了具备上述犯罪主体的条件以外,还要求具有特定的职务或身份的人构成的犯罪主体。

交通肇事罪的犯罪主体,主要是从事交通运输工作的人员。一般来说,主要是指驾驶员以及那些从事与交通运输安全有直接关系的人员。

4. 犯罪的主观方面

犯罪主观方面的概念：犯罪的主观方面，是指犯罪主体对他们实施的犯罪行为及其危害后果所持的心理态度，如故意、过失、动机、目的等。犯罪的主观方面是犯罪主体基于什么心理状态实施犯罪行为。

犯罪的主观方面主要有故意犯罪和过失犯罪两种。

(1) 故意犯罪是明知自己的行为会发生危害社会的结果，并且希望或者放任这种结果发生的一种心理态度。故意犯罪有直接故意和间接故意两种情况。这两种故意犯罪，都明知自己的行为会发生危害的后果。希望危害后果发生的，即为直接故意；放任危害后果发生的，则为间接故意。间接故意也有两种情况，一是行为人在实施犯罪行为时，放任犯罪后果的发生；二是放任另一种犯罪结果的发生。

(2) 过失犯罪是指应当预见自己的行为可能发生危害社会的结果，但因为疏忽大意而没有预见，或者已经预见而轻信能够避免的一种心理状态。自信能够避免的，则称为自信过失；因疏忽大意而没预见的，称为疏忽大意过失。

认定是否应该预见，应以行为人的主观预见能力，客观的环境条件，以及行为人的职责要求等为根据。对故意犯罪和过失犯罪二者进行比较，可看出区别就在于犯罪的主观方面。交通肇事罪的主观方面必须是出于疏忽大意过失或过于自信过失的心理态度。

## 二、对交通肇事犯罪的追究

公安机关在追究交通事故当事人刑事责任的工作中，必须遵守的行为规则是《中华人民共和国刑事诉讼法》(以下简称《刑事诉讼法》)，并依照法律规定的程序进行。

1. 公安机关交通管理部门在追究交通肇事罪工作中的职责

公安机关交通管理部门在追究交通肇事罪工作中的职责包括：侦查交通事故中的犯罪案件，追究交通肇事罪，保障良好的交通秩序，保护在交通事故中无罪和不够追究刑事责任的当事人。

2. 公安机关交通管理部门追究交通肇事罪的权限

1) 有权开始追究交通肇事罪

公安机关交通管理部门根据事故现场调查，责任认定及其他有关材料认为必须追究交通事故当事人的刑事责任时，有权进行立案、侦查，开始刑事诉讼活动。

2) 有权采取各种合法的强制措施

合法的强制措施包括《刑事诉讼法》中所规定的拘传、监视居住、拘留和逮捕等强制措施，也包括搜查、扣押等保全刑事诉讼证据的措施。

3) 有权依法直接进行或组织指挥进行各种侦查活动

直接进行侦查活动有现场勘查、车辆检查、搜集证据，讯问被告、询问证人等。组织进行的侦查活动有委托进行的各种鉴定和现场试验等。

4) 有权对交通肇事案件作出自己管辖范围内的处理

公安机关交通管理部门有权撤销立案或移交检察院，并提出应予起诉或免予起诉的意见。公安机关交通管理部门在追究交通肇事犯罪或其他犯罪活动中也受到监督和制约。主要表现为:公检法机关之间的侦查、起诉、判决的相互监督制约;公安机关交通管理部门内部的集体讨论、请示报告、领导监督等制度的监督制约;行使拘留、逮捕等职权均有具有规定的条件的制约;诉讼参与人和一般群众的监督制约。

3. 交通肇事罪刑事诉讼的管辖、立案、侦查和强制措施

1) 管理

《道路交通安全法》第一百零一条规定:违反道路交通安全法律、法规的规定,发生重大交通事故,构成犯罪的,依法追究刑事责任,并由公安机关交通管理部门吊销机动车驾驶证。

造成交通事故后逃逸的,由公安机关交通管理部门吊销机动车驾驶证,且终生不得重新取得机动车驾驶证。

2) 立案

交通肇事罪的立案是追究刑事责任的刑事诉讼活动,是进行侦查、起诉、审判等刑诉活动的前提。

立案必须同时具备犯罪事实和该犯罪事实应追究刑事责任两个条件。凡有情节显著轻微,危害不大,不认为是犯罪的;犯罪已超过起诉时效的,被告人死亡等情形之一的不能立案。开始未发现,立案后发现或者经过侦查否定了原来立案依据的,也应当撤销立案。立案、破案和销案均应按程序进行。

3) 侦查

侦查是指公安机关、检察机关在办理案件过程中,依法进行的专门调查工作和有关的强制措施。交通肇事罪的侦查主要包括现场勘查、讯问被告人、询问证人、车辆检验、道路鉴定、搜查、扣押物证、书证、通缉等。通过侦查活动,可以对被告人做出提出起诉或者撤销案件结论时,侦查工作即告结束。侦查终结的案件,应当写出《起诉意见书》或《免予起诉意见书》,连同案卷、证据一并移送同级人民检察院审查决定。

4) 强制措施

强制措施是不同程度限制人身自由的强制手段。采取强制措施的目的是,防止被告人、人犯或者嫌疑分子逃跑、自杀、串供、毁灭罪证或继续犯罪,保证侦查和审判工作的顺利进行。

《刑事诉讼法》中规定的强制措施有拘传、取保候审、监视居住、拘留和逮捕五种。

拘传与传唤不同。在交通肇事罪的刑事诉讼活动中的拘传,主要是对经传唤,无正当理由而不到案的被告人所采取的。对特大交通事故的被告人也可以直接拘传。拘传需要经县级以上公安机关负责人批准,进行拘传必须出示拘传票。

取保候审是公安机关责令被告人找出担保人,经公安机关同意,由担保人出具保证书,保证被保人不逃避侦查和审判,一经传唤立即到案的一种强制措施。监视居住是限制被告人不离开指定的区域,并对其行动进行监视的一种强制措施。

拘留是对应逮捕的现行犯或重大嫌疑分子在紧急情况下实施的临时性限制人身自由的强制措施。进行拘留,应签发拘留证。被拘留人要在拘留证上签字,如果拒绝签字应加以注明。拘留后除有碍侦查或无法通知外,应在24h内将拘留的原因、羁押的场所通知其家属或所在单位。

刑事拘留与行政拘留不同。前者是强制措施,后者是一种处罚。刑事拘留和逮捕也有

原则区别。

逮捕是司法机关依法对被告人采取的短时期内剥夺其人身自由的一种最严厉的强制措施。

公安机关交通管理部门在追究交通肇事罪的刑诉活动中,还要特别注意维护和尊重被告人的合法权益,给被告人以足够的诉讼权利。诉讼权利的核心是辩护权。在诉讼活动中,被告人可以为自己辩护。在侦查阶段,被告人只能自己辩护,在法庭上可以委托律师和其他人辩护。

交通肇事罪的被告人可以依法要求经办此案的有关人员回避。这是保证公正判决的一项重要措施。

### 三、追究交通肇事罪的办案程序

追究交通肇事罪的办案工作,一般是经过审查立案、侦查鉴定和复核移送三个阶段。

1. 审查立案

审查立案包括报案、初审、立案三个内容。

交通事故报案登记。不论是否构成犯罪均需填写《受理案件登记表》。

初审。初审主要经现场勘查,查清事故原因、损害后果,并认定责任,分析当事人是否构成交通肇事罪。对情节,后果比较清楚,明显构成交通肇事罪的,可以先立案,后侦查。

立案。对经过调查的交通肇事案,符合交通肇事刑事案件立案标准且归自己管辖的,应当立即转为刑事案件,按照公安机关办理刑事案件程序规定进行,制作《呈请立案报告书》,报经上级公安机关领导批准,予以立案。立案后,应当进行侦查,全面客观的收集调取犯罪嫌疑人有罪或者无罪,罪轻或者罪重的材料,并予以审查核实。

立案是为侦查、审判等刑事诉讼活动提供法律依据。

2. 侦查鉴定

侦查鉴定是刑事诉讼活动中的基础,也是追究交通肇事罪的核心。这一阶段的工作,应按《刑事诉讼法》的规定进行。除现场勘查和扣押外,还有以下几项工作:

(1) 讯问被告人。

(2) 询问证人。

(3) 搜查。搜查是办案人员对被告人、犯罪嫌疑人以及可能隐藏罪犯或犯罪证据的人身、物品,住宅和其他有关地方进行搜查。搜查必须严格按法定程序进行。

(4) 鉴定。鉴定是指为查明案情,办案机关指派或聘请具备资质的鉴定机构所进行的鉴定工作。在交通肇事罪的刑诉活动中的鉴定主要包括车辆、道路、尸体、痕迹、接触点和行驶速度等。鉴定人员应与案件无利害关系,并按规定格式做出《鉴定意见书》。

(5) 通缉。通缉是侦查机关通报各地协助缉拿应该逮捕的案犯而采取的一种侦查方法。县级以上公安机关有权在自己管辖的地区内发布通缉令。通缉人犯捕获后,要立即向原发送范围通报撤销通缉令。

(6) 对被告采取某些强制措施。

(7) 制作《结案报告》。侦查工作结束后,应制作《结案报告》。《结案报告》是制作《起诉意见书》,是提起公诉和审判的依据。对已经立案的逃逸交通肇事案件侦破后,应制作《破案报告》。

3. 复核移送

在复核移送阶段主要有如下工作。

1）报主管上级审批

交通肇事案件的诉讼活动，实行两级审查制度。在结案报告的基础上，填报《道路交通事故处理审批表》报主管领导和上级业务部门审批。审批过程就是对案件进行复核的过程。

2）制作《起诉意见书》或《免于起诉意见书》

对于应当追究刑事责任的交通事故当事人，制作《起诉意见书》；对于不需要刑罚的，则应制作《免于起诉意见书》，连同案卷材料，一并移送同级人民检察院审查决定。

3）移送起诉

人民检察院在收到公安机关送达的交通肇事罪诉讼案卷一个月以内，作出起诉或免于起诉的决定。决定免于起诉的交通肇事案件，检察院应将《免于起诉决定书》送公安机关。公安机关可在5日内要求复议。如果意见不被接受，可在7日内向上一级人民检察院提请复核。

4）补充侦查

交通事故案件移送人民检察院后退回补充侦查的，应按《补充侦查决定书》的要求，由原办案机关在一个月内补充侦查完毕。

### 四、交通肇事罪诉讼活动中的法律文书

在交通肇事案件刑诉活动中的法律文书主要有《立案报告》《破案报告》《起诉意见书》和《免于起诉意见书》等。

1.《立案报告》

《立案报告》的内容主要包括：

（1）自然情况及案情概况。

（2）通过现场调查了解到的事故原因、情节以及造成的损害后果。

（3）案情分析部分，包括当事人责任的认定，追究刑事责任的依据，提出立案的理由。

（4）对交通肇事逃逸案件，还应在案情分析的基础上提出侦查和破案计划。

2.《破案报告》

对已立案侦查的交通肇事逃逸案件，经过侦查，犯罪事实清楚，证据确凿，被告捕获，办案机关应给批准立案的公安机关写出《破案报告》。《破案报告》主要包括立案情况、侦查情况与破案过程、案犯的认定与认定证据、案件的性质与被告人的刑事责任。

3.《起诉意见书》

《起诉意见书》主要包括被告人的自然情况、犯罪事实、起诉理由、附注部分。

在附注部分写明被告人受到的强制措施，附送案卷的数目，以及诉讼证据的名称、数量等。

4.《免于起诉意见书》《提请逮捕书》《撤销案件书》

这些法律文书均应根据实际情况，按具体要求制作。这类文书一般包括犯罪事实、法律依据和分析结论等三部分。

5. 制作法律文书的有关事项

法律文书必须严格遵守一定的格式。这是为了保证法律文书的完整性、准确性和合法性;同时可以避免出现漏洞和差错,便于处理、立卷和归档。

法律文书的格式一般包括标题、主送机关、公文字号、正文、发文年月日、机关盖章、附件、抄送单位、机密等级和紧急程度等。

叙述事实必须层次清晰,语言准确,内容具体。

说理部分要有理有据。坚持以事实为依据,以法律为准绳的原则。

结论部分要准确恰当,罪名判定准确,法律运用恰当。

### 五、交通肇事罪的量刑原则

由于交通肇事罪属于过失犯罪,所以在追究肇事者的刑事责任时,处罚通常较轻,一般判3年以下有期徒刑或拘役,较重的也只判7年,但因逃逸致人死亡的处7年以上有期徒刑。

1. 一般情况

具有下列情节之一的,处3年以下有期徒刑,或者15日以上、6个月以下拘役。

(1)造成死亡1人或重伤3人以上,负事故全部或者主要责任的。

(2)死亡3人以上,负事故同等责任的。

(3)造成公共财产或者他人财产直接损失,负事故全部或者主要责任,无能力赔偿数额在30万元以上的。

交通肇事致1人以上重伤,负事故全部或者主要责任,并具有下列情形之一的,以交通肇事罪定罪处罚:

(1)酒后、吸食毒品后驾驶机动车辆的。

(2)无驾驶资格驾驶机动车辆的。

(3)明知是安全装置不全或者安全机件失灵的机动车辆而驾驶的。

(4)明知是无牌证或者已报废的机动车辆而驾驶的。

(5)严重超载驾驶的。

(6)为逃避法律追究逃离事故现场的。

2. 情节特别恶劣

交通肇事具有下列情节之一的,属于"有其他特别恶劣 情节",处3年以上7年以下有期徒刑。

(1)造成2人以上死亡或者重伤5人以上,负事故全部或者主要责任的。

(2)死亡6人以上,负事故同等责任的。

(3)造成公共财产或者他人财产直接损失,负事故全部或者主要责任,无能力赔偿数额在60万元以上的。

## 第三节 交通事故民事责任及其处罚

行政责任是公民或法人违反行政法规的规定,引起法律后果时所应承担的法律义务。

根据《道路交通安全法》《道路交通事故处理程序规定》和《中华人民共和国治安管理条例》等有关行政法规的规定,对发生道路交通事故负有责任的当事人,均应追究其行政责任。

1. 处罚对象

在处理交通事故的实践中,行政处罚的对象主要是机动车驾驶人员,此外还包括车管人员、保修工、检验工、养路工、行人、乘车人、骑车人、交通管理人员以及其他对事故负有责任的人员。如果机关团体、企事业单位等对事故也负有责任,则处罚直接责任人员;若该人员是受单位主管人员指使的,还同时处罚该主管人员。

2. 处罚种类

追究机动车驾驶员行政责任的方式通常有两种:一是由公安机关给予其警告、罚款、拘留等治安处罚,以及吊扣、吊销驾驶证等处分;二是由车辆所属单位给予其警告、记过、记大过、降级、撤销职务、开除、改变工种和赔偿经济损失等处分。对于事故责任单位,除予以罚款、令其赔偿损失外,在实践中还常予以通报批评、停业整顿、暂扣或缴销车辆牌证等处罚。

3. 行政处罚的幅度

1) 对行为人的行政处罚

在道路上发生交通事故,车辆驾驶员应当立即停车,保护现场;造成人员伤亡的,车辆驾驶员应当立即抢救受伤人员,并迅速报告执勤的交通警察或者公安机关交通管理部门。因抢救受伤人员变动现场的,应当标明位置。乘车人、过往车辆驾驶员、过往行人应当予以协助。

《道路交通安全法》第九十九条规定,行为人造成交通事故后逃逸,尚不构成犯罪的,由公安机关交通管理部门处 200 元以上 2000 元以下罚款;除给予罚款外,还可以并处 15 日以下拘留。

行为人强迫机动车驾驶员违反道路交通安全法律、法规和机动车驾驶要求驾驶机动车,造成交通事故,尚不构成犯罪的,除由公安机关交通管理部门处 200 元以上 2000 元以下罚款外,还可以并处 15 日以下拘留。

行为人违反道路交通安全法律、法规的规定,发生重大交通事故,构成犯罪的,除依法追究刑事责任外,公安机关交通管理部门还要吊销其驾驶证,取消其机动车的驾驶资格。

行为人造成交通事故后逃逸的,由公安机关交通管理部门吊销其机动车驾驶证,且终生不得重新取得机动车驾驶证,也就是终生取消其从事机动车驾驶活动的资格。这体现了对此恶劣行为严厉处罚的立法态度。

2) 对单位的处罚

《道路交通安全法》第一百零二条规定,对 6 个月内发生 2 次以上的特大交通事故负有主要责任或者全部责任的专业运输单位,由公安机关交通管理部门责令其消除隐患,使该专业运输单位的机动车具备安全运输的条件;对于未消除事故隐患的机动车,禁止上道路行驶,以避免其发生事故。作为专业运输单位,应当注意其机动车的安全性,否则既会产生事故隐患,也会影响自己的经营活动。其应当将安全工作作为一项长期工作来抓。值得注意的是,如果专业运输单位对特大交通事故不负主要责任或者全部责任的,则不应当给予这种处罚,以体现按责论处的精神。

4. 处罚的裁决

行政拘留主要适用于严重的治安违法行为,是一种严厉的处罚形式。《中华人民共和国行政处罚法》第九条规定:"法律可以设定各种行政处罚。""限制人身自由的行政处罚,只能由法律设定。"行政拘留实施权仅限于公安机关,且此权力不能授权也不能委托其他机关或者组织。《道路交通安全法》特别规定:对违反《道路交通安全法》规定予以拘留的行政处罚,由县、市公安局、公安分局或者相当于县一级的公安机关裁决。行政拘留的法律规定主要有《道路交通安全法》及《治安管理处罚条例》《外国人入境出境管理法》《中国公民出境入境管理法》《集会游行示威法》等。

5. 处罚的实施

公安机关交通管理部门对事故的责任者给予行政处罚时,应当制作《道路交通事故处罚裁决书》,分别送交当事人、被处罚人的工作单位和被处罚的机动车驾驶员现籍车辆管理部门。当事人对处罚不服的,可以在接到处罚裁决书后15日内,向上一级公安机关交通管理部门申请复核。上一级公安机关交通管理部门在接到复议申请书后,于30日内作出复议决定。当事人对复议决定不服的,可以在接到复议决定书后15日内,向人民法院提起行政诉讼。

## 第四节 交通事故认定实例

事故认定的目的,就是为分清事故责任,以便对肇事者正确地进行行政处罚、刑事处罚和解决经济赔偿等善后处理工作,并为研究交通事故发生的规律,制定有效的防范措施提供资料。准确地认定交通事故责任是维护交通法规尊严,保护交通参与者合法权益的具体表现,也是公安机关履行维护社会治安职能的一个重要方面,因此具有十分重要的意义。

下面介绍是一些典型事故案例,可供事故认定时参考。

**案例1** 机动车辆严格实行登记

某年5月20日21时许,邵某驾驶一辆进口轿车沿某某中路由南向北,约以90km/h的速度行驶。当行驶到某某中路南岭村附近时,突然发现正前方2~3m处有一辆两轮摩托车,便立即采取制动,并向左打转向盘,试图从左侧超车。但因车速过快,未超过去。汽车车前部撞到了摩托车的尾部,王某被甩下摩托车倒在地上。王某被送到医院后,经医生诊断,头部轻微脑震荡,神志不清,腿部伤势较重。交警接到报案后,迅速赶到现场进行处理。经查证证实,案发当晚,某某中路道路照明条件良好,路面上车辆也不多。经核查,该轿车尚办理机动车登记手续。

根据现场笔录和现场勘验情况,并依照《道路交通安全法》第八条"机动车只有经公安机关交通管理部门登记后,方可上道路行驶"的规定,交警作出事故认定:邵某驾驶无合法手续的车辆造成交通事故,应负主要责任,承担全部经济损失。

**案例2** 不允许无证驾驶无照车辆

某年初,黎某约陈某、宋某、温某等到某镇玩,4个人均未佩戴头盔。黎某驾驶的摩托车尚未上牌照,他本人也未取得驾驶执照。当驾车行至南港大道国税路段时,他把车开到了左侧逆向行驶,与正常行驶、迎面而来由肖某驾驶的载着扬某的摩托车迎头相撞。事故造成肖某、黎某、杨某等4人不同程度受伤,20岁的杨某死亡。交警接到报警后赶赴现场,立即将4名伤者送往医院抢救治疗。

黎某因摩托车未进行登记，又无证驾驶。且在驾驶中，违反机动车通行的规定，没有实行右侧通行，把车开到了左侧逆向行驶。黎某的行为违反了《道路交通安全法》第十一条的规定。公安机关交通管理部门经过现场勘验后，认定黎某没戴头盔、无证驾驶无号牌摩托车，逆向行驶与对面来车相撞，造成1人死亡，3人受伤的重大交通事故，应负事故的全部责任。同时，根据《刑法》规定，所谓重大交通事故是指在交通运输过程中，造成车辆、船只碰撞、颠覆、毁坏或者致人重伤、死亡或使公私财产遭受重大的损失的交通事故。显然，黎某的行为已符合交通肇事罪的构成要件，触犯了《刑法》第一百三十三条之规定，将受刑律的惩处。

**案例3** 买卖机动车应当办理相关手续

朱某原有一辆五十铃汽车，后几经转让，最后到了刘某手中，但未办理过户手续。刘某买下不久，在一次行车过程中造成1死3伤的重大交通事故。经公安机关交通管理部门认定，刘某负事故的全部责任。伤者共花医药费8000余元。刘某见赔偿数额太多，无力偿还，逃往外地不归。为解决赔偿问题，死者家属及伤者最终将朱某、王某及刘某等人诉至法院。经法院经审理认为，本案肇事车的实际支配人是刘某，而所有人则仍然是朱某，判决实际支配人刘某承担赔偿责任，车辆所有人朱某对刘某承担赔偿垫付责任。

该案主要涉及机动车卖车不过户的责任问题。即机动车所有权发生变动未办理过户登记手续的，该车辆行驶证上记载的车主（所有人）是否应当就机动车造成的事故负赔偿责任的问题。对此主要有两种处理意见：①朱某不承担赔偿责任。因为经过朱某和刘某的协商，二人达成了汽车的买卖协议；而且交通事故是由刘某造成的，侵害受害者权益的是刘某，因此主张朱某不应当就受害者的损失负赔偿责任。②朱某应当对受害者的损失负赔偿责任。尽管汽车已经卖给了刘某使用，但是机动车的所有权转移后并没有办理相关的登记手续。虽然是刘某造成受害者的损失，在刘某无力赔偿或者刘某不知所踪的情况下，应当由朱某承担相应的连带责任。

根据《道路交通安全法》第十二条的规定，机动车所有权发生转移的、机动车登记内容变更的、机动车用作抵押的以及机动车报废的，应当办理相应的登记。这条规定与《道路交通安全法》第八条、第九条，构成了完整的机动车登记制度。机动车不仅是在上道路行驶前需要登记，而且在机动车买卖、转让、抵押以及报废等情况下，均需要到机动车管理部门履行登记手续。因为，对机动车进行登记是机动车管理部门对机动车相关情况做的备案，同时也是机动车原所有人对抗第三人的依据，是理顺当事人之间法律关系的凭证。就是说，如果买卖机动车不办理相应的登记手续，买卖双方当事人是不能以机动车已买卖为由对抗第三人的。

由此可见，尽管汽车已经交付给刘某，而且交通事故也是刘某造成的，对受害人的赔偿责任理应由刘某承担；但是，由于朱某没有履行机动车所有权转移的登记义务，在刘某无力赔偿或者不知所踪的情况下，应当由朱某先行对受害人进行赔付，然后由朱某向刘某追索自己的损失，是符合法律规定的。

**案例4** 机动车应当定期进行安全技术检验

某年3月某日凌晨，曹某戴着头盔驾驶摩托车与一个朋友一起沿华中路由东向西，以50km/h的速度行驶。突然曹某发现正前方3~4m处有一辆摩托车，便立即实施制动，同时向左打转向盘试图超车。但曹某的摩托车前部仍撞到了那辆摩托车的尾部，曹某被甩下摩托车,经医生诊断,其头部轻微脑震荡,腿部伤势较重。而正常行驶的摩托车驾驶员邓某却匆忙驾车逃走。交警接到报案后,赶到现场进行处理。曹某承认自己酒后驾车的事实。事后据曹某回忆,在事发时他根本就没有注意到前方有摩托车,等距离靠近后才发现 3~4m 处的摩托车,但当时已经没有办法躲避了。后经调查才发现邓某的摩托车没有年检。

公安机关交通管理部门根据现场笔录和勘验情况,依照国家有关道路交通法律,作出事故认定:曹某因为酒后驾车负交通事故的全部责任。而邓某的车辆因未经年检,属于另外的法律关系,依照相关法律予以处罚。

《道路交通安全法》第一百一十条规定,应当根据车辆的不同情况,定期进行安全技术检验。另外,公安机关交通管理部门依照法律、行政法规的规定,定期对机动车驾驶证实施审验。

《道路交通安全法》第一百一十条第一款规定,执行职务的交通警察认为应当对道路交通违法行为人给予暂扣或者吊销驾驶证处罚的,采取的措施包括:①可以先予扣留机动车驾驶证。②除先予扣留机动车驾驶证外,在 24h 内将案件移交公安机关交通管理部门处理。

《道路交通安全法》第一百一十条第二款规定了道路交通违法行为人的接受处理的义务。道路交通违法行为人应当在 15 日内到公安机关交通管理部门接受处理。无正当理由逾期未接受处理的,吊销机动车驾驶证。

另外,依照《道路交通安全法》第十三条第三款的规定,公安机关交通管理部门暂扣或者吊销驾驶证的,应当出具行政处罚决定书。

**案例 5**　报废机动车不得上路行驶

某年年初,某公司驾驶员刘某正驾驶运输车在公路上高速行驶,突然前方一个障碍物出现在他的视野里。具有十几年驾车经验的刘某下意识地向右打转向盘,同时脚下用尽全力踩下制动踏板,手上也急忙拉起驻车制动操纵杆。一系列的动作在瞬间完成了,但就在这个时候刘某突然发现制动失效。汽车驶上行人道,撞到路边一家商店的水泥墙上。刘某也从车里被甩出 3m 多远而受伤。事故发生后,交警迅速赶到现场进行勘验。后经调查,刘某驾驶的车辆是一辆报废车。该公司明知该车辆的车况很差,而指示刘某驾驶,是造成这起事故的重要原因。

此案中,由于刘某驾驶报废车,在行驶中制动失灵,汽车撞到商店水泥墙上,造成了店主的损失。事故完全是由于报废车辆故障引起的。因此,刘某及该公司将负全部责任,承担刘某的医疗费用和商店的损失。依据《道路交通安全法》第十四条的规定,对这辆车立即予以收缴,强制报废。

**案例 6**　机动车不能随意改装

王某驾驶奥迪轿车,以 70km/h 的速度行驶。当车行驶到离省城还有约 15km 处时,突然一道强光直射过来,刺得王某睁不开眼睛,还没等王某反应过来,瞬间便与迎面而来的张某驾驶的三菱汽车相撞。

经过勘验后,公安机关交通管理部门认定:王某轿车占线行驶,应负事故的主要责任;张某驾驶不符合要求的车辆,应负事故的次要责任。王某认为他当时是在对方车辆强光刺激下,无法辨别方向,无法避让的情况下才与对方相撞的,不应负主要责任。

于是,王某向法院起诉。诉讼中称:事故的原因,是由于张某在车前违法安装具有强光型聚焦性能的前照灯,同时超速行驶,使我看不清前面道路的情况,无法及时采取制动和避让措施。因此,导致事故发生的主要责任应当由张某承担。

而张某辩称:王某的陈述与事实不符,即自己并没有使用具有强光型聚焦性能的前照灯和严重超速,导致这次事故发生主要是因为王某占线行驶。对此,自己不应承担事故责任。

法院受理后,经调查取证查明事实后认为,被告张某驾驶的三菱汽车已经过改装,该车使用的远光灯亮度超过国家规定标准的10倍,近光灯的亮度超过国家规定标准的20倍;事故发生时该车的时速为80km/h。当王某的车与被告张某的车相会时,尽管王某根据对方的灯光及车速发出了示警信号,但由于被告的车使用的远光灯和近光灯亮度都超过国家规定的标准,致使王某在视力受到严重障碍的情况下,无法分辨方向和控制车辆,其车越过道路中心线60cm,加上张某当时超速行驶,导致两车相撞,造成王某车毁人伤的交通事故。因此,法院判定张某应承担主要责任,并赔偿其经济损失。

此案中,被告张某擅自改装驾驶的三菱汽车,使该车的远光灯亮度超过国家规定的10倍;近光灯的亮度超过国家规定的20倍。这一行为已经严重违反国家相关法律规定,导致交通事故发生。作为驾驶员的张某应该知道,他擅自改装、使用具有强光型聚焦性能的前照灯,且亮度大大超过国家规定的标准,在夜间会车时会给对方驾驶员造成极大的障碍,使对方短时间的视力下降甚至模糊,致使无法辨别方向躲避危险。王某正是因为在张某车辆超标的强光刺激视线的情况下,采取措施不当,超过了道路的中心线,与三菱车相撞。因此,张某擅自改装车灯的违法行为是导致此次事故的主要原因。

**案例7**　我国实行机动车第三者责任强制保险

某年6月1日清晨,林某在其负责的路段上打扫卫生。这时,一辆从南向北驶过来的大型货车从后面将他刮倒受伤。肇事驾驶员驾车逃逸。林某虽经医院抢救后生还,但一条腿被截肢,其家境贫寒,支付不起医疗费。交警根据对现场的勘验,认定事故责任者为大型货车驾驶员。但由于肇事驾驶员逃逸,根据机动车第三者责任保险制度,由承保大型货车的保险公司预付林某的医疗费用。我国实行机动车第三者责任强制保险制度。它是指机动车必须强制保险。这样在发生交通事故后,当被保险人或其允许的驾驶员在使用保险车辆过程中发生意外事故,致使他人遭受人身伤害或者财产的直接损毁,被保险人应支付的赔偿金额由保险公司依照规定给予赔偿。这样可促使被保险人积极参与事故的处理和善后工作。

**案例8**　申请驾驶证应当符合法定条件

陈某高度近视,矫正后视力仅为4.5。某年8月17日中午,陈某驾驶大型客车遇一位老人正通过斑马线横过街道。由于陈某模糊的双眼对距离估计不准,汽车向于某冲过去。因为车速较快,致使于某被撞当场死亡。交警接到报案,迅速赶到现场勘验。事故现场系平交十字路口,道路宽阔,视线良好。现场遗留于某(男,59岁)头部血渍(面积为$0.5 \times 0.35 m^2$)。距血渍4.5m处遗留一块车前照灯部分,其余没留下任何痕迹和物证,受害人当场死亡。

经过调查得知,陈某的近视程度是不允许申请机动车驾驶执照的。为了能够取得驾驶证,陈某体检弄虚作假,通过了体检审查。

根据公安机关交通管理部门的事故认定,陈某因为不符合驾驶条件,存在明显的视力问题,是造成此次事故的主要原因,应对事故负完全责任,对于某的死亡承担赔偿责任。

根据公安部第139号令《机动车驾驶证申领和使用规定》第十二条第二款第二项的规

定,大型客车、牵引车、城市公交车、中型客车、大型货车、无轨电车或者有轨电车准驾车型的驾驶证申请者,两眼裸视力或者矫正视力达到对数视力表5.0以上。

在该案中,陈某的视力不符合申请驾驶证的条件,因此对于某获得的机动车驾驶证,应认定为无效的行政许可,视为无效驾驶证并予以注销。陈某不符合国务院公安部门规定的驾驶许可条件,其申请大型客车驾驶证的行为违反了《道路交通安全法》第十九条的规定,陈某应当对其不具有驾驶资格,存在明显的视力问题造成的损害造成的事故承担法律责任。

**案例9** 对机动车安全性能要及时检验

张某是某空车配货站经验最为丰富的驾驶员之一,驾驶大型货车已有多年经验。张某的大型货车一直制动不是很灵,而他却能在采取有效的紧急措施之后,多次化险为夷。

某年9月9日22时许,张某驾驶大型货车运输煤炭,途经市公路口检查站时,张某见检查站内没有灯光,栏杆也没放下,误认为检查站内无人,因而没有减速停车,快速开过检查站继续前行。检查站内杨某发现后,立即乘坐王某驾驶的摩托车,追赶这辆装载煤炭的大型货车。当张某驱车行驶了数百米后,摩托车超到汽车前方去堵截。张某立即下意识地采取了制动措施,但因车辆一直处于制动不良的状态,大型货车保险杠右侧撞到杨某腰部,造成扬某死亡的交通事故。

此案中,驾驶员张某明知机动车制动不良,可能造成交通事故,却自以为凭自己多年驾驶经验就能够化险为夷,所以屡次出现险情都不能使他提高警惕,主动修复汽车制动系统,其行为已违反了《道路交通安全法》第二十一条的规定:驾驶员驾驶机动车上道路行驶前,应当对机动车的安全技术性能进行认真检查;不得驾驶安全设施不全或者机件不符合技术标准等具有安全隐患的机动车。

人民法院在审理此案中认为,被告人张某驾驶制动不良的车辆,且违反交通法规,造成执行公务的检查员杨某死亡的严重后果,其行为已构成交通肇事罪,依据我国的《刑法》规定,判处张某有期徒刑二年,并赔偿被害人经济损失。

**案例10** 公交车驾驶员应操作规范、安全驾驶

某年8月3日,邓某驾驶着某市公共汽车有限公司的大型客车在内环路由西往东行驶。当行至商业大厦时,前方出现塞车现象,经过了10多分钟,在交警的疏通下,拥挤的车队才慢慢活动起来。由于塞车,邓某耽误了正常的行车时间。为赶时间,在市一百商场路段站点时,他没有按要求紧靠路右边站台停车,而是将车停在路中间,便打开了车门。车门打开后,乘客黄某、尚某为了躲避烈日,下车后就往东南方向跑动。这时,在公共客车的右边,由西往东驶来一辆由驾驶员刘某驾驶的大型牵引车。由于黄、尚两位乘客下车比较突然,刘某采取避让措施不及,牵引车正面撞向两人,造成黄某当场死亡、尚某受伤的道路交通事故。

交通事故发生后,经公安机关交通管理部门现场勘验、当事人陈述、搜集证人证言、车辆检验等材料综合证实,公交车驾驶员邓某未将大型客车靠路边停车再下客,未确保下车乘客的安全,违反了国家现行法律的有关规定,是造成此事故的主要原因;当事人刘某驾驶制动不良的车辆上路行驶,同样违反了法律规定,是造成此事故的次要原因;黄某、尚某在此事故中没有交通违法行为。据此,公安机关交通管理部门认定,邓某承担此事故的主要责任,刘某负次要责任,黄某、尚某无责任。同时,邓某因涉嫌交通肇事罪被依法追究刑事责任。

《道路交通安全法》第二十二条第一款规定:机动车驾驶员应当遵守道路交通安全法律、

法规的规定,按照操作规范安全驾驶、文明驾驶。

对于此案的认定,也有不同的意见。有的人认为,乘车人黄某、尚某下车时没有注意观察周围情况,下车后急跑是事故的真正原因,因此应当负事故责任;也有的人认为,牵引车不按规定线路停车,而且制动系统制动不良要负同等责任等。但是,作为公共汽车,乘客是买票乘车的,根据《中华人民共和国合同法》规定,已形成了一种运输合同的关系。理应享受安全、快捷的服务,对于乘车人来说,是权利的体现;作为运营方的公交驾驶员的义务,便是乘客的安全,则首先理应按规定停靠站,让乘客安全上、下车。但是,此案中的公交车驾驶员邓某却没有按规定靠近站台停车,使乘客下车后必须步行一段距离才能到达站台。从这个角度来考虑,公共汽车驾驶员负主要责任。

**案例 11** 疲劳驾车的法律后果

某年9月某日,海洋县村民马某驾驶汽车进城办事,经过奔波终于把事办完。劳累了一天的马某,已精疲力竭。马某驾驶汽车将前方一辆同向行驶的摩托车追尾撞倒,摩托车驾驶员受伤躺地。马某驾车逃逸。交警根据目击人提供的线索,上网查询,将肇事的马某抓获。警方调查后认定,马某疲劳驾车,交通肇事逃逸,应负事故的全部责任,已构成交通肇事罪,应负刑事责任。

饮酒、服用国家管制的精神药品或者麻醉药品、患有妨碍安全驾驶机动车的疾病以及一定程度的疲劳,都影响到机动车驾驶员的能力,因此,《道路交通安全法》第二十二条第二款对这些条件下的驾驶资格作出禁止性规定。马某置自己以及他人的安危不顾,在精疲力竭情况下,仍然坚持驾驶机动车。他们的行为违反了《道路交通安全法》的有关规定,是严重交通违法行为。

马某由于疲劳对前方行驶的车辆无法作出准确的判断,致使追尾事件的发生;然而更严重的是马某害怕承担责任,事后驾车驶离现场。根据规定,如果违反道路交通安全法律、法规的规定,发生重大交通事故,构成犯罪的,将依法追究刑事责任,并且由公安机关交通管理部门吊销其驾驶证。如果是造成交通事故后逃逸的,将被终生取消驾驶机动车的资格。

**案例 12** 酒后不得驾驶机动车

某年8月17日1时,某市交警大队值班室接到报警电话,京海大道刚发生一起轿车与自行车相撞的交通事故,骑车人当场死亡,肇事者驾车逃逸。交警经勘验,找到了留在现场的车灯碎片和肇事车辆留在自行车上的一小块红色漆痕。经排查,最后确定肇事车和驾驶人朱某。经查证朱某系酒后驾车。

按照《道路交通安全法》的规定,饮酒后或者醉酒驾驶机动车发生重大交通事故,构成犯罪的,依法追究刑事责任,并由公安机关交通管理部门吊销机动车驾驶证,且终生不得重新取得机动车驾驶证。

在此案中,朱某酒后驾车,违反了《道路交通安全法》对于饮酒者禁止驾车的规定。对于朱某的逃逸行为,不仅应当受到道德上的谴责,而且应当受到刑事处罚。根据法律的规定,肇事人逃逸将使自己处于完全责任状态。肇事人逃逸或者故意破坏、伪造现场,毁灭证据,使交通事故责任无法认定的,应当负全部责任。朱某由于交通肇事后逃逸,被依法追究刑事责任,吊销驾驶证,并终生不得重新取得机动车驾驶证。

**案例13　遇红灯不停车肇事的法律责任**

某年8月17日12时许,陆某驾驶着他已开了两年的公共汽车,载着乘客在他熟悉的线路上行驶。在一个必经的十字路口交通信号灯显示红灯,可是陆某径直开了过去。就在这时,一位老人升某正在通过人行横道。陆某的公共汽车撞倒老人,致使他当场死亡。交警接到报案,迅速赶到现场勘验,结果为:现场系平交十字交叉路口,当时交通信号显示的是红灯,道路宽阔,视线良好。现场遗留被撞者升某头部的血渍。

经鉴定发现,陆某是一个红绿色盲。根据公安机关交通管理部门的责任认定,陆某不具有驾驶资格,存在明显的色盲问题,是造成此次事故的主要原因,因此应负完全的责任。对于其弄虚作假取得驾驶证的行为应予谴责。此次事故造成人员死亡,陆某已构成交通肇事罪,应承担赔偿责任。经法院判决,陆某被依法判处有期徒刑,并承担死者的死亡补偿费,终身不得驾驶机动车。

**案例14　交通标志不得擅自移动**

某年8月某日深夜,一名少年来到203国道江乡桥附近,将一块"前方施工"的标志牌从路边移到了国道右车道上。当晚零点30分许,一辆从南州开往海市方向的货车看到这块标牌后,误以为前方真的在施工,于是转入左车道逆向行驶。逆行几百米后,与一辆迎面驶来的东风牌货车相撞,造成东风牌货车驾驶员当场死亡,逆向行驶的货车驾驶员和车上的一名乘客都不同程度受伤。

事发后,公安机关交通管理部门对现场进行勘验,认定事故的主要原因是从南州开往海市的货车逆向行驶造成的。可是货车驾驶员坚持说是按照交通标志牌行车的,责任不在自己。警方立刻调取这一路段的监控录像,发现了移动标志牌的肇事者。由于这名少年只有15岁,他最终被免予刑事处罚,但他必须为自己的行为承担民事赔偿责任。只有15岁的少年,在法律上还属于限制行为能力人,因此,民事赔偿责任由其监护人即他的父母承担。同时,警方责成其父母对该少年加强教育和管理。

《道路交通安全法》第二十八条第一款规定:任何单位和个人不得擅自设置、移动、占用、损毁交通信号灯、交通标志、交通标线。

设置、移动、使用交通信号、交通标志、交通标线是公安机关交通管理部门的排他性权力,而且也是公安机关交通管理部门的职责,是不可以随便放弃、处置的。任何个人或其他部门、单位绝对不允许染指这些权力。

擅自移动、损坏和偷盗交通设施的行为,严重违反了《道路交通安全法》第二十八条的规定。对于任意损毁、移动、涂改交通设施,造成危害后果,尚不构成犯罪的,根据《道路交通安全法》第九十九条第七款的规定,由公安机关交通管理部门处200元以上2000元以下罚款。

**案例15　道路损毁引发事故的法律责任**

某年5月某日12时许,天色阴沉。王某驾驶福田小型货车,沿解放南路由南向北,行驶到珠江装饰城附近,此时由北向南驶来了一辆白色中型面包车。在会车过程中,由于王某没有及时观察路面情况,仓促间发现前方道路上有一个隆起的大包。王某为了躲避这个隆起的大包,急忙将车打向白色中型面包车的方向。白色中型面包车的驾驶员陈某躲避不及,致使两辆车相撞。福田小型货车正面左侧严重变形,风窗玻璃破碎,王某头部和双腿受到撞击,伤势较重。而白色中型面包车的右侧车轮则撞到了机动车与非机动车分道隔离桩上,面包车失去控制,向右侧翻,四轮朝上翻倒在地。

《道路交通安全法》第三十条规定,道路交通设施的设置与维护是相应行政机关的职责,在道路出现坍塌、坑漕、水毁、隆起等损毁或者交通信号灯、交通标志、交通标线等交通设施损毁、灭失的情况下,相关的行政机关有权设置警示标志并对这些交通设施进行维护,这同时也是这些行政机关的义务。由于道路出现坍塌、坑漕、水毁、隆起等损毁或者交通信号灯、交通标志、交通标线等交通设施损毁、灭失引起的道路通行人员的损失,相关的行政机关负有赔偿的义务。在此案中,王某在会车过程中车速过快,没有及时观察路面的情况,也是这起事故的原因之一;但是,道路、交通设施的养护部门和管理部门没有对道路上隆起的大包及时设置警示标志并及时修复,也是一个不可忽视的因素,甚至应该是主要原因。

根据《道路交通安全法》的规定,道路出现毁损,未及时设置警示标志、未采取防范措施致使通行的人员、车辆遭受损失的,负有相关责任的单位应当依法承担赔偿责任。也就是说,该路段养护部门和管理部门应当对这次事故负主要责任,并且承担相应的赔偿责任。

**案例16** 不得私自占用交通道路

在某市餐饮一条街,王某酒后和朋友同乘一辆摩托车撞到道路中间烤羊肉串的炉子。王某驾驶的摩托车在驶出几米后滑倒。交警经过勘验现场,依据《道路交通安全法》第三十一条规定"未经许可,任何个人和单位不得占用道路从事非交通活动",作出事故认定。业主在道路上烤制羊肉串,影响了道路的安全畅通,是造成这次事故的主要原因,应负主要责任;王某酒后驾车,违反不许酒后驾车的规定,负次要责任。

**案例17** 施工作业应设置警示标志

某年5月某日14时许,金新公司李某驾驶富康牌轿车从江汉市前往中州市。当轿车行驶到汉州高速公路193km处时,李某猛然发现前方有一辆东风牌汽车正在车行道上卸水泥,轿车避让不及,撞上了该作业车辆,结果造成轿车上二死二伤、轿车毁损的重大交通事故。交警对恶性交通事故下达了事故认定书,认定轿车驾驶员李某应负主要责任,施工车辆驾驶员负次要责任。金新公司不服,将高速公路管理部门告上法院。

在法庭上,原告主张,既然他们已经购买了通行票被允许上高速公路,就与高速公路管理部门形成了一种平等的民事合同关系。高速公路管理部门就应该履行其对高速公路进行维修养护以及保障公路安全畅通的义务。但在事发当日,高速公路管理部门雇请的施工单位车辆在作业时没有设置警示标牌,以致酿成了这起恶性交通事故,因此应当承担合同违约的民事赔偿责任。

高速公路管理部门则辩称,这起交通事故已由公安机关交通管理部门作出事故认定,原因在于轿车超速行驶撞上施工车辆所致。由于事故发生地段属于路面养护施工路段,高速公路管理部门曾要求施工方设置警示标牌。因而自己已履行了法定职责,没有责任。

此案属于一起重大交通事故纠纷案件,主要问题涉及高速公路上施工单位未设置明显的安全警示标志,导致重大交通事故的责任划分问题。根据《道路交通安全法》第三十二条的规定,施工单位在道路上施工作业至少应当履行两个义务:首先征得道路主管部门的同意;在不影响交通安全的情况下,还需要公安机关交通管理部门的同意。施工作业单位应当在施工路段的来车方向设置明显的警示标志。

在此案中,施工车辆在车行道上卸货,严重占道,并且没有设置明显警示标志,结果导致二死二伤的交通事故发生,其行为严重违法,存在重大过错。虽然施工车辆属于特殊车辆,但依照法律规定,施工作业过程中同样需要在安全距离内设置明显的安全警示标志,并采取防护措施。如果施工单位在规定的距离内设置了明显的安全警示标志,这样的悲剧应该可以避免。

另外,在高速公路上进行养护、维修等施工作业时,应当按照交通运输部有关高速公路养护工程作业交通控制的规定,实行作业交通安全控制,作业车辆、机械应当喷涂统一的标准颜色,行驶和作业时均应开启警示灯。显然,此案中施工方没有尽到义务。而对于高速公路管理部门来说,高速公路管理部门既然享有收费权,就应履行保障该收费路段安全、畅通的管理义务。如果高速公路管理部门只收费却不能保障道路的安全与畅通,显然权利与义务不对等,是违背立法精神的。

根据《道路交通安全法》第一百零五条的规定,道路施工作业或者道路出现损毁,未及时设置警示标志、未采取防范措施,或者应当设置交通信号灯、交通标志、交通标线而没有设置,或者应当变更交通信号灯、交通标志、交通标线而没有及时变更,致使通行的人员、车辆遭受损失的,负有相关职责的单位应当依法承担赔偿责任。因此,此案中的高速公路管理部门虽要求施工单位设立标志,但施工单位未设立,高速公路管理部门有督促检查责任,所以高速公路管理部门与施工作业单位应当承担赔偿责任。

**案例18 禁止车辆乱停乱放**

某年4月某日傍晚,小华骑车靠右侧行驶,但由于有车辆停在路旁,小华只好将车骑到了路中间,准备绕过车辆。就在这时,张某驾驶一辆小型汽车迎面开来。因汽车速度很快,小华躲避不及,被汽车撞倒。交警接到报警后,进行了现场勘验,认定在这次事故中双方都有责任。驾驶员张某未尽到充分注意的义务,在行驶中速度过快,又未能及时采取制动措施,撞倒了小华,造成了这次交通事故。另外,小华也有责任,因为她骑车未能靠右边的非机动车道行驶,而是骑到了道路的中间,故也应承担责任。因此,小华和张某对这次事故的发生负有同等责任。

交通管理部门做出事故认定书后,驾驶员张某和骑车人小华均表示不服。张某认为,他驾车行驶遵循了交通规则,是在车行道内行驶。行车速度虽然有些过快,但并不能构成这次事故的原因,不应该承担责任。而受害人小华则认为,因为道路上挤满了车辆,成了一些公司的临时停车场。前一段因此已经发生过交通事故,也没人管。她如果想从非机动车道通行,不绕过去是不可能的,所以只能骑车到道路中间,是迫不得已的事,要说有责任也是那些停放在路边车辆的责任。而且,交通管理部门也是有责任的。对于这些乱停放的车辆为什么不清除呢?交通管理部门没有尽到应尽的义务,也应承担责任。因小华的伤势过重,需要大量的住院治疗费用,小华已经承担不起,遂向法院提起诉讼,要求张某承担全部的责任,赔偿其一切医疗费用及其他损失。

根据《道路交通安全法》,可以从这起事故中分析出以下几个方面:①此案中,交通管理部门并没有及时履行其应尽的义务,即当发现商业街区停车场、道路配套设施存在交通严重隐患,应该及时向当地人民政府报告,并提出防范事故、消除隐患的建议。因此,公安机关交通管理部门应为其行政不作为的行为承担相应的法律责任。②不按规定乱停放车辆的车主应该承担事故责任。依据《道路交通安全法》第三十一条的规定:未经许可,任何单位和个人不得占用道路从事非交通活动。由上述规定不难看出,那些把车辆乱停放的做法显然违反了《道路交通安全法》的规定。正是由于这种行为,使得小华在行驶时,无法在非机动车道行驶,不得不拐到机动车道上,以致被过往的机动车撞倒,故此,乱停乱放机动车的车主应该承担相应的责任。随着机动车的不断增多,公共建设区、商业街区、居住区等缺乏公共停车场、停车泊位的矛盾日益突出。以至于那些没有车位的车辆不得不随意停放。而停放在非机动车道内不存在缴纳停车费的问题,因此成为很多车主的首选。但是,乱停乱放机动车辆而引发交通事故,将要承担法律责任,这可能是这些车主没有预料到的。③驾驶员张某对事故的发生也有一定责任。由于道路旁边停满了车辆,道路已不能按正常的情况使用,驾驶员就不能按正常规定来控制速度,而且要更加注意安全。在此案中,驾驶员张某在道路狭窄、拥挤的情况下依然驾车超速行驶。因此,在这起交通事故中,他也应该承担一定的责任。④虽然骑车人小华被迫骑车到了路中央,也应承担一定责任。

因此,各方都存有一定的过错,应各自承担相应的责任。

**案例19　摩托车应靠右侧通行**

某年3月某日,伍某驾驶摩托车(搭载吴某)在商业大厦路段由西往东行驶至蓝星商场路段时,与谢某驾驶的摩托车(搭载林某由东往西逆向行驶)发生碰撞,造成两车不同程度损坏和车上4人受伤的道路交通事故。经交警查明,事故原因是谢某驾车逆行,因此判定由其负事故的全部责任,并支付相关损害赔偿费。

驾驶摩托车必须遵守《道路交通安全法》第三十五条和其他有关机动车管理的交通法律、法规的规定。在此案中,谢某驾驶摩托车上路行驶,本应遵守右侧通行的原则,但却违法逆行,他应当为引发的交通事故负全部责任。

**案例20　机动车应按规定车道行驶**

某年8月某日,青山市港口货物集散中心驾驶员曹某驾驶一辆沃尔沃牌大型货车由东向西行驶到青山港集散中心的南门。因为要右转弯,所以他借用了其他车道。但由于他没有注意观察路面情况,与同向骑自行车正常行驶的张某相撞,造成张某当场死亡,自行车损坏的道路交通事故。负责处理张某交通事故案的交警通过对事故现场以及对肇事车辆的分析和反复的调查核实,对此次交通事故作出事故认定,驾驶员曹某违反交通通行规则,没有观察路面情况,借用车道,与正常行驶的张某骑车相撞,负事故的全部责任。鉴于张某死亡,曹某已构成交通肇事罪。

在此案中,驾驶员曹某驾驶大型货车由东向西行驶,需要右转借道通行时,应当让同一方向在非机动车道内正常行驶的张某骑车优先通过。而曹某却没有注意观察路面情况,也没注意骑自行车正常行驶的张某,因此造成了不可挽回损失的交通事故。曹某违反了《道路交通安全法》关于道路通行的规定,应该承担法律责任。

**案例21　没有交通信号控制的路口行车**

某年5月某日,李某驾驶摩托车由南往北行驶,在经过一个没有信号灯控制的交叉路口时,刘某驾驶摩托车从路口西边行驶过来。李某认为刘某会让她先行,因而没有避让。岂料刘某也没减速,结果发生两辆摩托车相撞的交通事故。事故双方均受伤住院接受医治。事后交警大队调查核实认定,双方负同等责任。刘某不服,认为李某是非驾驶员驾驶机动车上路,违反了交通管理法规的规定,应当负全部责任。于是,刘某到上一级公安机关交通管理部门申请复核。

上一级公安机关交通管理部门在复核这起交通事故中发现,李某是非驾驶员驾车上路,是事故发生的原因。而刘某驾驶摩托车经过交叉路口时,没有根据交通管理法规:同类车通过没有交通信号控制的交叉路口时,必须让右侧无车的机动车先行的规定,也是事故发生的原因,因此双方在这起事故中负有同等责任。

在此案中,公安机关交通管理部门认为,李某没有驾驶摩托车的资格,根本就不应驾车上路行驶。但是这起事故的发生还不完全是由于李某的无证驾驶所致,而是由于刘某没有按规定让行,再加上李某驾驶经验、技术均不熟练而造成的。如果刘某按照法规规定让行,事故就有可能避免;如果李某是正式的驾驶员,驾驶经验、技术均佳,那么遇到这种情况,采取有效措施,或许此起事故也可以避免。所以,李某属非驾驶员驾驶机动车上路是一种交通违法行为。同样,刘某没按规定让行也是交通违法行为。权衡双方的过错行为在事故中所起的作用,根据事实和法规规定,公安机关交通管理部门认为双方在这起事故中负有同等责任,故维持了对这起交通事故的认定。

在此案中,也有人认为这种责任认定似乎不妥。因为,虽然李某无证驾车违反了《道路交通安全法》第十九条的规定:"驾驶机动车,应当依法取得机动车驾驶证。"没有驾驶证是不允许上路行车的,但是当发生交通事故时,进行责任认定的依据,是看双方在交通事故中所产生的影响和发挥的作用。因此根据《道路交通安全法》第三十八条的规定,刘某在没有交通信号的交叉路口,没有给正常行车的李某按规定让行是造成此起交通事故的主要原因,所以刘某应该承担此起交通事故的全部责任。而李某的无证驾车,则侵犯的是另外的一种法律关系,应该由公安机关交通管理部门按《道路交通安全法》的相关规定予以处罚。

**案例22** 同车道行驶的机动车应保持安全距离

某年5月某日19时许,陆某驾驶奔驰牌轿车经215国道前往省城,车上还有其妻子王某、儿子陆小某。车行至215国道878km处时,前面一辆大型货车正打着转向灯超越一辆摩托车。在大型货车后面跟驰已久的陆某,早已忍受不了大型货车的速度,也加速超越正在超车的大型货车。正当三车并行之际,前面对向疾驶来一辆桑塔纳牌轿车。陆某驾驶的奔驰牌轿车左后侧仍剐蹭到桑塔纳牌轿车左前车身,造成桑塔纳牌轿车的驾驶员重伤。大型货车驾驶员见陆某强行超车,立即采取紧急制动措施,在大型货车车头与奔驰牌轿车相撞时刚好停住,未造成大型货车严重受损。

此起交通事故发生后,公安机关交通管理部门迅速赶赴现场进行勘验,经调查各当事人及综合分析,认定陆某负全部责任。大型货车驾驶员、桑塔纳轿车驾驶员不负事故责任。交通管理部门同时作出了处罚决定。

陆某不服事故认定,提出申请复核,认为:①划分事故责任不当,大型货车驾驶员在超车时,遇有后车超越没有礼让后面汽车应负一定责任;②处罚过重,要求复核部门变更责任划分及处罚决定。市交通管理部门接受复核申请后,维持了原责任认定及处罚决定。

对于此案的处理有以下不同的意见:①公安机关交通管理部门的处理不当,因为在事故发生的当时,不仅是陆某交通违法,大型货车也存在交通违法的情形:首先,大型货车在超车的同时没有注意对向来车;此外,大型货车在陆某超车时没有礼让。因此,也就是说大型货车驾驶员的交通违法同样是这起事故的原因之一。应当由陆某负主要责任,大型货车驾驶员负次要责任。②这起事故的发生并不是简单的。交通违法行驶的除了陆某、大型货车驾驶员外,还应当包括桑塔纳轿车的驾驶员。尽管桑塔纳轿车驾驶员是受害者,但是并不意味着受害者就都是合法行驶,不负责任的。根据案件发生的情形分析,在事故发生时,陆某的确有不可推卸的责任,但是大型货车无疑也对事故的发生起到了作用。同样,作为受害者的桑塔纳轿车驾驶员也存在交通违法的情形。因为,在事故发生时,三车并行,大型货车没有礼让桑塔纳轿车。而在会车的情况下,桑塔纳轿车驾驶员没注意观察路况,而是在加速行驶,超过了限速规定,也同样是此起事故的原因之一,因此,事故认定并不能排除其事故责任。③陆某驾车强行超越大型货车,已严重违反交通通行规定,桑塔纳轿车驾驶员及大型货车驾驶员在此次事故中均是依法驾驶,对此事故应当不负任何责任。陆某违反交通通行规定强行超车,是造成此次事故的根本原因。

根据《道路安全交通法》第四十三条,陆某已知大型货车正在超车,又观察到前面对向驶来的桑塔纳轿车,有可能会车,是绝对不应超车的。但他仍然强行超车,造成了交通事故,应负全部责任。交通警察大队作出的处罚决定是正确的。市交警支队复核后,维持了原事故认定和处罚处定。

**案例 23** 交叉路口不应超车

某年 10 月某日,王某驾驶载有 4 名乘客的桑塔纳轿车由东向西行驶,并准备在交叉路口左拐弯。此时,颜某驾驶一辆满载货物的大型货车紧随其后。由于大型货车与前车的距离太近,而且在临近交叉路口时,颜某没有理会是否超车具有条件,便强行超车。此时王某正开始转弯,大型货车骑压在桑塔纳轿车上。桑塔纳轿车被压扁,严重变形。从现场看,轿车恰巧从大型货车右侧前后车轮之间钻入货车车底,被推行了 20 余米远才停下,两车在碰撞前均没有采取制动措施。桑塔纳轿车驾驶员王某当场被撞致死,车内另外 2 人抢救无效死亡,1 人重伤。驾驶员颜某因交通肇事罪被依法刑事拘留。

在此案中,在临近交叉路口时颜某没有理会当时情况下没有超车的条件,强行超车,造成了大行货车将桑塔纳轿车压在车底下的交通事故,可见由过错驾车,是造成这次事故的主要原因,颜某应当对事故负全部的责任。

根据我国《刑法》第一百三十三条的规定,颜某的行为已经触犯刑法,应对死亡 3 人的事故负全部责任,因此,他将按交通肇事罪被判刑。

**案例 24** 通过交叉路口应服从指挥减速慢行

某年 3 月某日 12 时许,晓玲和奶奶两个人按照信号灯的指示通过人行横道时,一辆红色夏利牌轿车从远处由东向西疾驶而来。夏利轿车驾驶员发现了情况,急忙制动,但还是把晓玲撞倒致伤。由于轿车制动过猛失去控制,路面上的制动痕迹有近 100m 长。经交警查明,夏利牌轿车驾驶员未按交通信号灯的指示通行,而且在交叉路口超速行驶是造成事故的主要原因。除担负晓玲的全部医疗营养费,还需向受到伤害的晓玲和奶奶致歉。《道路交通安全法》规定在通过路口时应当根据给出的交通信息通行。在此案中,事故发生时,晓玲和奶奶正在根据信号灯的指示通过人行横道过道路,完全符合《道路交通安全法》第六十二条的规定,即行人通过路口或者过道路时,应当走人行横道或者过街设施,并且完全按照交通信号灯的指示通行,没有任何过错。肇事车辆红色夏利轿车却没有按照交通信号的指示通行,因此红色夏利轿车应负事故的全部责任。

**案例 25** 通过铁路道口应减速

某年 9 月某日,王某的妻子在乘单位的轿车去参加会议回来的路上,经过一个铁路道口时,遇到有火车要通过。当时铁路道口实施了警示措施,但汽车驾驶员却不顾道口监护员的拦截,盲目抢越。虽然火车司机采取了鸣笛和紧急制动的措施,但由于距离太近,火车车头的排障器仍撞到轿车,轿车车身右侧与火车相撞。王某的妻子坐在副驾驶位置上因受伤抢救无效死亡。交通警察通过现场的勘验,对道路交通事故作出认定:由于轿车驾驶员驾驶不慎,盲目抢越造成交通事故,应负全部责任。死者是在为单位去开会的途中因轿车驾驶员的过错被夺去生命的,故其单位有不可推卸的经济赔偿责任,王某妻子所在工作单位应按照有关规定对家属进行补偿。

**案例 26** 机动车载物应符合规定

某年 6 月某日 20 时许,李某驾驶一辆小型货车,满载 70 多块型钢彩板,由小榄县驶往大德市。突然,杨某推行自行车从车前横过公路。李某紧急制动,随即打左转向避让。在汽车往左急拐弯时,车箱重心偏向右边侧,导致货车侧翻在公路边,车辆损坏。70 多块型钢彩板由于捆扎不牢,在惯性作用下向右滑落,滑落的型钢彩板压在杨某的身上,造成杨某重伤和自行车损坏的道路交通事故。

经交警现场勘验取证,认定李某驾驶的货车所装货物超载超高,捆扎不牢,是造成货物滑落的主要原因,李某对事故负主要责任。杨某突然横穿机动车道,也有过错。

在此案中,李某驾驶的小型货车满载着 70 多块型钢彩板不属于不可解体物品,所以不能超过载质量的限制。由于严重超载超高,以致汽车往左急拐弯时,货车重心偏向右侧,导致货车侧翻在公路边。而且李某在装载货物时没有均衡平稳、捆扎牢固,在紧急制动时型钢彩板在惯性作用下向右滑落,几块滑落的型钢彩板压到杨某的身上,自行车也被型钢彩板压变形。李某的行为严重违反了《道路交通安全法》第四十八条的规定,他应当对杨某造成的损害承担赔偿责任。作为行人杨某横过公路,也应瞭望,在确定没车的情况下再通过。在这起事故中,他也为自己突然横穿公路付出了沉重的代价。

**案例 27** 货运机动车不能载客

某年春节前,张某驾驶的货车搭载 5 人。由于冬天路滑,货车在转弯时发生翻车,致使 1 人死亡、3 人重伤和 2 人轻伤。

经交通警察部门勘验,很快作出了事故认定,张某负主要责任,乘车人员负次要责任。经法院审理,张某因交通肇事罪被判处有期徒刑,并承担民事赔偿责任。

**案例 28** 拖拉机不能载人

某年 7 月某日上午,朱某驾驶轮式拖拉机运送水泥板,途中遇到于某等 5 人。于某等要求搭车进城,遭到朱某拒绝。于某等人不听劝说,强行上车。朱某无奈只好继续驾车前行。不想车开出不到 1km,由于拖拉机右后轮气压不足,在一个斜坡转弯时因离心力过大致挂车侧翻,将于某等 5 人砸在水泥板下,致使 2 人死亡,3 人轻伤。经过现场勘验,公安机关交通管理部门认定,朱某违法载人,并疏忽大意,依据《道路交通安全法》第五十五条第二款"在允许拖拉机通行的道路,拖拉机可以从事货运,但是不得用于载人"的规定,负事故的全部责任。同时,朱某涉嫌交通肇事罪予以刑事拘留,法院判决朱某缓刑,并赔偿于某等 3 人各项经济损失。朱某不服,提起上诉。

**案例 29** 王某步行横过道路,行至道路中心南侧时,遇朱某驾驶一辆大型货车沿道路中心南侧驶来,王某见有车驶来有些慌乱,想继续走的同时也想躲闪。正在此时,朱某发现行人后,也未及时采取措施驶回道路中央,而是继续在路左边行驶,临近行人时才减速并紧急制动,由于速度较快,没能及时停下,将刘某撞成重伤。

朱某违反《道路交通安全法》第三十六条"根据道路条件和通行需要,道路划分为机动车道、非机动车道和人行道的,机动车、非机动车和行人实行分道通行。没有划分机动车道、非机动车道和人行道的,机动车辆在道路中间通行,非机动车辆和行人在道路两侧通行"的规定,负主要责任;王某违反《道路交通安全法实施条例》第七十五条"行人横过机动车道,应当从行人过街设施通过;没有行人过街设施的,应当从人行横道通过;没有人行横道的,应当观察往来车辆的情况,确认安全后直行通过,不得在车辆临近时突然加速横穿或者中途倒退、折返"的规定,没能在确保安全的原则下通行,负次要责任。

**案例 30** 林某急着赶路,见远处驶来一辆出租车,于是急忙跑上前去,试图在机动车道上招呼出租车。正在此时,一辆东风牌大型货车驶来,见林某在前方,实施紧急制动。由于事发突然,避让不及,将林某撞倒,造成交通事故。

林某违反《道路交通安全法》第六十三条"行人不得了跨越、倚坐道路隔离设施,不得扒车、强行拦车或者实施妨碍道路交通安全的其他行为"的规定,负事故主要责任。

**案例 31** 在一个公共汽车站上,李某为抢占公共汽车座位强行扒该车右前门,而此时公共汽车尚未停稳,李某不幸脱手摔下,倒在地上,脚被汽车右后轮轧伤。

李某违反《道路交通安全法实施条例》第六十三条第四项"不得扒车、强行拦车或者实施妨碍道路交通安全的其他行为"的规定,负全部责任。

**案例 32** 某年5月某日15时50分许,某市中级人民法院驾驶员李某,酒后驾驶黑色奥迪轿车返回市内,当行至本一所小学门前时,因酒力发作打起瞌睡,使轿车失控,冲入该小学刚放学的六年级学生群中,造成15名学生被撞成不同程度的轻、重伤后,逃离现场,后被公路执勤警察抓获。

按照《道路交通安全法》的规定,饮酒后或者醉酒驾驶机动车发生重大交通事故,构成犯罪的,依法追究刑事责任,并由公安机关交通管理部门吊销机动车驾驶证,且终生不得重新取得机动车驾驶证。

在该案中,李某酒后驾车,违反了《道路交通安全法》对于饮酒后禁止驾车的规定。对于李某的逃逸行为,除了应受到道德的谴责之外,还应受到刑事处罚。根据法律的规定,肇事人逃逸或者故意破坏、伪造现场,毁灭证据,使交通事故责任无法认定的,应当负全部责任。李某由于交通肇事后逃逸,被依法追究刑事责任,吊销驾驶证,并终生不得重新取得机动车驾驶证。

## 第五节 交通事故认定的复核

### 一、复核的申请

如果交通事故当事人对道路交通事故认定有异议的,应从道路交通事故认定书送达之日起3日内,交通事故当事人提出书面复核申请。复核申请书要载明复核请求、理由及主要证据。

## 二、复核的受理

受理复核主体是上一级交通管理部门,受理期限是在收到当事人书面复核申请后5日内,受理的方式是作出是否受理决定,并书面通知当事人。

有下列情形之一的,复核申请不予受理,并书面通知当事人。

(1)任何一方当事人向人民法院提起诉讼并经法院受理的。
(2)人民检察院对交通肇事犯罪嫌疑人批准逮捕的。
(3)适用简易程序处理的道路交通事故。
(4)车辆在道路以外通行时发生的事故。

## 三、复核的审查

作为受理主体的上一级公安机关交通管理部门,要自受理复核申请之日起30日内,审查如下项目:

(1)交通事故认定书所认定的事故的事实、证据及适用法律。
(2)审查道路交通事故责任划分是否公正。
(3)审查道路交通事故调查及认定程序是否合法。

结合《道路交通事故处理程序规定》对于事故认定的具体要求和交通事故认定书的具体内容的规定,可以确定申请复核需关注的重点问题。

1. 事实是否清楚,适用法律是否正确

交通事故认定书对于交通事故的基本事实的记载是否客观全面,适用法律是否正确。在实践中,交通事故认定书对于事故基本事实记载错误,大致归纳为人、车、路三个方面。

当事人方面,常见问题包括:驾驶员有无相应的驾驶资格、有无禁止驾驶的情况(如饮酒、吸毒等)等,乘车人在上、下车过程中是否注意了各方来车及行人,摩托车乘车人是否正确使用安全头盔等。

车辆方面,常见的问题包括:车辆安全性能是否合格,车辆的安全带、灯光等设施是否正常有效、是否被正常使用,车辆是否正确悬挂号牌等。

道路方面,常见问题包括是否遵守交通信号灯、交通标志、交通标线的指示等。

2. 责任划分是否公正

道路交通事故认定书中的责任划分是否公正。根据《道路交通事故处理程序规定》对于交通事故认定书中对于各方的责任认定的公正性问题,应当围绕"各方行为对事故所起的作用及过错严重程度"以及当事人是否有逃逸,以及故意破坏、伪造现场、毁灭证据等行为而进行重点审查,具体分析可以考虑下列方面:

(1)对比各方行为所违反法律规定还是行政法规或地方性法规,违反道路通行的一般规定还是具体规定。例如,一方违反"右侧通行"规定,另一方超速行驶。一般来讲,违反道路通行一般规定"右侧通行"的过错比违反道路通行具体规定的"超速行驶"的过错更为严重。

(2)对比各方注意义务的不同,机动车驾驶员比非机动车驾驶员应当尽到更高程度的注意义务。

（3）违法行为与事故的发生是否有因果关系。例如，未戴安全头盔的摩托车驾驶员在正常经过十字路口时，被闯红灯的轿车撞倒，造成双方车损及摩托车驾驶员受伤的交通事故。在事故中，摩托车驾驶员虽然存在未戴安全头盔的违法行为，但是其行为与事故的发生无因果关系，而与摩托车驾驶员的受伤后果有关，若以此认定摩托车驾驶员承担事故主要责任或同等责任，未免有失公正。

（4）违反法律法规的行为，是否属于免责情形，例如，非机动车不应占用机动车道行驶，但在非机动车道被占用无法在本车道内行驶的非机动车，可以在受阻的路段借用相邻的机动车道行驶。如果有证据证明属于该情形，则非机动车驾驶员不应因此而承担事故责任。

（5）一方当事人是否有逃逸，以及故意破坏、伪造现场、毁灭证据等行为，有此情形要承担全部责任。

3. 事故调查及认定程序是否合法

关于事故调查及认定程序是否合法，需要对照《道路交通安全法实施条例》《道路交通事故处理程序规定》等法规的规定，对办案人员处理程序进行客观评价。对于事故调查及认定程序中存在的违法行为，在能够提供充分证据的前提下，复核部门应当予以依法纠正。

复核一般采用书面审查的形式，必要时可以聆听当事人意见。如果当事人提出要求或者交通管理部门认为有必要时，可以召集各方当事人到场，听取各方当事人的意见。

在交通事故认定的复核审查期间，如果任何一方当事人就该交通事故向人民法院提起诉讼，并经法院受理的，交通管理部门应当终止复核。

### 四、复核的结果

复核的结果，由上一级交通管理部门对复核结果做出结论。经上一级公安机关交通管理部门审查后做出交通事故认定的复核审查结论：

（1）认为原道路交通事故认定事实清楚、证据确实充分、适用法律正确、责任划分公正、程序合法的，应当做出维持原道路交通事故认定的复核结论。

（2）认为事故调查及事故认定程序存在瑕疵，但不影响道路交通事故认定的，在责令原办案单位补正或者作出合理解释后，可以做出维持原道路交通事故认定的复核结论。

（3）认为原道路交通事故认定有下列5种情形之一的，应当做出责令原办案单位重新调查、认定的复核结论：

①主要证据不足的；
②适用法律错误的；
③责任划分不公正的；
④事实不清的；
⑤调查及认定违反法定程序可能影响道路交通事故认定的。

### 五、复核的处理

上一级公安机关交通管理部门审查原道路交通事故证明后，规定处理如下：

（1）认为事故成因确属无法查清，应当做出维持原道路交通事故证明的复核结论。

（2）认为事故成因仍需进一步调查的，应当做出责令原办案单位重新调查、认定的复核结论。

## 六、复核结论的效力

上一级公安机关交通管理部门做出道路交通事故认定的复核结论后,应当召集事故各方当事人,当场宣布复核结论。当事人没有到场的,应当采取其他法定形式将复核结论送达当事人。

上一级公安机关交通管理部门对交通事故认定的复核只能进行一次。

## 七、事故重新认定

上一级公安机关交通管理部门做出责令重新认定的复核结论后,原办案单位应当在10日内依照规定重新调查,重新制作道路交通事故认定书,并撤销原道路交通事故认定书。

对于重新调查需要检验、鉴定的,原办案单位应当在检验、鉴定结论确定之日起5日内,重新制作道路交通事故认定书,并撤销原道路交通事故认定书。

重新制作道路交通事故认定书的,原办案单位应当送达各方当事人,并书面报上一级公安机关交通管理部门备案。

复核属于行政监督的一种,能进一步维护当事人的合法权益。

# 第十一章　交通事故损害赔偿与调解

## 第一节　交通事故损害赔偿

交通事故势必给国家、社会和个人造成某种损失。这些损失的种类、数量、责任承担、赔偿标准和承担方式等,均是交通事故当事人及社会所关注的问题。同时,交通事故责任者将受到行政处罚,或者承担相应的民事、刑事责任。本节将重点介绍交通事故损害赔偿的性质、损害赔偿主体以及损害赔偿项目和标准。

### 一、交通事故损害赔偿的性质

1. 民事责任的概念和特征

民事责任是民事法律责任的简称,是指平等民事主体之间因违反民事义务所应承担的法律后果。作为一种法律责任,民事责任具有法律责任的共性,同时也具有自己的特征。

民事责任,是违反民事义务所应承担的法律后果,以民事义务存在为前提。无民事义务即无责任。义务人违反民事义务时就要承担民事责任。由于民事责任的存在,才能督促义务人正确履行其应尽的义务,以保证权利人权利的实现。

民事责任主要表现为财产责任。民法的调整对象及其目的决定了民事法律关系主要是财产性质的法律关系。民事责任的功能,一方面是对责任者的惩戒,另一方面是填补受害人所受到的损害或恢复被侵犯的权益。

民事责任的范围与损失的范围相一致。民事责任以恢复被侵害民事权利为目的,与民法调整方法的平等和等价有偿相一致。民事责任的范围一般不超出损失的范围,而强调使受害人恢复到原来的财产或者精神状态。

民事责任是一种对违法行为的强制措施。作为一种独立的法律责任,民事责任具有强制性。但与其他法律责任不同,民事责任并不以当事人一方的告诉或有关机关的追究为条件,而常以责任人的自觉承担为条件。

2. 民事责任方式

根据《中华人民共和国民法总则》(以下简称《民法总则》)第一百七十九条的规定,民事责任方式主要有以下几种:

(1)停止侵害,即责令违法行为人立即停止或请求人民法院制止正在实施的侵害行为,以避免损害后果的发生或者扩大。

(2)排除妨碍,即权利人在其行使权利受到他人的不法阻碍或妨害时,要求侵害人排除或者请求人民法院强制排除妨害,以保障权利的正常行使。

(3)消除危险,即行为人的行为对他人人身或财产具有危险时,他人请求消除已存在或正在发生的危险。

(4) 返还财产，即将非法占有的财产归还给其所有人或者合法占有人，以恢复到权利人合法占有的状态。

(5) 恢复原状，即当财产被损坏或性状被改变但有恢复的可能时，受害人可请求恢复到原有的状态。

(6) 修理、重作、更换，即权利人要求义务人对标的物进行修补、重新制作或者予以更换。

(7) 继续履行，即当事人一方不履行合同义务或者履行合同义务不符合约定的，应当承担继续履行、采取补救措施或赔偿损失等违约责任。

(8) 赔偿损失，即在违法行为人对他人造成财产或者精神上的损失时，行为人应当以相应的财产给予受害人补偿。责任人的赔偿范围与受害人的损失范围相当。

(9) 支付违约金，即当事人违反合同时，依据法律、法规或者合同约定，由当事人一方给付另一方一定数额金钱。

(10) 消除影响、恢复名誉，即自然人或法人的人格权受到不法侵害时，要求侵害人或者诉请人民法院强制侵害人在影响所及的范围内以一定的方式消除受害人人格权所遭受的不良影响，以恢复其受损的名誉。

(11) 赔礼道歉，即自然人或法人的人格权受到不法侵害时，对于情节轻微的，受害人可要求侵害人或请求人民法院强制侵害人当面承认错误或表示歉意。

上述民事责任方式，既可单独适用，也可合并适用。

**3. 交通事故损害赔偿为一种民事责任**

交通事故损害赔偿，是一种民事责任，具有民事法律责任的特征。

交通事故损害赔偿也是违反民事义务所应承担的法律后果，以民事义务存在为前提。交通参与者及其与交通活动有关人员之间的法律地位平等。他们之间没有管理与被管理的关系，符合民事法律主体的基本特点。《道路交通安全法》对机动车驾驶员、行人、非机动车驾驶员以及车辆乘员等交通参与者的权利和义务都有规定。交通事故责任者是以其行为违反交通法规、规章为前提的，否则就不成为责任者。

《道路交通安全法》第七十六条规定："机动车发生交通事故造成人身伤亡、财产损失的，由保险公司在机动车第三者责任强制保险责任限额范围内予以赔偿。"超过责任限额的部分，责任者按照下列方式承担赔偿责任：

(1) 机动车之间发生交通事故的，由有过错的一方承担责任；双方都有过错的，按照各自过错的比例分担责任。

(2) 机动车与非机动车驾驶员、行人之间发生交通事故的，由机动车一方承担责任；但有证据证明非机动车驾驶员、行人违反道路交通安全法律、法规，机动车驾驶员已经采取必要处置措施的，减轻机动车一方的责任。这就将保险合同救济制度引入特定的交通侵权行为领域，利用保险制度的功能，分担现代交通工具运行过程中产生的不可避免的责任风险，从而强化对社会成员人身安全的保护，体现了法律以人为本的基本理念，反映了现代中国社会对意外灾难的更广泛的关注和关怀，在法律对人权的保护方面是很有进步意义的。

交通事故损害赔偿主要表现为财产责任。交通事故损害赔偿的内容是当事人因交通事故伤亡引起的直接损失和财产直接损失，直接表现为事故当事人的经济损失。

交通事故损害赔偿范围与当事人损失的范围相当。损害赔偿的范围不得超出当事人经济损失的范围。

交通事故损害赔偿是一种对交通违法行为的强制措施。交通事故损害赔偿经过公安机关交通管理部门主持调解后,以责任者的自觉履行为条件。如果事故当事双方未达成调解协议或者达成协议后,责任者不自觉履行,当事人可以就交通事故损害赔偿向人民法院提起民事诉讼;法院判决后,若责任者仍不履行损坏赔偿,当事人可向人民法院申请强制执行。

交通事故损害赔偿方式属于民事责任方式范畴。

《道路交通事故处理程序规定》(以下简称《规定》)第九十一条(三)、(四)规定:根据交通事故认定书认定的当事人责任以及《道路交通安全法》第七十六条的规定,确定当事人承担的损害赔偿责任;计算人身损害赔偿和财产损失总额,确定各方当事人分担的数额。造成人身损害的,按照《中华人民共和国侵权责任法》《最高人民法院关于审理人身损害赔偿案件适用法律若干问题的解释》《最高人民法院关于审理道路交通事故损害赔偿案件适用法律若干问题的解释》等有关规定执行,财产损失的修复费用、折价赔偿费用按照实际价值或者评估机构的评估结论计算。

道路交通事故损害赔偿调解应当公开进行,但当事人申请不予公开的除外。确定赔偿方式应按照《规定》第八十七条的规定,应当按照合法、公正、自愿、及时的原则进行道路交通事故损害赔偿调解。

基于上述分析,交通事故损害赔偿是一种民事责任,是交通参与者违反民事义务所承担的法律后果。

4. 交通事故损害赔偿为一般民事侵权责任

《民法总则》第一百二十条规定,民事权益受到侵害的,被侵权人有权请求侵权人承担侵权责任。《民法总则》第一百八十六条规定,因当事人一方的违约行为,损害对方人身权益、财产权益的,受损害方有权选择请求其承担违约责任或者侵权责任。因此,构成一般民事侵权应具备以下4个要素:

(1) 造成了他人财产或人身损害事实的客观存在;

(2) 行为的民事违法性;

(3) 违法行为与损害事实之间存在着因果关系;

(4) 行为人主观上有故意或过失的过错。

《道路交通安全法》第一百一十九条(五)定义:"交通事故",是指车辆在道路上因过错或者意外造成的人身伤亡或者财产损失的事件。从定义可知,交通事故的构成也必须有一般民事侵权责任具备的4个要素。因此,交通事故责任者承担的民事责任属于一般的民事侵权责任。

5. 交通事故损害赔偿的原则

1) 以责论处原则

《规定》第九十一条(三)规定:根据交通事故认定书认定的当事人责任以及《道路交通安全法》第七十六条的规定,确定当事人承担的损害赔偿责任。这是以责论处原则的具体体现。对交通事故责任者除了按其责任大小裁量其应承担的行政责任或刑事责任外,应根据其交通事故责任确定责任者应承担的损害赔偿责任。责任大者,损害赔偿责任也大,反之亦然。这样既惩戒了责任者,又保护了被侵害者的合法权益。对责任者的惩戒与其责任相当,负全部责任的承担损害赔偿的100%;承担主要责任的承担损害赔偿的60%~80%;负同等责任的承担损害赔偿的50%;承担次要责任的承担损害赔偿的20%~40%。但是,《道路交通安全法》和《规定》对机动车与非机动车、行人的事故赔偿,另有规定。《道路交通安全法》第七十六条(二)规定:机动车与非机动车驾驶员、行人之间发生交通事故的,由机动车一方承担责任;但是,有证据证明非机动车驾驶员、行人违反道路交通安全法律、法规,机动车驾驶员已经采取必要处置措施的,减轻机动车一方的责任。

2)全部赔偿原则

所谓全部赔偿,一是指负事故责任当事人应赔偿无事故责任当事人的全部损失;二是指按照责任大小全部赔偿按照责任比例确定的数额;三是指赔偿符合法律、法规规定的全部直接损失。

3)等价赔偿原则

《规定》第九十一条(四)规定:"计算人身损害赔偿和财产损失总额,确定各方当事人分担的数额。造成人身损害的,标准按照《中华人民共和国侵权责任法》《最高人民法院关于审理人身损害赔偿案件适用法律若干问题的解释》《最高人民法院关于审理道路交通事故损害赔偿案件适用法律若干问题的解释》等有关规定执行,财产损失的修复费用、折价赔偿费用按照实际价值或者评估机构的评估结论计算。"

这种规定是等价赔偿原则的具体体现。等价赔偿包括恢复原状和折价赔偿两种方式。物体能够被修复的,应当修复,但修复必须以能够恢复原状为限。被修复后的物体在形式上、功能上和价值上与受损前相比不应有大的变化。物体不能够被修复的,应折价赔偿。

4)酌情减免原则

损害赔偿应当考虑当事人的经济状况。损害赔偿虽然要求当事人全部赔偿,但并不能使当事人从无赔偿能力变成有赔偿能力。我国幅员辽阔,各地区之间经济发展差异大。因此,根据实际情况确定赔偿数额并酌情减免,也是在损害赔偿过程中的实事求是。

## 二、交通事故损害赔偿主体

《民法通则》第一百零六条规定:"公民、法人违反合同或者不履行其他义务的,应当承担民事责任。公民、法人由于过错侵害国家的、集体的财产,侵害他人财产、人身的,应当承担民事责任。没有过错,但法律规定应当承担民事责任的,应当承担民事责任。"《民法通则》第一百二十三条规定:"从事高空、高压、易燃、易爆、剧毒、放射性、高速运输工具等对周围环境有高度危险的作业造成他人损害的,应当承担民事责任;如果能够证明损害是由受害人故意造成的,不承担民事责任。"作为交通参与者的机动车方属于高速运输工具。机动车发生交通事故"造成他人损害",机动车方应当承担民事责任。

《民法通则》第一百二十五条规定:"在公共场所、道旁或者通道上挖坑、修缮安装地下设施等,没有设置明显标志和采取安全措施造成他人损害的,施工人应当承担民事责任。""在公共场所、道旁或者通道上挖坑、修缮安装地下设施等"活动的人员与《道路交通安全法实施条例》第二条所指的"与道路交通活动有关的单位和个人"相一致。这些人员引发交通事故也属于"造成他人损害",也应当承担相应的民事责任。

因此,交通事故责任者应当按照所负交通事故责任承担相应的损害赔偿责任,是民法精神的具体体现,是民事责任方式在交通事故处理中的具体化。

1. 民事权利能力和民事行为能力

民事权利能力,指法律赋予公民或者组织享有民事权利,承担民事义务的资格。公民或者组织只有具有民事权利能力,才享有法律上的人格,进而参加民事法律关系,取得民事权利,承担民事义务。公民从出生时起到死亡时止,具有民事权利能力,依法享有民事权利,承担民事义务。

民事行为能力,指法律确认公民或者组织以自己的行为行使民事权利和承担民事义务,并且能够对自己的违法行为承担民事责任的资格。公民的民事行为能力是国家法律规定的,是否享有和在何等范围享有,并不取决于公民的主观意愿,而与公民的年龄、智力状况有关。

总之,公民的民事权利能力是公民具有民事行为能力的前提,公民的民事行为能力是承担民事责任的前提。

根据公民的年龄和智力状况,公民的民事行为能力分为三类。

1) 完全民事行为能力

完全民事行为能力,指能够通过自己独立的行为取得民事权利和承担民事义务的资格。法律上以年龄和智力状况作为判断行为能力的基本依据。一般成年人、精神状况正常、能完全辨认自己行为及其后果的公民,是具有完全民事行为能力人。18 周岁以上的公民是成年人,具有完全民事行为能力,可以独立进行民事活动,是完全民事行为能力人。16 周岁以上不满 18 周岁的公民,以自己的劳动收入为主要生活来源的,视为完全民事行为能力人。

2) 限制民事行为能力

限制民事行为能力,即具有部分的民事行为能力,享有民事权利和承担民事义务的资格受到一定限制。10 周岁以上的未成年人是限制民事行为能力人,可以进行与他的年龄、智力相适应的民事活动;其他民事活动由他的法定代理人代理,或者征得他的法定代理人的同意。

3) 无民事行为能力

无民事行为能力,指不具有以自己的行为取得民事权利,承担民事义务的资格。不满 10 周岁的未成年人是无民事行为能力人,由他的法定代理人代理民事活动。不能辨认自己行为的精神病人是无民事行为能力人,由他的法定代理人代理民事活动。

综上所述,公民民事行为能力是承担民事责任的前提,只有完全民事行为能力者违反民事义务时自己承担民事责任,限制民事行为能力者违反民事义务时不一定承担民事责任,无民事行为能力者一定不承担民事责任。因此,交通参与者及其进行其他与交通活动有关的人员发生交通事故,根据其民事行为能力,也可能自身不承担民事责任。

明确事故当事人的民事行为能力,有助于确定交通事故损害赔偿主体。

2. 交通事故损害赔偿主体

(1) 交通事故责任者对交通事故造成的损失,应当承担赔偿责任。这里的"交通事故责任者",是指《道路交通安全法实施条例》中的"车辆驾驶员、行人、乘车人以及与道路交通活动有关的单位和个人"因违反交通法规、规章,过失造成人身伤亡或者财产损失的行为人。首先,交通事故责任者无论给国家、集体、他人或者自身造成损失,都必须承担损害赔偿责任。其次,交通事故责任者根据所负事故责任承担相应的赔偿责任。再次,根据交通事故责任者的民事行为能力,赔偿责任由相应的人员承担,当交通事故责任者为非完全民事行为能力者时,赔偿责任由其监护人承担,否则由责任者自己承担。如一个 5 岁学龄前儿童横过道路时猛跑,与一辆正常行驶的非机动车相撞,造成骑车人受伤的交通事故。该儿童是该起交通事故的责任者,无民事行为能力。该起交通事故的损害赔偿责任应由该儿童的监护人所承担。

(2) 承担赔偿责任的机动车驾驶员暂时无力赔偿的,由驾驶员所在单位或者机动车的所有人负责垫付。这必须满足三个前提条件:第一,赔偿责任由机动车驾驶员依法承担;第二,发生交通事故时机动车驾驶员并非执行职务;第三,机动车驾驶员暂时无力赔偿。只有这三个条件同时具备,驾驶员所在单位或者机动车所有人才负有垫付的义务并享有垫付后向机动车驾驶员追偿的权利。但是损害赔偿责任依然由机动车驾驶员承担。

(3) 机动车驾驶员在执行职务中发生交通事故,负有交通事故责任的,由驾驶员所在单位或者机动车的所有人承担赔偿责任;驾驶员所在单位或者机动车的所有人在赔偿后,可以向驾驶员追偿部分或者全部费用。这里强调的是机动车驾驶员负有责任的交通事故是在"执行职务"中发生的。机动车驾驶员只承担交通事故的行政责任和刑事责任,损害赔偿责任由驾驶员所在单位或者机动车的所有人承担并"可以"(并非"应"或者"必须")向驾驶员追偿部分或者全部费用。考虑到执行职务是为了单位或者机动车的所有人利益,追偿时由驾驶员所在单位或者机动车的所有人视情况而定。所谓"执行职务"是指机动车驾驶员在工作或者生产过程中履行驾驶职责的行为,其行为受所在单位的或者机动车所有人委派或者认可。具体确定是否"执行职务",应综合时间因素、职责因素、岗位因素、命令因素、标志因素以及职权因素进行分析。

《民法通则》第一百二十一条规定:"国家机关或者国家机关工作人员在执行职务中,侵犯公民、法人的合法权益造成损害的,应当承担民事责任。"最高人民法院关于贯彻执行《民法通则》若干问题的意见(试行)第一百五十二条作了进一步解释:"国家机关工作人员在执行职务中,给公民、法人的合法权益造成损害的,国家机关应当承担民事责任。"

(4) 机动车与非机动车、行人发生交通事故,造成对方人员伤亡或者重伤,机动车一方无过错的,应分担对方10%的经济损失,但是非机动车、行人一方故意造成自身伤害或者进入高速公路造成的损害除外。这是《民法通则》第一百二十三条"高速运输工具等对周围环境有高度危险的作业造成他人危害的,应当承担民事责任。如果能够证明损害是由受害人故意造成的,不承担民事责任"的具体体现。首先,并非所有机动车与非机动车、行人发生交通事故,机动车一方无过错的,应分担对方10%的经济损失,而必须是造成对方人员死亡或者重伤的。重伤是依据《人体损伤程度鉴定标准》鉴定的结果。其次,机动车方"分担对方10%的经济损失"并非是对机动车方在经济上的制裁,应理解为法律、法规考虑到机动车方是交通活动的强者,在交通活动中受益较大,对方是弱者,出于人道方面考虑而规定机动车方给予对方适当限量补偿。在计算10%经济损失时,如果赔偿额超过交通事故发生地10个月的平均生活费的,按10个月的平均生活费支付。

(5) 采取分期付款方式购车,出卖方在购买方付清全部车款前保留车辆所有权的,购买方以自己名义与他人订立货物运输合同并使用该车运输时,因交通事故造成他人财产损失的,出卖方不承担民事责任。目前,我国分期付款购车消费比较流行,促进了社会经济的发展。这样的规定是对分期付款消费方式的肯定,也符合民法的基本精神。

(6) 被盗机动车肇事,被盗车辆所有人作为受害人一般不存在对机动车被盗的过错问题,因此不应承担任何法律责任,包括赔偿责任。盗车者使用盗窃车辆或者他人使用盗窃的机动车肇事的,损害赔偿应通过对盗车者提起刑事诉讼附带民事诉讼解决。

### 三、交通事故损害赔偿内容

交通事故给个人、集体、国家造成的损失是巨大的,具体表现为人员伤亡、经济损失、财物毁损、交通延误、停产、停业等。若对这些损失的全部都进行赔偿,交通事故责任者承担的赔偿额将是巨大的,有时交通事故责任者负担不起,势必影响交通事故责任者本人及其家庭的正常生活。另外,交通事故损失具有偶然性,有的损失难以估算,精确计算费时费力,损害赔偿难以及时解决。

考虑我国国情以及地区间经济的差异,也考虑到事故受害者损失与其收入、年龄、家庭等因素,为了维护社会的稳定和法律的稳定性,《规定》第九十一条(四)规定:"人身损害赔偿的标准按照《中华人民共和国侵权责任法》《最高人民法院关于审理人身损害赔偿案件适用法律若干问题的解释》《最高人民法院关于审理道路交通事故损害赔偿案件适用法律若干问题的解释》等有关规定执行,财产损失的修复费用、折价赔偿费用按照实际价值或者评估机构的评估结论计算。"损害赔偿的项目包括医疗费、误工费、住院伙食补助费、护理费、残疾者生活补助费、残疾用具费、丧葬费、死亡补偿费、被抚养人生活费、交通费、住宿费和财产直接损失。这些损失不是交通事故损失的全部,仅与当事人生活比较密切的部分内容。

损害赔偿仅是对当事人伤亡或残疾引起的直接经济损失的一种补偿,不能认为是事故受害者的生命、健康的价值或价格。

财产损失仅赔偿直接财产损失,对可能造成的间接损失(如就业、升学、调整工资等)不在赔偿的范围之内。

事故受害人具备采取措施避免损害扩大的能力而未采取措施,导致损害扩大的部分不属于交通事故损害赔偿范围。

交通事故损害赔偿的项目仅是因交通事故引起的损失。如果损害与交通事故没有因果关系,则不在赔偿范围之内。如事故当事人在发生交通事故前已患感冒,在乘车去医院途中发生交通事故受伤而住院治疗。感冒也得以治疗,但治疗感冒的费用就不属于交通事故损害赔偿的范围。因为当事人感冒与交通事故没有任何因果关系,不属于交通事故损害后果。

损害赔偿的项目不能超出《道路交通安全法》所规定的范围。《道路交通安全法》第七十六条规定:"机动车发生交通事故造成人身伤亡、财产损失的,由保险公司在机动车第三者责任强制保险责任限额范围内予以赔偿;不足的部分,按照下列规定承担赔偿责任:①机动车之间发生交通事故的,由有过错的一方承担赔偿责任;双方都有过错的,按照各自过错的比例分担责任。②机动车与非机动车驾驶员、行人之间发生交通事故,非机动车驾驶员、行人没有过错的,由机动车一方承担赔偿责任;有证据证明非机动车驾驶员、行人有过错的,根据过错程度适当减轻机动车一方的赔偿责任;机动车一方没有过错的,承担不超过10%的赔偿责任。交通事故的损失是由非机动车驾驶员、行人故意碰撞机动车造成的,机动车一方不承担赔偿责任。"因此,损害赔偿的内容不能超出法律规定范围和标准。

### 四、交通事故损害赔偿的标准

1. 交通事故损害赔偿的原则

损害赔偿标准的确定,应考虑事故受害人的实际损失,也应考虑事故责任者的偿付能力。事故损害赔偿标准过高或过低,都对当事人不利。标准过低,对事故受害人解决不了实际问题;标准过高,事故责任者承担不了。确定合理、适当的事故损害赔偿标准直接关系到能否有效保护当事人的合法权益,以及能否顺利地进行事故损害赔偿。

《道路交通安全法实施条例》第九十五条第二款原则规定了交通事故损害赔偿的项目和标准的依据,即"交通事故损害赔偿项目和标准依照有关法律的规定执行。"交通事故损害赔偿是一种形式的侵权损害赔偿,应当遵循民事法律上关于损害赔偿的一般原则。损害赔偿以补偿当事人实际损害为原则,赔偿具体数额应当根据受害人遭受的实际损失来确定,行政法规不宜硬性规定赔偿的项目和标准。

2. 交通事故损害赔偿标准的内容

《最高人民法院关于审理人身损害赔偿案件适用法律若干问题的解释》《最高人民法院关于审理道路交通事故损害赔偿案件适用法律若干问题的解释》是为了正确审理人身损害赔偿案件,依法保护当事人的合法权益,根据《民法通则》《民事诉讼法》等有关法律规定,结合审判实践而制定的。

根据这两个司法解释的规定,因生命、健康、身体遭受侵害,赔偿权利人起诉请求赔偿义务人赔偿财产损失和精神损害的,人民法院应予受理。并规定"赔偿权利人",是指因侵权行为或者其他致害原因直接遭受人身损害的受害人、依法由受害人承担扶养义务的被扶养人以及死亡受害人的近亲属。"赔偿义务人",是指因自己或者他人的侵权行为以及其他致害原因依法应当承担民事责任的自然人、法人或者其他组织。受害人对同一损害的发生或者扩大有故意、过失的,依照《民法通则》第一百三十一条的规定,可以减轻或者免除赔偿义务人的赔偿责任。但侵权人因故意或者重大过失致人损害,受害人只有一般过失的,不减轻赔偿义务人的赔偿责任。适用《民法通则》第一百零六条第三款规定确定赔偿义务人的赔偿责任时,受害人有重大过失的,可以减轻赔偿义务人的赔偿责任。二人以上共同故意或者共同过失致人损害,或者虽无共同故意、共同过失,但其侵害行为直接结合发生同一损害后果的,构成共同侵权,应当依照《民法通则》第一百三十条规定承担连带责任。二人以上没有共同故意或者共同过失,但其分别实施的数个行为间接结合发生同一损害后果的,应当根据过失大小或者原因的比例各自承担相应的赔偿责任。二人以上共同实施危及他人人身安全的行为并造成损害后果,不能确定实际侵害行为人的,应当依照《民法通则》第一百三十条规定承担连带责任。共同危险行为人能够证明损害后果不是由其行为造成的,不承担赔偿责任。赔偿权利人起诉部分共同侵权人的,人民法院应当追加其他共同侵权人作为共同被告。赔偿权利人在诉讼中放弃对部分共同侵权人的诉讼请求的,其他共同侵权人对被放弃诉讼请求的被告应当承担的赔偿份额不承担连带责任。责任范围难以确定的,推定各共同侵权人承担同等责任。

这两个司法解释,明确了受害人遭受人身损害的赔偿项目和标准,应当作为交通事故人身损害赔偿的标准。具体是:

(1)因就医治疗支出的各项费用以及因误工减少的收入,包括医疗费、误工费、护理费、交通费、住宿费、住院伙食补助费、必要的营养费,赔偿义务人应当予以赔偿。

(2)受害人因伤致残的,其因增加生活上需要所支出的必要费用以及因丧失劳动能力导致的收入损失,包括残疾赔偿金、残疾辅助器具费、被扶养人生活费,以及因康复护理、继续治疗实际发生的必要的康复费、护理费、后续治疗费,赔偿义务人也应当予以赔偿。

(3)受害人死亡的,赔偿义务人除应当根据抢救治疗情况赔偿本条第一款规定的相关费用外,还应当赔偿丧葬费、被扶养人生活费、死亡补偿费以及受害人亲属办理丧葬事宜支出的交通费、住宿费和误工损失等其他合理费用。

(4)受害人或者死者近亲属遭受精神损害,赔偿权利人向人民法院请求赔偿精神损害抚慰金的,适用《最高人民法院关于确定民事侵权精神损害赔偿责任若干问题的解释》予以确定。精神损害抚慰金的请求权,不得让与或者继承。但赔偿义务人已经以书面方式承诺给予金钱赔偿,或者赔偿权利人已经向人民法院起诉的除外。

(5)医疗费根据医疗机构出具的医药费、住院费等收款凭证,结合病历和诊断证明等相关证据确定。赔偿义务人对治疗的必要性和合理性有异议的,应当承担相应的举证责任。医疗费的赔偿数额,按照一审法庭辩论终结前实际发生数额确定。器官功能恢复训练所必要的康复费、适当的整容费以及其他后续治疗费,赔偿权利人可以在实际发生后另行起诉。但根据医疗证明或者鉴定结论确定必然发生的费用,可以与已经发生的医疗费一并予以赔偿。

(6)误工费根据受害人的误工时间和收入状况确定。误工时间根据受害人接受治疗的医疗机构出具的证明确定。受害人因伤致残持续误工的,误工时间可以计算至定残日前一天。受害人有固定收入的,误工费按实际减少的收入计算。受害人无固定收入的,按照其最近3年的平均收入计算;受害人不能举证证明其最近3年的平均收入状况的,可以参照受诉法院所在地相同或者相近行业上一年度职工的平均工资计算。

(7)护理费根据护理人员的收入状况和护理人数、护理期限确定。护理人员有收入的,参照误工费的规定计算;护理人员没有收入或者雇佣护工的,参照当地护工从事同等级别护理的劳务报酬标准计算。护理人员原则上为一人,但医疗机构或者鉴定机构有明确意见的,可以参照确定护理人员人数。护理期限应计算至受害人恢复生活自理能力时止。受害人因残疾不能恢复生活自理能力的,可以根据其年龄、健康状况等因素确定合理的护理期限,但最长不超过20年。受害人定残后的护理,应当根据其护理依赖程度并结合配制残疾辅助器具的情况确定护理级别。

(8)交通费根据受害人及其必要的陪护人员因就医或者转院治疗实际发生的费用计算。交通费应当以正式票据为凭;有关凭据应当与就医地点、时间、人数、次数相符合。

(9)住院伙食补助费可以参照当地国家机关一般工作人员的出差伙食补助标准予以确定。受害人确有必要到外地治疗,因客观原因不能住院,受害人本人及其陪护人员实际发生的住宿费和伙食费,其合理部分应予赔偿。

(10)营养费根据受害人伤残情况参照医疗机构的意见确定。

(11)残疾赔偿金根据受害人丧失劳动能力程度或者伤残等级,按照受诉法院所在地上一年度城镇居民人均可支配收入或者农村居民人均纯收入标准,自定残之日起按20年计算。但60周岁以上的,年龄每增加一岁减少一年;75周岁以上的,按5年计算。受害人因伤致残但实际收入没有减少,或者伤残等级较轻但造成职业妨害严重影响其劳动就业的,可以对残疾赔偿金作相应调整。

(12)残疾辅助器具费按照普通适用器具的合理费用标准计算。伤情有特殊需要的,可以参照辅助器具配制机构的意见确定相应的合理费用标准。辅助器具的更换周期和赔偿期限参照配制机构的意见确定。

(13) 丧葬费按照受诉法院所在地上一年度职工月平均工资标准,以6个月总额计算。

(14) 被扶养人生活费根据扶养人丧失劳动能力程度,按照受诉法院所在地上一年度城镇居民人均消费性支出和农村居民人均年生活消费支出标准计算。被扶养人为未成年人的,计算至18周岁;被扶养人无劳动能力又无其他生活来源的,计算20年。但60周岁以上的,年龄每增加一岁减少一年;75周岁以上的,按5年计算。被扶养人是指受害人依法应当承担扶养义务的未成年人或者丧失劳动能力又无其他生活来源的成年近亲属。被扶养人还有其他扶养人的,赔偿义务人只赔偿受害人依法应当负担的部分。被扶养人有数人的,年赔偿总额累计不超过上一年度城镇居民人均消费性支出额或者农村居民人均年生活消费支出额。

(15) 死亡赔偿金按照受诉法院所在地上一年度城镇居民人均可支配收入或者农村居民人均纯收入标准,按20年计算。但60周岁以上的,年龄每增加一岁减少一年;75周岁以上的,按5年计算。

被扶养人生活费的相关计算标准,依照该原则确定。

赔偿权利人举证证明其住所地或者经常居住地城镇居民人均可支配收入或者农村居民人均纯收入高于受诉法院所在地标准的,残疾赔偿金或者死亡赔偿金可以按照其住所地或者经常居住地的相关标准计算。

人民法院应当按照《民法通则》第一百三十一条以及高法解释第二条的规定,确定第十九条至第二十九条各项财产损失的实际赔偿金额。前款确定的物质损害赔偿金与按照第十八条第一款规定确定的精神损害抚慰金,原则上应当一次性给付。

超过确定的护理期限、辅助器具费给付年限或者残疾赔偿金给付年限,赔偿权利人向人民法院起诉请求继续给付护理费、辅助器具费或者残疾赔偿金的,人民法院应予受理。赔偿权利人确需继续护理、配制辅助器具,或者没有劳动能力和生活来源的,人民法院应当判令赔偿义务人继续给付相关费用5~10年。赔偿义务人请求以定期金方式给付残疾赔偿金、被扶养人生活费、残疾辅助器具费的,应当提供相应的担保。人民法院可以根据赔偿义务人的给付能力和提供担保的情况,确定以定期金方式给付相关费用。但一审法庭辩论终结前已经发生的费用、死亡赔偿金以及精神损害抚慰金,应当一次性给付。

人民法院应当在法律文书中明确定期金的给付时间、方式以及每期给付标准。执行期间有关统计数据发生变化的,给付金额应当适时进行相应调整。定期金按照赔偿权利人的实际生存年限给付,不受高法解释有关赔偿期限的限制。

所谓"城镇居民人均可支配收入""农村居民人均纯收入""城镇居民人均消费性支出""农村居民人均年生活消费支出""职工平均工资",按照政府统计部门公布的各省、自治区、直辖市以及经济特区和计划单列市上一年度相关统计数据确定。"上一年度",是指一审法庭辩论终结时的上一统计年度。

依据《最高人民法院关于审理人身损害赔偿案件适用法律若干问题的解释》的规定,残疾的赔偿金、被扶养人生活费、死亡赔偿金的计算标准应根据审查确定的赔偿权利人的身份情况分别按照城镇居民和农村居民的有关标准进行计算。目前大量的农民进城务工或定居,他们已是城镇居民中的一个特殊群体,部分地区农村居民实际年均收入已同于甚至高于城镇居民年均收入。如果无视客观实际,仅因为事故受害人为农村户籍就一律按农村居民标准进行赔偿,就有违公平。因此,在确认赔偿权利人的身份时应以户籍登记地为原则,以经常居住地为例外。如果户籍在各镇所在地的居委、村及虽未建成但已列入城镇规划区的村,即作为城镇居民。对于赔偿权利人虽为农村居民,但如有证据证实发生交通事故时其工作单位或实际居住满一年的地点在镇所在地的居委、村及虽未建成但已列入城镇规划区的村的,也作为城镇居民。在计算赔偿数额时按城镇居民的标准对待,实行"同城待遇",这样才能体现法律面前人人平等和对农村居民的公平保护。如果还有特殊情况,难以区分是城镇居民还是农村居民的,采取就高不就低的原则,按城镇居民对待。

## 第二节 交通事故损害赔偿调解

### 一、损害赔偿调解的性质和特征

1. 损害赔偿调解的概念

交通事故损害赔偿调解属于行政调解。它是在公安机关交通管理部门的主持下,根据法律的授权,以法律为准绳,以事实为依据,以自愿为原则,采取说服教育的方法,促使交通事故当事人或者代理人通过友好协商、互谅互让的方式达成协议,从而解决当事人之间发生的与交通事故相关的民事纠纷的活动。损害赔偿调解是我国公安机关交通管理部门解决交通事故民事纠纷的一项重要制度。通过调解,思想工作做得透,矛盾解决得彻底,能解除当事人的思想纠结,促进当事人之间的和解。调解在平息当事人关于损害赔偿纠纷中具有重要的作用。

在交通事故损害赔偿调解过程中,当事人或者代理人的意志占有重要的地位,是否达成协议以及达成协议的形式必须基于当事人或者代理人的自愿。调解协议必须由有关人员自愿履行,公安机关交通管理部门无权强制执行。公安机关交通管理部门只具有行政调解权,不得作出强制性的处理决定。当事人或者代理人不愿意调解,未达成协议或者达成协议后不履行的,不能提起行政复议或者行政诉讼,可以通过向人民法院提起民事诉讼进行解决。

公安机关交通管理部门对交通事故损害赔偿进行调解有一定的优势。公安机关交通管理部门的调解必须在查明交通事故原因、认定交通事故、处罚事故责任者、确定交通事故造成的损失后进行。公安机关交通管理部门熟悉案情,进一步对当事人之间的纠纷进行调解,易于达成协议,易于解决赔偿纠纷,有助于提高交通事故办案效率,有利于尽快解决因交通事故损害赔偿引起的民事纠纷,也利于减少诉讼。

1)行政调解与诉讼调解的区别

诉讼调解,又称法院调解,是指在民事诉讼中双方当事人在法官的主持和协调下,就案件争议的问题进行协商,解决纠纷所进行的活动。

首先,诉讼调解是围绕诉讼进行的,已经进入诉讼程序,人民法院与当事人之间在诉讼过程中产生诉讼上的权利与义务关系。而交通事故行政调解,是非诉讼活动,是公安机关交通管理部门履行职责。

其次,法律依据不同。诉讼调解按照民事诉讼程序进行,交通事故处理损害赔偿调解依据的是《道路交通安全法》和《规定》以及民法中的相关规定。

再次,调解的主体不同。诉讼调解只能由人民法院依据其审判职权进行,交通事故损害赔偿调解主持的是公安机关交通管理部门。

此外,两种调解的法律效果不同。诉讼调解成功后,与人民法院的判决一样具有强制性执行力,而公安机关交通管理部门对损害赔偿调解不具有强制性执行力,履行与否依靠的是当事人自愿。人民法院调解不成的,应当及时判决,而公安机关交通管理部门则不可以强制裁决。

2)行政调解与和解的区别

调解是在公安机关交通管理部门主持下,事故当事人各方都得参加。和解不需要事故办案人主持,只有当事人各方参加,不需要交通事故办案人员的介入。此外,公安机关交通管理部门调解时必须依照法律法规的规定,而和解只要当事人不违反法律法规,没有程序和实体上的限制。

《规定》第十九条规定:机动车与机动车、机动车与非机动车发生财产损失事故,当事人应当在确保安全的原则下,采取对现场拍照或者标划事故车辆现场位置等方式固定证据后,立即撤离现场,将车辆移至不妨碍交通的地点,再协商处理损害赔偿事宜,但驾驶员无有效机动车驾驶证或者驾驶的机动车与驾驶证载明的准驾车型不符的除外。非机动车与非机动车或者行人发生财产损失事故,当事人应当先撤离现场,再协商处理损害赔偿事宜。

《规定》第二十一条规定:"当事人自行协商达成协议的,制作道路交通事故自行协商协议书,并共同签名。道路交通事故自行协商协议书应当载明事故发生的时间、地点、天气、当事人姓名、机动车驾驶证号或者身份证号、联系方式、机动车种类和号牌号码、保险凭证号、事故形态、碰撞部位、赔偿责任等内容。"据有关部门统计,道路交通事故中有70%以上是仅造成轻微财产损失的。在我国道路交通流量日益增大的情况下,实现交通事故现场快速处理既有利于尽快恢复交通,减少拥堵,又能使当事人尽快办理保险理赔、处理损害赔偿事宜。依据《道路交通安全法》第七十条和《道路交通安全法实施条例》第八十九条的规定,对未造成人身伤亡的,事实清楚,并且机动车可以移动的交通事故,交通警察可以适用简易程序处理,并当场出具事故认定书。根据《规定》第二十四条的规定,交通警察适用简易程序处理道路交通事故时,应当在固定现场证据后,责令当事人撤离现场,恢复交通。拒不撤离现场的,予以强制撤离。当事人无法及时移动车辆影响通行和交通安全的,交通警察应当将车辆移至不妨碍交通的地点。撤离现场后,交通警察应当根据现场固定的证据和当事人、证人叙述等,认定并记录道路交通事故发生的时间、地点、天气、当事人姓名、驾驶证号或者身份证号、联系方式、机动车种类和号牌、保险凭证号、交通事故形态、碰撞部位等,并根据《规定》第六十条确定当事人的责任,当场制作道路交通事故认定书。不具备当场制作条件的,交通警察应当在3日内制作道路交通事故认定书。

3)行政调解与行政裁决的区别

行政裁决也是国家行政机关依据职权进行的活动,是行政机关处理与行政管理事项有关的民事纠纷的活动,是准司法活动。行政裁决权来自于法律的授权。行政裁决直接对当事人的权利义务产生影响,是对当事人的民事权利、义务的法律确定,具有法律效力。当事人对行政裁决如果不服,也不能否定行政裁决的效力,而应通过行政复议和行政诉讼的方式解决。当事人如果不履行行政裁决,行政机关可以依法采取强制措施或者要求人民法院强制执行。

2. 损害赔偿调解的特征

(1) 公安机关交通管理部门对交通事故损害赔偿调解是被动调解。这种调解是公安机关交通管理部门的职责。公安机关交通管理部门应主动通知事故当事人及其有关人员进行损害赔偿调解活动,并取决于当事人是否申请调解。

根据《规定》第八十六条,当事人对道路交通事故损害赔偿有争议,当事人请求公安机关交通管理部门调解的,当事人必须提出书面申请,交通管理部门才会进行交通事故损害赔偿的调解。

(2) 公安机关交通管理部门对交通事故损害赔偿调解不是当事人提起民事诉讼必经的前置程序。根据《规定》第九十四条,有下列情形之一的,公安机关交通管理部门应当终止调解,并记录在案:一是在调解期间有一方当事人向人民法院提起民事诉讼的;二是一方当事人无正当理由不参加调解的;三是一方当事人调解过程中退出调解的。依据《道路交通安全法》第七十四条的规定,对道路交通事故损害赔偿的争议,当事人可以请求公安机关交通管理部门调解,也可以直接向人民法院提起民事诉讼。当事人未向公安机关交通管理门提出请求调解申请或者在申请中对检验鉴定(包括重新检验鉴定)、交通事故认定提出异议的,视为不同意调解,公安机关交通管理部门不予调解。经公安机关交通管理部门调解,当事人未达成协议或者调解书生效后不履行的,当事人可以向人民法院提诉讼,解决交通事故损害赔偿争议。

由此可见,交通事故未经过损害赔偿调解,当事人也可就损害赔偿提起民事诉讼,法院可以受理。

3. 调解的原则

1) 真实原则

真实原则是"以事实为依据"原则在交通事故损害赔偿调解中的具体体现。

首先,要求当事人的意思表示真实,是当事人在没有外力影响下作出选择。其次,调解所依据的事实要清楚,是非要分明。

事实清楚包括两个方面,一是事故各方之间的法律关系清楚;二是纠纷发生的原因、过程、后果和各方争议的主要问题清楚。

交通事故损害赔偿调解在事实清楚、责任明确的基础上进行,才能抓住双方争议的关键,将争议的双方统一到事故事实上,做到互谅互让,达成调解协议。否则,就会出现各方争论不休,难以达成共识,调解无法成功。

2) 自愿原则

调解是通过事故各方共同协商达成共识而解决纠纷,没有自愿就谈不上调解。当事人自愿是指当事人有权按照自己的真实意志参与民事活动。当事人自愿是当事人之间权利义务关系平等的前提,是当事人地位平等的体现。没有自愿,就没有平等,也谈不上公平合理地解决损害赔偿纠纷。自愿原则的含义是,调解手段的运用与否以及调解的协议内容必须尊重事各方的自愿,要充分尊重当事人的权利。自愿是在法律容许的范围内的自愿,因此不意味着当事人可以过高地、无原则地要求赔偿额,也不意味着应当赔偿的可以自愿不赔偿。

坚持自愿原则,要求不得压制、勉强对方,否则调解是无意义的。

3) 合法原则

调解必须合法。合法包括程序合法和实体合法。调解必须依照法定的程序进行,具备必要的手续和方法。调解的内容要符合法律的规定,不能借调解去损害他人的合法权益及国家、社会的公共利益。不能因为调解的灵活性而任意简化程序。当事人需要在法律许可的范围内让步,让步的内容不能为法律所禁止的,不能无原则地迁就某些无理的要求。调解超出法律规定的范围和标准的,公安机关交通管理部门不予调解。依法调解,才能保证调解的公平、公正,才能保证调解的质量,实现调解的顺利进行。

合法原则也是"以法律为准绳"在调解中的具体体现。

4) 说服教育的原则

在损害赔偿调解时,公安机关交通管理部门应充分听取事故当事各方的意见和建议。如果当事人对事故事实、原因和责任等问题不清楚或者有疑惑的,应认真进行解释,做到有理有据,让有关人员信服。对认识达不到统一的问题,要摆事实,讲道理,讲明法律规定,要耐心细致地说服教育,做好法律、法规的宣传,不可简单生硬压制。

总之,自愿是调解的前提,合法是调解的关键,事故事实清楚、是非分明是基础,相互沟通,不可分割。

## 二、损害赔偿调解的内容

公安机关交通管理部门在处理交通事故过程中就损害赔偿采取调解方式进行,但并非所有交通事故损失都可进行调解。损害赔偿项目包括医疗费、误工费、住院伙食补助费、护理费、残疾者生活补助费、残疾用具费、丧葬费、死亡补偿费、被抚养人生活费、交通费、住宿费和财产直接损失等。

调解的内容不得超出法律、法规规定的范围和标准。对于超出的,公安机关交通管理部门不予调解。

## 三、损害赔偿调解的时机、期限

1. 损害赔偿调解的时机

公安机关交通管理部门应当在查明交通事故原因、认定交通事故、处罚责任者、确定交通事故造成的损失情况后,适时召集当事人和有关人员对损害赔偿进行调解。

《道路交通安全法实施条例》第九十四条规定了损害赔偿调解的时机。当事人对交通事故损害赔偿有争议的,各方当事人一致请求公安机关交通管理部门调解的,应当在收到交通事故认定书之日起10日内提出书面调解申请。对交通事故致死的,调解从办理丧葬事宜结束之日起开始;对交通事故致伤的,调解从治疗终结或者定残之日起开始;对交通事故造成财产损失的,调解从确定损失之日起开始。

1) 交通事故中有致伤的

交通事故中有人员受伤的,应及时进行抢救或者治疗。医疗费是损害赔偿的一项重要内容。伤者未进行治疗或者治疗未到一定程度,结果仍是难以预料的。伤者可能被治愈,也可能残疾或者死亡。这些结果有时在治疗之初难以预料。过早地调解会缺少事实基础,难以确定损害赔偿项目,也难以达成解决赔偿纠纷协议。在短期内有的伤者难以完全恢复,等到完全恢复进行调解,又拖延了事故处理的时间,受害者难以及时得到补偿。

因此,交通事故致伤的,调解从治疗终结或者定残之日起开始。治疗终结是指对被治疗人员撤出临床治疗,伤情达到稳定或者不再恶化。治疗结果已经明朗,伤者只是等待用药、疗养,最后恢复。治疗终结后,医疗费才能确定,有残疾的可申请伤残鉴定。根据伤残等级可以确定残疾者生活补偿费等项目。当事人治疗终结或者伤残鉴定后应向公安机关交通管理部门提供有效的鉴定材料或者证明材料。

2) 交通事故致死的

交通事故中有死亡的,调解从规定的办理丧葬事宜时间结束之日起开始。有的事故当事人当场死亡,有的经过一段时间的抢救无效死亡。死者家属因办理丧事经济受到一定的损失,办理完丧事,办理丧葬事宜的费用可以确定,死者家属心情也相对平静,易于进行调解,也避免有的家属不办理丧事而为调解制造难度。公安机关交通管理部门准备调解前,应要求死者家属提供办理完丧事的有效证明,否则不予进行调解。

3) 交通事故仅造成财产损失的

交通事故仅造成财产损失的,调解从确定损失之日起开始。确定财产损失是事故处理中一项重要的工作。确定了财产损失后,才能确定交通事故的总损失。财产损失的确定必须通过法定的程序。当事人应向公安机关交通管理部门提供相应财产损失证明或者鉴定材料。

2. 损害赔偿调解期限

《道路交通安全法实施条例》第九十五条规定:公安机关交通管理部门调解交通事故损害赔偿争议的期限为10日。调解达成协议的,公安机关交通管理部门应当制作调解书送交各方当事人,调解书经各方当事人共同签字后生效;调解未达成协议的,公安机关交通管理部门应当制作调解终结书,送交各方当事人。

## 四、损害赔偿调解的参加人

对于交通事故当事人而言,有的死亡,有的重伤或者行动不便,有的不能正确表达自己的意愿,有的人受伤后不愿抛头露面,甚至有的当事人为无民事行为或者限制民事行为能力者。因此要求事故当事人亲自参加损害赔偿调解,有时是不现实或者不可能的。调解结果直接影响当事人或者其家庭的经济利益,调解中涉及有关人员民事权益的处分事宜。因此,调解参加人应拥有对这些民事权利的处分权,否则调解就没有法律效力。公安机关交通管理部门在确定调解参加人员时,应该严格审查他们的资格,以免带来不必要的麻烦。

根据法律法规的规定,交通事故损害赔偿调解参加人员包括交通事故当事人、交通事故伤亡者的近亲属或者监护人、交通事故车辆所有权人、法定代理人或委托代理人以及公安机关交通管理部门认为有必要参加的人员。

1. 交通事故当事人

交通事故当事人是指交通事故直接涉及的各方人员,包括车辆驾驶员、行人、乘客、其他参与交通活动的人员以及在交通事故中被毁损财物的直接管理者或者所有人。交通事故的发生,或者与他们的行为有直接因果关系,或者直接影响着他们的生命健康、财产权益。而那些间接与交通事故有关系的人员不属于交通事故当事人。如出租车载客超速逆行,与正常行驶的装有他人货物的一辆货车碰撞后,出租车驶出道路撞坏道旁的房屋,出租车内乘客受伤,货车上的货物受损。显然,出租车驾驶员、车内乘客以及货车驾驶员是事故当事人。货车所载货物所有人和被毁坏房屋的所有人是否是当事人?首先,货主和房屋所有人并非是交通活动的参与者,但是他们的财产同样受到了损失。该房屋所有人应该是事故当事人,虽然其房屋与交通活动没有关系,但房屋遭到损坏是出租车与货车碰撞后出租车运动延续的结果,房屋毁损是交通事故的直接后果,因此该房屋所有人也是事故当事人。而货车货主并不是事故当事人,虽然货物损毁是交通事故的直接后果,但是事故发生时承运人是实际管理者,货主与承运人之间是合同关系,货主只能向承运人要求承担违约责任,而交通事故责任是一种侵权责任。该货车的驾驶员或者所有人才能以当事人的身份向交通事故责任人要求赔偿。因此,在交通事故处理过程中,必须明确有关人员之间的法律关系和承担的法律责任类型。

2. 交通事故伤亡者的近亲属或者监护人

对交通事故死亡的当事人,由其近亲属参加交通事故损害赔偿的调解。所谓近亲属是指与当事人有直系血缘关系或者共同生活的其他人,如父母、子女、配偶、兄弟姐妹等。

所谓监护人,是为保护无民事行为能力人和限制民事行为能力人的人身和财产权利而依法对其负有监督、管理和保护义务的特定公民或者组织。未成年人的父母是未成年人的监护人。未成年人的父母已经死亡或者没有监护能力的,由下列人员中有监护能力的人担任监护人:

(1)祖父母、外祖父母。

(2)兄、姐。

(3)关系密切的其他亲属、朋友愿意承担监护责任,经未成年人的父、母的所在单位或者未成年人住所地的居民(村民)委员会同意的。

对担任监护人有争议的,由未成年人的父、母的所在单位或者未成年人住所地的居民(村民)委员会在近亲属中指定。

无民事行为能力或者限制民事行为能力的精神病人,由下列人员担任监护人:

(1)配偶。

(2)父母。

(3)成年子女。

(4)其他近亲属。

(5)关系密切的其他亲属、朋友愿意承担监护责任,经精神病人的所在单位或者住所地的居民(村民)委员会同意的。

对担任监护人有争议的,由精神病人的所在单位或者住所地的居民委员会、村民委员会在近亲属中指定。对指定不服提起诉讼的,由人民法院裁决。没有上述规定的监护人的,由精神病人的所在单位或者住所地的居民(村民)委员会或者民政部门担任监护人。监护对非完全民事行为能者的合法权益起到积极地保护作用。

交通事故伤亡者的近亲属或者监护人对当事人及其家庭状况比较了解,与当事人关系密切,与当事人的切身利益一致。让这些人参加损害赔偿调解,能很好地代表当事人及其家庭的意志,有助于全面、正当维护当事人及其亲属的合法权益,也有助于减少当事人与亲属之间就损害赔偿所产生的分歧。

3. 交通事故车辆所有权人

所谓"车辆所有人",是指依法对车辆享有占有、使用、收益和处分权利的人或者组织。从形式上看,就是车辆户籍或者行驶证上所登记的人或者组织,是法律意义上的车辆所有人。交通事故构成要素中必须有车辆要素,否则不能成为交通事故。根据法律和法规的有关规定,在机动车驾驶员负有事故责任暂时无力赔偿时,车辆所有人有垫付义务;机动车驾驶员在执行职务途中发生交通事故并负有事故责任的,车辆所有人承担事故损害赔偿责任。交通事故损害赔偿关系着车辆所有人的切身利益,让车辆所有人参加调解是必要的,便于维护当事人的利益和车辆所有人的权益。

实践中,有的车辆被抵押,有的车辆被买卖未办理过户手续或者为了某种利益以他人的名义为车辆办理登记。使得对车辆享有占有、使用、收益的人与享有处分权的人可能不是同一个人,即名义上的所有人与实际所有人。交通事故损害赔偿时,名义上的所有人和实际所有人负有民事连带责任。让他们参加损害赔偿调解便于维护他们的合法权益,也有助于保护受害者的合法权益。

4. 法定代理人和委托代理人

《民法通则》第六十三条规定:"公民、法人可以通过代理人实施民事法律行为。"《民法总则》第一百六十二条规定:"代理人在代理权限内,以被代理人名义实施的民事法律行为,对被代理人发生效力。"《民法总则》第一百六十三条规定:"代理包括法定代理、委托代理和指定代理。委托代理人按照被代理人的委托行使代理权。法定代理人依照法律的规定行使代理权。"

法定代理是法律根据一定社会关系的存在而设立的代理。无民事行为能力人、限制民事行为能力人的监护人是他的法定代理人。法定代理是根据法律关系而产生的,不需要当事人的授权。当事人为无民事行为能力人、限制民事行为能力人时,由法定代理人参加交通事故处理工作,法定代理人也可以委托其他人代理。

委托代理是基于被代理人授权而发生的代理。当事人由于不能亲自或者不能独立参加调解时,可委托他人代替或者帮助自己进行交通事故处理。交通事故损害赔偿调解涉及当事人权益的处分事宜。委托代理人参加调解的,须向交通事故办案人员提交有委托人签名或者盖章的授权委托书。委托书中必须载明委托事项和权限。委托书授权不明的,被代理人应当向第三人承担民事责任,代理人负连带责任。交通事故办案人员应该严格审查授权委托书,如发现授权委托书存在瑕疵的,应当明确提醒当事人改正以免给当事人权益造成损失。

指定代理是根据人民法院或者有指定权机关的指定而产生的代理。在没有法定代理或者委托代理的情况下,法院可以依法为不能亲自处理自己事务的人指定代理人。在不能由法院指定的情况下,可以由依法对被代理人权利负有保护义务并拥有指定权的机关来指定代理人。

根据法律相关规定,法定代理人和委托代理人可以参加交通事故损害赔偿调解。

5. 公安机关交通管理部门认为有必要参加的人员

交通事故损害赔偿调解是有关人员行使民事处分权的过程,可能会涉及其他个人、组织或者国家等第三人的利益。公安机关交通管理部门认为有必要参加的,可以通知他们参加,如驾驶员的单位、国家财产管理机构等。

损害赔偿调解的参加人员必须是经公安机关交通管理部门对他们的资格审查并认可的,具有完全民事行为能力者。交通事故当事各方参加调解的不得超过3人。参加人员过多,意见不易统一,增加协商难度,也不便于顺利调解交通事故。

### 五、损害赔偿的调解方式

《规定》第八十七条第二款规定:道路交通事故损害赔偿调解应当公开进行,但当事人申请不予公开的除外。

《规定》第六十五条规定:当事人可以查阅、复制、摘录公安机关交通管理部门处理交通事故的证据材料,但应按照有关法律法规的规定进行。

交通事故损害赔偿调解的方式有三种。

1. 适用简易程序处理的交通事故损害赔偿的调解

适用简易程序处理的交通事故因案情简单、因果关系明确、当事人争议不大。根据《规定》第二十五条的规定,如果事故当事人共同请求调解的,交通警察应当当场进行调解,并在道路交通事故认定书上记录调解结果,由当事人签名,送达当事人。根据《规定》第二十六条的规定,如果事故当事人对道路交通事故认定有异议,或者当事人拒绝在道路交通事故认定书上签名,或者当事人不同意调解,不适用调解,交通警察可在道路交通事故认定书上载明有关情况后,将道路交通事故认定书送达当事人。

2. 涉外交通事故损害赔偿调解

涉外交通事故损害赔偿事宜通过外交途径解决。

3. 适用普通程序处理的非涉外道路交通事故损害赔偿调解

适用普通程序处理的非涉外道路交通事故损害赔偿调解应当采用公开调解方式。

### 六、损害赔偿调解的程序

交通事故损害赔偿调解应合法、公正、自愿、及时地进行。除当事人提出或者其他不宜公开的理由以及适用简易程序处理的一般事故外,其他交通事故均应公开进行,允许旁听。有关交通事故处理的法律、法规、标准、程序和警务规定等要在事故调解场所公布。

交通事故损害赔偿调解时,必须召集各方当事人同时到场;告知各方当事人权利、义务;当场向当事各方公布国家有关损害赔偿的项目、范围和标准,公开当事人提交的请求赔偿证明,说明公安机关交通管理部门的职责、权限和调解意见。听取各方当事人的请求及理由,允许当事人申辩或提出其他证据材料,并对当事人提出的问题给予认真的解答。

在调解损害赔偿程序中,公安机关交通管理部门应当与当事人约定调解的时间、地点,并于调解时间3日前通知当事人。口头通知的,应当记入调解记录。调解参加人因故不能按期参加调解的,应当在预定调解时间一日前通知承办的交通警察,请求变更调解时间。办案单位应设置交通事故调处室、接待室和预约公告牌,公布接待时间、联系电话等。

下面主要介绍适用普通程序处理的非涉外道路交通事故一般程序。

1. 调解准备

调解准备阶段是保证调解质量和决定调解效率的重要环节。调解准备工作主要有以下几方面。

1）落实损害赔偿款项

调解前交通事故办案人员应严格依照法律法规以及国家政策确定损害赔偿项目及其数额。落实损害赔偿款项时，应注意以下问题：对于需要"凭据支付"的费用，必须对票据或者单据进行严格审查，要求其齐全有效。对于与医疗有关的费用应核实是否有规定医院的证明，是否经过公安机关交通管理部门同意。计算被抚养人生活费时，应审查被抚养人的实际年龄、有无生活能力、有无其他生活来源，与当事人被抚养关系是否真实。对于当事人死亡的，应核实丧事是否办理完毕以及死者的实际年龄和被抚养人的情况。对于当事人致残的，核实是否治疗终结、是否经过伤残评定、当事人对伤残鉴定是否有意见。涉及车辆、财物损失的，定损事宜是否依法办理完毕。

审查核实时，事故办案人员应要求有关人员提供相应的证明材料或者鉴定材料，材料要求齐全有效；否则事故办案人员应督促有关人员及时办理，以免拖延调解时间。

2）审查并批准调解参加人

调解前，事故办案人员应依法审查事故各方参加调解人员的资格。对于代理人，应要求其提供有效的证明材料或者授权委托书，并审查委托手续是否齐全有效。核实参加事故调解的人员是否为完全民事行为能力者，对调解的事项依法或者依授权是否有处分权。保证事故各方参加调解人员不超过3人。

3）了解各方参加调解人员对损害赔偿的意见

在事故损害赔偿调解前，交通事故办案人员应了解事故当事各方对损害赔偿的要求和意见，依据法律、法规及政策，梳理分析对损害赔偿的意见、建议及各方分歧的焦点。必要时，事故办案人员可以事先向参加调解人员讲解事故损害赔偿依据的有关法律、法规及政策，缩小事故各方认识上的差异。这样才便于交通事故办案人员拟订调解方案，为顺利调解做好准备。

4）拟订调解方案

损害赔偿调解方案是事故办案人员进行调解的工作计划，应该根据实际情况拟订。调解方案的内容应包括调解时间、地点、参加人员、方法步骤、内容、可能遇到的问题及其解决方法以及需要交代的相关法律法规和党和国家的政策。

5）通知调解

交通事故办案人员应当与当事人约定调解的时间、地点，并于调解时间3日前通知当事人。口头通知的，应当记入调解记录。

2. 调解的进行

交通事故办案人员在指定地点、时间，召集事故当事人或者有关事故参加人员进行交通事故损害赔偿调解。调解按照以下步骤进行：

（1）主持人宣布调解开始。主持人分别介绍或自我介绍各方参加人员的姓名、年龄、性别、单位或者住址及其与当事人的关系等。有其他参加人员的，也应在调解纪录中记载清楚。

（2）主持人向各方参加调解人员讲解交通事故损害赔偿调解的有关规定。主持人应向参加调解的人员讲清楚损害赔偿的性质、当事人的权利和义务、损害赔偿的基本原则和基本规定;清楚叙述交通事故发生过程及其人员伤亡、财产损失情况;介绍事故原因和事故认定,包括各种证据材料以及各种鉴定意见。主持人详细介绍交通事故损害赔偿的项目、标准、计算方法、数额以及建议交通事故各方承担的比例及其依据等。必要时,应出示相应的单据、票证、证明材料。

(3)各方参加调解人员根据责任比例对赔偿项目、计算方法、数额以及损害赔偿承担比例等事项进行协商。办案人员应以法律为依据,认真地向参加调解人员讲解,并帮助分析问题,尊重参加调解人员的权利,不将自己的想法强加予调解参加者。

(4)制作调解记录。调解记录是交通事故办案人员召集调解参加人员对事故损害赔偿调解情况的文字记录,是制作损害赔偿调解书的依据。调解记录的主要内容包括调解次数、时间、地点、主持人,参加人员的姓名、性别、年龄、单位或者住址及其与当事人关系,其他参加人员,调解过程中各方意见以及调解结果。

制作调解记录的方法有摘要记录和详细记录两种。

①调解时所涉及的问题比较简单,各方意见比较统一,分歧不大的,可摘要记录,即记录清楚各方的意见和调解结果。

②调解时所涉及的问题比较复杂,各方意见不统一,分歧较大的,应详细记录。详细记录不等于将调解参加人的发言全部地记录,而是要抓住要点,记录清楚各方的意见、分歧的焦点以及调解的结果。

(5)宣布调解结果。经过调解达成协议的,公安机关交通管理部门应当当场制作道路交通事故损害赔偿调解书。由各方当事人签字,分别送达各方当事人。调解书中应当写明下列内容:

①调解依据。

②道路交通事故认定书认定的基本事实和损失情况。

③损害赔偿的项目和数额。

④各方的损害赔偿责任及比例。

⑤赔偿履行方式和期限。

⑥调解日期。

调解书中的关键数字要求清楚无歧义,数字采用大写;协议的事项应该分项逐条叙述。

如果经调解各方当事人无法达成协议,事故办案人员应宣布终结调解,制作《道路交通事故损害赔偿调解终结书》,分别送达各方当事人。调解终结书是公安机关交通管理部门依照《道路交通安全法实施条例》中规定的期限,对事故损害赔偿调解达不成协议的,通知被调解人调解终结的文书。调解终结书是调解结束的标志,属于即时生效的法律文书。

在调解期间,有一方当事人向人民法院提起民事诉讼的,或者一方当事人无正当理由不参加调解的,或者一方当事人调解过程中退出调解的,公安机关交通管理部门应当终止调解,并记录在案。

未经公安机关交通管理部门调解,当事人之间达成协议,公安机关交通管理部门不再出具调解书。

经调解未达成协议或调解书生效后任何一方不履行的,公安机关交通管理部门不再进行调解。当事人可向人民法院提起民事诉讼。

# 第十二章 交通事故技术鉴定

## 第一节 交通事故物证

### 一、交通事故物证的概念

物证是证据的主要内容之一。物证是指对案件事实有证明作用的物品、物质或痕迹。交通事故物证,是从交通事故现场带走或遗留在交通事故现场能证明交通事故真实情况的物品、物质和痕迹。

交通事故物证和其他案件的物证一样,具有鲜明的法律性和严密的科学性。

1. 交通事故物证的客观性

在交通事故过程中,车辆、人畜或其他物体之间发生刮擦或碰撞,以致造成人畜伤亡、车辆或物体损坏,必然产生交通事故物证。交通事故物证,是客观存在的事实,不是主观臆断的。不同的交通事故现场,交通事故物证的品种、数量和存在部位不同。

2. 交通事故物证的关联性

车辆乘人、载物,出入各种场所。在交通事故过程中,车辆和人员着装的表面常会形成一些刮擦痕迹,黏附一些油漆、纤维、毛发、灰垢等微小物质。一旦发生交通事故,这些痕迹和微小物质与交通事故物证常会混杂在一起。虽然这些都是客观存在的,但事故前的刮擦痕迹和黏附物与交通事故是不存在任何联系的。只有在交通事故发生过程中车辆、人畜或物体第一次接触(碰撞)所形成的事故痕迹和物质才是真正的交通事故物证。

3. 交通事故物证的合法性

交通事故物证的收集必须符合法律的规定和要求。交通事故物证,应由事故处理人员和专业技术人员进行勘查和提取。疑难物证问题可由交通管理部门聘请有关专家协助解决。见证人、当事人及其亲属有权利和义务向交通管理部门提供有关情况和物证,协助交通管理部门查清事实真相,不得提供伪证。

4. 交通事故物证的证据作用

通过对交通事故物证外形特征的观察和鉴别,初步判断有关车辆、伤亡者及其他物体之间的相互关系。只凭对外形特征的观察和判断尚不能确定物证的性质及本质上的联系。从交通事故现场提取的可疑物质常是微量甚至超微量的,其外形特征也需要借助于放大镜或显微镜进行观察。同时,交通事故痕迹是在事故双方动态条件下形成的,其外形特征较复杂。

尽管事故物证是客观存在的事实,却不能直接作为事故认定的证据。物证必须通过技术鉴定,以科学的理论和数据来揭示交通事故物证的性质及其相互间的联系,使之成为能够证明交通事故真实情况的证据。

## 二、交通事故物证的种类

交通事故现场情况各异,其物证种类繁多。根据交通事故物证的形态和形成机制,其大体分为事故附着物、事故散落物和事故痕迹三个种类。

1. 事故附着物

黏附在肇事主体车辆、被撞客体车辆、人体及其他物体表面上,能证明交通事故情况的物质称之为事故附着物,如油漆、油脂、塑料、橡胶、毛发、纤维、血迹、人体组织、木屑及植物枝叶等。

2. 事故散落物

散落在交通事故现场能证明事故情况的物品或物质统称为事故散落物,如损坏脱落的车辆零部件、玻璃碎片、塑料片块、油漆碎片及车辆装载物等。

3. 事故痕迹

由于交通事故,在肇事主体车辆、被撞客体车辆、伤亡人体、现场路面及其他物体表面形成的印迹统称为事故痕迹,如撞击痕迹、刮擦痕迹、碾压痕迹等。

## 三、交通事故物证的形成

1. 事故附着物的形成

在肇事车辆、人、畜或其他物体之间发生刮擦或碰撞的过程中,相互接触部位将发生物质的脱落和转移。这种变化决定于肇事双方表层物质的性质、相对速度、事故作用力的方向和大小。在不同的条件下,肇事双方的接触部位将形成物质的单向或双向转移。

(1)具有一定黏性的物质,将黏附在车辆、伤亡者衣服或其他物体表面,如油漆、油脂、污垢、血液和人体组织等。

(2)在强力作用下,物质形态变化而产生了具有一定黏性的物质,也可能形成事故附着物,黏附在车辆或物体的表面。如塑料和反光膜,本身具有一定的可塑性,并无黏性,经强力、高速的摩擦,局部会产生高温,高温软化后具有黏性,形成薄膜状物黏附在车辆或其他物体表面。

(3)脱落和转移的微量或超微量物质,由于肇事双方之间的碰撞或刮擦作用,对物体产生了一定的依附性和附着力,黏附在车辆、人体或其他物体的表面,如毛发、纤维、微量油漆等。

2. 事故散落物的形成

交通事故过程中脱落的体积较大、较重的物品或物质,不能黏附在车辆、人体或其他物体表面,而一般散落在现场路面(地面)。

(1)车辆风窗玻璃、后视镜、散热器格栅、前照灯罩、转向灯罩、油漆涂层等零部件及其表层物质,与其他车辆或物体发生碰撞时,会造成破碎和脱落,散落在现场上。

(2)装载煤炭、化肥、碎石、砂土及各种建筑材料等的敞开式货车,发生交通事故时,由于紧急制动或碰撞时的惯性作用,将装载货物抛出,散落到现场路面上。

3. 事故痕迹的形成

事故痕迹是肇事主体车辆与被撞客体车辆、人畜或其他物体相互接触形成的。由于接触方式、接触部位、作用力方向和大小的不同,将形成不同特征的交通事故痕迹。

为了叙述方便,将肇事主体车辆简称为造型体。把被撞客体的车辆、人畜或其他物体简称为承受体。

(1)造型体与承受体以垂直或接近垂直的方式接触时,两个接触面一般不会发生相对滑动所形成的痕迹,不改变造型体的外部结构形象,而且反映形象完整、轮廓清晰,如碾压痕迹、对撞痕迹等。

(2)造型体与承受体以倾斜的方式接触时,两个接触面发生相对滑动,所形成的痕迹反映造型体外部结构特征的规律性变化;如侧撞痕迹、刮擦痕迹等。造型体接触面上的点状结构形成线状形象,线状结构形成线状或面状形象。

(3)造型体与承受体的接触部位为车辆的易损零部件时,将形成整体分离痕迹;如车辆风窗玻璃、后视镜、散热器格栅、灯罩(壳)等,经强力撞击将发生破碎或断裂。

(4)当承受体的表面硬度小于造型体的硬度时,双方接触后,造型体的表面结构特征可在承受体表面形成凹凸形象的立体痕迹。如果承受体的表面硬度大于造型体,或者虽然承受体的表面硬度小于造型体,但由于两者接触时力较小,造型体未能突破承受体表层物质而形成平面痕迹。在形成平面痕迹的同时,承受体和造型体表面物质也出现增减和转移。造型体表层物质转移附着在承受体表面上,则称为加层平面痕迹。承受体表层物质转移附着在造型体表面,称之为减层平面痕迹。

### 四、物证在事故处理工作中的作用

交通事故物证是交通事故处理工作中最直接、证明效力最高的证据。交通事故物证不仅能够证明交通事故的真实情况,而且还可以核实其他证据的可靠性,对交通事故处理工作具有非常重要的作用。

1.法规对证据的要求

《刑事诉讼法》第六条、五十五条和一百四十六条,对案件证据均有论述。"人民法院、人民检察院和公安机关进行刑事诉讼,必须依靠群众,必须以事实为根据,以法律为准绳。对于一切公民,在适用法律上一律平等,在法律面前,不允许有任何特权。""对一切案件的判处都要重证据、重调查研究,不轻信口供。只有被告人供述,没有其他证据的,不能认定被告人有罪和处以刑罚;没有被告人供述,证据充分确实的,可以认定被告人有罪和处以刑罚。""为了查明案情,需要解决案件中某些专门性问题的时候,应当指派、聘请有专门知识的人进行鉴定。"

《治安处罚条例》第三十四条第四款规定:经讯问查证,违反治安管理行为事实清楚,证据确凿的,依照本条例的有关条款裁决。

《道路交通安全法》第七十二条规定:公安机关交通管理部门接到交通事故报警后,应当立即派交通警察赶赴现场,先组织抢救受伤人员,采取措施,尽快恢复交通。公安机关对交通事故的车辆、物品、尸体、当事人的生理和精神状态及有关的道路状态等,应当根据需要及时指派专业人员或者聘请有专门知识的人进行检验或者鉴定。检验或者鉴定应当作出书面结论。

各种法规贯穿一个主导思想,就是对一切案件的判处要重证据、重调查研究,以事实为依据,以法律为准绳。

事实与法律相结合,构成我国法律的完整性。这是我国司法工作的根本原则。交通事故处理工作也必须遵循这个原则,同时还必须遵循公安部和各地的有关法规。

2. 社会对证据的要求

随着科学技术的飞速发展,公民的文化水平和法律意识不断提高,对交通事故处理工作的要求越来越高。《行政诉讼法》实施后,交通肇事的诉讼案件日益增多。交通事故的肇事者、受害人及其亲属,可能会以各种不同方式对事故的认定和判处提出异议。

人民检察院和人民法院也常为一些追刑的重大肇事案件的证据问题提出质疑。这就要求事故处理人员和事故鉴定人员加强学习,不断提高政策水平和业务素质。增强证据意识,学习和掌握勘查和取证技术,依法、科学对交通事故进行鉴定。

3. 事故物证是认定肇事逃逸车辆的关键

交通肇事逃逸事故时有发生。一些缺乏社会责任和公德的驾驶员,交通肇事后,置受害人的生死于不顾,驾车逃逸。他们把事故后果留给社会、政府,把困难留给交通管理部门和受害人家属。为了保护事故受害人的生命财产安全,交通管理部门的事故处理人员一方面要尽快赶赴事故现场,抢救伤者和财产;同时,采取积极措施,追查肇事逃逸车辆。

交通肇事逃逸事故多发生在夜晚和较偏僻的路段,因此查找肇事逃逸车辆是比较困难的。

在发达国家,对油漆生产和车辆油漆实行严格管理,对投入运行的车辆表面油漆涂层,利用先进的科学仪器,定期进行测定,将测定数据、信息及其有关情况,存入数据库,并在全国范围内实行计算机联网。有的国家对易分离车辆零部件建立样本实物库和数据库。一旦交通肇事逃逸发生,交通管理部门可根据现场遗留的漆片和散落的车辆零部件,尽快判断车辆种类,缩小追查范围,迅速侦破案件。许多国家也包括我国,在道路上实行闭路电视监控,随时掌握行驶车辆的情况。由于利用先进的科学仪器和科学的管理方法,肇事逃逸事故破案率比较高。

目前,我们国家检测技术和管理方法不断进步,肇事逃逸事故破案率逐步得到提高。我国侦破肇事逃逸事故的主要措施是:

(1) 根据事故现场遗留的痕迹物证,判断肇事车辆种类和驶离方向。

(2) 根据交通监控视频,判断肇事车辆种类、品牌、行驶状态及逃离方向。

(3) 根据受害人或目击证人提供的肇事车辆特征、车牌号牌等线索,进行追缉、堵截和查找。

(4) 在事故现场周围地区全面清查车辆,进行深入调查、走访。

(5) 通过各种媒体,发布案情,发动社会公民提供线索。

由于采取各种措施,在侦破肇事逃逸事故方面取得了一定成效,从而使事故受害人的合法权益得到保护,事故责任者受到应有的处罚和教育。

为了逃避事故责任,肇事逃逸驾驶员常利用各种手段与公安机关相对抗。有的与乘车人订立攻守同盟,有的破坏事故痕迹、销毁证据、隐藏证据。肇事被查获后,肇事逃逸驾驶员仍有拒不承认肇事。有的故意向事故处理人员提出要证据,要求对事故车辆进行技术鉴定。这种要求虽然是完全出于个人目的,但从法律的角度考虑,是正当的,并非无理要求。这充分说明,查到肇事可疑车辆,绝不是交通逃逸案件的终结。人们必须对可疑车辆进行认真细致地勘查、取证和鉴定工作。经过检验鉴定,如果结论是否定的,应解除对嫌疑车辆的怀疑。

有一个时期,某地连续发生重大交通肇事逃逸事故。交通管理部门采取果断措施,在调查走访、发动公民的同时,动员所属全体事故处理人员和值勤警员,全力以赴追查肇事逃逸车辆。一位值勤警员发现,一辆重型货车情况有嫌疑,其左后轮胎胎侧上附有大量血迹。他立即将嫌疑车辆扣留,进行取证、委托化验。经化验比对,嫌疑车轮胎侧上的血迹为狗血,于是解除怀疑,将扣留车辆放行。

某天深夜,一辆绿色越野车在某近郊公路上撞死一名骑车人后驾车逃跑。肇事驾驶员为了破坏事故痕迹,掩盖事实真相,在逃逸途中又撞击了行道树,致使车辆严重损坏无法继续行驶。面对事故处理人员,这位驾驶员辩解说,自己开车不慎,除了撞行道树,未发生过事故。然而,经勘查、取证和技术鉴定,越野车前部的红色附着物与被撞自行车的尾灯标志颜色和成分相同。被撞自行车后载物架上的绿色附着物与越野车前部车牌上的绿色物质颜色和成分相同。在确凿证据面前,肇事者只得承认撞死骑车人的事实。

实践证明,事故物证对于认定肇事逃逸车辆和事故认定具有重要作用。只要掌握确凿证据,不管肇事者承认与否,都可运用证据和法规进行认定。如果缺乏证据,或者证据不充分,事故就难以认定。

## 第二节 交通事故物证的特征

交通事故现场情况复杂。有的事故现场,事故痕迹和附着物比较明显;有的事故现场,则很不明显。为了准确寻找和识别事故物证,必须掌握事故物证的有关特征。

### 一、事故附着物的一般特征

1. 事故附着物的出现率

事故附着物的出现率是指交通事故现场事故附着物的出现概率。

事故附着物的形成决定于造型体和承受体表层物质的性质、发生事故时的接触部位、作用力的方向和大小。实践证明,并非所有交通事故现场都存在事故附着物。究竟哪些事故现场存在事故附着物,需仔细勘查、寻找后方可确定。

2. 事故附着物的分布

造型体与承受体互相接触,并以强力撞击或刮擦,才能造成物质的脱落和转移,因此事故附着物一般存在于造型体或承受体的接触部位。具有喷溅或飞散性能的液体和物质,将黏附在接触部位或远离接触部位。

3. 事故附着物的形态

在交通事故发生的过程中,车辆、人体或其他物体表面物质的脱落和转移,具有一个由整体到局部的分离和脱落过程。虽然物质未发生质的变化,但物质的形态却发生了巨大变化。

1)事故附着物的形态

在交通事故现场,黏附在造型体或承受体表面上的事故附着物一般是微量甚至是超微量的。事故附着物的形态常难以用肉眼辨别,需借助于放大镜或显微镜进行观察。

2)事故附着物的颜色

事故附着物是从造型体或承受体表面脱落的物质,其颜色应与脱落部位的原始物质相同,但在观察时却发现事故附着物的颜色一般比脱落部位的原始物质颜色浅淡。其原因是因为事故附着物形小量微。有的造型体或承受体表层为多种颜色混杂的物质,如车辆表面的油漆涂层、伤亡人员的衣服花色等。事故附着物的颜色,有时与其一一对应相同,有时只是部分相同。

## 二、事故散落物的特征

事故散落物多散落在事故现场路面,有的或有时被抛向路肩、路外(边坡上、边沟内)。

事故散落物,一般是车辆零部件、玻璃碎片、塑料碎片、漆片及车载物品等,事故散落物的体积大小各异、数量多少不一,具有一定的分布区域,容易发现和提取。

干燥路面上的事故散落物,因停留的时间较短,表面尘土较少,一般比较新鲜。路面上的非事故物质,因停留的时间较长,表面尘土、泥沙较多,外观较陈旧。泥土路面或雨雪后路面上的事故散落物较难发现、辨别。

事故散落物、非事故物质与造型体或承受体之间的关系。事故散落物与造型体或承受体分离、散落部位的物质形态和颜色应相同或相似。非事故物质与造型体或承受体分离、散落部位的物质不存在对应关系,形态和颜色一般有较大的差异。

## 三、油漆物证的特征

油漆物证,是指在交通事故现场,黏附在肇事车辆、受害人体、物体表面或散落在现场的能证明事故情况的油漆物质。

为了防护和美观,各种车辆都喷涂着油漆涂层。在交通事故现场,油漆物证是最常见的事故物证之一。

1. 车辆外表面油漆涂层

新出厂车辆外表面油漆涂层一般为两层。有些高级车辆外表面油漆涂层为三层。修补涂装车辆外表面油漆涂层却各处不一。

1)全车修补涂装车辆外表面油漆涂层

车辆经多年运行,受气候和环境条件的作用,表面油漆涂层会逐渐老化,漆膜会发生不同程度的褪色、开裂、脱落,需进行全车修补涂装。有时根据用户的某种使用目的改喷指定颜色,也需进行全车修补涂装。

根据车辆油漆涂层老化程度,有的车辆需将旧漆膜全部去除,露出金属基底后进行涂装。有的车辆底漆涂层完好或基本完好,仅面漆老化,只需去除部分旧漆膜后进行涂装。

全车修补涂装的主要程序包括钣金修理、表面处理、喷底漆、刮腻子、喷涂中间涂料、喷涂面漆等工序。

2)局部修补涂装车辆外表面油漆涂层

由于交通事故或其他原因,造成车辆局部损坏变形或油漆涂层脱落,需进行局部修补涂装。

局部修补涂装的程序与全车修补涂装的程序基本相同。但是,条件比较差的修理厂涂装程序一般较为简单。修补涂装后的油漆涂层牢固程度较差。由于油漆调色和配色难度较大,修补涂装部位与车辆原始表面油漆涂层外观颜色只能达到基本一致。

**2. 车辆面漆的颜色和种类**

1) 车辆面漆的颜色。

油漆是由成膜物、颜料、填料等多种有机物和无机物组成的混合物。其颜色是由其中的颜料成分决定的。车辆的颜色决定于面漆的颜色。新车为本色面漆。修补涂装车辆的面漆则是用不同的色漆调配而成的。

2) 车辆面漆的种类

车辆面漆是车辆油漆涂层中最外层的涂料。它直接影响车辆的装饰性、耐候性、耐湿性和防腐性等性能。因此，对车辆面漆的质量和喷涂工艺要求较高。

常见的车辆面漆有氨基树脂漆、丙烯酸树脂漆、醇酸树脂漆、硝基漆和过氯乙烯树脂漆等。新车可根据工件材质进行高温烘烤，可用氨基树脂漆、丙烯酸树脂漆或醇酸树脂漆作为面漆。修补涂装的车辆一般不进行高温烘烤，因而只能用自干型或挥发干燥型的硝基漆和过氯乙烯树脂漆作为面漆。

3) 油漆颜色与成分的关系

在油漆生产过程中，如果改变颜料成分，其他成分保持不变，将生产出不同颜色的同类色漆系列。如果改变成膜物成分，颜料和其他成分保持不变，将生产出颜色相同的多种类油漆系列。

新车外表面各部位油漆涂层颜色和成分应相同。由于油漆调配技术和喷涂工艺的误差，不同部位的油漆层厚度、无机成分及微量元素可能存在差异。

在缺乏严格管理和规范的情况下，不同厂家生产的外观颜色相同的车辆，外表面油漆涂层和成分有可能相同。

局部修补涂装的车辆，虽然修补涂装部位外观颜色与车辆原始油漆涂层基本一致，但油漆涂层和成分是不相同的。

去除部分旧漆膜的全车修补涂装车辆，虽然面漆颜色和成分相同，就整个车辆油漆涂层的成分而言是比较复杂的。

**3. 车辆油漆涂层的脱落和转移**

由于车辆油漆涂层老化程度及事故作用力方向、大小的不同，油漆涂层的脱落和转移情况各不相同。有的车辆只有面漆脱落，有的数层油漆和腻子同时脱落。脱落的油漆，多数为细小颗粒或片状。严重老化或局部修补涂装部位的油漆涂层，因附着力较差，经强力撞击后，可呈较大片状散落在现场地面。当车辆与车辆或较坚硬物体平行接触时，车辆表面油漆涂层可呈分离式脱落，由表及里逐层脱落，分别黏附在车辆或物体表面。

**4. 油漆物证与非事故油漆的区别**

肇事车辆、受害人体或物体表面存在的与事故无关的油漆物质，称之为非事故油漆。下面将介绍事故油漆物证与非事故油漆的主要区别。

1) 油漆的存在部位

油漆物证黏附在事故痕迹处或散落在现场地面上。非事故油漆一般不会出现在事故痕迹处。

2) 油漆的颜色

油漆物证与脱落部位车辆原始油漆涂层的外观特征、层次和颜色对应相同。非事故油漆则不存在这种对应关系。

3）油漆的外观形态

（1）散落漆片。油漆具有较强的附着力。虽然老化的漆皮和局部修补涂装部位的漆层附着力较差，但在没有外力撞击或刮擦的情况下是不会自行脱落的。因此，路面散落的漆片一般应属于与事故有关的油漆物证。

（2）附着油漆。油漆物证多是被破坏漆膜的油漆物质。不论是颗粒或碎片，都是黏附在车辆、伤亡人员衣服或其他物体表面，附着力很差，容易脱落。

非事故油漆，一般是车辆和人员接触未干油漆，由喷溅或沾蹭形成的。这种非事故油漆具有完好的漆膜，表面平滑，有光泽，有较强的附着力，触及不易脱落。

## 四、塑料物证的特征

车辆外表面有一些塑料零部件。由于这些零部件位于车辆的突出部位，发生交通事故时，容易受到撞击或刮擦。因此，塑料物质是交通事故现场常见的物证之一。

1. 车辆外部的塑料零部件

1）机动车外部塑料零部件

机动车转向灯灯罩、后视镜壳、前照灯外壳、挡泥板、车窗玻璃框、散热器格栅、车身防擦条和装饰条、保温涂层、摩托车风挡和把套、车辆牌照涂层等，都是塑料物质制作的。

2）非机动车塑料零部件

非机动车的许多零部件也是塑料物质制作的，如自行车和三轮车的把套、闸把套、座套涂层、尾灯标志、号牌涂层等。

2. 车辆塑料零部件的成分

塑料的种类很多，成分也较复杂。根据交通事故现场常见的塑料物证，可将部分塑料零部件按成分进行划分，见表12-1。

部分塑料零部件的成分　　　　　　　　　　　　　表12-1

| 序　号 | 塑料零部件 | 成　分 |
| --- | --- | --- |
| 1 | 机动车转向灯灯罩 | 聚苯乙烯、有机玻璃 |
| 2 | 机动车冬季保温套涂层 | 聚氯乙烯 |
| 3 | 机动车散热器格栅 | ABS塑料 |
| 4 | 机动车前照灯垫圈 | 聚丙烯 |
| 5 | 摩托车把套 | 聚氯乙烯 |
| 6 | 非机动车把套 | 聚氯乙烯、聚乙烯 |
| 7 | 非机动车座套涂层 | 聚氯乙烯 |
| 8 | 非机动车尾灯标志 | 聚苯乙烯 |
| 9 | 车辆反光牌照涂层 | 聚氨酯 |

3. 塑料物证的形态

根据塑料零部件成分、性能及作用力方向和大小不同，脱落的塑料物质形态不同。

可塑性差、质地坚硬的塑料零部件，受到撞击后容易破碎，呈块状脱落，如机动车转向灯灯罩、非机动车尾灯等。

可塑性较强,质地柔软而有一定韧性的塑料零部件,经强力撞击或刮擦,局部产生高温,被撕裂或拉伸呈胶状或薄膜状,黏附在车辆或物体表面,如非机动车把套,常因被机动车刮擦而呈薄膜状黏附在车辆表面。

4. 塑料物证的颜色

车辆塑料零部件都具有一定的颜色。特别是机动车转向灯灯罩、非机动车尾灯灯罩和车辆号牌涂层等具有鲜艳的颜色。交通事故现场塑料物证,由于数量和形态不同,颜色深度与脱落部位塑料零部件略有差异。块状和胶状塑料脱落物颜色较深,与脱落部位塑料零部件颜色基本相同。黏附在车辆或其他物体表面的膜状物颜色较浅,有时几乎呈无色透明薄膜。如果将其融凝,颜色则会变深,便于发现、观察和鉴别。

5. 塑料物证与非事故塑料物质的区别

1) 塑料物证的存在部位

塑料是可塑性物质,不易破裂和脱落。塑料物证是车辆塑料零部件经强力撞击或刮擦而脱落的。根据塑料零部件的性质、作用力的大小和方向,脱落的塑料物证一般黏附在车辆和物体表面,或者散落在现场。黏附在车辆或物体表面的非事故塑料物质较少见。在交通事故现场与车辆破碎塑料零部件相似的非事故塑料物质也少见。虽然有一些塑料物质,但有的塑料物质明显不是车辆零部件脱落物。偶尔存在与破碎塑料零部件相类似的塑料物质,可能因为附近道路曾发生交通事故。散落于现场的塑料碎片,可通过外观特征进行鉴别。

2) 塑料物证与事故痕迹的对应关系

承受体被撞击或刮擦的车辆塑料零部件表面痕迹与造型体的事故痕迹和塑料附着物,其方位具有相吻合的对应关系。散落在现场的塑料物证与破碎脱落的车辆零部件具有相吻合的分离痕迹。非事故塑料物质不具备对应关系。

3) 塑料物证的形态和颜色

脱落在现场的塑料物证,与被撞击或刮擦的塑料零部件的颜色和花纹相同。非事故塑料物质与被撞击或刮擦的塑料零部件外观颜色特征一般有较大差异。黏附在车辆或物体表面的塑料物证其颜色可能较被撞击或刮擦的塑料零部件较浅淡,但色调一致,如将其融凝,较容易鉴别。

## 五、反光膜物证的特征

为了保证夜间行车安全,道路交通管理部门已逐步将车辆号牌和道路标志牌的涂层由油漆改为反光膜。在各种交通事故中,撞击或刮擦道路标志牌的事故尚不多见。撞击或刮擦车辆牌照的事故却屡见不鲜。

1. 反光膜的结构和成分

反光膜是一种具有反光性能的薄膜状物质。发光膜的外观类似有色塑料薄膜,但其成分却比塑料复杂。反光膜是由多层不同成分的物质组合而成的。如图 2-1 所示,常见反光膜的结构成分,由表及里依次为聚氨酯塑料、玻璃微球、金属反射膜、黏合剂和防护衬底等五层。衬底的作用就是保护黏合剂,防止与其他物体黏结在一起,便于反光膜的生产、包装、运输和使用。反光膜使用时,剥去衬底,根据黏合剂的性质,采用加热或加压的方法将反光膜粘贴在金属或其他物体表面。

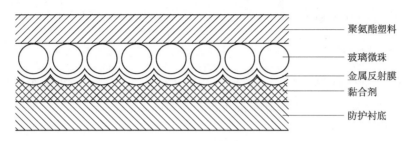

图 12-1　反光膜结构成分示意图

2. 反光膜物证的形态

反光膜是含有黏合剂的可塑性物质。当受到撞击或刮擦时,反光膜往往呈粘胶状脱落,黏附在车辆或其他物体表面。肉眼已经可分辨其颜色,但看不到结构特征。若以放大镜或显微镜进行观察,其层次特征和无色透明的玻璃微珠清晰可见。

## 六、纤维物证的特征

发生在机动车与非机动车或行人之间的交通事故,肇事车辆常会与人体接触,造成人员伤亡。人体毛发或衣服纤维有时脱落并黏附在肇事车辆的表面,成为交通事故现场的主要物证之一。

交通事故现场常见的纤维物证有植物纤维、动物纤维和化学纤维。植物纤维物证主要是棉、麻衣物纤维。动物纤维物证主要是人畜毛发、毛料织物纤维。化学纤维物证主要是各种化纤织物纤维。

1. 纤维物证的出现率

纤维物证的形成是有一定条件的,并非肇事车辆与人体接触的事故现场必有纤维物证的存在。这些条件主要是:

(1)肇事车辆事故接触面坚硬、粗糙或具有尖锐的突出部位。

(2)肇事车辆接触人员头部或衣物等具有毛发和纤维的部位。

(3)具有强力而快速的撞击或刮擦作用。

许多交通事故现场,虽然肇事车辆与人体有接触,但由于不具备这些条件,就不存在纤维物证。因此,纤维物证的出现率较低。

2. 纤维物证的形态

交通事故现场的纤维物证一般都是微量的。有时数根毛发,有时只有单根毛发或纤维。纤维物证常不易发现,必须仔细观察和寻找,有时需借助于放大镜进行观察。

3. 纤维物证与非事故纤维的区别

各种车辆经常乘人、载物,表面不可避免会黏附少量毛发或纤维,因此肇事车辆表面的毛发或纤维未必是纤维物证。能证明事故情况的纤维为纤维物证,与事故无关的纤维则为非事故纤维。

纤维物证黏附于肇事车辆的碰撞接触部位,与被撞人体纤维的脱落部位具有方位的对应关系。非事故纤维不在事故接触部位,与被撞人体的纤维脱落部位不存在方位的对应关系。

微量纤维物证,颜色特征不明显。微量纤维物证除个别差异较大者外,用肉眼难以区分,需用仪器进行检验和鉴别。

### 七、橡胶物证的特征

各种车辆的轮胎均为橡胶物质或以橡胶为主体的物质。在交通事故现场,有时遗留少量橡胶物质,成为认定肇事车辆和事故责任的重要物证。

1. 橡胶物证的出现率

橡胶是一种可塑性和弹性物质。车辆轮胎充气后具有更高的弹性。与其他物体接触时,一般不易脱落。轮胎上的橡胶物质只有在一定的条件下才能脱落。例如,轮胎与坚硬粗糙的物体或路面接触;轮胎与物体或路面之间以强大的纵向或横向相擦蹭。

当车辆紧急制动时,车辆轮胎与坚硬路面发生强力摩擦力,在制动痕迹处将遗留脱落的橡胶物质。有时尽管车辆实施了紧急制动,但路面上并未遗留下明显的制动痕迹。例如,装备 ABS 的汽车,在平直路面上直线高速行驶进行紧急制动时,路面鲜有明显的痕迹形成。这是因为汽车轮胎未发生抱死拖滑,轮胎橡胶物质未被路面擦蹭下来,或者擦蹭下来的橡胶物质过少而裸视不可见。有些轿车在紧急制动条件下抱死后轮没有留下制动痕迹,也是因为后轮轴荷转移变小使得被路面刮擦下来的橡胶物质很少的缘故。通常,空载汽车紧急制动时,后轮会遗留下制动痕迹;满载汽车紧急制动时,前轮会形成制动痕迹;汽车严重超载或者制动不良时,轮胎不会在路面上产生制动印迹。

在交通事故过程中,不论是车与车、车与人或车与物之间的交通事故,经常不接触车辆轮胎。有时虽然接触车辆轮胎,但不存在强大的刮擦或摩擦力作用。因此,交通事故现场,除了车路作用,橡胶物证的出现率并不高。

2. 橡胶物证的形态

车辆制动痕迹上遗留的橡胶物证为细小颗粒状态。

车辆轮胎与物体强力刮擦或摩擦时,比如轮胎与车辆上的螺钉、螺母或其他坚硬物体刮擦或摩擦时,轮胎的胎冠或胎侧的一些橡胶物质将产生脱落。这些脱落橡胶,有时呈细小颗粒状,有时被撕裂呈块状或条状。

交通事故现场遗留的橡胶物证是呈黑色。这些橡胶物证的外观无法凭肉眼鉴别,其成分和异同的确定,必须利用仪器进行检验分析。

### 八、玻璃物证的特征

玻璃是一种易破碎物质,也是交通事故现场常见的物证之一。对于事故认定,特别是认定肇事逃逸车辆,具有重要的证据作用。

1. 车辆玻璃零部件

各种车辆的前照灯灯罩、后视镜和汽车风窗等多数为玻璃物质。在交通事故过程中,这些玻璃受到撞击时就可能破碎和脱落。

2. 车辆玻璃的种类

汽车风窗玻璃有普通玻璃和安全玻璃两类。普通玻璃为平板玻璃加工弯曲而成。安全玻璃有钢化玻璃和夹层玻璃两种。钢化玻璃是将普通玻璃加热到接近软化温度后快速冷却而成。钢化玻璃与普通玻璃相比,强度和应力都会提高。夹层玻璃是用塑料衬片将普通玻璃或钢化玻璃加热加压黏合在一起制成的。现代汽车前风窗玻璃一般是夹层玻璃。

车辆前照灯玻璃具有强度高、折射率低的特点,适合车辆的照明要求。

车辆后视镜玻璃为普通退火玻璃,其背面镀有金属膜。

3. 玻璃物证的形态

普通玻璃破碎后呈较大条状或块状,边角尖锐。钢化玻璃破碎后呈小块状脱落,边角相对较钝圆。夹层玻璃破碎后,玻璃碎块多数仍黏结夹层薄膜上。前照灯玻璃破碎后会散落在现场地面。玻璃碎片可见明显花纹特征。有时从玻璃碎片上可找到产品标志或编号等。

## 九、法医物证特征

在刑事案件和交通事故现场发现的与案件有关的人体物质,被称为法医物证。交通事故现场常见的法医物证有血痕、人体组织和毛发等。

1. 法医物证出现率

在交通事故现场,人体损伤一般是一次形成的。由于受害人损伤部位、损伤情况和着装情况等原因,肇事车辆表面法医物证的出现率比较低。受害人的头、面部或四肢开放性损伤时,肇事车辆表面有时会黏附人体血液或其他人体物质。当受害人着装较多或冬装时,即使受害人肢体出现开放性损伤,肇事车辆表面一般也不会遗留人体物质。

由于受害人在交通事故现场躺卧时间较长,现场上有时会遗留下血迹和其他人体物质。这些物质与肇事车辆一般不存在相关因素,现场上的人体物质一般不具备鉴定价值。

2. 法医物证的分布

在交通事故现场,受害人体的脱落和流出物,主要遗留在现场的路面和肇事车辆的保险杠、发动机罩、轮胎、底盘等相关部位。对于驾驶员伤亡的交通事故,人体物质可能黏附在驾驶室的车门、坐垫、转向盘、仪表板和风窗玻璃等处。有移尸和弃尸情节的案件,嫌疑车辆的驾驶室、行李舱、驾驶员或乘车人的衣服表面可能黏附死者血渍或体液。

3. 事故现场血迹的颜色特征

新鲜血液为鲜红色,干燥血迹为暗红色或暗褐色。陈旧或受热血迹为灰褐色。腐败血液呈淡绿色或绿色。深色比浅色物体表面的血迹色泽不明显。一些有色物质,如油漆、染料等与血迹颜色相似,容易混淆,需要经仪器检验进行鉴别。

4. 法医物证与非事故机体物质的区别

车辆在运行和维修过程中,经常接触人体、动物,有时碾压小动物。车体(车身)或轮胎上难免会黏附少量与交通事故无关的血迹或其他机体物质。交通事故发生后,肇事车辆上的血迹或机体物质究竟是伤亡人体物质还是非事故机体物质是难以辨别的。勘查人员及鉴定人员应注意这种复杂因素,需进行认真细致的勘查和鉴别。

在一般情况下,交通事故现场的法医物证的存在位置与受害人的损伤部位存在着对应关系。非事故机体物质则不存在这种对应关系。如果事故法医物证难以辨别,可通过科学仪器进行检验和鉴别。

## 十、其他痕迹的特征

交通事故发生后,事故现场路面、肇事车辆、受害者人体及有关物体表面遗留的印迹和破损,被称为交通事故现场痕迹,简称事故痕迹。事故痕迹对肇事车辆认定和事故认定具有较高的证明效力。

1. 事故痕迹出现率

交通事故是一种破坏性事件。不论发生在车辆之间、车辆与人员之间、车辆与物体之间的事故,还是车辆自身发生的单方事故,都将造成不同程度的人员伤亡或车辆损坏,因此在交通事故现场存在事故痕迹是必然的。只是事故痕迹的存在部位、明显程度和特征不同而已。

2. 事故痕迹的种类和形成

1) 按事故痕迹的分布特征分类

(1) 路面痕迹。路面是支撑车辆和人员的基础。车辆和人员在道路上正常行驶和运动,在路面形成规律有序的痕迹。交通事故发生时,由于造型体和承受体的速度、形态及与路面接触方式等多种因素的变化,将在路面形成反映这些变化的特殊痕迹,如轮胎印、车辆零部件的挫划印等。

(2) 车体痕迹。在发生交通事故过程中,车辆与其他车辆、人员或物体之间发生碰撞或刮擦,在车辆的接触部位将形成痕迹。如车身或零部件的撞击、刮擦或损坏痕迹。

(3) 人体痕迹。受害者与肇事车辆接触,将在体表或衣着表面形成痕迹,如刮擦痕迹、碾压痕迹等。同理,在肇事车辆上也会有相对应的痕迹。

(4) 其他痕迹。肇事车辆有时与路旁的路缘、护栏、树木、桥栏、灯杆(包括标志或广告牌的立柱)、道路交通设施、建筑物等发生碰撞或刮擦形成痕迹。

2) 按事故痕迹的反映特征分类

(1) 结构形象痕迹。

结构形象痕迹一般是指造型体外部结构特征在承受体表面形成的形象印迹。形成结构形象痕迹必须具备如下条件:

① 造型体的外部结构有一定形状和硬度,承受体外表面具有一定的渗透性和可塑性。

② 造型体与承受体接触面的位置保持不变。

③ 造型体接触承受体时,有足够大的作用力;如果造型体施加的作用力小时,在承受体上形成的痕迹就不明显、不完整。

(2) 整体分离痕迹。

一个整体物在外力的作用下分离成若干部分,所形成的分离线和分离断面痕迹,被称为分离痕迹。整体分离痕迹并不反映造型体的外部结构特征,只反映了自身分离所形成的分离线和分离断面的形象特征,如破碎的车辆散热器格栅、破碎的前照灯玻璃(塑料)、折断的反光镜支座等。

## 十一、机动车轮胎痕迹特征

轮胎痕迹是常见的路面痕迹之一。交通事故现场路面的轮胎痕迹对于分析研究交通事故形成的原因和经过、判断逃逸车辆种类和行驶方向、测定和计算肇事车辆的行驶速度有着重要作用。

交通事故现场路面的轮胎痕迹主要有滚印、压印、拖印和侧滑印四种痕迹。

1. 滚印

滚印是指车辆轮胎在路面作纯滚动运动时,在路面上遗留的印迹。这种印迹可显示出胎面花纹结构,如图 12-2 所示。

路面上轮胎滚印的宽度决定于轮胎的负荷、气压和规格。对同一种轮胎而言,车辆重载和轮胎气压低时,胎面与路面接触面积增加,滚印较宽。车辆轻载和轮胎气压高时,胎面与路面接触面积减小,滚印较窄。车辆减速行驶时,特别是以较大强度制动(车轮尚未抱死拖滑)时,前轮印迹较宽,后轮印迹较窄,颜色也较浅淡。

2. 压印

车辆轮胎受制动力的作用,沿行驶方向在路面作滚动和滑移的复合运动时,在路面遗留的印迹。这种印迹的胎面花纹在车辆行驶方向有所延长。此印迹称为压印。

车辆制动时,随着制动力的增加,轮胎与路面之间的摩擦力由小变大,车轮由滚动过渡到抱死滑动。由于车轮运动方式的改变,路面上出现由轻到重(浅淡到浓重),向行驶方向延伸的轮胎纹痕迹和拖印。

3. 拖印

拖印是指车辆紧急制动时车轮抱死后,轮胎在路面上滑行所遗留下的印迹。这种印迹呈带状,不显示胎面花纹,如图 12-3 所示。

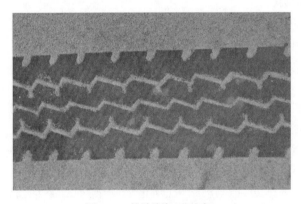

图 12-2 轮胎滚印(花纹印)

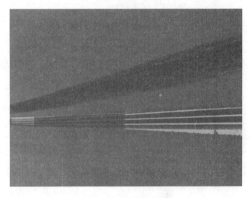

图 12-3 轮胎拖印

拖印是指由于轮胎与路面接触部位强力摩擦,使胎面物质呈细小颗粒脱落,在路面上形成的平面加层痕迹。有的路面,如沥青路面,可形成平面减层痕迹。

对于小型车辆在紧急制动条件下,由于惯性作用使轴荷发生转移,有时后轮尽管已抱死,但并不出现裸视可见的轮胎拖印。因此此时拖印非常浅淡,需要借助特殊方法或科学仪器,才能观察到轮胎拖印。

1)拖印表现形式

拖印有以下三种表现形式。

(1)纵向滑移(与车轮旋转平面平行)。轮胎花纹在横向上不易辨认,沿滑行长度留下呈条状印迹,其宽度与胎面宽度基本相同。实际上,前轮印迹变宽,后轮印迹变窄。

(2)横向滑移(即沿车轴方向)。其印迹宽度等于或稍大于轮胎与路面接触的长度。但车辆高速曲线运动时,印迹宽度会严重变窄,甚至消失,例如轮胎完全离开路面。

(3)斜向滑移。其印迹宽度介于纵向和横向滑移印迹宽度之间。根据滑移方向与轮胎旋转平面所呈的角度不同而变化。

2)轮胎负荷和气压对拖印的影响

(1)正常负荷和气压,轮胎与道路接触面上的力分布均匀;轮胎气压过低或超载,最大的力限于轮胎胎肩与道路接触面的边缘。中间部位压力降低,纵向滑移印迹一般形成双线拖印,或边缘较浓深,中间部位较浅淡;轮胎气压过高或空载,轮胎与道路接触面减小,最大的力在轮胎与道路接触面的中央区。尤其是后轮,有时甚至不出现裸视可见的拖印。

(2)在正常气压和负荷的情况下,紧急制动时,前轮轴荷增加,后轮轴荷减少。特别是小型车辆,其拖印表现与气压不足时同样的效果。拖印呈现前轮印迹宽于后轮的情况,两边缘重中间轻;后轮轴荷相对减少,产生如气压过高时的相似效果,拖印宽度变窄。

(3)在气压过低或车辆超载的条件下,车辆紧急制动时,所产生的拖印,中间轻边缘重,甚至为空心印。注意,严重超载的车辆直线行驶紧急制动时,一般不出现制动拖印,因为此时车轮不会抱死。

(4)气压过高或空载时,胎面与道路的接触面减小,特别是后轮,因而拖印变窄。有时可遗留清楚的轮胎花纹线条,而轮胎边缘印迹则不明显。

3)车辆制动状态对拖印的影响

车辆正常制动时,拖印是两条与制动车轮轮距相等的平行带。如果前后轮距相等,局部区段的拖印将产生重叠,重叠处印迹颜色加深。

车辆紧急制动时,由于车辆制动性能和驾驶员操作情况的不同,有时不出现制动拖印。装有制动防抱死装置的车辆,一般也不出现制动拖印痕迹,但在低速时产生间断式斑块状短拖印痕迹。当道路不平(或通过减速带)、制动鼓失圆(制动盘挠曲)或驾驶员快速交替地踏、抬制动踏板(所谓点刹车)时,制动车辆将出现断续的拖印痕迹,如图12-4所示。

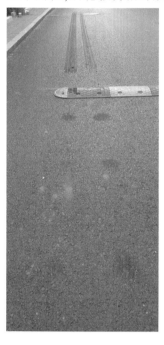

图12-4 制动拖印及斑块印迹

4.侧滑印

由于车辆制动性能、速度、装载、轮胎和路面等诸多因素的影响,使车轮偏离原行进方向作斜向滑移运动,遗留在路面(地面)上的印迹,称为汽车侧滑印。侧滑印迹宽度一般大于轮胎胎面宽度,不显示胎面花纹。但高速或者小半径弯道时,轮胎侧滑印迹变窄,有时内侧车轮因地面法向反作用力的减小,内侧车轮无制动侧滑印。低速或大半径道路上,车辆的内侧车轮线出现侧滑印记。

常见的侧滑印有制动跑偏印、制动侧滑印、曲线制动单边印、差速侧滑印、碰撞挫滑印。

1)制动跑偏印

制动跑偏印是指车辆两侧车轮制动力不平衡,使车辆不能按原来的行驶方向滑移,拖印偏向一侧。车头偏向先抱死或制动力大的一侧。

此类印迹的特征是:印迹呈较圆滑的弧线;弧线的曲率与跑偏的程度有关,跑偏越严重弧线曲率越大;车轮两边印迹一般不等长,前后轮印迹一般不重叠。但车辆轻微跑偏的印迹呈斜线,前后轮印迹一般重叠。

2) 制动侧滑印

制动侧滑印是指车辆在潮湿、冰雪等低附着路面上行驶,产生侧向滑动在路面遗留的印迹。侧滑印的纹路一般向侧向方向偏斜。侧滑越严重,侧滑印的纹路方向越偏向侧向方向。

3) 曲线制动单边印

车辆在直线行进中突然改变行驶方向而制动时,由于车辆做曲线运动,车辆在离心惯性力作用下外侧车轮的地面法向力增加,制动器制动力小于路面附着力,外侧车轮不会抱死,所以不出现制动拖印;与此同时,车辆在离心惯性力作用下内侧车轮的地面法向力减小,内侧车轮制动器的制动力大于路面附着力,车轮制动器会抱死,产生制动印迹。但是,车辆在做高速曲线运动时的制动条件下,内侧车轮不产生印迹,外侧车轮会在路面上产生比胎面窄的细条形印迹。

4) 差速侧滑印

在车辆没有制动力的情况下,例如仅有发动机反拖制动时,有时当侧向作用力大于轮胎与路面间横向附着力(或纵横总附着力),或者机械驱动力与轮胎和路面间横向附着力发生突然差速时也会引起侧滑,这种侧滑称为差速侧滑。这种侧滑主要有两种表现形式:一是车辆在转弯时车速较快,超过轮胎附着力;二是在低附着路面上车辆急加速或急减速的同时出现侧滑。在低附着的湿滑沥青路面或冰雪路面上,车辆急加速或急减速时,如果出现侧向干扰力作用,车辆发生突然侧滑的情况并不少见。后驱动车辆在低附着路面出现这种侧滑现象的较多。车辆有时因轮胎直径不一致、车架变形、路面凹凸不平也可能出现这种现象。

5) 碰撞挫滑印

这种挫滑印是轮胎在车辆碰撞时所形成的。挫滑印一般为转折性印迹。通过这种挫滑印可确定发生碰撞事故时车辆的路面接触点(接触点在路面上的投影)。

5. 车身痕迹特征

车身痕迹一般有凹陷状主体痕迹、孔洞状痕迹、粉碎性痕迹、面刮擦痕迹等。

1) 凹陷状主体痕迹

车辆受到撞击时,受力部位被挤压,形成凹陷痕迹。这种痕迹大多能反映车辆接触部位的大小、形状、角度及表面花纹特征。

2) 孔洞状痕迹

中空壁薄的物体,如车身蒙皮(钣金)遭受撞击后,受力部位发生变形,形成凹陷、皱褶甚至孔洞痕迹。

3) 粉碎性痕迹

车辆易损零部件受到撞击后,有时将发生破裂或粉碎,形成严重损坏的痕迹。这种痕迹不易反映接触部位的特征。如车灯玻璃、反光镜等。塑件、铝合金件、铸铁件也较易开裂或破碎。

4) 面刮擦痕迹

车辆相互刮擦时,接触部位将形成条状、带状或片状平面痕迹,或大面积较浅的凹陷痕迹。这些痕迹的形成与车辆的相对速度、接触部位、作用力方向及接触部位的材料性质等因素有关。特别是车身表面的涂层漆膜更容易形成减层加层擦痕。

6. 人体痕迹的特征

人体被车辆挫轧后,现场路面将形成挫轧印迹,并遗留服装纤维或人体物质(人体组织、体液等)。

车辆碰撞行人时,路面有时形成鞋底的挫擦印迹。其特征决定于车辆速度、撞击部位、路面性质与状况及鞋底材料等因素。

车辆擦碰行人时,外衣被刮(挂)擦部位将形成摩擦(撕裂)痕迹。车辆碾压人体后,其衣着上将遗留一定形状的轮胎花纹印。花纹印迹的清晰程度决定于轮胎新旧、花纹特征、胎面附着物、车辆载荷、人体被碾压部位及衣着性质等因素。当人体着装单薄时,被碾压人体皮肤表面常出现变形的轮胎花纹印。

7. 其他痕迹的特征

车辆发生单方事故时,会与路旁的树木、护栏、建筑物等物体发生碰撞或刮擦,在车辆和相应物体表面上形成撞击或刮擦痕迹。

车辆和物体接触部位的表层物质也将发生堆积、脱落及转移。

## 第三节 车辆安全技术状况

交通事故当事人中,至少有一方使用车辆,包括机动车和非机动车。车辆是构成交通事故的前提条件,无车辆参与的事故则不能被认定是交通事故。车辆作为交通事故的构成要素,其安全技术状况与交通事故之间存在着一定的因果关系。交通事故发生后,事故车辆会因碰撞产生的巨大冲击力而发生车辆变形和功能损坏;也存在着事故车辆在事故发生前就已经达不到正常使用标准要求或存在安全隐患而导致事故发生的可能性;同时,也存在车辆安全系统及部件因突发性机械故障而引发交通事故的可能性。因此,在交通事故调查中要对肇事车辆安全技术状况及与交通事故之间的关系进行鉴定,作出公正、合理的判定。同时,对车辆损毁情况的核实也为民事赔偿提供依据。

根据交通事故处理和交通事故案件审理的需要,交通事故车辆检验及鉴定项目主要可以解决的问题包括车辆属性鉴定、车损评估、车辆安全技术状况检验鉴定、车辆安全技术状况与交通事故关系的鉴定、车辆起火原因鉴定。

### 一、车辆属性鉴定

车辆属性鉴定,是根据发动机排量和功率及车辆相关特征对机动车的车辆属性(轻便摩托车、摩托车或非机动车)进行认定,为交通事故当事人准驾车型的确定及事故认定提供依据。

所有电动车(包括两轮车和三轮车)都属于非机动车,当因交通事故受到这些车辆伤害后,需要对涉事两轮车或三轮车申请鉴定的机非属性。车辆属性鉴定包括机动车属性的鉴定和机非属性的鉴定。

1. 机动车属性的鉴定

《道路交通安全法》第一百一十九条规定:"机动车"是指以动力装置驱动或者牵引,上道路行驶的供人员乘用或者用于运送物品以及进行工程专项作业的轮式车辆。

《机动车运行安全技术条件》(GB 7258—2017)第3.1条对"机动车"的定义:由动力装置驱动或牵引,上道路行驶的供人员乘用或用于运送物品以及进行工程专项作业的轮式车辆,包括汽车及汽车列车、摩托车、拖拉机运输机组、轮式专用机械车、挂车。

机动车属性主要包括汽车(载客汽车、载货汽车、专项作业车、气体燃料汽车、两用燃料汽车、双燃料汽车、纯电动汽车、插电式混合动力汽车、燃料电池汽车、教练车、残疾人专用汽车)、挂车、汽车列车、危险货物运输车辆、摩托车、拖拉机运输机组、轮式专用机械车、特型机动车。

应根据车辆使用说明书和汽车产品公告的数据,与国家法规的规定进行比较,从而确定机动车的属性。

2. 机非属性的鉴定

"非机动车"是指以人力或者畜力驱动,上道路行驶的交通工具,以及虽有动力装置驱动但设计最高时速、空车质量、外形尺寸符合有关国家标准的残疾人机动轮椅车、电动自行车等交通工具。可见,靠动力电池驱动的电动车,只有在设计最高时速、空车质量、外形尺寸符合电动自行车有关国家标准的,才属于非机动车。

根据《电动自行车安全技术规范》技术要求规定:电动自行车最高车速应不大于25km/h;电动自行车整车质量(重量)应不大于55kg;电动自行车必须具有良好的脚踏骑行功能,30min的脚踏行驶距离应不小于7km。凡不符合上述标准要求,就不是电动自行车(三轮车),不属于非机动车范畴。

《机动车运行安全技术条件》(GB 7258—2017)第3.6条对"摩托车"的规定:由动力装置驱动的,具有两个或三个车轮的道路车辆,但不包括:①整车整备质量超过400kg、不带驾驶室、用于载运货物的三轮车辆;②整车整备质量超过600kg、不带驾驶室、不具有载运货物结构或功能且设计和制造上最多乘坐2人(包括驾驶员)的三轮车辆;③整车整备质量超过600kg的带驾驶室的三轮车辆;④最大设计车速、整车整备质量、外廓尺寸等指标符合相关国家标准和规定的,专供残疾人驾驶的机动轮椅车;⑤符合电动自行车国家标准规定的车辆。

设计最高速度大于25km/h且小于50km/h的电动车,达到了轻便摩托车的国家标准;设计最高速度大于50km/h的电动车,达到了摩托车的国家标准,二者都应当属于机动车的范畴。

3. 认定电动车类别的方式

电动车类别应以电动车出厂说明书的设计最高时速、空车质量、外形尺寸来认定,而不应当以其在事故发生时的行驶速度来作出认定。实践中,超过设计时速行驶的情形是很多的。如果出厂说明书的设计时速低于25km/h的,应当认定为非机动车。设计最高时速超过25km/h的,应当认定为机动车。

如果没有出厂说明书可供鉴定的,应当通过车辆检验和道路试验,按照相关法律规定进行鉴定。

## 二、车损评估

车损评估,是对事故车辆损毁程度进行检验及修理费用估算。

车损评估,是指根据汽车构造原理,通过科学、系统的专业化检查、测试与勘测手段,对汽车碰撞与事故现场进行综合分析,运用车辆估损资料与车辆维修数据,对车辆碰撞修复进行科学系统的估损与定价。

### 三、车辆安全技术状况检验

车辆安全技术状况检验,是根据相关车辆及部件标准,对事故车辆的安全设施、安全性能进行检验。

车辆安全技术检验内容包括气囊、安全带、车辆制动性能、车辆转向性能、后视镜、照明、信号、轮胎等安全装置。

### 四、车辆安全技术状况与事故关系的鉴定

车辆安全技术状况与事故关系的鉴定,是根据事故车辆安全技术状况的检验结果,结合事故现场、碰撞部位、车辆运动过程、碰撞速度综合分析事故车辆安全技术状况与事故发生的因果关系。确定事故车辆安全系统及部件的损坏或失效是在事故前还是在事故后形成的,对于在事故前已经形成的损坏或失效应判断其是固有存在还是突发产生,明确事故性质(是过错还是意外)。为事故成因分析及事故认定提供依据。

为了保证机动车运行安全,《机动车运行安全技术条件》规定,任何厂家生产的新车及在用车辆都必须符合该条件。

在道路上行驶的机动车辆必须符合《机动车运行安全技术条件》的规定,保障车辆运行时的安全。这个标准也是肇事车辆运行安全技术条件检验的重要依据,对肇事车辆检验具有指导作用。

《道路交通安全法》规定,准予登记的机动车应当符合机动车国家安全技术标准;对登记后上道路行驶的机动车,应当依照法律、行政法规的规定,根据车辆用途、载客载货数量、使用年限等不同情况,定期进行安全技术检验。

### 五、车辆起火原因鉴定

车辆起火原因鉴定,是找出车辆起火原因,为车损理赔和事故原因分析提供依据。

车自燃的鉴定难度很大,往往都是车主和经销商以及厂家之间协商解决,但亦可进行技术或司法鉴定。

汽车起火燃烧后,及时报警并请求消防部门出具《火灾原因认定书》。实践中,消防部门出具的《火灾原因认定书》在起火原因认定方面一般有利于车主。它也往往成为车主主张车辆存在质量问题的初步证据。

车主需同厂家协商,双方可委托质量检测部门进行鉴定。如果质检部门不能鉴定,则可委托其他有鉴定资质的鉴定机构进行鉴定。

鉴定人通过起火车辆检验,提取相关痕迹物证,运用燃烧理论,结合专门知识和专业技术,确定起火点及起火原因。

## 第四节 交通事故再现技术

交通事故再现是进行事故成因分析及事故形态分析的主要方法之一,用来解释说明事

故发生的整个过程或其中某一时段状态。交通事故再现主要分为事故的现场再现、过程再现、接触点再现、碰撞部位再现、碰撞形态再现、碰撞类型再现。

针对交通事故处理需求,对事故碰撞形态和发生过程进行定量描述。

交通事故再现主要是基于事故的各种信息,如当事人及证人笔录、碰后现场位置关系、车辆痕迹、车辆运动轨迹、人体表面损伤及衣着痕迹、路面痕迹、监控录像、行车记录装置等,运用车辆工程、车辆动力学、普通力学、交通工程、人因工程及相关的数学与物理原理,对交通事故发生的过程进行推演与印证。

车辆动力学是用于定量描述碰撞事故过程中车辆在碰撞前和碰撞后运动状态的主要基础理论。其中,碰撞中又以动量守恒原理和能量守恒原理为主。前者基于碰撞前的动量总和与碰撞后的动量总和相等;在车辆的质量为已知条件的情况下,考虑其行驶方向与碰撞后相关位置,借以推导碰撞前后车速的变化及碰撞角度。后者是根据事故发生后车辆位移(线位移和角位移)、损毁程度和变形尺寸、碰撞后势能的变化,计算碰撞前、后车速的变化及碰撞角度。

对于每一起道路交通事故,其所需进行再现的内容不尽相同,事故再现一般可以解决问题如下:

(1)还原事故现场位置关系。
(2)事故发生前车辆的行驶方向和速度(含角速度)。
(3)涉案相关人、车在事故发生前的位置。
(4)事故过程中人、车的运动过程和轨迹。
(5)车辆在事故不同阶段的速度(含角速度)和方向。
(6)碰撞的空间位置(接触点)。

交通事故再现研究属于微观交通安全研究领域,是一个理论性、技术性和实践性都很强的重要问题。

交通事故的完整再现能够确定造成碰撞以及人员伤亡的各种物理因素,包括事前因素和事后因素。事前因素,例如车辆行驶路线、速度、方向及路面接触点。事后因素,如车辆、车辆部件以及人员的最后停止地点、车辆制动痕迹、车辆转向痕迹等。

车辆制动痕迹和车辆转向痕迹也包括由于碰撞变形或损坏形成的事实制动和转向。这些经过鉴定得到的物理因素可以作为交通事故处理的证据使用。

## 第五节 视频图像鉴定车辆速度

### 一、视频车速计算的要求

1. 基本要求

视频图像应为原始资料,或虽经处理但帧速率、显示时间、图像元素位置均未发生变动的资料。

视频图像画面应清晰,肉眼可分辨车辆的外观特征、运动轨迹,在图像关注区域内能有效选取或设定参考线(点)。

确定视频资料的唯一性,包括文件名、格式、大小、时长、分辨率、帧速率等。

2. 视频图像处理

一般利用运动跟踪软件进行视频图像的分析。对于运动跟踪软件不能直接播放的视频,应进行格式转换,但不得改变原帧速率,也不允许对二次视频摄录的图像进行分析处理。

3. 视频图像帧速率检查

用运动跟踪软件打开视频文件,选取视频图像内作匀速或近似匀速运动的物体。在该物体上选取一个特征点,逐帧跟踪特征点位置,导出跟踪点的 $X$、$Y$ 坐标值。依次检查相邻两个数据差值,如果某个差值近似是其他差值的 $n$ 倍,说明此差值处前后两帧间缺失了 $n-1$ 帧。以此类推,可以确定缺失帧的位置和帧数。补齐缺失的帧,确定每秒包含的帧数,即为视频图像的帧速率 $f$。

4. 时间基准

确定运动物体在视频图像中出现的时间。视频图像内有显示时间的,以显示时间为准;无显示时间的,以运动跟踪软件内置的播放时间为基准。若使用不同视频图像计算同一运动物体速度,则应对各段视频图像之间的时间予以校准。

5. 参考物选取

在视频图像关注区域内按以下原则选取或设定参考物:

(1)道路环境参考物应尽量选取车行道分道线、人行横道线、导向标线、路侧电线杆、灯杆、标志杆、行道树等具有明显特征、不变动的固定物。

(2)目标车辆参考点(线)应选取目标车辆前后轮轮心、前后灯具端点、车窗玻璃前后端点、轮辋外圆、轮胎与地面接触中点等具有明显特征的点(线)。

(3)虚拟参考物的设定应便于确定目标车辆通过该空间位置所用的时间。宜将虚拟参考物设定在与目标车辆某一特征点、道路环境参考物某一边缘或端点重合的位置。

(4)在条件允许的前提下,应尽可能选取间距较长的特征点作为参考距离,从而减小参考距离长度误差的影响。

## 二、固定式视频图像的车辆行驶速度计算方法

1. 车辆直线行驶时的速度

1)利用目标车辆参考距离计算车辆行驶速度

利用目标车辆上的参考距离计算车辆行驶速度的方法如下:

(1)用运动跟踪软件打开视频图像文件,设置坐标原点(一般在视频图像的左下角)。

(2)选取目标车辆同侧车身表面已知的参考距离为标尺($L$)。标尺必须与车辆移动方向重合,以标尺前、后端为特征点(设跟踪点),逐帧跟踪特征点一个时段后结束跟踪,导出跟踪点 $X$、$Y$ 坐标值。

(3)设某一帧为 0 帧,前特征点跟踪坐标值为 $X(0)_q$ 或 $Y(0)_q$。在后特征点跟踪坐标值中查找接近或超过 $X(0)_q$ 或 $Y(0)_q$ 的两个坐标值,分别设为 $X(n)_h$ 或 $Y(n)_h$、$X(n+1)_h$ 或 $Y(n+1)_h$。记录后跟踪点达到 $X(0)_q$ 或 $Y(0)_q$ 所用图像帧数 $n$。

(4)用时间插值法计算目标车辆行驶过一个标尺的平均速度。

当目标车辆行驶方向与 $X$ 轴夹角小于 45°时:

$$v = \frac{3.6 \times L}{\dfrac{n}{f} + \dfrac{1}{f} \times \dfrac{X(n+1)_h - X(0)_q}{X(n)_h - X(n+1)_h}} \tag{12-1}$$

式中：$v$——目标车辆行驶过一个标尺的平均速度的数值，km/h；

　　　$L$——标尺长度的数值，m；

　　　$n$——帧数；

　　　$1/f$——相邻两帧图像之间的时间间隔，s；

　　　$X(0)_q$——第 0 帧时前特征点跟踪坐标的 $X$ 值；

　　　$X(n)_h$——第 $n$ 帧时后特征点跟踪坐标的 $X$ 值；

$X(n+1)_h$——第 $n+1$ 帧时后特征点跟踪坐标的 $X$ 值。

当目标车辆行驶方向与 $X$ 轴夹角大于 45°时，有

$$v = \frac{3.6 \times L}{\dfrac{n}{f} + \dfrac{1}{f} \times \dfrac{Y(n)_h - Y(0)_q}{Y(n)_h - Y(n+1)_h}} \tag{12-2}$$

使用前、后特征点跟踪坐标的 $Y$ 轴数值计算，其余字母与式（12-1）相同。当目标车辆行驶方向与 $X$ 轴夹角等于 45°时，用式（12-1）、式（12-2）均可。

（5）如果把下一帧再次设为第 0 帧，又可计算出一个平均速度；同理，可计算出一组平均速度。根据匀变速直线运动的平均速度等于中间时刻的瞬时速度的原理，计算出一个平均速度对应的中间时刻作为时间坐标，把每一个平均速度放在对应的时刻位置上，绘制车辆某一时段的时间—速度曲线。

2）利用道路环境参考距离计算车辆行驶速度

利用道路环境参考距离计算车辆行驶速度的方法如下：

（1）用运动跟踪软件打开视频文件，设置坐标原点（一般选在视频图像左下角）。

（2）根据道路环境的已知参考距离设置网格，标定参考距离以外的路段，以每一格的实际距离为参考标尺 $L$。网格的经纬线应有一条与车辆行驶方向重合或近似重合。

（3）在某一帧图像中，选择车辆特征点或其路面投影点作为跟踪点，逐帧跟踪一个时段后结束跟踪。沿车辆行驶的方向，在跟踪轨迹与网格经纬线交点处设置标记点 1、标记点 2、…、标记点 $m$，导出跟踪点及标记点的 $X$、$Y$ 坐标值。

（4）在电子表格中，设标记点 1 的 $X$、$Y$ 坐标值为 $X_B(1)$、$Y_B(1)$，标记点 2 的 $X$、$Y$ 坐标值为 $X_B(2)$、$Y_B(2)$……；$X_B(1)$、$Y_B(1)$ 的数值会在目标车辆特征点跟踪的 $X$、$Y$ 坐标值中某两组数据之间，设这两组数据分别为 $X(1)_q$、$Y(1)_q$ 和 $X(1)_h$、$Y(1)_h$。同样，标记点 2 的 $X$、$Y$ 坐标值为 $X_B(2)$、$Y_B(2)$，在目标车辆特征点跟踪的 $X$、$Y$ 坐标值中的相应两组数据分别为 $X(2)_q$、$Y(2)_q$ 和 $X(2)_h$、$Y(2)_h$。记录 $X(1)_h$、$Y(1)_h$ 与 $X(2)_q$、$Y(2)_q$ 之间的帧数 $n$。

（5）用时间插值法计算目标车辆行驶过一个网格的平均速度。

当目标车辆行驶方向与 $X$ 轴夹角小于 45°时：

$$v = \frac{3.6 \times L}{\dfrac{n}{f} + \dfrac{1}{f} \times \left[ \dfrac{X(1)_h - X_B(1)}{X(1)_h - X(1)_q} + \dfrac{X(2)_q - X_B(2)}{X(2)_q - X(2)_h} \right]} \tag{12-3}$$

式中：$X_B(1)$——标记点 1 的 $X$ 轴坐标值；

$X_B(2)$——标记点 2 的 $X$ 轴坐标值;

$X(1)_q$、$X(1)_h$——目标车辆跟踪点的 $X$ 坐标值中最接近 $X_B(1)$ 的两个数值;

$X(2)_q$、$X(2)_h$——目标车辆跟踪点的 $X$ 坐标值中最接近 $X_B(2)$ 的两个数值。

当目标车辆行驶方向与 $X$ 轴夹角大于 45°时:

$$v = \frac{3.6 \times L}{\frac{n}{f} + \frac{1}{f} \times \left[ \frac{Y(1)_h - Y_B(1)}{Y(1)_h - Y(1)_q} + \frac{Y(2)_q - Y_B(2)}{Y(2)_q - Y(2)_h} \right]} \tag{12-4}$$

式中: $Y_B(1)$——标记点 1 的 $Y$ 轴坐标值;

$Y_B(2)$——标记点 2 的 $Y$ 轴坐标值;

$Y(1)_q$、$Y(1)_h$——目标车辆跟踪点的 $Y$ 坐标值中最接近 $Y_{B(1)}$ 的两个数值;

$Y(2)_q$、$Y(2)_h$——目标车辆跟踪点的 $Y$ 坐标值中最接近 $Y_{B(2)}$ 的两个数值。

当目标车辆行驶方向与 $X$ 轴夹角等于 45°时,用式(12-3)、式(12-4)均可。

(6)同理,可以计算出一组平均速度。根据匀变速直线运动的平均速度等于中间时刻的瞬时速度的原理,计算出一组中间时刻,建立时间 – 速度坐标系,绘制目标车辆某一时段的时间 – 速度曲线。

2. 车辆曲线行驶速度

1)车辆沿较小转弯半径的曲线行驶速度计算

车辆沿较小转弯半径行驶时,应选取后轮附近长度较小的参考标尺,以减小计算误差。

车辆转弯时,车辆一侧的特征点与车辆后轴中心点不在同一圆周上运动。当摄像设备处于车辆内侧时,车辆内侧特征点的速度低于车辆后轴中心点的速度;当摄像设备处于目标车辆外侧时,车辆外侧特征点的速度高于车辆后轴中心点的速度。

当摄像设备处于车辆内侧时:

$$V_Z = \frac{R_C + 0.5W}{R_C} \times V_C \tag{12-5}$$

式中: $V_Z$——车辆后轴中心点的线速度, km/h;

$V_C$——车辆后轮轮心的线速度, km/h;

$R_C$——车辆后轴中心点的转弯半径, m;

$W$——后轴轮距, m。

当摄像设备处于目标车辆外侧时:

$$V_Z = \frac{R_C - 0.5W}{R_C} \times V_C \tag{12-6}$$

根据视频图像,到现场测量 $R_C$ 的数值;测量车辆左右后轮轮心之间的距离 $W$,可以计算出 $V_Z$。

2)车辆沿较大转弯半径的曲线行驶速度计算

对于目标车辆沿较大转弯半径行驶的情况,取式(12-5)、式(12-6)式中等号右边 $V_Z$ 之前的部分作为修正系数 $\mu$,则:

(1)对于车宽 $B \leq 1.8$m,当 $R_C \geq 40$m 时,修正系数 $\mu$ 在 1.023 ~ 0.978, $V_Z \approx V_C$,可不修正。

(2)对于 1.8m≤B≤2.5m,当 $R_C$≥50m 时,修正系数 $\mu$ 在 1.019~0.975,$V_Z$≈$V_C$,可不修正。

### 三、车载式视频图像的目标车辆行驶速度计算方法

1. 目标车辆直线行驶时的速度

目标车辆直线行驶如图 12-5 所示,目标车辆直线行驶时的速度计算方法如下:

(1)用运动跟踪软件打开视频文件,设置坐标原点(一般选在视频图像左下角)。

(2)在某一帧图像中,根据道路环境选择已知参考距离为标尺 $S'$,目标车辆行驶方向必须与标尺重合。

(3)在标尺前端设置标记点,在标尺后端设置跟踪点,记录设置跟踪的显示时间。

(4)逐帧播放视频,当跟踪点超过标记点位置时结束跟踪。导出标记点及跟踪点的 $X$、$Y$ 坐标值。

(5)在电子表格中,设在某一帧图像的前端跟踪点的 $X$、$Y$ 坐标值为 $X(0)_q$、$Y(0)_q$,后端跟踪点的 $X$、$Y$ 坐标值为 $X(0)_h$、$Y(0)_h$;在后端跟踪点的 $X$、$Y$ 坐标值中,$X(0)_q$、$Y(0)_q$ 的数值会在某两组数据之间,设这两组数据分别为和 $X(n)_h$、$Y(n)_h$ 和 $X(n+1)_h$、$Y(n+1)_h$。记录 $X(0)_h$、$Y(0)_h$ 与 $X(n)_h$、$Y(n)_h$ 之间的帧数 $n$。

(6)计算目标车辆行驶过一个标尺的平均速度。

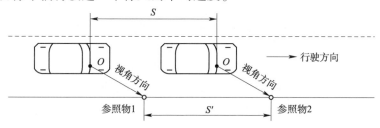

图 12-5 目标车辆直线行驶示意图

当标尺方向与 $X$ 轴夹角小于 45°时:

$$V = \frac{3.6 \times S'}{\dfrac{n}{f} + \dfrac{1}{f} \times \left[\dfrac{X(n)_h - X(0)_q}{X(n)_h - X(n+1)_h}\right]} \tag{12-7}$$

式中: $V$——车辆行驶过已知参考距离 $S'$ 的平均速度的数值,km/h;

$S'$——已知参考距离的数值,m;

$n$——帧数;

$f$——帧速率,$s^{-1}$;

$X(0)_q$——第 0 帧时标尺前端标记点坐标的 $X$ 轴数值;

$X(n)_h$——第 $n$ 帧时标尺后端特征点跟踪坐标的 $X$ 轴数值;

$X(n+1)_h$——第 $n+1$ 帧时标尺后端特征点跟踪坐标的 $X$ 轴数值。

当标尺方向与 $X$ 轴夹角大于 45°时,车辆行驶过已知参考距离 $S'$ 的平均速度:

$$V = \frac{3.6 \times S'}{\dfrac{n}{f} + \dfrac{1}{f} \times \left[\dfrac{Y(n)_h - Y(0)}{Y(n)_h - Y(n+1)_h}\right]} \tag{12-8}$$

当标尺方向与 X 轴夹角等于 45°时,用式 (12-7)、式(12-8)均可。

(7)同理,可计算出一组平均速度。根据匀变速直线运动的平均速度等于中间时刻的瞬时速度的原理,计算出一组中间时刻,建立时间 – 速度直角坐标系,描述车辆某一时段的时间 – 速度关系。

2. 车辆曲线行驶速度

车辆沿曲线行驶如图 12-6 所示。当车辆转弯行驶时,标尺必须在与车辆行驶轨迹半径接近的同心圆弧上选取。

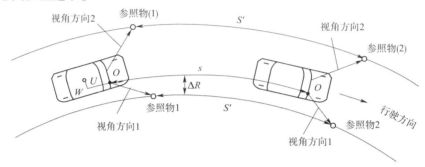

图 12-6 车辆沿曲线行驶示意图

当车辆行驶轨迹与标尺重合时,计算结果不必修正;车辆行驶轨迹与标尺不重合时,计算结果应修正。

当标尺处于车辆行驶曲线内侧时,车辆后轴中心点的线速度为

$$V_Z = \frac{R_C + \Delta R}{R_C} \times V_C \tag{12-9}$$

式中:$V_Z$——车辆后轴中心点的线速度,km/h;

$V_C$——标尺后端跟踪点的线速度,km/h;

$R_C$——标尺圆弧的半径,m;

$\Delta R$——车辆后轴中心点的转弯半径与标尺圆弧半径的差值,m。

当标尺处于目标车辆行驶曲线外侧时,车辆后轴心的线速度为

$$V_Z = \frac{R_C - \Delta R}{R_C} \times V_C \tag{12-10}$$

## 四、缺陷视频处理

1. "丢帧"视频处理

对有"丢帧"视频的处理方法如下:

(1)用运动跟踪软件打开视频,设置坐标原点(一般设在视频图像左下角)。

(2)在视频中选择匀速运动的车辆,以车辆某一特征点为跟踪点进行逐帧跟踪。尽可能选择运动方向与视频摄录设备轴线垂直的车辆进行跟踪。

(3)导出跟踪点的 X、Y 坐标值,计算出帧间坐标数值差。

(4)在坐标数值差中找出最小值,此数值为特征点每帧移动的画面距离。随着车辆移动,数值差按透视规律依次变化,如果某一数值差是相邻数值差的近似 n 倍,说明该处存在丢帧。根据 n 值确定丢帧数,在丢帧处补齐第 n – 1 帧及适当数据,重新建立时间坐标,观察

1 s 内包含的帧数,确定原视频的帧速率。

(5)用时间插值法计算车速。

2."模糊"视频处理

视频图像模糊、跟踪点找不准是造成车辆速度计算误差的主要因素。根据误差理论,对视频进行多次分析计算,取平均值是减小误差的有效方法。具体方法如下:

(1)用运动跟踪软件打开视频,设置坐标原点(在视频图像左下角)。

(2)在同一坐标系的条件下,应进行 10 次(不同人次)以上跟踪计算,取平均值得到时间 – 速度关系(曲线)。

(3)分别取最大值和最小值,求出时间 – 速度关系(曲线);再分别对最大值和最小值散点进行回归分析,给出误差带。

### 五、加速度计算

加速度的计算方法如下:

(1)在绘制时间 – 速度曲线的基础上,找出速度变化的节点。

(2)取出斜率一致的数据绘制时间 – 速度曲线,用线性方程数学模型对数据进行回归分析,得到目标车辆的运动方程($y = ax + b$)。

(3)运动方程中的一次项系数即为车辆的加速度。

### 六、交通事故视频深度分析

交通事故视频深度分析主要包括违反交通信号灯分析、事故原因分析及当事方交通行为分析。

道路交通事故深度分析的一般步骤如下:

(1)逐帧播放视频,了解事故发生过程。

(2)确定事故过程的关键节点。

(3)对道路交通事故中各当事方(车辆或行人)的运动特征参数进行计算。

(4)根据运动特征参数序列得出时间 – 速度关系(曲线)。

(5)根据运动时间 – 速度曲线确定当事各方运动状态变化的时间节点,并按节点确定各种运动状态的时间区间。

(6)对不同时间区间的数据进行线性回归,得出对应的运动方程。

(7)根据运动方程计算分析在某一时刻对应的空间位置、运动速度、加速度等。

(8)根据以上数据,分析当事各方的交通行为特征。

# 第十三章　交通事故后紧急避险

## 第一节　遇险时处置原则

汽车在行驶途中,随着道路环境条件的变化,驾驶员会遇到各种各样的情况。据有关统计,在一般道路条件下,每行驶1km需驾驶员判断情况13起,每行驶800km会遇到1次危险的情况。如果在交通遇险时避险得当,可起到避免事故和减小事故后果的作用;反之,则会发生交通事故或加重事故损失。因此,驾驶员在行车中除了应掌握熟练行车方法之外,还必须具有险情应急处置的准备。为了防止交通避险不当导致交通事故或加重交通事故后果,驾驶员遇有交通险情时,应遵循一定的处置原则。

### 一、遇险要冷静

交通险情的出现一般都较为突然。驾驶员保持头脑冷静、不惊慌,是做好交通避险操作的先决条件。这就需要驾驶员有良好的心理素质。

通过对大量的交通事故调查分析发现,驾驶员一旦遇到紧急情况,特别是意识到交通事故已不可避免的瞬间,几乎都会极度紧张,表现为全身骤然寒战,头脑发蒙,心跳加速,四肢发凉或全身冒汗。遇到这种交通危险情况,有的人能保持头脑清醒,采取正确的避险动作;有的则惊慌失措,盲目地做出一些应激避险动作(尽管偶尔也会表现出正确的操作行为);还有一些人则完全被惊呆,难以采取任何避险操作。第一类驾驶员能及时地"逢凶化吉",中止或减轻交通事故,使交通事故损失控制到最小范围。第二类驾驶员能在交通事故后及时停车,但已造成严重的交通事故后果。第三类驾驶员会使所发生的交通事故持续,甚至出现错把加速踏板当成制动踏板,车辆遭遇障碍物后已停止脚还在踩着加速踏板不放的情景,从而使事故损失扩大。

在行车遇险时,为了有效地实施交通避险,驾驶员需要保持头脑冷静,沉着机智,不可惊慌失措。在及时判明情况的基础上,迅速果断地采取有效的避险操作措施。一般认为,驾驶员反应时间平均为0.5~0.75s。在短暂时间内必须作出正确的分析判断,采取果断操作措施。若稍有迟疑,就可能失去机会,发生本可避免的交通事故,或加重交通事故损失的程度。更为严重的是,驾驶员由于紧张,操纵失误,如误将加速踏板当作制动踏板加大踩下等,都将酿成严重的事故后果。

### 二、遇险要先顾人后顾物

因为财产损坏毕竟可以补偿,而人的生命却毫无补偿办法,所以驾驶员在紧急避险时最基本的处置原则就是先顾人后顾物。此时,可不受某些交通法规的限制,以减轻事故后果。

在这个基本原则约束下，驾驶员在避让危险时，必须以排除人员伤害为首选。同样，在交通危险情况下，应向车方避让，不可向人员一方避让；宁可财产损失也要最大限度地确保人员安全。当然，这个原则也包括保护驾驶员自身。当车辆发生迎面和追尾碰撞时，应迅速判断可能碰撞的方位和力。如果碰撞的方位不在驾驶员一侧或碰撞力较小时，驾驶员应用手臂支撑转向盘，两腿向前蹬直，身体向后倾斜，以免头撞前风窗玻璃受伤；如果判断碰撞的部位临近驾驶座位或碰撞力较大时，驾驶员应迅速避离转向盘，同时两腿迅速抬起，以免因转向机甚至发动机后移受到挤压。当车与车发生侧面相撞或擦碰时，可立即调转车头方位或顺车转向，让车身部分与来车相撞，或使驾驶员乘坐部位的侧面相撞变成擦碰，以减轻人员损伤程度。

### 三、遇险要避重就轻

避重就轻也是紧急避险的基本处置原则。避重就轻就是"两害相衡取其轻"。在紧急避险时，车辆应靠近损失较小或危害较轻的一方避让，避开损失较大或危害较重的一方。此时，可根据具体情况和驾驶员的经验灵活处置。一般可不受各项管制措施，甚至可采取平时绝对禁止的做法。比如，道路右侧情况复杂，人员较多，而道路左侧情况简单或人员较少，紧急避让时，就应紧靠左方，以减轻交通事故的损坏后果。

### 四、遇险要先顾他人后顾自己

交通事故一旦危及生命时，驾驶员要本着宁愿牺牲自己，也要保护他人生命安全的原则。把生的希望让给他人，把死伤的威胁留给自己。如公交汽车发生严重的侧面相撞时，驾驶员应迅速打方向变为车头相撞，从而保护乘客的人身安全。一旦交通事故发生，驾驶员应先抢救处在危险中的乘客或受伤人员，不得为保自身安全而擅离职守。当车辆起火或有爆炸危险时，驾驶员应奋不顾身地将危险车辆驶离人群、工厂、村镇，尽量减少事故车辆对人民生命财产的威胁。发生人员伤亡的重大事故时，驾驶员如果不顾受害者生命安危，不尽保护事故现场的义务，破坏、伪造事故现场，嫁祸于他人或驾车逃逸，是严重交通违法的行为。

### 五、遇险要先顾方向后顾制动

每起交通事故的发生都有一个过程。这个过程时间虽然很短，但驾驶员却可利用事故发生前的短暂时间，做出避险动作。在做避让操作时，驾驶员应按先顾方向后顾制动的原则实施。因为在事故前转动方向，可使车辆避开事故的中心位置，有时甚至能脱离危险，转危为安。若方向转动落后于制动的使用，车辆就会因较大的制动力而失去避让的机会和降低改变行驶方向的能力。实际上，由于人自身的应激反应特性，一般是驾驶员的转向操作先于制动操作。人的这种特性使得驾驶员难以在操作转向的同时，又能用脚踏制动踏板来紧急实施行车制动，尤其是对大中型货车。但是，对一些尽可能地缩短制动距离的避险情形，应在转动方向的同时采取紧急制动。

上述遇险处置的基本原则是必须遵守的社会道德和驾驶操作要求，但不是"万全之策"。最根本的是，驾驶员应根据当时瞬间的具体危险情况，灵活地采取相应措施去避让交通事故，把交通事故的损失降低到最小程度。

## 第二节 典型危险事态的应急措施

在汽车行驶过程中,各种交通险情大都是突然发生的,只有在瞬间内作出分析判断,并能冷静地采取有效的应急操作,才能阻止交通事故发生或减小事故损失、人员伤亡等。比如,有的驾驶员宁可多打一把转向盘,使车辆刮树(护栏、警示桩等)或驶入边沟,来避免将行人碰倒或碾入车下;而有的驾驶员为了躲避前车掉落的物品而驶入逆向车道,导致与对面来车剐蹭和碰撞,造成人员伤亡、车物损坏的更大损失。这就不是值得仿效的应急操作措施。

下面介绍几种经常遇到的车辆处于"危险事态"的应急技术措施。

### 一、汽车突然熄火在铁路轨道上

当汽车驶至铁路轨道上,因驾驶员驾驶失误或车辆故障等原因突然熄火,一时发动不着而又无外援时,驾驶员首要的任务不是去排除故障,而是要设法使汽车迅速离开轨道,以免汽车与火车相撞。其技术措施是:

(1)迅速挂入低速挡,尝试用起动机作为动力,驱动汽车驶出轨道。

(2)根据汽车在铁路轨道上的位置,挂入低速挡或倒挡,可用手摇把摇转曲轴;或者借助人力推动汽车前进或后退,离开轨道险区。

(3)当起动机动力不足又无手摇把摇转曲轴时,可在传动轴的万向节处用撬棒或其他铁棍撬动传动轴,使之转动,迫使汽车向前或向后移动。

(4)也可根据汽车大小和其他客观条件,采用人推、汽车推顶的方法,使故障汽车尽快脱离险区;如果汽车难以脱离险区,应设法以最明显的标志或电讯手段提前警示火车,以便火车能提前制动停车。

### 二、汽车车轮驶出路肩悬空

车轮悬空就是个别车轮的部分或全部失去支撑或附着力。驾驶员由于紧急避让或操作失误使汽车驶离路面时,有时倾骑或悬空在路肩外。此时,若处理不当,很容易造成车辆倾翻,造成车辆、人员损伤的翻车或坠车事故。

行车中,在汽车车轮驶出路肩,悬空停车后,驾驶员应当及时离开驾驶室;如有乘客,应马上组织或协助车内乘客脱险;然后仔细观察车辆的险情,采取相应脱险措施。如果道路侧有树木、护栏等,应借助缆索固定到车身上,并用坚硬物支撑住汽车未悬空的车轮,防止滑移。驾驶员应根据当时危险情况,选择既安全又不使车辆失去平衡的一侧车门脱离驾驶室。驾驶员离开驾驶室后,要仔细观察车辆的险情,并视情采取相应措施。如果车辆出现倾覆、坠崖的危险趋势,应用牵引缆索等固定住车身,并拴紧在路侧树木或护栏上。如果路侧坡度较缓,可挖掘路肩,使悬空车轮着地;如果悬空车轮下方很陡,可用木杠或跳板等,以路基为支点,一端伸在悬轮下,另一端用力压下,使悬空车轮驶出。操作中应时刻注意车辆的细微晃动,以防万一。

一般道路路肩的强度足以支撑车辆。如果路肩施工质量差或有水浸泡使路肩松软,汽车存在倾覆危险时,驾驶员应从靠路面的一侧离开驾驶室。如果车内载有货物,应将货物从倾斜一侧卸到车前后的路边上。对于载客的客车,应组织乘客集中到路面一侧,有序下车,以免发生危险。注意,车身保持平衡的,不能冒险开动汽车,以防止发生倾翻事故。

人员离开车辆后,不得在车行道上逗留,最好在路外停留,并抓紧利用电话与管理控制中心取得联系,请求支援,使汽车、人员尽快脱离险境。

### 三、汽车倾骑在路肩上

当汽车两轮或一轮驶出路肩,使车身倾斜在路缘上时,驾驶员应从靠路面一侧的驾驶室门或其他安全门出来。必要时,将车厢内货物尽量从路缘外侧的一面移向靠路面的一侧,以增大路面上的轮胎压力,防止汽车因失去平衡而倾覆。在车身基本稳定后,挖去轮胎周围的泥土,使路上轮胎下沉。

如果前桥、后桥或传动轴触地,则应同时挖去触地处的泥土,直至车身平衡,车辆能驶到路面上为止。在车身未平衡时,不可冒险开动车辆,以防发生翻车事故。

### 四、汽车侧倾

当汽车侧倾时,应及时卸下蓄电池或切断总电源线,放出油箱内的燃油,用容器装好,以防引起火灾,然后设法将车身放正。车辆半侧翻时,可利用木杠撬抬,同时在另一侧用缆索牵拉,使车身扶正;也可用千斤顶或举升器在侧翻的一侧顶抬;当千斤顶将车身升起一点后,用砖块、石块、垫木等塞垫;然后,再用千斤顶顶起车身,再用物体塞垫;如此反复,直到可用其他方法扶正车身为止。在操作时,一般应把车辆上的货物全部或部分卸下,防止货物受损和增加扶正车身的难度。

### 五、汽车制动失效

一旦制动失灵,将严重危及汽车行驶安全。万一出现这种情形,驾驶员应沉着,充分利用各种条件,使汽车减速停车。

现代车辆制动系统都采用多管路制动的形式,以减少汽车四轮的制动同时都失效的可能性。大部分车辆当制动系统失灵时,车辆的仪表板上的报警灯就会闪烁,此时应减速。这时,多管路汽车制动系统的制动装置仍有一些制动力,但需要更大的踏板制动力或者更长的踏板行程以及更长的路程才可实现停车。现代汽车液压制动系统的制动主缸采用的串列式结构。理论上,一旦一条管路泄漏时,另外一条管路仍然有效。但实际上,由于踩下制动踏板时,制动主缸必须补偿泄漏管路所连的活塞前的空腔,使得踏板自由行程增加;除了使泄漏管路所连接的制动轮制动失效之外,与完好管路所连接制动器的制动效能也严重下降。在这种情况下,对于 X 型双管路制动系统,不但制动效能下降而且会影响行驶方向稳定性,制动效能远低于完好的 50%;对于 H 型双管路制动系统,若后管路泄漏,汽车后轮制动失效,前制动尚有低于其完好时的制动效果;若前管路失效,则前轮制动失效,后轮制动效能严重下降。因此,即使管路轻微泄漏也必须马上修复,并补充制动液。

1. 下坡制动失效

汽车下坡制动失效而又不能利用汽车本身的机构控制车速时,驾驶员应果断地利用天然障碍物,给车辆造成阻力,消耗汽车的惯性力。必要时,可把汽车靠向路旁的护栏、岩石或大树,利用天然障碍物达到停车脱险。如果没有合适的地形地物,紧急情况时,可使车身的一侧向山边靠拢擦撞,强制车辆减速停车。

**2. 平路行车制动失效**

发觉行车制动失效时,应迅速使用驻车制动(俗称"手刹"),并把挡位换入低速挡,调整好方向,靠路边停车。夜间要打开尾灯和示宽灯,以引起后面来车的警惕。注意:若不是紧急情况,驻车制动不可一次拉紧不放,也不可拉得太慢。因一下拉紧容易将驻车制动盘"抱死",很可能损坏传动机件,拉得太慢,制动不迅速,易使制动蹄片摩擦过热而烧蚀。

**3. 在高速公路上制动失灵**

车辆在高速公路上行驶,车辆制动全部失灵的危险性相对一般混合交通的公路上要小一些。因为高速公路上高速度、全密封、分道行驶等特点要求车辆在行驶时避免或是减少使用制动。这样在高速公路上制动失灵的车辆就有充分时间和空间使速度降下来。

正确的停车方法是,首先将发动机熄火,利用车辆的惯性,驶离高速车道;不摘挡,利用发动机制动来使车辆减速,当车速下降到50km/h以下时,在较开阔的路肩上滑行,同时用灯光和手势等提醒后车注意;当车速下降到15km/h时,用驻车制动将车辆停在路肩上;按规定处理好现场后,再做进一步的处理。

### 六、转向失控的处理

转向失控常在没有任何前兆情况下突然发生。在这种情况下,高速行驶车辆的危险性要比制动失灵还要大。转向失控的主要原因是转向机构和有关部件中的一些零件损坏、掉脱、卡住,使驾驶员无法掌握车辆运动方向。

若发现转向突然失灵,驾驶员不能慌乱。在空间和时间允许条件下,应先向其他车辆发出信号,如打开紧急双闪灯、开前照灯、鸣喇叭及打手势等,然后再对车辆实施制动。

正确的方法是:应立即抬起加速踏板,将变速器置于低速挡,均匀而用力地拉驻车制动手柄;当发现车速明显减弱时,踩下制动踏板,使汽车逐渐停下。在汽车处于高速行驶时,若转向失灵且前后车轮并未完全处于一条直线时,使用紧急制动,很容易造成车辆急转甚至翻车。因此应先利用驻车制动减速,后踩下紧急制动较为稳妥,不可空挡滑行或踩下离合器等,以利用发动机制动的牵阻作用使车辆减速。

实际上,在高速行驶条件下,一旦转向失效,就很难避免交通事故的发生。这是因为驾驶员尚未来得及反应,汽车就已经发生了碰撞或者已经驶下道路。这是一种非常危险的情况。

### 七、汽车上坡中向下溜滑

汽车在上坡中一旦失控下滑时,应尽力使用驻车制动和行车制动,使汽车迅速停车。如果车辆停不住,地形又复杂,车辆有向后继续溜滑危险时,应把车尾靠向路旁的障碍物,借助天然障碍物或人工构造物阻止车辆溜滑。此刻应绝对避免错打方向,特别是两节挂车的转向运用与非挂车不一致,以免适得其反,发生更惨的事故。

## 第三节 交通事故后撤离的汽车技术措施与火灾预防

### 一、事故后撤离的汽车技术措施

在发生事故后,路肩停车容易引起撞车事故。特别是夜间,高速行驶中的后续车,会被停在路肩车的尾灯吸引冲撞过去,危险性极高。因此,为了使后续车中的驾驶员弄清楚前方车辆究竟是行驶中的车辆,还是路肩停行故障车,路肩停行车的驾驶员必须开启车辆双闪灯,且在停车(容易让来车驾驶员看清的位置)后方50m或者100m摆放三角形停车标识板。并请注意,这块三角形停车板一定要放置稳固,不可随便一搁,否则它会被泥水和风刮倒而失去作用。

1. 尽可能将车停在路肩内

由于地形的限制,路肩宽度有时比汽车宽度相对要窄。为了不影响后续车辆的正常通行,尽量不要在这样的路肩上停车。一些高速公路一般每隔500m就有一段较宽的路肩,在这一段紧急停车带停车是较为安全的。

2. 乘员撤离车辆

路肩上紧急停下来的车辆危险性极高。为了防止撞车造成人员伤亡,乘员一定要迅速下车撤离。离开车辆时要特别注意:下车时一定要注意后边车辆的动态,尽可能靠右侧车门下车。如果满不在乎地随意打开车门,将会迫使后方行驶车中的驾驶员采取紧急措施,极易导致事故发生。其次,人员不要在高速公路上停留,尽量退到路外或护栏外侧;这样不仅可以避免发生撞车事故时伤害乘员,还不致使后续驾驶员因路上的人多而产生慌乱。再次,乘员在离开高速公路时一定要注意观察护栏外的情况,特别是夜间,因为有的高速公路的路基是很高的,同时还有很多高架桥,如不注意也是非常危险的。

## 二、汽车火灾预防技术措施

火灾预防主要有汽车的燃料供给系统、排气系统和电气设备的技术措施、汽车内饰材料的阻燃特性等。

1. 汽车燃料供给系统以及各种油料的火灾预防

汽车燃料供给系统以及各种油料的火灾预防主要有以下方面:

(1)汽车设计时燃油箱加油口位置不得朝向排气尾管开口,应距离排气尾管开口300mm以上;燃油箱加油口应距裸露的电气接头及电气开关200mm以上。

(2)燃油箱的加油口和通气孔不允许朝向车厢内。

(3)加油口盖应密封良好,在加满油箱或接近加满时,不应因振动、离心力等从加油口处漏油或渗油。

(4)燃油箱应安装牢靠,在各种恶劣的行驶条件下,不应有窜动、移位,以防止燃油管接头因拉扯而渗漏燃油,以及燃油箱受到摩擦。

(5)加注燃油或润滑油溢出时,不允许漏到排气系统(管)和电气部件上。

(6)发动机排气歧管不得在燃料供给装置的下方,以免漏油滴在排气装置上而引起火灾;如果结构上难以分开,则应在二者之间增设隔离盘,并且隔离盘上应有导流沟,可将渗漏的燃油引开。

(7)燃料、润滑油的管路不得与刚性部件干涉,在与刚性部件有可能出现干涉摩擦的部位,应包上橡胶等保护装置。

(8)燃料、润滑油管路接头下方不能有排气系统高温部件和电气接头。

2. 防止油料的渗漏

各种油料的渗透性都很强,微小孔洞以及细微缝隙都会引起油料的渗漏,特别是易燃油料的渗漏会发生失火等事故。如润滑油的渗漏会造成机件的烧蚀和磨损以及引起油料的燃烧,燃料的渗漏可造成供油不足,更危险的情况是可能引起汽车失火。因此,汽车各种油料容器、管道和接头必须保持密闭性,如发现渗漏,应及时检修或更换。

燃油管路和燃油箱如有渗漏,在紧急情况下可用焊接应急补漏。在一般情况下,应把油箱和油管从车上拆下进行气焊。在对油管施焊时,必须放尽燃油,用流水冲洗后方可施焊。对于汽油箱,在施焊前应在渗漏处划上记号,然后放尽汽油,将油箱敞口放置在通风处,放置一段时间。钢制油箱现已淘汰为塑料油箱,这种油箱的修补相对简单安全。

在加注燃油或检修燃料系统机件时,要避免把燃油泼洒出,如有洒溢应及时擦拭干净。燃油要用有盖的容器盛装,不许用敞口容器替代。

当汽车油路不畅时,禁止使用各种容器或者其他自流方式加注燃油。

储存燃油时,不应同汽车放在一起。驾驶室内禁止放入盛装燃油的任何容器。

控制人为火源和汽车周围要尽量少用或者不用各种火源,如禁止用打火机、火柴、油灯等明火在汽车上进行照明,避免在车内高温位置或者阳光直射位置放置打火机、发胶、摩丝、香水等物品。对汽车加注燃油时,严禁吸烟,不许检修和调试发动机,也不要使用移动电话。严禁用喷灯或火焰去烘烤燃油箱和燃油管,不许在驾驶室内私自安装电炉丝或点烟器等装置。车辆在停驶和维护时,不许在车辆周围设置炉火和进行电焊、气焊等作业。

3. 排气系统火灾的预防

排气系统火灾的引起原因是其高温和火星可能将渗漏的燃油和其他可燃物点燃。预防措施主要有以下方面:

(1)排气系统部件与可燃物之间的最小距离应为100mm。

(2)在消声器进口管凸缘、消声器两端等排气系统接合处,不允许漏气;在这些部位附近,应尽量避免穿过燃油管路和电线。

(3)排气尾管在各种行驶状态下不许喷冒火星。

(4)在排气尾管排出废气方向上不许有可燃物,不许正对轮胎、车桥等。

(5)油罐车等运送危险物品的车辆应将排气管布置在车辆前部。

排气管的回火现象,主要因点火过迟和混合气过浓而引起。因为点火时间过迟和混合气过浓都会造成混合气或燃油燃烧不完全,而使它们积聚在排气管内。当在下一个排气行程开始时,这部分混合气或过剩燃油就会在排气管内重新被点燃而进行燃烧。这种燃烧往往会使排气管喷火和发出"放炮"声,严重时还可引起消声器爆炸。

在正常情况下,排气管温度很高,时有火花喷出。因此,进气歧管垫和排气管密封垫应保持密闭完好,如有漏气、窜火现象,应及时更换。严禁在拆下排气管的情况下起动车辆。油罐车以及油箱靠近排气管的改装车辆,都应把排气管和消声器改装在车辆的前位。

4. 电气系统的火灾预防

电气系统引起火灾的原因是其所造成的火花,因此火灾的预防措施应从以下方面考虑:

(1)电气接头应适当屏蔽,不得裸露,不许设在乘员容易接触部位,应该用塑料线夹固定在车身上。

(2)蓄电池应安装牢靠,蓄电池支架应有足够的强度和刚度,以避免蓄电池的正极及搭铁线因擦碰而引起电火花。

(3)地线应连接可靠,地线接头应去掉漆层,并使用带齿垫圈。

(4)灯具内不得积水。

(5)即使在电源接通的情况下,电气接头与车身接触也允许出现短路现象。因此,插接头的凹端应为电源正极,凸端应为电源的负极。

(6)导线不应有误接的可能性。

(7)导线不应与燃油管路、润滑油管路、液压制动管路等固定在一起。

(8)导线不得布置在燃油管下方、蓄电池下方或排气系统接头周围,应距排气管、消声器10mm以上。

(9)导线距可动零件应在20mm以上。

(10)导线与固定零件等不得因振动等摩擦干涉。

5.加强电气火花的防护

汽车上的许多电气设备在工作中都会产生电火花。例如,发电机和起动机的整流子与电刷之间、喇叭继电器和转向灯继电器等的触点之间都会产生电火花。这些电火花是引起汽车着火事故的危险火源。由于在电气设备设计上还不能完全消除电火花,因而常用一些防护罩将这些电气装置与外界隔离开。这样,既可以防止灰尘、油料对电气设备的污染,也可以防止各种电火花与油料的直接接触。在汽车工作时,不允许任意拆下各种电气元器件的防护罩,也不可把一些容易发生火花的电气设备改装在燃料系统部件附近。

高压电在汽缸外跳火是十分有害的。因此,当点火线圈、高压线以及火花塞漏电时,应及时更换,不许在汽缸外随便任意试火,更不能采用"吊火"方法进行跳火测试汽缸工作动态。因为使用"吊火"不仅会造成火花塞等早期烧蚀,而且更严重的是可引起燃油或易燃油液的燃烧。

用高压线"烧缸",也是十分危险的。有人就因把高压线头伸进火花塞螺孔内进行"烧缸",结果使大量的燃烧气体从螺孔内喷出,造成了严重的烧伤事故。

汽车中各种导线接头的松动、脱落和短路都有可能产生电火花。因此,对汽车线路中的导线(包括蓄电池接柱)各接头要经常进行检查和紧固。严禁短路法进行划火试线和划火检查蓄电池电压的高低。由于蓄电池在工作时会释放氢气,这些氢气与空气中的氧气混合后,就成为一种能够爆炸的气体。所以蓄电池附近一旦出现火源,不仅容易点燃附近渗漏的易燃油料,而且还可以引起蓄电池的爆炸。

汽车电路中的熔断器,是用来保护电气设备、导线和电路的,应按规定的电流值选用熔断器。经常发生烧断熔断器的,应及时查明原因,不许加大熔断器规格;否则当线路短路时,就不能及时切断电路,容易造成电气设备的烧毁和引发火灾。

6.汽车内饰材料的燃烧特性

汽车内饰材料包括座椅靠背、坐垫、头枕、安全带、地毯、遮阳板及车顶、车门、侧壁的内衬等。

汽车内饰材料在小火焰作用下,水平方向燃烧速率的确定方法应符合《汽车内饰材料燃烧特性试验方法》(GB 8410—2006)。

### 7. 静电跳火的预防

根据摩擦起电的原理，任何两种物质相互摩擦时，两者分别带上正负两种电荷。随着摩擦的加剧，电荷的数量也在增长。当电荷增加到一定程度，电荷就会在两个带电体之间发生静电放电现象。这种放电现象俗称跳火。

油料虽然是液体物质，但是同其他物质一样，当与其他物体相互摩擦时也会产生静电，而且产生静电的能力还比较强。比如汽油与燃油箱的摩擦和冲击，以及油料在管路中的流动等都可能产生静电。这种静电跳火同电火花一样，也可你把易燃油料点着而引起火灾。因此，防止静电跳火的发生也很重要。

预防静电跳火，常在油料仓库的储油容器、油罐、管路装卸设备上安装良好的接地装置，以便把静电导入大地。油罐汽车必须在车尾连接一根拖在地面的静电橡胶带。这样可以把油料同油罐摩擦形成的静电以及附着在罐体外面的灰尘形成的静电导入大地。静电橡胶带要与车体连接牢固，导电良好。静电带的长度要保证在汽车满载和空载行驶时都能与地面接触。

对于一般汽车来说，防止静电火源的产生，主要是在汽车行驶或加油时尽量减少油料的冲击和摩擦。因此，燃油箱要尽量装满，以免在行车中因油料过少而加剧冲击和摩擦。在加注油料过程中，为了减少油料的搅动和冲击，要控制流速，把加油管出口尽量接近油料液面。实践证明，在装油开始和装到容器 3/4 以后时，容易发生静电跳火事故。其原因是在开始注入时，由于燃油箱底部大面积与油料相摩擦，以及油料波动冲击较大，再加上空气较多，所以容易产生静电跳火事故。当接近加满时，由于油料将与燃油箱顶部大面积接触，以及容器空间混合气浓度和静电电荷的增加，所以也容易产生静电跳火事故。因此，在加油开始和将近结束时，应放慢油的流速。

毛皮和丝绸，都是高分子化合物。由于它们的分子结构特点是与油料相摩擦后极易产生大量静电，因而在加油过程中，严禁用丝绸和毛毡等织物进行过滤油料。

此外，雷电和高压电线下都可能引起静电跳火。在雷雨天气以及高压电线下，禁止加注易燃油料。防止火灾的措施是：消除起火隐患，提高车内装备的阻燃性，改善消防装置。具体应注意以下几点：

(1) 应注意防止在车身锐角部分及排气管附近导线短路。

(2) 安装多作用熔断器、断电器等线路保护装置。

(3) 燃料系统的布设位置，以后部车轴上部附近最为安全。

(4) 适当地安装防火壁，如在发动机舱或货舱内发生火灾可避免燃烧到车厢内。

(5) 以不燃材料作为内饰件。

(6) 配置消防器材。

一般在发生火灾时要注意以下几点：

(1) 尽可能将车辆停靠在路肩上。

(2) 设法使乘客和驾驶员本人离开车辆或驾驶室。

(3) 灭火的同时要做好燃油箱的防爆工作，尽可能早地切断油路。

(4) 如果可能，应将车辆尽可能地远驶离公共场所，以防引起更大的损失。

汽车火灾扑灭后，要认真分析火灾事故发生的原因，吸取教训；对车辆进行清洗和检修；

对于使用砂土扑救的车辆,要分解发动机,彻底进行清洗和检修工作。

## 第四节 交通事故中减少损伤技术

### 一、汽车碰撞

汽车发生正面碰撞时,应迅速判断可能的碰撞方位和碰撞力。若碰撞的方位不在驾驶员一侧或碰撞力较小时,驾驶员应手臂稍弯曲,紧握转向盘,以免碰撞时造成肘关节脱位,两腿向前蹬直,身体向后倾斜,紧靠座椅后背,以克服巨大的惯性力,避免头部碰撞风窗玻璃或胸部冲撞在转向盘上造成损伤;若碰撞部位临近驾驶座位或碰撞力较大时,极易造成驾驶室变形,转向盘后移,驾驶员应迅速避离转向盘,同时两腿抬起,或倒卧在侧座上,以免身体受到挤压伤害。

汽车发生侧面碰撞时,由于很难出现对心碰撞,汽车在移动的同时,可能产生剧烈旋转,驾驶室车门也有可能脱开,驾驶员特别是未佩戴安全带的乘员可能在碰撞力的作用下被甩出车外。因此,驾驶员应极力避免侧面碰撞,在保证安全的前提下,可立即改变方向,尽量使侧撞变为剐蹭,同时身体向驾驶室一侧倾斜,并用力拉住转向盘,稳住身体,以免甩出车外。

汽车发生追尾碰撞时,驾驶员尚有 1~2s 的时间采取措施。在这种情况下,应把腿稍弯曲一些,用脚抵住车底,身体前倾至能感觉到安全带的程度。缩起头,胳膊抵住仪表板或转向盘。后排座位的乘员(很多未用安全带)可以根据人数采取不同的姿势。如果是 2~3 人,每人都应在碰撞前身体前倾,手臂抵住前排座位的靠背,把腿弯曲着绷紧。

### 二、汽车倾翻

汽车倾翻常发生在弯道行驶中,由于行驶速度过快,超过了弯道曲率半径、道路附着系数、道路横向坡度等道路条件的限制,造成汽车倾翻或汽车侧滑离开路基后倾翻。另外,汽车侧翻有时也发生在被碰撞的情况下。

汽车倾翻时,驾驶员一般都会有先兆感觉。横向倾翻时,由于离心力的作用,驾驶员身体有向外飘起的感觉,路肩外边坡翻车时,车身先发生倾斜,然后才会彻底翻车;纵向倾翻时,汽车先前倾或后倾,驾驶员会有车头下沉或车尾翘起的感觉,然后才会翻车。

当驾驶员感到汽车将不可避免倾翻时,应当紧握转向盘,两脚钩住踏板,借以固定身体,随着整车一起翻转。如果在翻车时没系安全带,在车内最安全的位置是身体的纵向位置。这时,必须以前臂抵住转向盘或仪表板,蜷起身子,双手护头,蜷起双膝保护腹部。如汽车向沟内连续翻滚时,身体应尽量往座位下躲缩,避免身体在车内滚动而受伤。如果驾驶室是敞开式时,要避免将身体甩出车外,导致被车辆碾压。

翻车时如果跳车,应向汽车运行方向的后方或翻转方向的反方向跳车,切不可顺着翻车方向跳出,以免跳出车外后被车体砸伤。如果在车内感到不可避免要被抛出车外时,应在向外抛出汽车的瞬间,猛蹬双腿,落地时用双手抱头顺势滚动一段时间,以减轻落地时碰撞地面的力,躲开车体。

### 三、轮胎爆裂

统计数据表明,与轮胎有关的故障占总故障的11.7%。这类故障,是由两个原因引起:一是疏忽对轮胎的检查,轮胎磨损严重而引起的漏气和爆胎;二是轮胎的气压不足。当高速行驶时轮胎的接地胎面变形不能立即恢复,因此脱离地面后的胎面花纹出现波状皱纹,称为"驻波"现象。"驻波"出现时,由于轮胎本身的变形量大,胎内气体和轮胎升温。若继续行驶最终会导致爆胎。如果轮胎气压偏低,车速达到时速80km/h时,就会发生"驻波"问题。

汽车行驶中突然爆胎,是驾驶员很难预料的突发性事故。这往往是由于车辆超载、超速、轮胎气压不足或者是遇到尖锐物的刺伤所致。轮胎突爆时,车身迅速歪斜,使转向盘向这个方向急剧偏转。车辆会立即偏歪一侧或危险地摇摆,此时驾驶员要全力控制转向盘,保持车身正直向前,并迅速抢挂低速挡,利用发动机来制动车辆。当发动机牵阻作用尚未控制住车速前,不许使用制动器停车,以免车辆横甩发生更大的危险,也给后车以准备时间,避免成串相撞。停车后按有关规定设置故障车警告标志,再进行换胎等有关处理。

突然爆胎时,由于车身倾斜,慌忙地向相反方向过多地转动转向盘或紧急制动,汽车失控发生蛇行;造成翻车或与其他车辆、建筑物相撞的重大事故;此外,如果轮胎气压不同,高速行驶中紧急制动方向就急剧跑偏。如想修正,过多地反方向转转向盘,会导致方向不稳,陷入危险状况。

1. 后轮胎爆裂

对于后驱动汽车,如果是后轮的轮胎爆裂,汽车的尾部就会摇摆不定、颠簸不已。只要驾驶员保持镇定,以双手紧握转向盘,通常都可以使汽车保持直线行驶。此外,最好反复地踩踏制动踏板,这样可以把汽车的重心前移,使完好的前轮受力,减轻爆裂后轮胎所承受的应力。不要过分用力踩制动踏板。

2. 前轮胎爆裂

如果爆裂是前轮胎,情形就严重得多。因为这样会大大影响驾驶员对转向盘的控制。遇有这种情形,应该尽可能轻踩制动踏板,以免车头部分承受太大的应力,因为爆裂的前轮胎会不平稳地滚转,甚至可能脱离轮辋。双手稳握转向盘,这样如汽车大幅度偏左或偏右驶,也可立刻矫正。

3. 车轮脱落

车轮的固定螺母如果松动,有时会使车轮在汽车行驶中脱落。遇有这种意外,整辆车会失去平衡,并可能出现回转的情形。车轮脱落就会露出制动鼓(有些汽车会露出轮轴)。这些暴露的机件戳入路面,即成回转中心。如果脱落的是后车轮,回转程度不严重。这时应该紧急制动,并把转向盘转向汽车回转的相反方向。

### 四、汽车坠落

汽车行驶在傍山险峻的道路或通过桥梁时,由于事故碰撞或其他因素影响,一旦驶离路面就会发生坠落。车辆坠落速度大小与降落高度有关,坠落越深,其接地时的速度越快,碰撞越猛烈,汽车损坏、人员伤亡越严重。

汽车出现坠落时,若没有时间安全地离开车辆,在汽车落地瞬间,要抓紧转向盘,让身体后仰,紧靠座椅,随着车体翻滚。这样当车辆摔落到地面时,身体有相应的缓冲空间。在翻滚中,一定要避免身体在驾驶室内滚动,防止身体碰撞硬质器物而致伤。

### 五、风窗玻璃破裂

前面车辆后轮扬起的飞石,或从前面载运砂石货车掉落的碎石,可能把尾随车辆的风窗玻璃击破。若是刚翻修好的路,通常都有告示牌,提醒驾驶员有这种危险。遇到这种情形,应立即减速,拉长与前车的距离。

风窗玻璃一旦被飞石等物击碎,就会导致视线模糊不清,使前方视界受阻。这是紧急情况,必须减低车速,并尽快驶离车道;同时要保持镇定,不要突然转动转向盘,或实施紧急制动操作。如驾驶员一直都全神贯注地开车,即能根据风窗玻璃破裂时路面和交通的情况,用适当的力踩下制动踏板。

有些风窗玻璃在驾驶座正前方的部分是经过特别处理的,碎裂后碎片比普通安全玻璃的大,不至于完全模糊不清。

尽快把车驶至路旁。驾驶员四周都应有良好的视界,因此应把碎裂的风窗玻璃完全敲下来。要向外敲击,以免玻璃碎片溅到自己身上。

如有应急用的挡风装置当然最好。若要在无风窗玻璃的情况下继续行驶,把所有的车窗关紧才可开车,当车内的空气开始"颤动",即表示车内车外的气压相等,这时驾驶员可不必过分担心,可以放心开车。但不要车速过快,以防车内过高的气压把后窗玻璃压得飞脱出去。

汽车在高速公路行驶超车后,应及时变更车道返回行车道行驶,避免对向车道车辆的飞石、车辆脱落硬物(脱落装载物)击碎风窗玻璃,造成伤及驾驶员和乘客的危险。

### 六、汽车行驶中失火

1. 行车中汽车失火

行驶车辆因事故或交通违法行为等原因造成失火时,若不懂扑救方法,后果是十分严重的。一般方法是:马上熄火停车,切断油源,关闭燃油箱开关,并立即设法离开驾驶室;如果驾驶室门无法打开,可以从车窗处撤离。公共汽车要及时打开车门,组织乘客迅速下车。如果着火范围较小,可用车上现有的物品进行覆盖。如果着火面积大,又无灭火器时,应用路旁的砂土、冰雪进行覆盖或求助过往车辆索取灭火器材。如果火情危及车载货物时,应在扑救的同时迅速把货物从车上卸下。但无论何种情况,都必须做好燃油箱的防火防爆工作。若汽车失火危及周围人群或会引起更大灾害时,在灭火的同时,汽车必须迅速驶至安全区。

2. 汽车发生碰撞、翻车、坠落

汽车发生碰撞、倾翻、坠落等事故后,车上人员应想办法尽可能地快速离开车辆,以免产生的明火点燃燃油引起车辆着火,进而引爆车辆及装载物品等。车门无法打开时,可从车窗及安全出口处脱离。当火焰逼近自己无法躲避时,应用身体猛压火焰,冲出火区。冲出时,要注意保护好暴露在外面的皮肤,不要张嘴呼吸或高声叫喊,以免烟火灼伤上呼吸道。化纤产品的衣物都是易燃品,应及早脱去。当车上装有易爆物品时,应及时离开危险区。在爆炸前,应迅速就地卧倒,充分利用地形地貌,尽量选择爆炸物不易飞进的死角躲避,如凹地、土坡、树后等。不要使身体暴露在危险的空间,以免遭受二次伤害。

3. 在隧道中发生火灾

应将汽车迅速驶出隧道,远离其他车辆、人群,然后再设法灭火,以免引起道路设施的毁坏和交通中断。灭火扑救时,如燃油起火,不许用水灭火,只能用灭火器或防火毯及篷布等捂盖,断绝着火点与空气的接触,使其熄灭。驾驶员在离开汽车时应关闭点火开关,若有燃油箱开关还可将其关闭,取走车上的易燃品。

车辆失火的原因有,导线短路、燃料系统起火、吸烟、排气管过热等。当然,严重的撞车、翻车有时也会引起火灾。

火灾的危害是毁灭性的,每个驾驶员都应具有一定的消防观念,防止行车时火灾的发生。

## 第五节　交通事故后伤害减轻和防护技术

### 一、驾驶员对事故现场应采取的处置方法

1. 立即停车

凡是发生交通事故都要立即停车。肇事后逃跑,甚至置伤亡人员或物资于不顾,只为逃脱个人罪责而逃逸,是严重违犯法律法规的行为,也是极不人道和违反社会公德的恶劣行为,所以驾驶员肇事后必须马上停车。

2. 立即抢救伤员和物资

停车后,应首先检查伤亡人员情况。如有死亡人员,确属当场死亡而无丝毫抢救希望者,应原地不动,用篷布、衣物、草席、塑料薄膜等覆盖。如有受伤人员,应拦截过往车辆,就近送医院抢救,同时要用粉笔、化石、白灰、石头、绳索等物将伤员倒位描出。如一时无过往车辆,应马上动用肇事车将人送往医院,并且要留人员看护现场,将肇事车各个车轮的接地点以及伤员倒位描出。在抢救伤员中,如伤员身体某部位正压在车轮下,要注意不能用驾车前进或后倒来抢救,正确的做法是用千斤顶把车桥顶起,将伤员救出。

事故发生后,有人员受伤,应立即打电话报急救机构,派出急救人员和救护车。若事故后受伤人员受车梁变形、损坏等难以救出,要电话报消防机构,请求消防队员施救。

若无人伤亡时,应迅速抢救物资和车辆。如属贵重物资或危险物品,继续滞留现场会造成更大损失或危险时,应及时组织抢救转移,同时应标出物体的位置。如属一般物资,以待现场处理完毕后再行处置。

3. 保护原始事故现场

保护现场对于交通管理部门了解事故情况,正确处理交通事故具有极其重要的意义。无论事故现场是否对己有利,都不应破坏、伪造,同时也要制止当事对方伪造现场。

事故现场保护的内容有肇事车辆停位、伤亡人员倒位、各种碰撞碾压痕迹、制动拖痕、侧滑痕、挫痕等痕迹,另外血迹以及其他散落物品均属保护内容。

现场保护方法是,寻找现场周围的就便器材,如石灰、粉笔、砖石、树枝、木杆、绳索等。设置保护警戒线,禁止无关人员和车辆进入。对于过往车辆,应指挥其在不破坏现场的情况

下,从旁边或绕道通行,实在无法通过或车辆通行有可能使现场受到破坏和危及安全时,可以暂时封闭现场,中断交通,待交警对现场勘查完毕后再行疏通。

4. 及时报案

涉事车辆驾驶员在抢救伤员、保护现场的同时,应及时亲自或委托他人向当地交通管理部门报案。在城区应向辖区交警大队或交警支队报案,在县区应向县区交通警察大队报告。然后,向保险机构及车主、单位领导或主管部门报告。报告内容有肇事地点、时间、报告人的姓名、住址及事故的死伤和损失情况。

交警到达事故现场后,一切必须听从交警指挥,主动如实地反映事故情况,积极配合交警进行现场勘查和分析等。

在具体情况下,这些对事故现场处置的一般方法可灵活地应用,以减少交通事故造成的损失,为及时、正确地处理交通事故创造条件。

## 二、伤员的抢救

事故发生后,造成人体伤害的,现场指挥人员应迅速组织抢救、运送伤者。对危及生命的伤者,重点应先抢救,如颅脑损伤,胸、腹腔内脏伤,肢体开放性骨折,深度昏迷,休克或大出血等。对于被压在车轮或物体下的,不能拉曳伤者的肢体,以防损伤神经或血管。当需要移动车辆时,应用人推动,避免造成二次损伤。由于车祸致伤并非单一。在运送伤者途中,应细致观察伤者,不能只顾明显伤,而忽略了其他致命伤。

1. 伤员的急救方法

1) 防止二次事故

在事故现场,必须注意防止发生二次事故,搞好防火工作,及时熄灭发动机,不得吸烟。在事故现场周围设置信号、标志,打开紧急信号灯,告知后方来车。如果是夜间,用其他车灯照明事故现场。此外,受伤者躺着的地方如属危险区,应及时转移到安全区域。

2) 呼叫救护车

在确保受伤者暂时没有生命危险后,应打电话请求急救机构派出救护车,并向急救机构报告事故地点、伤亡情况和现有的救护措施。

3) 观察受伤者

从生命危险性高的状况开始,迅速认真地观察伤员。

(1) 有无大出血。出血严重时,应立即采取措施止血,不然出血过多会导致失血性死亡。大出血时应先止血,再呼叫急救机构(救护车)。

止血的方法:首先用清洁的敷料(毛巾、手帕、纸巾、纱布等)直接压迫伤口止血。如一时找不到合适的东西压迫伤口,可用手直接压住伤口。若伤员是手、脚等部位出血,应使手脚高于心脏,尽可能抬高并继续压迫伤口。这样持续压迫一会一般会止住出血。如果渗血不止,就要采取间接压迫止血法。间接压迫止血法就是压迫通往伤口处的动脉来达到止血目的。如果是上肢出血,就用拇指或四指并拢。压迫腋下的动脉来止血,下肢出血时,用两手拇指对称压迫大腿根中部内侧股动脉来止血或用手掌根部垂直压住大腿中部来止血。

(2) 有无知觉。采取大声呼叫,掐人中、肩膀等办法,观察反应。没有反应时,应及时抢救,若不然时间一长就有窒息死亡的危险。

若伤员神志不清,时间一长,舌根便慢慢地萎缩进去,堵塞呼吸道,不能呼吸;此外,还会有误吸进呕吐物、血液、唾液的危险。应该让伤员呈侧卧状,以保持良好的呼吸状态。若伤员有知觉,可通过观察和伤员自述,了解受伤情况,让其在疼痛状态下保持安静。

(3)有无呼吸。人停止呼吸4min后,得救的可能性就减少一半,因此必须敏捷地确认有无呼吸。如果呼吸停止,应立即采取人工呼吸。

判断是否呼吸停止的方法:观察胸腹部的运动状态,手触摸腰部的呼吸运动部位,耳贴近伤员鼻孔听呼吸声。若呼吸停止,立即进行人工呼吸。

工人呼吸有口对口呼吸法和提臀部法。提臀部法是使伤员俯卧,两手交叉,把身体放在其两手上,在伤员腰部,用力抬起伤员的腰,然后轻轻地放回,休息片刻,每6s重复一次。注意动作要轻。此方法是在伤员面部受伤,不适合采用口对口人工呼吸时使用。口对口呼吸法是使伤员仰卧,一只手托起下颌,另一只手放在额头上轻轻地使头后仰,确保呼吸道畅通。用压额头的手指捏住鼻孔,大大张开伤员的嘴,先深吸一口气,然后对准伤员的口将气吹入,使伤员的胸部鼓起,吹气完毕,口和手立即离开伤员。如此每5s一次。如果伤员口中有异物和呕吐物时,可及时清出。

2. 急救注意事项

将伤员以正确的姿势放置。这样有助于防止神志不清的伤员窒息,有助示减轻伤员痛苦,防止震动。

鼓励伤员。当伤员重伤时,避免伤员自己看伤处或在伤员面前讨论伤情,减轻伤员的精神负担,防止伤情恶化。应充满爱心地鼓励伤员,护理伤员。

可对伤员使用苏醒药物,严禁用酒类。当伤员想喝水时,可给予饮少量水。

及时处置休克伤员。如不及时,伤员的血压就会下降,身体状况恶化,甚至死亡。为防备伤员血压严重下降,应使伤员的姿势处于合适状态,用毛毯、衣物为伤员保温。另外,夏季应注意避免伤员受到阳光直射。

很多伤员会在转运途中伤势恶化,应适当地转运伤员。在应急处理后,几个人的手交替伸到伤员背后,抬起来转运,尽量由多人抬运。特别是对怀疑为颈椎受伤或脊柱受伤者,更应注意。应避免伤员头部前倾,否则伤员会有窒息的危险,为此应轻轻地使伤员头部仰向后方。

### 三、常见伤救护

1. 颅脑伤的救护

伤员头部应后倾。交通事故中颅脑损伤的发生率很高,死亡率也较高。颅脑伤的症状是:伤者昏迷,失去知觉,瞳孔散大,呕吐等。在救护时可将伤者抬上汽车,护送人员扶置伤者呈侧卧位,头部用衣物等垫好,略加固定,解开衣领、腰带等紧缩物,便于伤者呼吸通畅。口腔和呼吸道如有分泌物、呕吐物应排出,防止阻塞呼吸道,以利于维持呼吸机能,以免因大脑缺氧而带来不可恢复的损害。如果伤者神志清醒,仅是头颅外伤,可进行伤部包扎处理,将大块敷料遮盖伤部,用绷带严密包扎,能达到加压止血的目的。若伤者耳、鼻、口溢血,不得加以堵塞。

2. 颌面、颈部损伤的救护

颌面、颈部分布有重要的感觉器官。颌面部的血液供应丰富,颈部有大血管和大神经的通路,受伤后不仅有严重的出血和呼吸机能障碍,而且可以并发脑损伤,构成对生命的威胁。因此,对颌面、颈部伤要及时救护,防止发生呼吸道阻塞或失血性休克。

在救护时,使伤者呈坐姿,面部向下。如发现伤者口腔或鼻腔内有泥土、血凝块等异物,应及时予以清除,保持呼吸道畅通,以免伤者发生窒息。如颌面、颈部损伤,从伤口向外喷射鲜血,即可判断是动脉血管破裂;可在伤口近心端,找搏动的血管,用手指或手掌把血管压在骨骼上止血,迅速护送医院;若抢救不及时,会造成失血休克而死亡。

3. 颌骨骨折的救护

上颌骨大部分深藏于颧骨和下颌骨的中央,一般不会造成单一骨折伤。下颌骨骨折的救护,采用包扎的办法。即先将上、下牙咬合对好,再将移位的组织伤部位,用绷带或布带将下颌向上托起(以免骨片移位,引起呼吸困难),一端绕过头顶到对侧颞部,与另一端绞成十字形,横向包扎于头部。

4. 脊椎骨损伤的救护

交通事故致人脊椎骨的骨折多为闭合伤,其中,压缩骨折、脱位伤和压迫脊髓为最严重。如果伤者自感腰部疼痛或下肢感觉神经减退,首先应考虑到有胸椎或腰椎损伤的可能。在救护运送时,绝对禁止让伤者坐起或采取一人抬肩一人抬腿搬动或搂抱拖曳的方法,以免颈部和脊柱前屈,加重损伤的后果。因此,在搬动伤者时,应由四人共同进行,即一人托住肩部,一人托住腰部,一人托住臀部,一人托住双腿(双腿伸直并拢),用均匀力量,保持伤者身体平直的姿态,托放在木板上,等救护车运送到医院,或抬着木板将伤者送急诊室救治。

5. 肢体骨折的救护

1) 尺、桡骨骨折的救护

采用一块三角巾摊放在胸壁前,上端经伤侧肩部搭在颈后,将伤肢的肘关节屈起略小于90°,横放在胸前,再将三角巾下端提起,搭过未受伤侧肩部,在颈后将两端结扎,伤肢悬吊在颈上;也可在现场就地取材,使用木板、硬纸板等适于作夹板的物品,将伤肢托起贴在胸壁前,用绳索环套在颈后和代用夹板下端,将伤肢固定在胸前。

如发现手、前臂、肘部伤口动脉出血,可用拇指或四指并拢,压迫上臂内侧上 1/3 肱动脉搏动处,即可止血。

2) 下肢骨折的救护

在救护时,将伤肢平放在大于下肢宽的木板上,用绷带(没有时用绳索)在踝上部、膝下和膝上部、大腿根部绑扎四道,即可达到固定的目的。

股骨骨折。将长木板放在伤肢外侧,用绷带(或绳索、胶带替代)分别在腋下部、髋部、膝上、下部、踝上部绑扎在长木板上,使上肢与躯干呈平直状。

开放性损伤多见下肢小腿粉碎性骨折,并伴有软组织撕裂伤。伤位由于受撞击、挤压的方向和肌肉牵引方向的影响,往往使伤肢变形或骨折端穿透软组织露出创口。如胫骨前面,伤位容易造成皮肤缺损,使骨折端外露。在救护时不要随意复位,避免复位不当造成血管等软组织严重损伤。因此,在救护时先用干净布包扎好伤口,将伤肢平放在木板上,在膝上部和踝部用绷带等绑扎固定。如伤肢大、小腿动脉出血,用两手拇指对称压迫大腿根部内侧股动脉搏动处,即可止血。

## 第六节 交通事故快速救援系统

经统计,发生事故后,一般要过5min以上有关部门才能收到事故报案。研究表明,在碰撞发生后的1min之内,由碰撞自动通知系统向主管部门(交警、急救、消防)发出报告,每年就可以挽救多达3000人的生命。死亡中大多数是重伤无法得到及时救护而死亡的。法国曾经做过统计,同样伤势的重伤员,在30min内获救,其生存率为80%;在60min内获救,其生存率为40%;在90min内获救,仅为10%以下。在我国交通事故死亡中,约40%人是当场死亡,其余60%的人死于医院或送往医院途中(其中30%的受伤者是因为抢救不及时而死亡)。

### 一、救援资源

交通事故是指在道路上所发生的意料不到的有害的或危险的事件。它的发生会造成人员伤亡、车辆损坏、火灾、污染及道路设施损坏等结果。建立紧急救援系统的直接目的,就是以最快的反应速度、用最短的时间排除交通事故。针对交通事故造成的后果,应考虑配置以下救援资源。

1. 内部资源

交通管理中心,负责统一指挥调度;监控部门,负责监控指挥救援工作全过程;交通巡逻车,负责巡视交通状况,事故报警,并及时处理一些轻微交通事故;清障牵引设备,负责清除事故现场车辆;路政部门,负责养护维修道路设施。

2. 社会资源

紧急救援系统必需的社会资源有公安交警部门、消防部门、医院救护部门、环卫部门、应急通信、特种物品(化学物品等)处置部门、巡逻管理部门等。

### 二、紧急救援系统的任务及设施

紧急救援系统的任务如下:①及时获取发生交通事故的信息,协调有关各方面迅速调集救援资源,采取紧急救援行动。②交通事故发生后,提供紧急服务,包括消防、救护、环保、车辆牵引起吊。车辆发生故障时,提供维修服务,帮助陷于困境的汽车驾驶员摆脱困境。③在交通事故可能影响的范围内,为驾驶员和乘客提供信息服务。在事故现场的处理过程中,尽可能在道路外完成对交通事故的调查。④实施交通管制方案。⑤提供交通信息服务。

1. 信息采集

这里的信息是指公路环境(气象等)和交通状态(交通流量、密度、速度、排队长度、异常交通现象等)信息。

异常交通信息的采集手段有:

(1) 基于检测器的异常交通信息采集。及时地发现异常交通现象具有重要的意义。为采集异常交通信息,有必要加大沿线检测器的密度,一般以500m间距为宜,事故多发地段可加大密度。

(2) 基于紧急电话和巡逻手段的异常交通信息采集(属于常规采集手段)。突发事故发生后至被发现的时间,一般情况下缺乏及时性。

(3)基于 AIDA 的异常交通信息采集。AIDA 几乎可以在突发事故发生的同时获取异常交通信息,但由于该系统的成本较高,所以尚难大范围地使用。因此,可用于事故多发段的异常交通信息采集。

2. 基于路车间信息系统的异常交通信息采集

路车间信息系统(RACS,Road/Automobile Communication System),是通过车辆上的装置和设于路上的通信接收与发射装置,实现行驶中的车辆与管理中心的通信。当车辆自身遇有险情时,可以通知管理中心,并通过该中心将此信息提供给周边的车辆。

3. 信息发布

当发生异常交通事件时,通过可变信息板和专用广播系统,向驾驶员和公路使用者及其上游的车辆提供交通信息。既可以让这些车辆了解前方的交通状态,采取适当的对策预防尾撞事故的发生,又可以诱导上游的交通流绕行。一方面减少这些车辆的等候时间,另一方面降低事故突发路段的交通压力,为迅速恢复正常交通提供条件。

常提供的交通信息包括:
(1)通过信息板提供的关于异常交通现象的发生地点和事故类别的信息。
(2)通过交通广播或车载诱导系统提供的上述内容的交通信息。
(3)流入和流出诱导信息。
(4)车道或行驶速度限制信息等。

### 三、应急救援指挥系统主要工作流程

高速公路应急指挥中心的工作流程如图 13-1 所示。在突发事件发生时,应急救援指挥中心与监控中心联动工作。公路发生突发事件后,会引起交通流的异常变化,监控系统根据此变化可自动判断可能发生的交通事故;监控中心管理人员可利用监控电视系统发现摄像机覆盖区域的突发事件;事故当事人或目击者可利用紧急电话或移动电话报警;交警或管理部门的巡逻车发现事故后,利用无线集群电话系统报警。

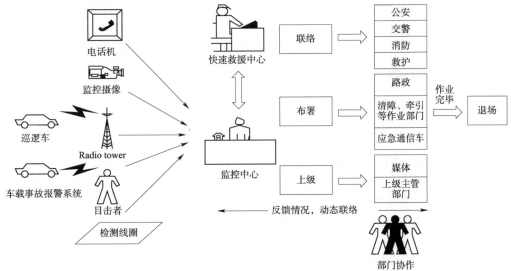

图 13-1 应急指挥中心流程图

救援指挥中心接到突发事件报警后,立即记录事故信息,包括时间、地点、事故类型、事故描述等,并同时启动监视系统、GPS/BDS 系统、GIS 系统等进行事故定位,对事故信息作出初步的综合分析和判断确认。根据事件的类型、事发地点和严重程度,应急救援指挥系统自动生成救援需求和事故处理预案,对重大事故应及时上报上级主管部门,并接受上级主管部门的指挥控制命令。为有关部门提供至事发地点的最佳路线,并通过通信系统下达救援指令,通过信息发布系统发送事故信息和交通管制或引导信息。

紧急救援方案决策是依据实际情况,选取事先已研究提出的各种预案中的有效方案,除了要求诸多部门间通信系统的畅通,关键在于强化高速公路交通管理体制,制定严密的紧急救援规程和必要的规章制度。

根据不同的救援需求和各职能部门的分工,向各有关部门通报事故及救援需求信息,协调组织救援工作。各有关部门接获事故通报后根据分工立即在应急指挥中心的统一协调下,各司其职,组织救援和事故处理,并将事故现场情况及时反馈给指挥中心,以便应急救援指挥系统能够及时修正救援方案;在事故处理完毕后,应急救援指挥中心下达处理结束命令,路网交通恢复正常。同时,应急指挥中心记录详细的事故救援处理报告,分析评价处理结果。

紧急救援体系特别强调一体化管理的前提下,密切合作,行动迅速。从而保证紧急救援系统的有效运转。在控制中心,控制决策者与交通警察指挥部门紧密配合,协调工作。获得事故信息后,双方立即互通情况,统一指挥,紧急救援队伍按指令快速抵达现场并及时将有关信息反馈给控制室,并对现场实行必要的交通管制。控制中心根据反馈信息立即改变管理方案,并向有关驾驶员提供有关交通事故的信息;事故现场勘查处理完毕以后,迅速解除紧急状况下的交通管制,恢复正常交通。

### 四、紧急救援方案的决策

在获悉异常交通现象发生后,应视其异常交通的类型和程度,迅速地就以下救援方案作出决策,即:

(1) 突发事件现场的调查与管理方案。
(2) 紧急救援技术方案与装备。
(3) 救援线路。
(4) 上游流入交通流的迂回诱导与控制管理方案。
(5) 关联平面道路的紧急管理方案。

### 五、智能运输系统研究的主要内容

智能运输系统(ITS)技术的开发与研究被认为是当代交通管理技术发展之趋势,而且将带来相应产业的发展。以我国现有的公路,特别是以高速公路交通监控系统的设施条件为基础,添置一定数量的信息采集与提供设施,强化公路交通管理措施与公路利用者间的有机联系,可以最佳地利用公路的有效资源,提高其运行效益。

纵观国内外对 ITS 的研究,其基本的核心主要包括 6 个方面。

1. 先进交通信息系统

先进交通信息系统包括广播式交通信息系统、车载移动电话接受信息系统、自主型路线诱导系统、合乘车动态服务系统、动态路线诱导系统、旅行者信息服务系统、动态变换交通信息板等。

2. 先进交通管理系统

包括智能交通信号控制系统、动态信息播放系统、公交优先信号控制系统等。

3. 先进公共运输管理系统

包括公共交通车辆定位系统、固定线路与需求响应公交运营系统、客运量自动检测系统、自动售票系统和公共交通车辆的自动调度系统等。

4. 先进车辆控制系统

也称为车辆智能驾驶系统,包括车辆自动导航、车辆自动控制和驾驶两大系统。主要是通过全球卫星定位系统用于车辆定位和跟踪,同时通过车载传感器和控制器实行距离控制,如防止碰撞、实行危险报警与安全监视。

5. 自动化公路系统

包括不停车收费系统和危险事件紧急救援系统两大部分。

6. 营运车辆服务系统

包括自动路边安全检查系统、车载安全监视系统、商用车行政管理系统、危险物品异常响应和商用车队管理系统、先进物流交通系统。

先进物流交通系统包括物流信息调度管理系统、物流最佳集配系统。

# 第十四章 道路交通事故防治

## 第一节 概　　述

### 一、道路交通事故防治的基本概念

1. 道路交通事故防治的概念

道路交通事故防治,就是运用现代科学的管理方法、工程技术以及行政和法律的手段,分析交通事故的现象、发生规律、演化机理、影响因素,探索预防和减少交通事故或者降低道路交通事故损害对策的活动。道路交通事故防治的目的,是运用各种手段调整道路交通安全系统的结构,协调各要素之间的关系,预防和减少交通事故危害,最大限度地提高社会经济效益。

具体地说,道路交通事故防治,是运用系统工程的思想和方法,分析交通事故信息,揭示交通事故发生、发展的规律,综合运用系统论、控制论、行为科学、管理科学和工程技术等方面的知识,对交通事故的演化机理、相关因素进行定性和定量分析,研究交通事故防治对策的分析、评价和优化的技术和方法以及对道路交通安全系统进行有效控制的方法。

因此,道路交通事故防治,是一项系统工程,是交叉学科综合运用的过程。道路交通事故防治注重系统性、全面性、根本性和科学性,而不是只注重现象而忽略本质,只研究一点而忽略整个面,只研究局部不强调整体,只注重方法不注重实效,只注重近期不考虑长远。

2. 道路交通事故防治的内容

1) 交通事故信息管理

交通事故信息管理是运用组织、技术、法规等手段,对交通事故信息进行收集、分类、处理、传递、预测、使用,以期实现交通安全管理目标的社会活动。

随着社会信息化的发展,道路交通管理也将逐渐信息化。交通事故信息管理是交通管理信息系统的有机组成。交通事故信息反映了道路交通安全系统的状况以及与交通事故有关的条件,是把握交通事故变化规律,有效开展交通安全管理工作,预防和减少交通事故必不可少的依据。通过科学有效地管理、配置、开发交通事故信息,可提高交通管理信息服务的整体效能和水平,使交通安全管理获得最大社会效益。

交通事故信息主要包括事故数、死亡人数、受伤人数、直接经济损失、万车死亡率、10万人口死亡率、事故地点、事故时间、道路几何参数、行驶速度、车辆性能参数、人口数、机动车保有量、驾驶员数量、交通量、路网密度等数据。这些数据是开展交通安全研究的基础资料,是对道路交通安全系统分析评价、安全对策实施及效果评价的依据。交通事故信息管理是开展道路交通安全工作的依据和前提。

2) 道路交通安全系统

道路交通安全系统就是,将系统科学引入道路交通安全领域,运用系统理论和方法,辨识、控制、排除道路交通系统中的危险因素,对道路交通系统的安全性进行系统分析和综合评价,从根本上保障道路交通系统发生交通事故的可能性降低到最低限度,在整体上实现最佳安全状态的技术和方法。

道路交通系统是由相互联系、相互作用的人、车、路以及环境等因素组成的,能够实现人和物位移并达到一定安全水平的有机整体。在分析道路交通安全时,不能孤立地研究交通系统中的各个要素,而应把交通参与者、道路及其设施和环境视为一个系统进行分析研究。道路交通系统是否安全取决于系统中各因素是否协调。系统的作用协调则可以防止、减少或者减轻交通事故的危害;反之,则不然。道路交通系统中的各个因素相互依赖、相互作用,影响着道路交通系统的安全水平。道路交通系统中任何因素的行为或性质对系统整体的影响不具有独立性,而是与其他因素相互联系。道路交通安全系统工程就是针对交通事故信息分析的结论,运用系统工程的方法,定性和定量地分析交通安全系统的结构、功能及其运行机制,以期道路系统各因素相互作用、相互促进,共同提高道路交通系统的可靠性、安全性。

3) 交通事故演化机理

交通事故的演化过程是指交通事故酝酿、发生、发展的过程。进行交通事故研究,有助于把握交通事故的内在规律,分析导致交通事故发生的原因,为确定交通事故防治对策指明方向。交通事故虽然是偶然的、随机的事件,但却有其必然的规律性。"交通违法"仅是交通事故的表面原因,不能把交通事故的原因完全归咎为"交通违法"。人们必须研究隐藏在表面原因中的更深层次的原因,发现交通事故的本质,掌握交通事故发生的机理,才能有效地提出防治交通事故的对策,交通安全系统控制才有坚实的基础。

4) 道路交通安全系统控制

道路交通安全系统控制是指在现有的技术水平上,综合运用各种方法和手段,以最小的代价,保证道路交通系统的状态不偏离交通安全目标的过程。道路交通安全系统控制具体包括确定系统的安全目标,检测系统的安全水平,调整控制系统的状态。道路交通安全系统控制既有宏观的,也有微观的。道路交通安全系统控制的手段包括法律、经济、教育、管理、工程技术等。从道路交通安全系统控制的环节上,有对人的,有对车辆的,有对道路环境的。从道路交通安全系统控制的时间上,包括事故发生前的,也包括事故发生后的。

5) 交通事故防治对策研究

交通事故防治不能仅停留在研究阶段,必须提出有效可行的防治对策。防治对策的效果需要一定的方法来评价或者检验。交通事故的防治对策必须经过提出、分析、评价、优化以及实施,也包括根据实施后的反馈,以及对方案的修正和改进。因此,交通事故防治对策的提出是动态的。随道路交通系统的发展变化,防治对策也应相应地变化。但是,应保证安全对策实施后在一定期限内的有效性及后续阶段的连续性。

## 二、道路交通事故防治的基本原则

1. 交通事故可预防性原则

道路交通事故是非自然因素造成的,是由人们违反交通法规的行为过失造成的。不可抗力造成的事故不属于交通事故。人们的交通违法行为是可以控制或者减少的,交通事故的原因也是可以识别并消除的,因此交通事故也是可预防的。

基于"事故可以预防"的基本原则,道路交通事故防治主要研究和解释交通事故发生的原因和过程以及防止事故发生的理论和对策。交通安全专家从这个原则出发,一方面要考虑事故发生后减少或控制事故损失的应急措施,另一方面更要考虑消除交通事故发生的根本措施。前者称为损失预防措施,属于消极、被动的对策;后者称为事故预防措施,属于积极、主动的预防措施。对于交通事故预防,早先多是研究交通事故发生后的应急对策。这是完全必要的,但却是被动、消极的。加强积极的预防对策研究,使交通事故从根本上不可能发生,才是交通事故预防的上策。

2. 防患于未然的原则

防患于未然,是预防和减少交通事故的根本策略。交通事故的发生时间、发生方式以及是否造成损失以及损失的种类和程度具有一定的偶然性。即使反复出现的同类交通事故,各次交通事故的损失情况也不完全相同。有的交通事故造成人员伤亡,有的造成财产损失,有的既有人员伤亡又有物质损失。海因里希(Heinrich H. W.)在对55万余起工业事故统计分析后发现,在330起事故中,出现重伤或死亡、轻伤和无伤的比例是1:29:300。对我国1987—1992年的交通事故统计结果也有相似的结果,特大事故、重大事故、一般事故发生次数的比例是1:25:102。

交通事故后果具有偶然性,主动对策是防患于未然。因为只有完全不发生交通事故,才能避免由交通事故所引起的不同程度的损失。如果仅以事故后果的严重程度作为判断事故是否需要预防的依据,显然是片面的,甚至是错误的。因为交通事故后果反映不出事故前的不安全状态、不安全行为以及管理上的缺陷。因此,从预防交通事故的角度出发,绝对不能把交通事故是否造成伤害或者损失作为是否应当预防的依据。对于未发生人员伤害或者财物损失的交通危险,如果不及时采取有效的防范措施,以后也可能会发生具有伤害或者损失的偶然性交通事故。因此,对于已经发生人员伤害或财物损失的交通事故,均应全面排查隐患、分析原因。只有这样,才能准确地掌握发生交通事故的倾向以及频率,进而提出切合实际的预防对策。

总之,预防交通事故的关键在于减少或控制伤害。只有识别、消除和控制了交通危险源和事故隐患,才能从根本上防止交通事故的发生。

3. 根除交通事故原因的原则

交通事故的发生具有偶然性,但却是有原因的。原因与事故之间存在着某种必然的因果关系。交通事故与原因的关系如图14-1所示。

图14-1 交通事故因果关系

为了确保道路交通事故预防措施的有效,首先应当对交通事故进行全面的调查与分析,找出直接原因、间接原因以及基础原因。通常,交通事故调查报告中只列出造成事故的直接原因,即交通事故发生前的瞬间所做的或发生的事情,或者在时间上最接近交通事故发生的原因,而没有基础原因分析,采取的预防措施也主要针对直接原因。直接原因是由间接原因引起的,但很少是根本原因。即使根除之,只要间接原因仍然存在,它也会重新出现。所以,有效的事故预防措施来源于事故的深入分析,在于根除交通事故的深层次原因。

由于交通事故的复杂性,立即查明事故原因,实属不易。即使已知交通事故的原因,又常常也不能简单地予以解决。而交通事故后的处理工作又非常简单草率,常采取一些简单的应急措施。由于交通事故不能立即重新出现,又错误地把这些应急措施看成是有效的预防措施,虽然暂时有一定的效果,但却掩盖了事故问题的要害及实质。这正是交通事故隐患不能从根本上消除的主要原因之一,人们必须有足够的认识。

4. 全面综合治理的原则

交通事故的原因是多方面的。它们来自于交通参与者本身、车辆、交通设施、交通环境、交通组织、交通管理水平、交通法律与法规等多方面。为了预防和减少交通事故,在查明交通事故原因的基础上,必须对交通系统中存在的不安全因素进行综合预防。

事故预防的基本对策包括工程技术对策(Engineering)、教育培训对策(Education)和法制与管理对策(Enforcement),即所谓的"3E"对策。这就是说,要搞好交通安全必须以工程、教育和法规为主体。

交通法规,是维护交通秩序、保障交通安全与畅通以及其他交通管理活动的法律规范。为了确保交通安全,国家必须制定一系列的法律、规范,以明确交通主体的权利和义务。人们必须严格遵循交通法规,才能消除交通事故隐患,减少交通事故的发生,确保交通安全。交通法规包括以交通安全体系与计划为主的交通安全对策的交通安全法、以道路管理为主的道路法、以停车场管理为主的管理法以及以交通运输为主的交通运输法等。同时,交通法规还必须具备科学性、严肃性和适应性三个条件:

(1)科学性,即交通法规的制定应根据交通工程学理论和实际的交通条件以及经济、社会状况。

(2)严肃性,即法律一经制定并公布实施,全社会必须严格执行。

(3)适应性,即交通法规不能一成不变,必须有一定适应的时间,并适时修订。

工程技术泛指交通工程,包括三个方面:

(1)研究和处理车辆在道路上运行的规律。

(2)研究和处理为使车辆达到目的的方法、手段以及设施,包括道路设计、交通管理和交通信号控制等。

(3)研究和处理为使车辆安全运行,而需要维持车辆与固定物之间的缓冲空间。

交通工程是交通安全的基础科学。交通法规应以交通工程为依据,交通安全对策与设施必须以交通工程为理论基础,交通安全教育也必须以交通工程为指导。这就是工程、教育和法规三者之间的关系。

教育是指交通安全教育。交通安全教育可采用交通安全宣传,举办驾驶员培训班,交通警察到学校、单位或电视台讲课,车辆管理单位进行经常性安全教育等形式。安全教育包括三个条件:

(1)科学性,为使交通安全教育取得良好持久的效果,必须在安全教育中加强其科学性。

(2)根据不同的对象,讲授不同的内容,采取不同的方法。

(3)要着重讲授交通安全中的交通工程基本原理,带有科普性、普及性。

交通安全涉及社会公众的利益,特别在城市中与每个居民息息相关,交通安全的普及性尤为重要。

交通法规是交通安全的核心,交通工程是基础,交通安全教育必须以交通工程和法律法规为指导。当前,在中国交通事故态势较严重的态势下,为了减少交通事故,保证民众的生命安全,科学地治理城市交通安全是十分重要的。

### 三、道路交通事故模型

交通事故模型是将交通事故的发生、发展进行模型化的结果。它用于阐明交通事故的成因与事故发生、发展以及后果的关系,以便对交通事故进行分析研究。

交通事故模型化具有重要的意义。首先,它是从个别抽象到一般的过程,把同类交通事故抽象为事故模型,这样就可以深入研究导致交通事故的原理和机理;其次,它可以查明以往交通事故的直接原因,进而找出间接原因,甚至基础原因,来预测将来交通事故发生的可能性;再者,根据事故模型可以作出交通危险性评价以及预防交通事故的决策,可以积累交通事故信息,丰富交通安全理论,促进交通安全教育,指导交通安全工作;此外,各类事故模型既是一般安全原理的启示,又是应用人机工程、系统工程等新学科进行交通事故分析的新方法,可以从性能模型向数学模型发展,由定性分析向定量分析发展,为交通事故预测和判定技术奠定理论基础。

1. 交通事故的发展过程

1) 交通事故孕育阶段

交通事故的发生有其基础原因,即社会原因和环境原因,如交通参与者素质参差不齐、交通管理缺陷、交通基础设施不完善、交通法规不完善、交通安全教育和培训不够、道路养护以及车辆维修不够等。这些因素的存在,使道路交通系统处于一个不安全的状态。当外部条件成熟时,就会引发交通事故。在交通事故孕育阶段,交通事故处于无形阶段,人们可以感觉到它的存在,估计到它必然会出现,而不能确定交通事故的具体形式。

2) 交通事故成长阶段

由于社会原因或环境原因等基础原因的存在,使交通系统中的不安全行为和不安全状态得以显现,构成发生交通事故的隐患,即危险因素。这些隐患是交通事故诱因。在此阶段,交通事故已处于孕育状态,人们已经可以具体地指出它的存在,并可采取有针对性的措施来抑制交通事故隐患的发展,乃至消除人的不安全行为和物的不安全状态,根除交通事故产生的危险性。

3) 交通事故损失阶段

当交通系统中的危险因素被某些偶然条件触发时,就会发生交通事故。随着交通参与者的不安全行为、道路、车辆以及环境的影响,交通事故损失会出现并扩大,造成人员伤亡或者财物损失,从而给社会造成经济损失。在这个阶段,交通事故的具体形式和损害后果等已明确,交通事故成为现实。

2. 交通事故因果关系模型

因果关系模型是根据事故的因果关系、逻辑关系来分析交通事故产生原因并提出防治对策的模型。有连锁型因果关系,即一个因素促成下一个因素发生,下一个因素又促成再下一个因素发生,彼此互为因果、互相连锁导致交通事故的发生。也有多因致果型关系,又称为集中型,即是多种相互独立的原因在同一时间共同导致交通事故的发生。还有复合型关系模型,即某些因素连锁,某些因素集中,互相交叉、复合,造成交通事故。单纯集中型或单纯连锁型较少,交通事故的发生多数是复合型。

海因里希提出了事故发生的多米诺(Domino)理论,用以描述事故发生的过程。该理论认为,伤亡事故的发生是一连串事件,按一定的顺序,互为因果依次发生的结果。海因里希把导致伤害的事故分为五个因素或五个阶段,并将其看作是五个顺序放置的骨牌。若一块骨牌倒下,就会引起后面的骨牌连锁地倒下,最终导致伤害的发生。该理论具有下列三方面的现实意义:

(1)交通事故是在一连串事件或环境中,以一个固定的、逻辑的顺序发生的结果。

(2)交通事故仅是事故顺序中的一个环节。如果消除了前几个环节中的任何一个环节,事故顺序就会中断,就不会导致交通伤害的发生。

(3)不安全的行为和状态是导致事故发生的核心。预防交通事故应以消除中心环节为目标,使其前面的因素无效。

多米诺骨牌理论形象直观地显示了事故发生的因果关系,指明了分析事故应从事故现象逐步展开,深入到各层次的事故原因。其不足之处在于,它将事故的致因事件过于绝对化。事实上,各块骨牌之间的连锁不是绝对的,而是随机的。

3. 人类失误的事故模型

1972年威格勒斯沃斯(Wigglesworth)提出了人类失误构成了所有类型伤害的基础。他把人类失误定义为:"错误地或不适当地响应了一个刺激"。他认为,人在操作过程中,会不断地感受到危险信号的"刺激"。如果人能够正确恰当地响应这些刺激,事故就不会发生。如果人错误地或不适当地响应了一个刺激,即产生了人的失误,就有可能出现危险,造成伤亡或无伤亡事故。

4. 轨迹交叉理论模型

轨迹交叉理论认为,伤害事故是许多互相关联的事件顺序发展的结果。这些事件概括起来为人和物两个发展系列。

人的不安全行为和物的不安全状态在发展过程中,会受到各种因素的作用,并形成各自的运动轨迹。当人、物系列轨迹在一定的时间、空间发生接触(交叉)时,会产生能量失控的现象,能量"逆流"于人体时,就发生了伤害事故。

物的不安全状态和人的不安全行为是造成交通事故的表面的、直接的原因,但它们的后面还有隐藏着更深层次的背景原因。管理缺陷是造成交通事故的间接原因,也是本质的原因。人的不安全行为取决于人的生理、心理、知识、经验、技能等情况,又受到遗传因素、社会因素等的影响。物的不安全状态取决于交通运输工具及其附属设备的设计、制造、维护和操作以及道路及其附属设施的设计、建设、养护和使用。

人的不安全行为和物的不安全状态可以互为因果,互相转化。人的不安全行为会造成物的不安全状态(如超载、超速行驶等)。反之,物的不安全状态也会导致人的不安全行为(冰雪路面致使驾驶员难以控制车辆行驶轨迹,进而导致操作失误)。在这两个系列中,人的失误率远高于物的不安全状态的出现率,即使伤亡事故完全来自于机械或物理危害。但进一步深入分析会发现人在设计、制造或维护时的失误。

根据轨迹交叉理论,要防治交通事故的发生,一是消除或者减少人的不安全行为和物的不安全状态;二是避免或者减少人的不安全行为与物的不安全状态交叉的机会。

#### 四、道路交通事故预防的理论

1. 本质安全化理论

本质安全化理论认为,由于受生活环境、工作环境和社会环境的影响,人的自由度增大,人的可靠性比机械的要差。因此,为了实现道路交通安全,必须有某种即使在存在人为失误的情况下也能确保人身及财产安全的机制和物质条件,使之达到"本质的安全化"。

本质安全化可由政府部门通过法律、法规、规范等形式,在全社会强制推广和执行。如对道路的规划设计、对交通参与者的素质、对管理与决策、对车辆安全设备、道路安全设施的标准等方面进行规定,使得本质安全化理论成为一种普遍适用的安全理论。

2. 重点控制理论

道路交通系统是一个复杂的大系统,影响交通安全的因素很多,需要控制的对象也较多,全面控制不现实,因而人们应采取重点控制的方式。

重点控制就是依照不同的控制管理层次,控制不同的重点对象,以适应其控制能力,达到理想的控制效果。重点控制理论认为,控制了重点就能控制大局,分列重点就可与其控制能力适配,各有重点就可实行分工合作,有利于全面控制。

3. 前兆辨识理论

前兆辨识理论认为,只要先期发现事故前兆,就能及时加以预防控制事故。前兆辨识可以按照系统危险性的各要素,分别研究事故的各前兆,然后综合考虑其发生事故的可能性及其严重程度,评价系统各部分的安全状态,提出相应的安全对策。根据前兆辨识理论应用包括前兆辨识技术、传感监测技术,乃至心理测试技术、行为鉴别技术等。

准确地确定交通事故的先兆并非易事,找不准会适得其反。因此,对先兆辨识需要丰富的经验,同时还要的一定的理论分析。

4. 有限安全理论

有限安全理论认为,任何系统的运行过程均存在发生事故的可能性。根据经验判别和经过各种利害比较,总可以找到一个利害平衡,及可以被接受的事故发生率,并被确定为系统的安全指标。

根据有限安全理论,交通事故的防治目标就是将交通事故发生的可能性控制在"可以被接受"的指标之下。安全指标常被作为评价安全工作的好坏、系统是否安全的标准。

有限安全理论从比较现实的角度全面观察分析问题的结果,因而更接近于实际,更加科学化。有限安全理论是根据安全评价的需要发展起来的。本身并没有提出预防和控制交通事故发生的具体办法,只是从另一个角度提出一个纲领性的启示和尺度,但却传达了安全有限且在各个领域可以有不同的限值这一极其重要的信息,使人们在预防和控制交通事故中,不至于陷入盲目追求尽善尽美,却最终可能是事半功倍的境地。

5. 多重防护理论

多重防护理论认为,设立多重防护就如同设立多重关卡,能有效地预防事故的发生。随着防护重数的增加,就像一个并联系统一样,道路交通安全系统发生交通事故的概率呈连乘积的倍数降低。多重防护理论在交通安全管理中能充分体现。例如,为了防止车辆在弯道上发生翻车事故,采取增加横向超高、设置防护墙(栏)、设置限速标志、增加道路路面附着系数、设置弯道警告标志以及交通标线进行视线诱导设施。

6. 管理效能理论

管理效能理论认为,通过管理可以控制和预防交通事故的发生。因此,加强立法和执法管理,强化监察、检查、评价等环节,强调行政干预便成为其普遍采用的手段。目前有关的立法,制定条例、标准、规程、制度,设立安全机构,强化安全监察机制,进行安全评价等,都是管理效能理论的具体体现。

安全系统功能效用是由道路交通系统中各个子系统的运行状态表现出来的。道路交通系统日益复杂,加强交通管理已经成为保障交通安全的客观需要。交通系统越是活跃,就越需要法律、制度、监督、控制等管理手段的保证作用。即使在物质条件保持不变的情况下,强调加强管理,提高人员素质可使系统安全状况得到明显的改善。因此,管理效能理论是解决交通安全问题的重要依据。

7. 系统控制理论

系统论认为,现实世界实际上是由各种系统组成的。一个问题的产生通常不是一个孤立的现象,而是系统内某部分出现了问题,相互作用的结果。因此,要解决某个问题,不仅要注意这个问题本身,而且更要注意系统内各要素相互关联的状况;只有理清了脉络,找出了问题的相互关系,分清主次,才能得到预期的结果。

系统控制论认为,当系统输出某个信号时,总会在某个方面或某个时刻得到反馈。为了使输出总能够或者极大部分产生正面的、积极的响应,系统总要或者时刻检查自己输出的正确性和有益性,防止出现负效益和有害的反馈。为此,预防和控制交通事故的发生,首先需要检查交通系统中各子系统的所有输出,然后排除不利的输出,选取有利的输出。这样便可以收到事半功倍的效果。此后还需要继续调整反馈,以便及时发现问题,及时处理,使系统始终能够保持安全稳定的状态。

系统控制论的观点和方法在安全系统功能分析、危险辨识与检测、不安全行为与失误操作的预防与控制、人机适配系统优化等方面得到了充分的应用,推动了安全科学向更高层次发展并取得良好的效果。

# 第二节 人的安全化

人是交通活动的主体,交通安全的关键在于人,人是交通安全的核心。统计表明,80%左右的交通事故是人的原因引起的。因此,人的安全化是预防和减少交通事故的重要途径。

## 一、人的安全行为模式

人的不安全行为是交通事故的主要原因。人的不安全行为不符合交通安全法规、规范,就有可能导致交通事故的发生,造成人员伤亡或财产损失的人的违法行为。它是人们接受外界信息刺激,人体作出行为反应的过程。在这个过程中,经过察觉、识别、判断、决策以及执行等几个环节。其中任意一个或者多个环节出现误差或者失误，人的不安全行为就会出现。因此，安全的交通行为对交通安全尤为重要。人的安全行为模式具有以下特征。

1. 感觉机能良好

人们的视觉、听觉、触觉、嗅觉等感觉器官保持状态良好，对外界环境的危险信号、交通信号、交通变化等信息能够正确、如实、有效、客观地接受是非常重要的。这些感觉器官工作正常是避免交通危险的前提，否则就会对交通安全造成威胁。如交通参与者是色盲、立体盲或者耳朵失聪等，就不能够正常接受外界环境信息的变化，就不能够保证交通安全。此外，这些感觉器官应能够及时、有效地感觉或者接受交通环境中的信息变化，并相互协调工作。这些感觉器官机能应不低于交通法律、法规所规定的最低标准。

2. 处理信息能力较强

人们处理信息的能力受信息数量、信息繁简程度、熟悉程度、环境等多种因素的影响。人们应该在特定的交通环境条件下和容许的时间内，及时、准确地分析和处理交通信息。交通信息的处理必须准确、及时，否则就会发生交通事故。

3. 判断能力良好

人们意识到有危险存在时，必须判断如何对这些危险预兆作出反应。这个过程相当复杂，受许多因素的影响，如判断时间与信息量、工作条件、个人阅历等因素有关。但是处理信息能力较强是及时、准确判断的前提。

4. 熟练操作技能

个人技术熟练程度和个人体能对操作行为也有影响。交通参与者及时、准确地操作才是避免或者减轻交通事故的决定性环节。即使前面几个环节准确、及时，如果操作不及时、不准确，也会发生交通事故。

## 二、消除人的不安全行为

因人的直接原因引发的交通事故占有很大比重，但间接原因却来自多方面。如由于道路线形以及道路两侧绿化单调，使驾驶员视觉容易疲劳；交通管理部门执法不严，助长驾驶员交通违法行为；由于交通规费不合理，造成车辆超员或超载；驾驶员身体欠佳、体能下降等会导致交通事故。交通环境、交通管理等影响着人们的心理、生理、失误率，对人、交通管理以及道路环境等进行改善，可以共同提高人的安全性，减少事故的发生。

1. 人的安全化

人的不安全行为与其视觉特性、听觉特性、触觉特性、平衡觉特性、反应特性、心理素质、生理状况、注意力、情绪、技能、素质、知识水平、智力水平、气质、性格、年龄、性别、适应性、事故倾向性、疲劳状况、是否饮酒以及是否有药物作用等因素有关。要改善交通参与者的交通安全性，就应该对这些因素进行优化，促进人的安全化。

1）强化交通安全意识

安全意识是人们参与交通活动，自觉遵守交通法律、法规，确保交通安全的心理状态。交通活动是人们有意识的活动，只有树立了"安全第一"的观念，人们才能主动地遵守交通法律、法规，才能有意识地去调整自己的交通行为，使其朝着有利于交通安全的方向发展，才能主动而不是被动地接受交通安全管理。

强化人们的交通安全意识可以通过提高人们的文化素质、建立交通安全规章制度,强化监督检查机制,加强执法和法制教育,加强交通安全宣传和教育等方式实现。

2) 强化交通参与者的适应能力

交通环境是变化的,不断出现新的信息。人们的视觉特性、听觉特性、触觉特性等直接影响着接收信息的能力。只有这些感觉器官能够正确地接受交通环境中的信息刺激,才能保证人们获取的信息的可靠性,人们能够随着环境的变化作出正确的反应,减少失误。

要保证驾驶员的感觉器官良好,应该严格审查申请机动车驾驶资格人员的视觉特性、听觉特性等;其次,对参加驾驶员培训的人员,应该加强感觉器官的适应性训练,保证获取机动车驾驶资格人员的感觉器官能够对交通环境内的信息及时、准确、有效地接受和识别;其次,应该加强驾驶员适应性测试,对不适合作驾车者应取消驾驶资格;此外,对于交通参与者中倾向于易发生事故的群体进行适应性测试,以便提高其适应能力。关于适应性测试,交通管理部门、驾驶员协会、驾驶员单位等都可以进行,目的是保证交通参与者感觉功能正常良好,减少失误率。

3) 合理调节人的心理状态

人们的失误与其心理状态有关。合理调节人的心理功能,有利于减少失误,促进人的行为安全性。心理活动是人的情绪、意志等心理过程。个性心理特征是人的能力、性格方面的差异。心理活动和个性心理特征密切相连,个性心理特征又制约着心理活动。而与交通参与者心理有关的是情绪和个性心理。所以在驾驶员驾驶车辆时应该保证其良好的情绪。安全员及管理人员应帮助驾驶员保持良好的情绪,或者在驾驶员情绪不好时,让其暂时停止驾驶车辆。当然,影响交通参与者情绪的因素很多,包括社会、家庭、个人问题以及工作性质、工作环境等。同时,也应该避免驾驶员精神紧张,精神负担直接影响其交通行为。高度精神紧张对工作效率和行为都有不利的影响。要避免精神紧张,可通过改善工作条件,降低工作的单调,必要的监督、检查和奖励来缓解。

此外,应该保证交通参与者的"警觉"。警觉是指人们从外界接收信息,经过处理并通过感觉运动协调,把信息传递到其他部位的最佳状态。警觉水平的下降会使人们忽视危险的存在,低估事故隐患的危险性,以至于不能及时采取措施,有效地避免交通事故的发生。

4) 提高人的安全技能

人们的交通安全知识丰富,并不等于就能够安全地进行交通活动。只有将安全知识变成安全技能,才能够取得预期的安全效果。

人们的安全技能是安全行为的必要保证。安全技能的获得必须通过个人的训练和努力。训练包括训练人们在交通活动中对外界刺激作出正确反应的能力,训练形成正确概念的能力。正确的概念对于识别和判断危险信息是极为重要的。人们是利用概念来思考、判断和行为。因此,正确的概念训练是十分必要的。概念训练的核心内容是交通安全知识教育、交通法规、规章制度教育、实践经验的教育。再者,训练交通参与者分析问题、解决问题的能力。解决问题是一项创造性的活动。它不是若干步骤的简单相加,而是一种思想方法,是填补原来知识空白的产物。为此,应该训练交通参与者的认识问题、分析问题和解决问题的能力。

但是,这种安全技能也应该适当调整,有些比较稳固的经验或者凭以往的经验办事,也可能成为交通事故的一大隐患。因此,在实践中应该训练人们能够实事求是地把以往的经验与实际结合,并作出相应改进和发展。

2. 管理安全化

管理安全化是通过交通管理的手段和方法,以达到人安全化的目的。

1)提高全民的文化知识

文化知识的掌握是进行一切社会活动的基础。没有文化知识,就没有人类社会的进步和繁荣,更谈不上交通安全的教育和执行。因此,加强教育事业,提高全民的整体素质,是长远之计。

2)加强交通安全教育和培训

交通安全教育和培训是消除人的不安全行为的重要管理手段,是最基本的措施。交通安全教育的最终目的是使人们有意识地安全交通,给人们激发进行安全行为的愿望,使人们自觉遵守交通法规,养成良好的交通习惯。

教育和培训的内容包括法制、安全知识、安全技能和安全态度等。教育形式包括社会教育、单位教育、集体培训、自我教育、普遍教育、重点教育、定期教育和临时教育。教育与培训的对象应该包括交通管理者、道路建设者以及道路及其设施的管理者等。对易引发交通事故的群体和在交通事故中易受伤害的群体进行教育是非常必要和现实的。建立健全交通安全教育培训制度,严格贯彻执行;注重教育的形式和内容,分清重点、目的和教育的对象,要有针对性;发挥社会的力量,不能只依靠交通警察或者交通安全管理人员。

3)建立健全交通管理法律法规规章制度

交通法规是对人们交通行为的规范。它以法律的形式规定了交通主体的权利和义务。它是人们交通活动经验和教训的总结,也是道路安全、畅通的保证,是判断交通活动是非的标准。

交通法律法规必须具备科学性、严肃性、适应性和系统性。应该对影响交通安全的因素作出明确的规定,如对驾驶员、行人、乘客、交通管理者、道路养护、车辆装载与行驶、车辆安全设计、停车、占道施工、道路绿化、公交车站建设、道路建设等方面作出规定,协调各个主体之间的权利与义务,保证交通安全。此外,交通安全的法律法规应该对与交通安全的市政建设部门、道路绿化部门、道路养护部门、交通管理部门、公交等部门的职责规定明确,要求严格执法,各司其职,互相配合,确保交通安全。

4)注重安全奖励与惩处

交通安全奖励与惩处是指依据交通法律、法规和规章制度,对于交通参与者所给予的奖励和惩处。对于守法守纪、安全驾驶、表现突出、做出一定业绩者,给予荣誉或者物质利益以资鼓励;对于因故意或者过失,造成交通违法或者交通事故者,必须予以处罚、处分。奖励的目的在于强化人的安全行为;惩处的目的在于终止、压制进行中的不安全行为。在实际工作中,要奖惩结合,以奖为主。适时正确地实施奖惩,一方面可以使人们有明确的前进方向,激励斗志,努力进取,不断做出新的成绩;另一方面也可教育、鞭策失职、违规、违法的人员,使其及早改正不安全的交通行为。奖惩工作是一项思想性、政策性很强的工作,要正确地运用奖惩手段,就必须激发人的精神,影响人的利益原则。实事求是,精神奖励和物质奖励相结合,单位与社会相结合。

5)加强驾驶适性检查

驾驶适性是指为了能够胜任驾驶工作,驾驶员必须具备的文化知识基础和生理、心理特性,使他们达到的从业的要求。驾驶适性检查的内容包括身体健康检查、心理检查、个性检查以及能力检查,目的是为了指导驾驶技能培训,确定驾驶人员选配。

6) 严格纠正和处理交通违法

交通违法是交通事故的主要原因,是人为因素。交通违法与交通事故成正比的关系,纠正和取缔交通违法是维护交通秩序、保障交通安全的重要举措。特别是对那些易于引发交通事故的违法行为,如酒后开车、疲劳驾驶、超速行驶等,要违法必究,依法进行处罚,才能保证交通安全。

此外,交通巡逻检查和交通执法是交通管理工作的重要内容。通过巡逻可及时发现不良的交通行为或者状态,及时纠正,防止不安全行为的发展最终引发交通事故。加大执法力度,使人们认识到其不安全行为对交通带来的影响,甚至危害,从思想上予以高度重视。

7) 改善交通管理的手段

采用先进交通管理手段,如酒精检测仪、车速检测仪、闯红灯监测仪、超载检测仪、压线或者越线行驶检测仪等。这些仪器有助于科学地捕捉到不安全的交通行为,对那些交通违法行为者具有震慑作用,可以减少交通事故的发生。改善交通管理手段,一是将先进的技术手段应用于交通管理,二是加大科研开发的力度,研制新的管理技术和手段。

8) 加强驾驶员管理

发展驾驶学校,使驾驶员培训正规化;严格驾驶员的考核,不断提高驾驶员的素质。建立健全驾驶员的审验制度,严格把关,不合格的驾驶员禁止驾驶车辆,不断提高驾驶员素质,整顿驾驶员的队伍,对驾驶员进行交通法制、驾驶操作、安全驾驶和树立交通安全思想的教育,对那些不具备驾驶员身体条件,以及驾驶技能差、驾驶作风差、严重危及交通安全而又屡教不改的人取消其驾驶资格。对那些交通违法行为的人,通过批评教育和处罚的方式,使其认识到错误及其危害,及时地改正。

3. 工作环境安全化

人的交通行为受到交通环境诸多因素影响,有的不利于人们的交通行为,如高温、噪声、强光等因素,也包括车辆构造、操作部件的布置、道路及其附属设施的相互位置、几何尺寸等因素。这些因素对交通参与者的心理和生理等有一定的负面影响。改善或者优化工作环境,可以改善人们的心理和生理条件,确保人们减少失误,有利于交通安全。对于驾驶员来说,依据人类工效学对驾驶工作条件进行全面的检查并进行必要的修正,如改进操作方法,设计符合人体功效或者心理需求的道路以及交通设施,改变不良的道路交通环境如温度、噪声等,完善道路交通信息交流与传递,减轻人员的操作强度,给交通参与者这给予一个更加安全、舒适的工作环境和条件,有利于驾驶员的心理和生理,可提高道路交通安全性。

此外,依据本质安全化原理,改善和优化工作环境,运用交通安全系统分析技术,分析并识别工作环境中存在的不安全因素,彻底改善工作环境,使之适应交通活动的客观需要,从而最大限度地降低交通事故发生的可能性。优化工作环境的内容包括作业环境的安全设计、工作过程的安全化设计、优化交通运输的组织管理、提高交通安全意识和技能。

## 第三节 车辆的安全化

车辆因素造成的交通事故及其损害后果与车辆技术状况是分不开的。由于车辆制动器失效或制动效果不佳、转向失控、轮胎爆胎、操纵机构各连接部位不牢靠等原因会导致交通事故。车辆结构、保险杠、气囊、安全带、风窗玻璃材料、内饰设计等因素又直接影响着交通事故的损害后果。因此，提高车辆安全性能可以减少交通事故及其损害后果。

## 一、车辆的主动安全性

车辆防止事故发生的能力就是车辆的主动安全性。影响车辆主动安全性的因素包括车辆照明、信号灯、车辆视野性能、操纵稳定性、制动性能等。

1. 车辆视野

在车辆行驶中，80%的信息是通过驾驶员视觉得到的，确保良好的视野是预防交通事故的必要条件。车辆视野分为前方视野和后方视野。前者是驾驶员在正常驾驶位置，透过前风窗玻璃和侧面风窗玻璃所看到道路、车辆、行人等的范围。后者一般包括驾驶员通过内后视镜和通过外后视镜观察车辆后方情况的范围。

提高和改善视野的目的就是减小驾驶员的视觉障碍，让驾驶员获得足够的视觉信息。扩大风窗玻璃的有效面积，减小风窗玻璃倾角并使之尽量靠近驾驶员的眼睛，降低发动机罩的高度，减少发动机罩的伸出长度，减少座椅靠背的倾角，布置座椅靠近汽车前端，选择适当的座椅高度，可以提高和改善驾驶员的视野。后视镜采用变曲率设计，对反射路面的镜面采用大曲率半径，以保证较强的真实感；对于反射路旁景物的镜面，采用小曲率半径，以得到更大的视野范围。为改善车辆的夜间视野，应合理调整光束，使前照灯尽可能照亮驾驶员视线可及的路面，避免前照灯灯光的可照亮区是驾驶员的视野盲区。电子技术的应用对汽车视野性能起到积极的作用，如电视式后视通过摄像机把车辆后方各种信息送到驾驶员眼前，与后视镜相比具有图像清晰、失真率小、视野更广等优点。

2. 车辆灯光

汽车灯光是为车辆行驶提供照明以及将其行驶状况向交通过程的其他参与者发出信号。据统计，照明良好的道路，事故发生率仅为没有照明或照明不良道路的30%。改善汽车灯光产品的品质，对汽车行驶安全具有重大意义。

前照灯分为近光灯及远光灯。前者是当车辆前方有其他道路使用者时，以免对方眩目或有不舒适感所使用的近距离照明灯，光束要防止迎面来车驾驶员的眩目，要求光束要低、要暗；后者是前方无其他道路使用者时所使用的远距离照明灯，要求光束要高、要亮。

采用新的灯光设备可提高车辆的交通安全。前照灯清洗器，即遇到雨雪天气，可对前照灯配光镜进行清洗，保证照明要求；前照灯基准轴的室内调整，即可在驾驶室内操纵前照灯，使其向下转动；转弯时的灯光照明，即自动根据汽车的转弯半径调整前照灯光轴角度，使前照灯光束始终照射在前方路面上，以保证行车安全。

制动灯是用于向车辆后方其他道路使用者表明该车正在进行制动的灯具，主要用于防止发生追尾碰撞。轿车都安装了所谓第三制动灯或称高位制动灯。这种制动灯具安装在轿车的后风窗玻璃下部中心内侧，与尾随轿车驾驶员视线高度相当。据美国的调查表明，汽车安装第三制动灯后，追尾撞车事故减少了53%。

对于转向灯，其电路中应装有闪光继电器，使转向信号灯亮度能自动地变化闪烁，以引起其他道路使用者的注意。对于车身较长的车辆，两侧前方须设转向信号灯。驾驶室内应装有转向指示器,与转向信号灯同时点亮或者熄灭,使驾驶员可及时发现故障,并采取措施。

此外,有的车辆根据需要安装了示宽灯、示高灯、倒车灯、危险报警闪光灯等。这些灯具的安装提高了车辆行驶安全性。

3. 汽车轮胎

因机械故障造成的交通事故,有很大一部分是由于在汽车高速行驶时,轮胎的突然爆裂,操纵稳定性降低而发生的。改善轮胎的安全性对预防交通事故具有深远意义。

车辆轮胎支撑了汽车的全部质量和动负荷,并传递全部的驱动力、制动力、转向力和侧向力。轮胎必须具备相应的承载性能、高速性能、制动性能、侧偏特性、耐久性能、抗刺穿性能、耐爆破性能以及抗胎圈脱落性能等。

正确使用轮胎对交通安全至关重要。同一汽车上不可混装不同类型的轮胎,特别是在同一车轴上不能使用不同的轮胎;应严格控制轮胎气压、车辆额定载质量和定员;高速行驶的汽车一定要使用S或H级高速轮胎;选用合适的轮辋,不能使用变形或偏心的轮辋;尽量避免急速起步、急转弯和急制动;经常检查轮胎磨损情况,必要时进行更换;车轮的不平衡度是造成汽车振动、转向抖动及轮胎偏磨的主要原因,必须经常对车轮进行动平衡调整。

4. 主动安全新技术

随着科技的进步,安全新产品不断应用到车辆上,改善了车辆的主动安全性。安装各种电子传感器和控制器,将汽车的各种信息清楚地展现在驾驶员的面前,汽车某一部位或者总成有危险,车辆就会发出警报,提醒驾驶员。如驾驶员饮酒、打盹、偏离车道、违法、前方或者侧面有障碍、轮胎温度过高、气压不足、发动机温度过高、车门未关好等车辆就会通过灯光、声音、震动等方式提醒或者警告驾驶员。此外,发展汽车网络或者交通广播,驾驶员可以得到视野以外的交通信息,有助于交通安全。如卫星定位系统、地理信息系统以及设在道路上的交通监测仪可以把当前及附近区段的交通信息准确无误地告诉驾驶员,使之视野更广阔。

## 二、汽车被动安全性

当发生交通事故时,汽车能够保证乘员免受伤害或把伤害降低到最小限度的能力就是车辆被动安全性。通过改善车身结构、安全带、气囊、能量吸收式转向柱、座椅、头枕以及内饰等,可以提高车辆被动安全性。

1. 车身结构设计

汽车碰撞过程中,安全车身设计能够有效地减轻乘员伤害。为了尽量缓解乘员受到的冲击,车身必须尽可能地缓和并吸收车辆及乘员所具有的动能。一方面汽车的前部结构要尽可能多地吸收碰撞能量,另一方面要防止车轮、发动机、变速器等刚性部件侵入驾驶室。同时,为了确保乘员的有效生存空间,车身必须保证碰撞后乘员易于逃脱和容易接受车外救护。汽车驾驶舱的坚固可靠是保证乘员生存空间的最直接、最有效的方法。

2. 驾驶室内部设计

为减轻车辆二次碰撞中乘员的受伤程度,驾驶舱内部要求软饰化。需要软饰化的部件包括仪表板、遮阳板、座椅靠背、扶手、头枕、顶篷内衬、车门内衬等。此外,这些部件的外廓过渡要圆滑,车门手柄、门玻璃升降器手柄等要做下凹处理,尽量使驾驶舱内表面平整。采用吸能式转向盘以减轻或避免伤害驾驶员。汽车一般安装安全玻璃,如钢化玻璃、区域钢化玻璃和夹层玻璃等。钢化玻璃碎裂时不容易划伤乘员,区域钢化玻璃能够在玻璃撞碎后仍保持一定的视野,夹层玻璃由于黏结物的作用,碎裂后玻璃不会发生飞散,使乘员免受破碎玻璃划伤的危险。安全门锁能够保证碰撞后门框变形在一定范围内,车门不会自行开启,以免碰撞时车内乘员因车门被撞开而飞出车外。但是,车门锁应该开启自如,以便事故后抢救车内受伤或受困乘员。

3. 乘员约束系统

1) 安全带

安全带是乘员约束系统的重要设施之一,在碰撞事故中减轻乘员伤害程度方面起着重要作用。统计表明,佩戴安全带使碰撞事故中乘员伤亡率减少15%～30%。汽车安全带与气囊(airbag)等其他辅助约束系统(SRS)相比,具有安全可靠,价格低廉,安装简便等优点,已被各国汽车生产厂家普遍采用。

安全带对乘员的保护原理是,当碰撞事故发生时,安全带起作用,将乘员"束缚"在座椅上,乘员的头部、胸部不至于向前撞到转向盘、仪表板及风窗玻璃上,使乘员免受车内二次碰撞的危险,同时使乘员不被抛离座椅。此外,为了进一步降低碰撞时乘员下沉(即乘员沿座椅下滑)造成腹部、骨盆等伤害,采用带预张紧器或织带夹紧装置的安全带,可显著提高乘员的保护性能。

2) 气囊

气囊是汽车被动安全技术产品之一,对车内乘员起着辅助约束的作用。它通常需要与安全带配套使用,否则有时不但起不到保护作用,反而会造成意外的附加伤害。汽车发生碰撞后,在乘员与车内构件碰撞前,迅速地在两者之间打开一个充满气体的气垫,使乘员在较适当的时机扑到气垫上,以缓和冲击并吸收碰撞能量,从而达到减轻乘员伤害的目的。单独使用安全带可使事故死亡率下降42%左右,单独使用气囊可使事故死亡率下降18%左右,两者配合使用可使事故死亡率下降47%左右。使用气囊可显著减轻对头部特别是面部的伤害。

3) 头枕

头枕用于限制乘员头部后移,来避免或减轻对乘员颈椎的伤害。头枕的前、后面都要求柔软,富有弹性,能够吸收碰撞能量。头枕不应有棱角或者凸起,以免造成对乘员头颈的伤害。

4) 膝杠

膝杠(垫)是用于保护车辆前排乘员小腿和膝关节免受碰撞伤害的装置。它位于仪表板的下方,由质轻、弹性较好的材料如各种泡沫塑料及薄金属等制造,可以吸收腿部碰撞能量。

4. 他保护措施

车辆不但应该保护自身及其车内乘员,也应该保护参与碰撞的对方,即他保护。交通事故中汽车与行人事故占很大部分。行人是交通的弱者,在汽车的结构方面必须采取保护措施,以提高对行人或者其他车辆的保护。

1) 保险杠

保险杠除对汽车本身在低速碰撞起保护、缓冲作用外,还应对行人起保护作用。改进保险杠边缘形状使其尽量圆滑,外面层应采用柔性的材料,以减轻对行人的伤害。此外,改变保险杠高度和宽度也可降低行人腿部受重伤的比例。保险杠的长度应超出车轮和翼子板并弯向后方,以防行人被卷入轮下。

2)汽车外部凸出物

对汽车外部凸出物的限制主要针对行人保护。车外凸出物如后视镜、后视镜支架、门把手、翼子板、轮胎、轮胎螺栓、车灯、天线和货箱等,应尽量避免存在尖锐。轮胎、轮胎螺母等都应凹进翼子板内,不允许凸出,以免刮伤行人。车门把手应为内陷式。后视镜应具有缓冲作用,应有脱落或移位的功能。这些都可减轻或避免对行人和骑车人的伤害。

5. 其他安全措施

为了防止与大型汽车发生碰撞交通事故后,小型车辆、非机动车或者行人被卷入大型汽车下,通常要求在大型车辆(如大型货车)后面或者侧面安全防护栏(防护网)。此外,为了避免汽车碰撞后燃油箱漏油燃烧或者发生火灾,车辆燃油箱也应具有一定的刚度,车辆应携带相应的消防器材。发生事故后,为了便于及时取得联系和施救,道路两旁或者车辆上应该有通信设施和一些应急或者急救设施。

## 第四节 道路的安全化

### 一、道路及环境的安全化

道路及环境是影响交通安全的主要因素。据统计,约10%的交通事故是直接由道路条件及环境所导致。当道路条件差时,发生道路交通事故的危险性就会增加。例如,道路视距不足、小半径曲线上的光滑路面、长直线接小半径曲线、平面线半径小或加宽或者超高不够、路肩过窄、无中央分隔带、纵坡较大、不良的气候条件、纵断面转折点后平面线突然转弯等,都会造成交通事故多发的后果。

1. 道路线形

道路线形分为平面线形与纵断面线形。平面线形设计必须从汽车行驶力学特性出发,保证汽车行驶时的安全、迅速、舒适,并符合交通心理和视觉特性。地形、地质上应适合经济发展水平,使交通环境与沿途景观配合协调,整体的线形保持连续性。

为了保障行车安全,平面线形应直捷、连续、均衡,并与地形、地物相适应,与周围环境相协调。各级公路的转角应敷设半径较大的圆曲线,转角过小时,应设法调整平面线形。两同向曲线间应设有足够长度的直线相连,否则,应调整线形使之成为一个单曲线或复曲线;两反向曲线间夹有直线段时,以不设置小于最小直线长度的直线段为宜,否则应调整线形或运用回旋线组合成S形曲线。曲线线形应特别注意技术指标的均衡与连续性,应避免连续急弯的线形,可在曲线间插入足够长的直线或回旋线。

在道路两相邻纵坡变坡处,为了使行车舒适和安全,在两段折线之间插入曲线,从而得到没有突变的顺畅和圆滑的纵断面线形。曲线设计时,常以圆曲线为基本线形。另外,也采用二次抛物线和三次抛物线。纵断面线形应与地形相适应,设计成视觉连续、平顺而圆滑的线形,避免在短距离内出现频繁起伏,避免能看见近处和远处而看不见中间凹处的线形。较长的连续上坡路段,宜将最陡的纵坡放在底部,接近坡顶的纵坡宜适当放缓。交叉处前后的纵坡应平缓。在积雪或冰冻地区,应避免采用陡坡。

此外,平纵线形的组合应能自然地诱导驾驶员的视线,并保持视觉的连续性;平、纵线形的技术指标应大小均衡,使线形在视觉上、心理上保持协调;合成坡度应组合得当,以利于路面排水和行车安全。

为了保证行车安全,对于计算行车速度≥40km/h 的公路,凸形竖曲线的顶部和凹形竖曲线的底部,不得插入小半径平曲线;凸形竖曲线的顶部或凹形竖曲线的底部,不得与反向平曲线的拐点重合;直线上的纵面线形应避免出现驼峰、暗凹、跳跃等使驾驶员视觉中断的线形;直线段内不能插入短的竖曲线;小半径竖曲线不宜与缓和曲线相互重叠;避免在长直线上设置超坡陡及曲线长度短、半径小的凹形竖曲线。

2. 行车视距

为了保证行车安全,驾驶员行车时必须看清行驶前方一定距离的物体,以便有充分的时间或距离,采取适当的措施,以防止的事故发生。行车视距包括停车视距、会车视距、错车视距和超车视距,另外还有弯道视距、纵坡视距及平面交叉口视距。停车视距计算中驾驶员的视线高为 1.2m,障碍物高为 0.10m。高速公路、一级公路的视距采用停车视距。在道路平面上,控制停车视距的主要因素是视线高,其次才是障碍物高。在允许超车的平曲线或凸形竖曲线上,视线高和障碍物高都是控制超车视距的重要因素。在横净距内的任何物体,都会阻碍视线,影响停车视距,都要予以清除。平曲线内侧及中间带设置护栏或其他人工构造物而不能保证视距时,可加宽中间带、路肩或将构造物后移;当挖方边坡妨碍视线时,则应按所需横净距绘制包络线即视距曲线开挖视距台。

3. 交通量

交通量具有时刻分布特性,对交通安全有一定影响。交通量很小时,车辆的行驶主要取决于道路条件和车辆本身的性能,此时往往由于车辆行驶速度高,汽车的运行状况与道路条件不适应所致。随着交通量的增大,交通条件逐渐占主流,车辆相互干扰,互成障碍,超车不当,避让不及,常会导致交通事故。当交通量很大以致造成车流堵塞时,由于平均车流速度的下降,使交通事故数下降。

因此,合理地控制、组织并且诱导交通流。使道路的负荷控制在一定的范围之内,也是提高交通安全的措施之一。

4. 道路景观

良好的道路景观不仅给交通参与者带来美的享受、心情愉悦、不易疲劳,而且还可起到良好的视线诱导作用,有利于行车安全。景观设计不合理,对交通安全不利。路旁建筑物过于拥挤、树木过于浓密或靠近道路、路堑边坡过大等都会使驾驶员产生压抑感,容易造成疲劳。种植或者修剪不当的树木会掩蔽交通信号、交通标志、视线诱导标等,易发生交通事故。此外,过多、过近的广告牌、标语牌、霓虹灯等易与交通信号和交通标志相混杂,产生干扰作用。单调、萧索的路旁景物,会对驾驶员心理上产生催眠作用,导致疲劳驾驶。和谐的道路景观会产生视觉上的和谐性与连续性,使旅客与驾驶员在路上感受到环境优美,提高道路交通系统安全性。

5. 绿化

种植树木花草可以起到诱导视线、防眩、缓冲、协调环境、指路、保护坡面、保护环境以及隔离的作用。对立体交叉道路,栽植不同的树木作为该立体交叉的特征标志。在出、入口处,应栽植引导视线的树木。在出口一侧可栽植灌木以缩小视野,间接引导驾驶员降低车速。匝道转弯处所构成的三角区内只可种植花草。平曲线内侧栽植灌木时,应满足视距要求,并起诱导驾驶的作用。此外,绿化是也应该注意树木、花草的搭配,搭配不合理,也会对交通安全产生不好的影响。

#### 6. 路旁村镇

途经村镇的公路旁常有儿童玩耍。儿童行动任意性较大,缺乏交通安全意识,经常会随意地跑到公路中间,令驾驶员措手不及,易发生交通事故。有的村民缺乏交通安全意识,横穿公路现象较严重;在公路堆物、晒场或者休息,这些都会对交通安全造成威胁。因此,加强公路途经的村镇的交通安全宣传和安全教育是必要的。

#### 7. 天气变化

气候对行车安全有很大的影响。据统计,恶劣天气下的交通事故率明显高于正常的气候条件下。因此,掌握恶劣气候条件下的交通活动注意事项和一些特殊的操作方法,可以克服恶劣气候条件对交通的不利影响,保证行车安全。

1) 雨天对行车安全的影响

行人为了躲雨,或怕汽车通过时泥水溅污衣服,往往会向躲雨处或泥水溅不到的地方躲避,有时来不及看来往的汽车。有水的路面与轮胎之间的附着系数减小,高速行驶时容易出现侧滑或水膜滑溜,车辆制动效能降低,车辆易出现侧滑或滑溜。大雨天,路基可能出现疏松和塌陷。雨天行车视距不良且汽车前风窗玻璃上有水雾,为安全起见,应开启示宽灯、尾灯并低速行车。

2) 风雾天气对行车安全的影响

大风天气,有风沙或灰尘,影响驾驶员的视线,有些行人因躲避风沙而突然抢先横过道路;雾天行车,行车视距不良,能见度低。这些都影响着交通安全。为保障安全,车辆应开防雾灯并减速慢行,听到来车喇叭声,应鸣号回应,会车时应当加大横向间距,以免发生撞车事故。

3) 冰雪天气对行车安全的影响

冰雪道路最明显的缺陷是道路的附着系数低,汽车容易打滑,因此,对于经常在冰雪路面上行驶的驾驶员来说,必须掌握冰雪道路汽车的行驶技术,尽量克服不良的道路条件的影响。在冰雪道路上行车,尽量保持均匀的车速,行驶中转动转向盘或者制动不可过急,尽可能低速行车;冰雪路面反射刺眼,容易使驾驶员产生视力疲劳,此外,冰雪天气,气温比较低,车辆不易起动;车辆通过结冰的江河时,应根据冰层的厚度决定是否通过。

4) 炎热天气对行车安全的影响

天气炎热,发动机冷却液温度较高,供油管路出现气阻现象,轮胎气压过高,应选阴凉处停息,待胎温胎压恢复到正常时方能行车。遇到涉水,应待胎温适当降低后,再涉水通过,车速不宜过快。应注意制动性能,特别是液压制动,要注意制动皮碗的膨胀和制动液的蒸发,尤其是下长坡前,应检查制动器的性能,若性能变坏,应停车检查,切勿在制动失效的情况下冒险行车。夏季午后,驾驶员易打瞌睡,若行车中感到视力逐渐模糊,思维变得迟钝,应停车休息,还可用冷水洗脸,待清醒后方可行车。应尽量避免在中午天气炎热时行车。

## 二、危险路段与事故多发地点的鉴别

尽管交通事故是小概率随机事件,人们很难对一起特定交通事故的发生进行精确的预测,但是在一些特定的地点,交通事故经常发生。这些地点发生交通事故的可能性显著地高于其他地点。经常发生交通事故的路段或场所称为危险路段或事故多发路段。

交通事故多发点(黑点、黑段)的鉴别与改善是预防交通事故发生,减少交通事故损失的有效手段。开展交通事故多发点(段)的排查与改善工作,可全面地揭示交通事故的空间分布规律,深入探究交通事故产生的原因;为交通事故防治策略、方案的生成与效果评估,提供科学的依据和规范的方法;促进交通安全管理水平的全面提高。

公路危险地点的鉴别标准有事故数、事故率标准、事故率质量控制标准、危险指数标准、道路特征标准、事故损失指数标准、安全系数标准、潜在改善效能标准等。

下面将介绍交通事故多发点鉴别标准。

### 1. 事故数法

事故数法的基本思想是,将交通事故发生次数作为鉴别公路危险地点的指标,根据交通事故的统计特征及交通安全管理目标的要求,确定鉴别标准。当特定地点交通事故发生次数的数值超过鉴别标准阈值时,可认为该地点属于危险地点。公安部交通管理局规定,事故多发点,为500m范围内,一年之中发生3次重大以上交通事故的地点;事故多发段,为2000m范围内或道路桥、涵洞的全程,一年之中发生3次重大以上交通事故的路段。

事故数法简便、易用,对数据的依赖性不大,基本适用于当前的危险地点鉴别工作。但该方法并未考虑事故地点的交通量等因素的影响,尚不能全面反映出交通事故信息。

### 2. 事故率法

当特定地点交通事故发生次数与相应的日平均交通量的比值超过鉴别标准的阈值时,可认为该地点是危险的。在实际运用中,事故率法仍可能出现漏选或误判的情况。如事故数很高,但交通量较大的地点,以及事故次数不多,而交通量却极小的地点。

### 3. 事故数—事故率法

事故数—事故率法综合了事故数法和事故率法的特点,在对统计资料进行整理基础上,应用统计学原理分析了事故多发地点的事故因素或因素组合,是鉴别交通事故多发地点行之有效的方法。采用事故数法进行初步筛选,应用事故率法最终确认公路危险地点,以克服事故数法和事故率法两者的缺点。

### 4. 事故系数法

道路条件对交通事故的影响是显著的。某一路段发生交通事故的危险性,可用表征道路条件对交通事故影响的事故系数来评价。它是由不同路段上的各种道路因素相对安全系数的乘积计算得到的。事故系数超过鉴别标准的,可列为公路危险地点(黑点)。为了计算事故系数,可先划分出同性质的路段,再按影响安全的每一种因素对路段的影响进行分析,根据车速曲线图上的速度降低区来确定其界限。绘制道路直线图,划出了道路的平面和纵断面,并标出了影响交通安全的所有因素,如平曲线半径、直线长度系数、纵坡、横断面、车道数、车道宽、路肩宽、桥梁净空、侧向净空、视距、交叉口以及路面附着系数等。

事故系数法充分考虑了各种道路因素对交通事故的影响,在量化与综合的基础之上,评价特定区段的危险性。该方法选取的指标代表性较强,危险分析较为深入细致,可直观全面地反映出特定地点的道路条件及交通安全状况,且危险地点鉴别的结果有助于交通事故多发的成因分析和改善措施的选择。在实际应用中,事故系数法具有广泛的实用价值。不足之处是数据需求量较大,数据资料分散,采集难度较大。

5. 安全系数法

安全系数是指汽车沿危险路段行驶的允许速度与前一路段末端所达到速度的比值。比值越大,则越安全;反之,就越危险。安全系数的允许值与汽车行驶速度有关。在经常发生交通事故地点的前后相邻路段上,车辆速度经常发生急剧变化。安全系数法的核心是用速度的变化来评价特定地点的危险性。

尽管安全系数法省去了对于道路条件的分析,降低了对有关道路条件方面数据的依赖,但在交通事故多发成因及改善策略分析阶段,仍然需要大量的有关道路条件、交通状况、驾驶特征方面的数据,故安全系数法通常需要与事故系数法等配合使用。

6. 事故率质量控制法

交通事故是小概率事件。在特定区段上,交通事故的分布应符合统计规律。有些研究结果表明,特定区段上交通事故的发生次数服从泊松分布。在给定置信度的条件下,若所选路段发生交通事故的概率小于在该段内实际发生交通事故的频率,则该路段属于危险地点(黑点或黑段)。

7. 道路总分法

道路总分法是利用平曲线、纵曲线基本组成部分与路侧地貌状况评分的总和来评价交通安全程度。道路总分法在评价中考虑的因素有路肩、路面宽度、分隔带、平曲线半径、路面平整度、视距、纵坡、保证超车的可能性、路侧建筑物、汽车停靠站等。对每一个组成部分都给出一个分数标准,并且最佳的道路条件为 10 分。每一路段的分数总和为 100 分。如果某一路段各项评分的总和超过 80 分,可认为是安全路段;在 60~80 分之间的是较危险路段;在 60 分以下的为危险路段;在 45 分以下的属于极其危险的路段。评分时应以路线设计规范为标准,尽可能减少人为因素的影响。

## 第五节 管理的安全化

道路交通安全与交通管理是密不可分的。注重交通管理,不断提高交通管理者的素质以及交通管理方法是交通安全管理的客观需要。

1. 加强交通管理队伍建设

交通管理人员的素质同样影响着交通安全。加强交通管理队伍的建设,就要采取切实有效的措施,提高管理人员的素质,包括政治素质、业务素质和文化素质。使得交通管理机构建设达到正规化、专业化和现代化。对社会各单位的交通安全员队伍也要不断充实提高,使其在交通事故预防中起到积极的作用。

2. 严格纠正和处理交通违法

交通违法是造成交通事故的主要因素,是人为的因素。交通违法与交通事故成正相关的关系,所以纠正和取缔交通违法是维护交通秩序、保障交通安全的重要方面。特别是对那些易于引发交通事故的违法行为,如酒后开车、疲劳驾驶、超速行驶等,要违法必究,依法进行处罚,才能保证交通安全。

3. 加强驾驶员和机动车管理

交通事故中,由驾驶员造成的交通事故占比重较大,同时机动车事故也不少。因此,从交通管理的角度,加强对驾驶员的监督、年审、适应性测试、安全教育和安全技能训练等是有必要的。严格管理、检测、报废机动车。采用经济手段、行政手段、法律手段等对机动车进行微观和宏观管理,让车辆发展速度和安全标准与我国的经济发展水平、政策和道路发展状况相适应。

4. 提高交通管理水平

1) 交通秩序管理

交通秩序的良好与否直接影响着道路交通安全。交通秩序良好,交通事故率就会降低,反之亦然。混乱的交通秩序会使交通参与者的心境、情绪受到的影响,精神高度紧张,心情烦恼,表现出急躁情绪,甚至会产生报复的轻率举动,使交通事故的发生率大大提高。良好交通秩序使人们置身良好的交通环境中,自觉约束自己的交通行为,乐意效仿正确的举止行为,并感到心平气和,心情舒畅,不容易出现疲劳,也不容易发生交通事故。

2) 科学组织交通流

科学地组织交通流可以使道路交通的宏观控制合理化。它不但可以合理使用道路,疏散主要干线的交通流,还可对交通流进行时间分离和空间引导,减少冲突点,防止车辆冲突,有利于交通安全。交通流控制越科学、合理,交通就越安全、畅通。

3) 交通照明

人们在良好的视觉环境中可以随时掌握道路及交通情况。为此,设置交通照明是必要的。良好的交通照明,可改善人们视觉特性,改善行车视距,消除行人的不安全感,人们能够及时辨认或者识别道路中的危险因素,减少交通事故,提高道路系统的安全性。照明灯的间距应该设置合理;间距过小,增加了施工费用,浪费电能;间距过大,道路上设置路灯处会形成亮点,这些亮点与不设照明的黑暗行车带交替排列。从明亮路段到黑暗路段过渡的情况下,驾驶员的眼睛来不及适应亮度的变化,有时甚至无法分辨出道路的情况。路灯的高度必须合理,过低,连续的路灯会使驾驶员产生眩目;反之,由于光照强度不够,达不到道路照明的目的。

5. 交通安全设施

交通安全设施可以起到引导交通、保障安全、减少事故、保护交通参与者的作用。

1) 道路交通标志

道路交通标志是设置于路侧或道路上方的,通过图形、符号和文字传递特定信息,用以管理交通的一种交通安全控制设施。交通标志要求一定的视认距离。随着行车速度增加,视认距离需要加长以满足视认时间。加大标志的尺寸及文字或者图形的尺寸,缩小要求的视认距离,可提高标志的视认性。我国《道路交通标志和标线》(GB 5768)中对此有明确规定。一般道路上指路性标志的文字尺寸应与道路设计车速相适应,此外受设置地点、交通量、车道宽度、道路线形以及道路环境等具体情况的影响。标志牌上的文字、符号的大小取决于必要的视认距离。为了便于夜间对标志的视认,标志要求有一定的反光度。

此外，一种可变信息标志，它可将前方道路状况（如占路施工、塌方）、交通状况（如交通阻塞、发生事故等）、气候状况（如雨、雪、雾等）信息，通过技术手段显示出来，传达、告知驾驶员和行人。

2）道路交通标线

道路交通标线是由不同颜色的路面标线、箭头、文字、突起路标和路边线轮廓标等所构成的交通安全设施。它的作用是管制和引导交通。它可以和交通标志配合使用，也可单独使用。它可以起到交通分离、渠化平交路口、提示前方路况，保障交通安全以及规范交通行为的作用，也作为守法和执法依据。

完善交通标线是改善交通安全的必要措施，道路标线的施划应严格依照当地的交通情况和《道路交通标志和标线》（GB 5768）。

3）交通信号灯

交通信号灯是用手动、电动或计算机控制来指挥交通的，在道路交叉口分配车辆通行权的设施。它包括两大类，一类是交通控制信号灯，主要包括平交路口交通控制信号灯和人行横道信号灯；一类是警示信号灯，包括弯道信号灯、交叉路口警示灯、施工作业及交通事故现场警示灯以及固定永久性的警示闪光灯等。

4）交通隔离设施

交通隔离设施是设置在道路上，用来实施交通分离、交通渠化及用来保护车辆和行人的各种构筑物的总称。隔离设施通常构筑在各种交通标线（如车行道中心线、车道分界线、车行道边缘线）的位置上或者紧贴交通标线。它使交通标线的立体化、强固化，起着突出与加强的作用，有效地保障交通的安全与畅通。

交通护栏是主要的隔离设施之一，可以防止车辆冲出路外造成翻车，减少车辆之间以及车辆与行人的冲突，防止行人随意横穿道路，也可以起到诱导视线的作用。

# 参 考 文 献

[1] 陈永德,杜存信.道路交通事故的分析及预防[M].北京:人民交通出版社,1999.
[2] 马骏.交通运输安全管理[M].北京:人民交通出版社,2001.
[3] 王澍权.道路交通事故分析与处理方法[M].北京:人民交通出版社,1999.
[4] 徐立根.物证技术学[M].北京:中国人民大学出版社,1998.
[5] 许洪国,何彪.道路交通事故分析与再现(修订本)[M].北京:警官教育出版社,2000.
[6] 公安部交通管理局事故对策处.道路交通事故的预防和处理[M].北京:人民交通出版社,1994.
[7] 刘守国,联振华.交通事故的分析与防治[M].北京:人民交通出版社,1998.
[8] 淘沙,于长吉.汽车安全行驶与事故分析[M].大连:大连理工出版社,1997.
[9] 车主丛书编委会.高速公路行车指南[M].北京:机械工业出版社,1997.
[10] 胡智庆,郁冠中.道路交通安全指南[M].北京:金盾出版社,1992.
[11] 汽车驾驶员技术等级标准培训教材编委会.中级汽车驾驶员培训教材[M].北京:人民交通出版社,1998.
[12] 李作敏,杜颖.交通工程学[M].北京:人民交通出版社,1997.
[13] 许洪国.汽车运用工程[M].北京:人民交通出版社,2014.
[14] 朱中,袁诚.高速公路安全行车指南[M].成都:西南交通大学出版社,1993.
[15] 季少岩,余志春,徐长苗.道路交通伤亡事故检验手册[M].杭州:浙江科学技术出版社,1995.
[16] R·比亚特.道路交通事故调查手册[M].北京:人民交通出版社,1986.
[17] 路平,陈幼平.交通事故调查与处理指南[M].北京:人民交通出版社,1998.
[18] 冈克己,東出隼機.自動車の安全技術[M].东京:朝倉書店,1997.
[19] 刘建军.交通事故物证鉴定技术[M].北京:中国人民公安大学出版社,2007.
[20] 谷正气.道路交通事故技术鉴定与理赔[M].北京:人民交通出版社,2004.
[21] 李琼瑶,王启明.交通事故物证勘查和检验[M].北京:中国人民公安大学出版社,1995.
[22] 路峰.交通事故防治工程[M].北京:警官教育出版社,1998.
[23] 姜华林.道路交通安全[M].北京:人民交通出版社,1991.
[24] 江守一郎.汽车事故工程[M].北京:人民交通出版社,1987.
[25] 许洪国.汽车事故工程[M].北京:人民交通出版社,2014.
[26] 李洪才.汽车事故鉴定方法[M].长春:吉林科学出版社,1990.
[27] 周大经,曹春荣.道路交通心理[M].上海:上海交通大学出版社,1991.
[28] 许洪国.玻璃碎片抛距的理论与在事故再现的应用[J].中国公路学报,1993(3).
[29] 冯桂炎.实用交通工程学[M].长沙:湖南大学出版社,1987.
[30] 李兵.交通事故及其对策[M].哈尔滨:黑龙江科学技术出版社,1991.
[31] 段里仁.道路交通安全手册[M].北京:档案出版社,1988.

[32] 徐吉谦.交通工程总论[M].北京:人民交通出版社,1991.

[33] 林洋.实用汽车事故鉴定学[M].北京:人民交通出版社,2001.

[34] 马社强.汽车碰撞二维运动的研究[D].长春:吉林工业大学,1999.

[35] 童剑军,邹明福.基于监控视频图像的车辆测速[J].中国图象图形学报(A辑),2005,10(2).

[36] 徐伟,王朔中.基于视频图像Harris角点检测的车辆测速[J].中国图象图形学报,2006,11(11).

[37] 张琳,来剑戈,张雷.动态图像序列在交通事故车速鉴定中的应用[J].刑事技术,2009(6).

[38] 王亚军,江永贝.高速公路行车指南[M].北京:机械工业出版社,1998.

[39] 杨晓光,彭国雄,王一如.高速公路交通事故预防与紧急救援系统[J].公路交通科技,1998(12).

[40] 许洪国,施树明.交通安全技术研究的范围与发展趋势[J].中国安全科学学报,1999(1).

[41] 许洪国,李显生,任有,等.汽车交通事故技术鉴定:21世纪的知识型新职业[J].公路交通科技,2000(4).

[42] 曹阳,刘小明,任福田,等.道路交通事故伤亡经济损失的计量方法[J].中国公路学报,1995(1).

[43] M. Danner und J. Halm, Technische Analyse von Verkehrsunfällen, Kraftzeug-technischer Verlag, München, 1994.

[44] H. Schneider, Experiment und Unfallwirklichkeit beim Fuβgängerunfall: Ein Vergleich der Ergebnisse aus Dummy-Test-Versuchen mit realen Fuβgänger Unfällen, der Verkehrsunfall, 1975(8).

[45] H. Burg, Rekonstruktionsunterlagen aus einer Auswertung realer Unfäle zwischen Zweirad- und Vierradfahrzeugen, der Verkehrsunfall, 1979(9).

[46] H. Rau et al, Der Zusammensto PKW-Zweirad: Ergebnisse experimenteller Untersuchungen, der Verkehrsunfall, 1979(10).

[47] Hermann Appel, Gerald Krabbel, Dirk Vetter, Unfallforschung, Unfallmechanik und Unfallrekonstruktion, Vieweg + Teubner Verlag, 2002.

[48] D. Otte, Bedeutung und Aktualität von Wurfweiten, Kratzspuren und Endlagen für die Unfallrekonstruktion, Verkehrsunfall und Fahrzeugtechnik, 1987(11).

[49] D. Otte et al, Kratzspuren von zweiraedern zur Geschwindigkeitsermittlung-Moglichkeit und Grenzen, Verkehrsunfall und Fahrzeugtechnik, 1987(5).

[50] D. Otte, Die Bedeutung des Beulenversatzes am PKW in der Rekonstruktion, des Fugängerunfalles, Verkehrsunfall und Fahrzeugtechnik, 1991(7/8).